“十三五”国家重点出版物出版规划项目

设施规划

第2版

主　编　周宏明

副主编　蒋祖华　付培红

参　编　李峰平　陈亚绒　张　烨

王孝义　王志亮

机械工业出版社
CHINA MACHINE PRESS

本书从设施规划的发展概况和现状入手，以设施规划理论和方法为基础、设施规划在企业的应用为导向，系统介绍了设施选址、设施布置、物料搬运与仓储设备、物料搬运系统设计、仓库运作管理与规划等内容的原理、方法和应用，并在最后一章介绍了设施选址和设施布置设计等相关典型应用案例。

本书可作为高等院校工业工程、物流工程、机械工程和管理工程等专业本科生、研究生教材，也可供广大工程技术人员和管理人员学习或培训使用。

图书在版编目（CIP）数据

设施规划/周宏明主编．—2版．—北京：机械工业出版社，2021.2（2025.1重印）

“十三五”国家重点出版物出版规划项目

ISBN 978-7-111-67366-8

Ⅰ．①设…　Ⅱ．①周…　Ⅲ．①物流—设备管理—高等学校—教材　Ⅳ．①F252

中国版本图书馆CIP数据核字（2021）第017689号

机械工业出版社（北京市百万庄大街22号　邮政编码100037）

策划编辑：裴　泱　　责任编辑：裴　泱　孙司宇

责任校对：黄兴伟　　封面设计：张　静

责任印制：常天培

北京机工印刷厂有限公司印刷

2025年1月第2版第4次印刷

184mm×260mm・17印张・421千字

标准书号：ISBN 978-7-111-67366-8

定价：53.00元

电话服务

客服电话：010-88361066

010-88379833

010-68326294

网络服务

机　工　官　网：www.cmpbook.com

机　工　官　博：weibo.com/cmp1952

金　书　网：www.golden-book.com

机工教育服务网：www.cmpedu.com

前　言

设施规划是高等院校工业工程和物流工程等专业的重要专业课程，是为满足培养相关人才适应各类工业和服务设施的规划、设计和改善的需要而设置的。当前，我国致力于实现经济增长方式的改变，其中重要的一个方面就是经济增长从主要依靠扩大建设规模转变到依靠对现有企业进行技术改造、改组和扩建上，这些为设施规划作用的发挥提供了广阔的天地。

本书从设施规划的发展概况和现状入手，以设施规划理论和方法为基础、设施规划在企业的应用为导向，系统介绍了设施选址、设施布置、物料搬运与仓储设备、物料搬运系统设计、仓库运作管理与规划等内容的原理、方法和应用。

本书共8章，各章的内容如下：

第1章概述设施规划的发展历程、主要研究内容和阶段框架模型。

第2～5章介绍设施规划的四个核心内容：设施选址、设施布置、物料搬运与仓储设备和物料搬运系统设计。

第6章介绍仓库运作管理、仓库系统规划设计和自动化立体仓库等。

第7章介绍目前比较先进和常用的计算机辅助设施设计、系统建模与仿真技术。

第8章精选综合设施规划应用案例，案例涉及设施选址和设施布置规划等内容。

本书注重理论与实践的结合，教材内容体系合理，各知识点内容丰满。

本书第1章和第8章由温州大学周宏明编写；第2章由安徽工业大学王孝义和南京工程学院王志亮编写；第3章由温州大学付培红编写；第4章由浙江工业大学张烨编写；第5章、第6章分别由温州大学陈亚绒和李峰平编写；第7章由上海交通大学蒋祖华编写。

本书可作为高等院校工业工程、物流工程、机械工程和管理工程等专业本科生、研究生教材，也可供广大工程技术人员和管理人员学习或培训使用。

本书在编写过程中参阅了大量国内外文献，在此对参考文献的作者表示感谢。

由于社会发展和技术进步，设施规划也在不断发展中，尽管我们付出了极大的努力，力求第2版质量比第1版有所提高，但受能力所限，纰漏和不足之处在所难免，恳请读者不吝赐教，以便在今后再版中加以改进。

编者

目　录

第1章 绪论

1.1 设施规划的概念和研究内容

1.1.1 设施与设施规划的概念

设施规划起源于早期制造业的工厂设计，是工业工程的重要分支。18世纪80年代产业革命后，工厂逐步取代了小手工作坊，管理工程师开始关心制造厂的设计工作。在早期，工厂设计的活动主要有三项：①操作法工程（Methods Engineering），它重点研究的是作业测定、动作研究等工人的活动；②工厂布置（Plant Layout），就是机器设备、运输通道和场地的合理配置；③物料搬运（Material Handling），就是对从原料到制成品的整个物流的控制。操作法工程涉及的是人，而工厂布置、物料搬运涉及的则是人、机、物的结合。19世纪50年代以后，随着工厂规模和生产复杂程度的增大，工厂设计从传统的只涉及较小的系统发展到大而复杂的系统，而且涉及市场、环境、资金、法律和政策等诸多因素。因此，工厂设计除了注重人、机、物的结合外，还发展到了与资源、能源、环境、信息和资本等要素相结合。同时，工厂设计的原则和方法，逐渐扩大到了非工业设施，包括各类服务设施，如机场、医院、超级市场等。“工厂设计”一词逐步被“设施规划”“设施设计”所代替。

所谓设施，通常被认为是生产系统或服务系统运行所需的有形固定资产，在“设施”内，人、物料、机器被集合在一起，以实现一个规定的目标。例如，对于制造工厂来说，设施就是指所占用的土地、建筑物、生产及生产辅助设备、公用设施等，投入各种原材料、零配件和辅助材料等，产出各种产品投放市场；对于餐饮业，设施包括土地、店铺、餐饮炊事设施等，投入食品和服务人员，使顾客得到满意的餐饮服务。由于各种内部或外部的原因，当为了实现几个目标时，这些目标包括以最低的成本、使顾客满意的质量或用最少的自然资源等来制造产品或提供服务，“设施”必须经过恰当的规划、设计和管理才能达到期望的目标，这正是“设施规划”的主要工作。

对设施规划（也称为“设施规划与设计”）的定义，有各种不同的表述。

在美国的James A.Tompkins和John A.White等合著的《设施规划》中指出，“设施规划是就如何使一个有形的固定资产，为实现其运营的目标提供最好的支持，做出决定。”对这个定义，他们做了进一步说明：如对一个制造工厂，设施规划涉及如何使制造设施为生产提供支持做出决定；对一个机场，设施规划涉及如何使机场设施为乘客与飞机之间的联系提供支持做出决定；同样，对一个医院，设施规划是如何使医院为病人医护提供支持做出决定。

在美国的Richard Muther和Lee Hales合著的《系统化工业设施规划》中指出，"工业设施规划就是设计或确定怎样具体地把一个工厂建造出来，使之运行或生产。工业设施规划人员的工作，是为一个工业公司有效实现其产品的设计、创造、分发，提出所必需的工厂面积、建筑物和设备。"

在美国James M.Apple的著作《工厂布置与物料搬运》中指出，"设施设计工程师为商品生产系统或服务系统进行分析、构思、设计，并付诸实施。设计通常表现为物质设施（设备、土地、建筑物、公用设施）的一个平面布置或一种安排，用以优化人流、物流、信息流，以及有效、经济、安全地实现企事业目标的措施之间的相互关系。"

在德国的Hans Kettner等合著的《工厂系统设计手册》中指出，"工厂设计的任务是，在考虑众多总体条件和边界条件的情况下，为工厂创造实现企业目标、社会功能和国民经济功能所需的先决条件。也就是说，工厂设计要保证生产工艺流程既正确又经济，工厂人员能在良好的工作条件下进行工作。"

在《中国大百科全书》机械工程篇中指出，"机械工厂设计是为新建、扩建或改建机械工厂进行的规划、论证和编制成套设计文件。工厂设计是一项技术与经济相结合的综合性设计工作。"

尽管"设施规划"在不同书籍和文献中有不同的表述，但它们所表达的核心思想都是：①设施规划（或设计）的对象是整个制造系统或服务系统而非其中的一个环节；②设施规划的目的是使设施得到优化布置，支持系统实现有效的运营，以便在经济合理投入时获得期望的产出。

1.1.2 设施规划的研究内容

1.1.2.1 设施规划的研究范围

设施规划的研究范围不仅仅是实体建筑完成之后的内部布置，因建筑建成后的布局会受既定空间的限制，往往不能配合实际需要，为求勉强适应，其布局难免有削足适履之嫌，且大大减弱了设施的功能。以制造系统为例，良好的设施规划，除了既定的建厂目标和生产项目外，对所使用的机器设备、动力系统、人力资源、法规限制等都需做通盘考虑，然后才设厂建厂，从事厂内布局。因此，设施规划可分为两部分，如图1-1所示。第一部分设施设计涵盖工厂内所有布局方面的工作，包括设施结构系统设计、设施布置设计、物料搬运和储存系统设计等。设施结构系统设计是对结构系统、暖通空调系统、建筑围护系统、电气照明系统、通信系统、安全系统和给水排水系统等设施进行协调的设计；设施布置设计是对建筑物、机器、设备、运输通道、场地，按照物流、人流、信息流的合理需要，做出有机组合；物料搬运和储存系统设计，是对物料搬运的路线、运量、搬运方法和设备、储存场地等做出合理安排。第二部分设施选址涵盖基本的设施位置选择，是对可供选择的地区和具体位置的有关因素包括顾客因素、供应商因素和其他设施的相互作用因素等进行分析、评价和选择，达到场址的最佳化，设施选址包括选位和定址；设施选址将决定企业在一个特定区域内设立一个工厂或数个工厂的最经济位置，或者在超过一个设施时，决定哪个客户由哪一个设施提供服务等事项。

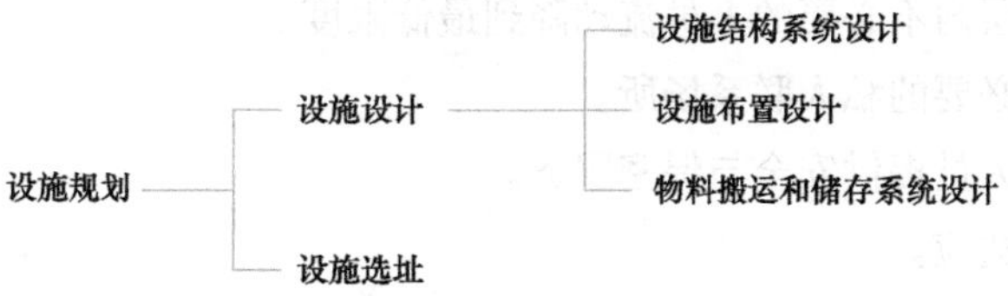

图1-1 设施规划的范围

1.1.2.2 设施规划的研究问题

设施布置是设施规划中研究最多的内容之一，下面以设施布置为例介绍其所研究的问题。设施设计人员面临的设施布置问题不仅包括新建制造或服务系统，而且还包括现有系统的扩建、联合和修改等。根据统计资料，即使是建成的制造工厂，每2～3年也需要改变1次设施布置。近年来，随着产品更新速度的加快，布置变化的频率也在增加。下面是一些需要更改设施布置的例子：

1）某汽车配件厂要导入精益生产方式，需要通过改变生产现场的设施布置来实现“一个流生产作业”等精益技术。

2）一家眼镜制造企业订单不断增加，但是没有多余的面积可以扩大生产，一位工业工程师建议淘汰陈旧的生产设备，购入高效设备并重新布置车间，以提高单位厂房面积的生产率。

3）企业因生产新产品，要建立一条新的生产装配线，需要设计、建造和安装。

4）一家保险公司租得一幢多层办公楼，准备将公司总部迁入，要将其内部空间划分为前台、办公室、会议室等，并合理安排位置。

5）一家中型超市因增设农产品销售区，需要重新布置货架。

……

通常，设施布置问题可分为：服务系统布置问题、制造系统布置问题和非传统布置问题三类。

1. 服务系统布置问题

虽然本书主要讨论制造系统的布置问题，但是服务系统的布置问题也同样重要，制造系统布置问题中的经验对服务系统布置问题也有重要的参考价值。例如，餐厅中桌、椅、厨具的布置，银行办理大厅、政府办公室和公共图书馆的布置等就是服务系统中布置设计问题很好的例子。

对于新服务系统的开发，需要通过提出以下问题来判断布置的依据是否正确：

1）现有系统的空间是否过大？

2）现有空间是否过于昂贵？

3）建筑物是否在合适的位置？

4）一个新的布置会如何影响组织和服务？

5）办公室区的工作过于集中还是分散？

6）办公室的结构能否支持工作规划？

7）布置和公司的形象协调吗？

作为一个服务设施的布置，必须实现以下目标：

1）将建筑物或楼层内不必要的人员流动降到最低限度。

2）设施内应提供必要的私人联系场所。

3）为建筑物内的人员提供安全与保密服务。

4）和建筑法规相适应。

此外，在开发服务系统布置时，要比制造系统更多地考虑到美学的问题。因为服务系统的顾客必须参与服务过程，所以一个愉快、舒适、宜人的环境十分重要。同时，服务系统的布置最终必须与其形象相协调。例如，在牙医诊所的候诊区域中，可以准备电视机、养鱼缸以及四周宜人的色调，也可以准备大的玻璃窗和镜子。这些布置不仅改进了牙医诊所的外观，而且使候诊区的顾客更具耐心。

2. 制造系统布置问题

制造系统布置和服务系统布置所考虑问题的侧重点不同。例如，办公室布置强调的是便于联系和减少人员来往的拥挤，以及拥有私人会晤的场所。而在制造系统布置中，主要考虑的是将物料搬运成本降至最低、为职工提供安全的工作场所和便于管理人员的监管等。制造系统的布置问题包括确定机器设备的位置、设置工作地及其他，要达到以下目的：

1）使原材料、零件、工具、在制品及最终成品的运输成本最低。

2）人员来往交通流动方便、轻松。

3）增加职工士气，严肃风纪。

4）将个人工伤、事故和损失降至最低。

5）提供监控和面对面交谈的场所。

制造系统中的设施不仅有机器设备、工作地，还有仓储空间、清洗室、工具间、实验室、办公室、休息区及员工服务设施等。

3. 非传统布置问题

除以上问题外，还有很多情况涉及布置问题。例如，线路板上的布置问题，这一问题包括如何安排线路板上的各种元件，使用于连接的导线长度最短；如何合理安排键盘上各键的位置，以提高键盘的输入效率。

1.2 设施规划过程和Lee氏FacPlan模型

1.2.1 设施规划过程

如果从设施全生命周期的角度来看设施规划过程，就可以更好地理解设施规划过程的含义。尽管一项设施的产生只需规划一次，但设施产生后还需要经常被重新规划，以便使得设施能与其他经常变化的目标保持同步。设施规划及再规划的过程是与图1-2所示的连续改进的设施规划过程联系在一起的，这一过程持续到设施拆除为止。之所以要对设施进行持续改进，是因为要满足目标不断改变的需要。

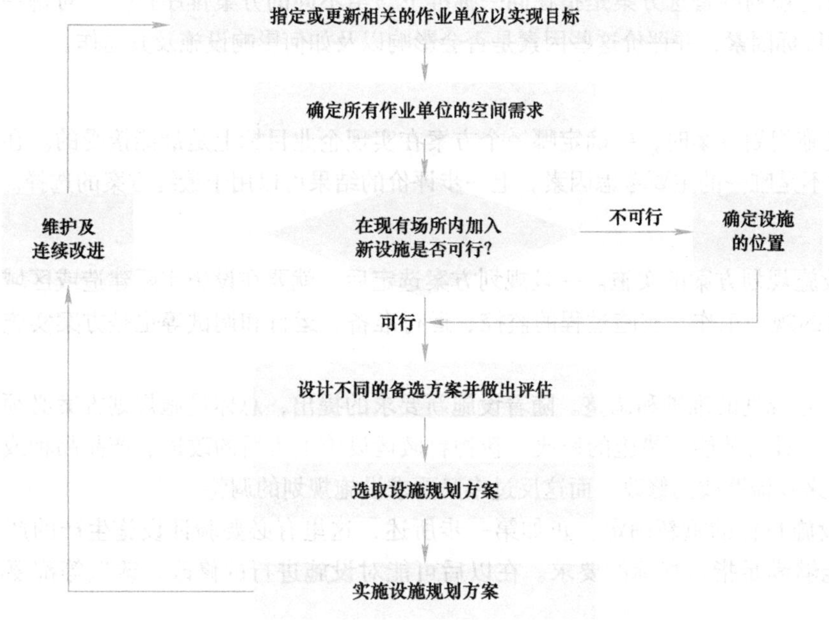

图1-2 连续改进的设施规划过程

尽管设施规划并不是一门精确的科学，但它也可以通过组织、系统的方式来寻求解决方法。传统的工程设计过程可以应用到设施规划之中，这一设计过程如下：

1．定义问题

（1）定义（或重新定义）设施的目标。不管是规划新的设施还是改进已有的设施，必不可少的要求是设施生产的产品和/或提供的服务要实现特定的目标。只要有可能，目标就要以产量或作业活动水平来衡量。

（2）划分实现目标需要进行的主、辅作业单位。要进行的主、辅作业活动和需满足的要求由所涉及的运作、设备、人员和物流的标准确定。辅助作业活动服务于主要作业活动，以使主要作业活动免受干扰和延迟。例如，维修就是制造的一项辅助作业活动。

2．分析问题

确定所有作业单位之间的相互关系。在设施范围内明确作业单位是否有相互作用，以及如何相互作用，或者是如何支持其他作业单位的，还有这些活动是如何进行的。这里要分析出定性和定量的关系。

3．确定所有作业单位的空间需求

在计算每一作业单位的空间需求时，要考虑所有的设备、物料和人员的需求。

4．设计备选方案

基于以上信息，产生多种不同的设计方案。备选的设施规划方案包括备选的设施选址和设施设计两个方面。设施设计的不同备选方案应包括备选的布置设计、结构设计、物料搬运和存储系统设计。根据具体情况的不同，可将设施选址决策和设施设计决策分开考虑。

5. 评价备选方案

评价设施规划的备选方案是指在同一标准下，给不同的方案排序打分。对每一种方案，确定所涉及的目标因素，并评价这些因素是否会影响以及如何影响设施及其运作。

6. 选择优先设计方案

选择设施规划方案时，要确定哪一个方案在实现企业目标上是最能接受的。在大多数情况下，成本并不是唯一的主要考虑因素。上一步评价的结果可以用于最终方案的选择。

7. 设计方案的实施

（1）设施规划方案的实施。一旦规划方案选定后，就要在设施实际建造或区域布置之前完成相当数量的规划工作。实施过程的监控、运行准备、运行和调试等也是方案实施阶段要做的工作。

（2）设施规划的维护和调整。随着设施新要求的提出，总体设施规划方案必须进行相应的修改。例如，针对节能新措施的修改、新物料搬运设施上市后的改进、产品品种或产品设计的改变都会带来物流路线的修改，而这反过来又要求设施规划的调整。

（3）设施目标的重新确定。正如第一步所述，这里有必要验证设施生产的产品或提供的服务是否能够满足指定指标的要求。在以后可能对设施进行的修改、改造等都要再考虑这些指标。

1.2.2 Lee氏FacPlan模型

由Quarterman Lee提出的被称作“FacPlan”的模型，为设施规划提供了一种整体、广泛和全面的方法，FacPlan的框架是高度系统化和结构化的，特别强调策略方面。FacPlan的另一重要方面是充分顾及单元制造，并且考虑到和其他制造功能的对接，可以提供有效的生产控制。

从Lee的观点来看，对设施规划所用的方法可以包括经验性的、克隆的、从底向上的、系统化的、策略性的和他所提出的FacPlan。经验法中，设施设计是基于从过去丰富的知识中所获得的经验，当然，基于经验的设施设计有一定的局限性。首先，在新技术、新管理思想下的组织结构完全可以取代陈旧过时的知识，也就是经验。还有，由经验而来的规划设计，通常是个别人或少数人的记忆结果，其他人完全可能有其他的甚至与之矛盾的经验。当然，在规划一项重要的设施时，不能无视经验，必须在广泛的范围内收集各种相关的经验，用作判断和鉴别之用。

克隆可以简单地复制一项或一部分现有的设施。对于需要设计的新设施，其条件和现有设施相同时，这种方法是十分有效和快速的，同时新设施可以很好地工作。对于大多数设施来说，由于厂址、工艺和工作人员的不同，克隆的应用也会受到限制。

从底向上的方法从详细的细节开始，设计人员必须仔细考虑工作任务、机器设备和人员以便决定各作业单位，进而到整个设施布置。假设这些底层细节，以及如何被组合进一个大的系统都是已知的，并要假设在一定时间内，这些详细的情况不会改变，则此法是令人满意的。在稳定环境下的小型设施经常可以满足这些条件。从底向上的规划设计不适合推行新的运作策略。因为一切细节必须在最终设计和建设之前完成设计，否则将大大延长建设周期。在大型项目中，如要求大量的细节则难于按计划进行设计。实际上，这一方法在设施规划项目中很少应用。

在设施规划中尚未经过足够考验的另一重要方法是策（战）略法。这种方法是自顶而下的方法。此法首先制定策略方针，然后安排采用的技术、组织机构，再用设施去支持。从商务和公司的策略开始，如在全球范围内选址，再转向运作策略，最终以布置细节如设备位置的布置来结束工作。

Lee氏FacPlan综合了各种方法的优点，既是系统化和结构化的，又加了策略性。此方法按不同的设施设计人员，分别利用经验和知识，可以在不同的情况下从详细到一般或相反从一般到详细，即从底向上或从顶向下的方法均可行。FacPlan是从底层开始的递阶式层次结构。它用一个典型（样板）项目计划，在合适的时间针对策略问题，指导和组织每一个项目。

FacPlan为设施规划问题提供了一个综合的和结构化的框架，此框架可以分成五个层次的作业：场址选择、前空间规划、宏观空间规划、微观空间规划、亚微观空间规划（如图1-3～图1-8所示）。前空间规划的主要工作是场址选择，宏观空间规划和微观空间规划是形成设施规划的重点，微观空间规划的工作属于人机工程和相关工作地设计。虽然FacPlan企图包含处理上述全部五项工作，但从工业工程范围来考虑，还是落在宏观、微观和亚微观空间规划之中。

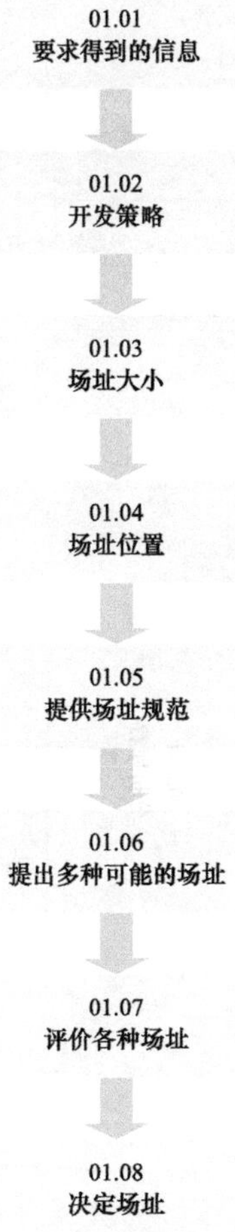

图1-3 场址选择（FacPlan的第一层次作业）

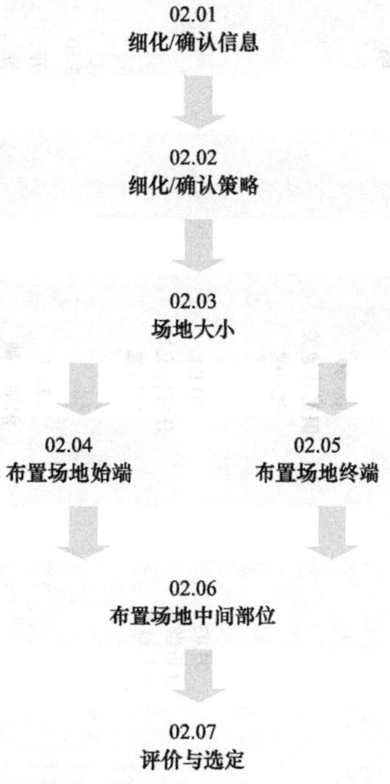

图1-4 前空间规划（FacPlan的第二层次作业）

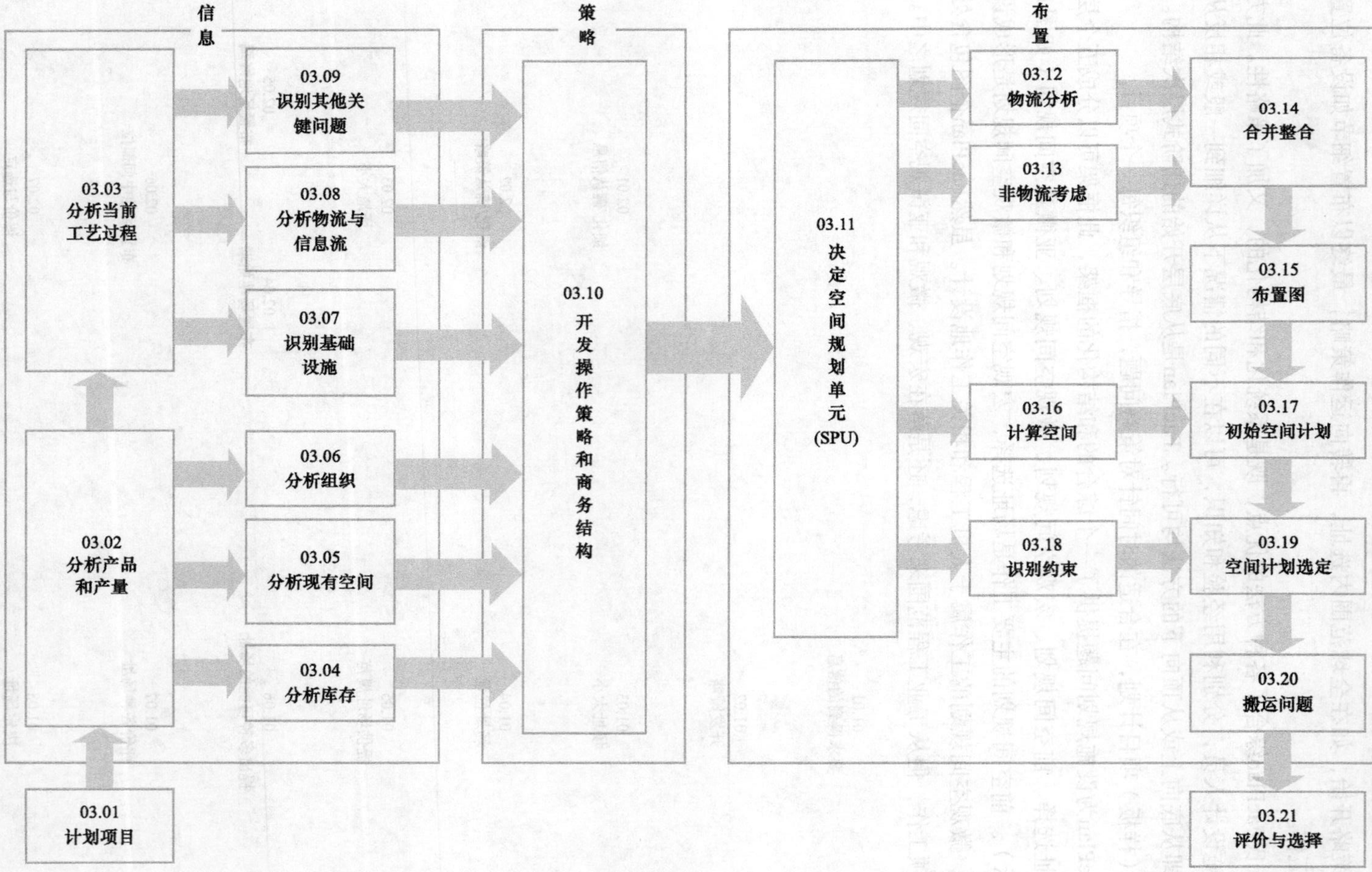

图1-5 典型宏观空间规划（FacPlan的第三层次作业）

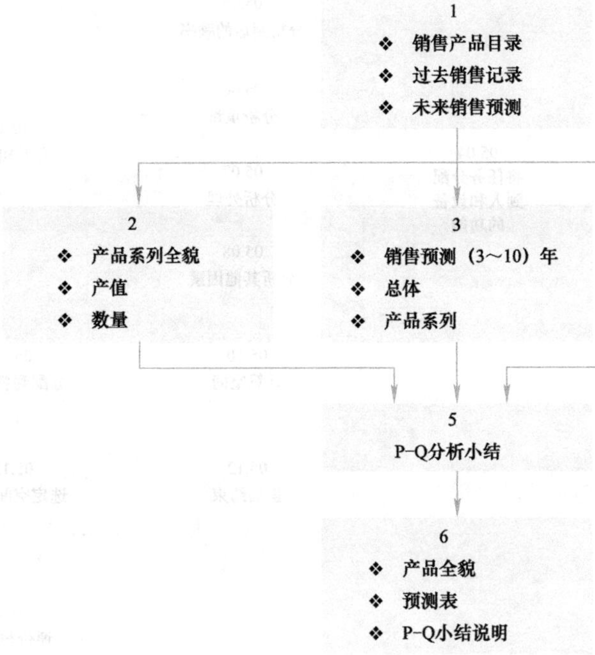

图1–6　03.02的产品—产量（P–Q）分析过程

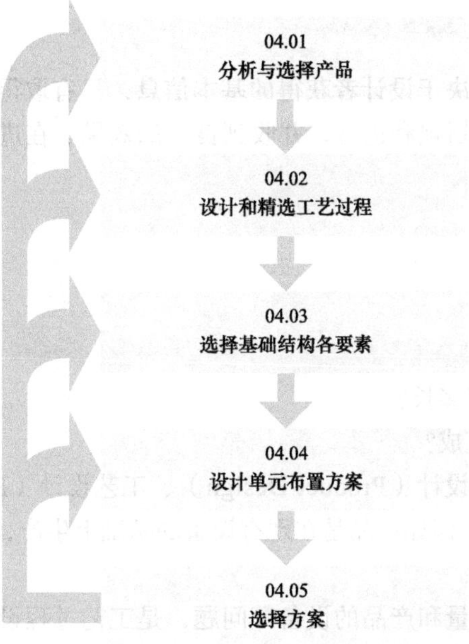

图1–7　典型的微观空间规划项目（FacPlan的第四层次作业）

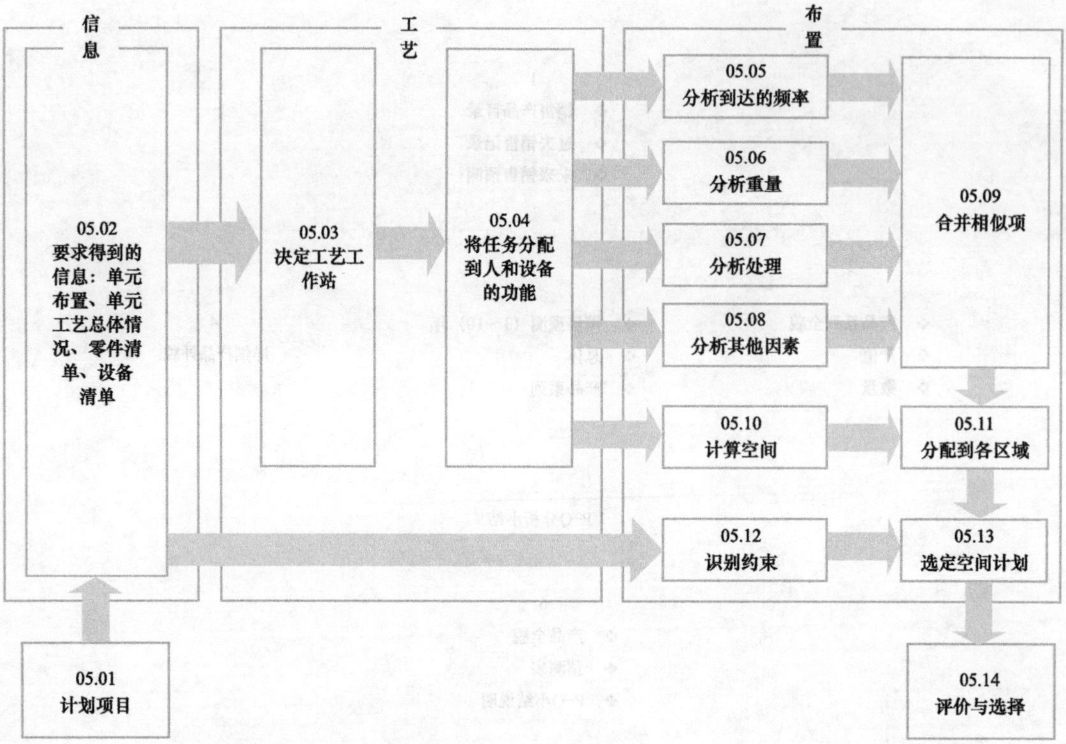

图1-8 FacPlan的典型亚微观空间规划项目（FacPlan的第五层次作业）

1.3 设施规划的原始信息和数据准备

设施规划的设计结果取决于设计者获得的基本信息，只有取得大量数据和各种实际情况的第一手资料，才能使设施规划顺利进行，并收到良好的效果。在进行设施规划前必须获得以下几个问题的答案：

1）生产什么？

2）如何生产？

3）什么时候生产？

4）每种产品生产多少？

5）生产该产品的周期有多长？

6）产品各工序在哪里完成？

前五个问题可以由产品设计（Product Design）、工艺设计（Process Design）、流程设计（Schedule Design）来回答。假如产品是在现有设备的基础上生产，那么最后一个问题也可以在流程设计中解决。

产品设计决定产品的产量和产品的设备等问题，是工艺过程设计的前提。产品设计过程详细说明了产品的尺寸信息、零配件信息、材料信息，还可能包括包装信息等，这些信息对工厂设计有重要的影响。

工艺设计可以决定产品将怎么生产，从而得到相关的产品加工工艺信息。工艺设计的资料是工厂物流系统设计和工厂布置的重要依据，需要设施规划人员的积极参与。

流程设计决定了产品生产的过程，包括进行的作业内容、作业顺序、作业地点等的规划，其目的是如何使整个生产过程更为有效地执行和运转。

一个成功的生产企业需要具备一个有效的生产系统，而设施规划是根据产品的生产和加工时间，完成生产设备的布置，实现生产系统的规划与设计。

因此，与设施规划有紧密关系的是产品设计、工艺设计和流程设计三个设计过程。产品设计、加工工艺选择、产品加工流程和设施布置等问题都是一个企业生产和运转最根本的问题，图1-9表示了这三个重要的设计过程与设施规划之间的关系。

图1-9 三个重要的设计过程与设施规划之间的关系

设施规划要有效进行，必须依靠这三项设计及时、有效、准确的输入。

获得设施规划所需要的主要信息来源于以下方面。

1.3.1 市场部门的信息

对工业设计来说，市场部门的信息是最重要的。市场部门分析国内外市场的需求以及研究如何满足顾客需要的方法和手段，这是设施规划设计人员必须了解的。市场部门应提供的基本信息包括：产品的销售价格、产品的市场容量（生产纲领）、产品的季节性以及配件或备件的市场供应情况等。

1. 产品的销售价格

产品的销售价格并非由销售部门单独决定，而是需要由销售、生产和财务部门共同来决策，同时工业工程部门应该协同研究成本数据。

2. 产品的市场容量（生产纲领）

生产数量和日产量对于设施规划来说是一个非常重要的数字，因为它决定了需要提供空间的机器和人员的数量。为了实现这个目标，必须考虑工厂速率（即每台机器和每个工作地需要以何等速度工作以满足目标）。以下是关于使用市场营销部门信息来确定工厂速率的例子：

例如，某工厂每班次需要生产2 000件产品，一天工作8h（480min），假设类似产品的宽放时间为15%，工厂以90%的效率工作。因此，每个工人的有效工作时间为480min×85%×90%=367min。这就意味着工厂里需配置每分钟生产5.45件产品的工作地、人员和机器设备，计算如下：

$$\text{每分钟所需的产量} = \frac{2\,000\text{件}}{367\,\text{min}} = 5.45\text{件}/\text{min}$$

3．产品的季节性

季节性对于设施规划也很重要。因为某些产品可能只在一段时间内销售，如圣诞节用品。若生产安排至季节前才开始，则可能需要大量临时的机器或错过市场时间；如果一年都在为圣诞节生产，则需要10～12个月的仓储。因此，需要在制品成本和生产能力成本之间做出平衡，以决定何时开始生产以及每天生产多少商品，其目的是使总成本最低。生产与库存控制策略对设施规划有很大的影响。

4．配件或备件的市场供应情况

在产品的生命周期内，一般需向客户供应各种易磨损的备件。这样，企业不仅需要额外的库存，还需要储存和销售的服务面积，这在设施规划时一定要考虑在内。

1.3.2 产品设计和工艺过程的数据

产品设计和工艺过程的数据对于一个企业来说，一般表达为生产纲领性文件BOM（Bill of Materials）、工艺路线图（Route Chart）、装配/操作工艺图表（Assembly/Operations Process Chart）和操作顺序图（Precedence Diagrams）等。

1．产品设计

产品设计的数据包含生产什么产品和每种产品的详细设计及文件。生产何种产品通常由顶层管理者根据市场情况做出决策。另一种情况是从规划到建成设施需要一定的时间，在面向动态的市场和产品的情况下，也可能出现在给定的设施内不大可能准确规定所生产的产品的情况。因此，设施规划人员必须意识到在他们的任务中所存在的不确定性程度。当然，弹性化的设计会给设施规划人员带来较大的困难，在一般情况下并不希望这样做，而通过产品质量功能配置（Quality Function Deployment，QFD）和同类产品的质量评比（Benchmarking）可以较好地决定产品。当有了规定的产品后，就能做出较好的工业设施设计。

一旦产品决定后，由产品设计部门提供的装配图、零部件明细表和零件图是进行工业设施规划最重要的依据。产品设计部门必须向设施规划人员提供详细的产品零部件明细表，表中应包括零件编号、零件名称、每种零件的数量、由零件组成的组件或部件，也可以包括零件材料的规格和原材料价格等，以便管理层做出外购或自制的决策。图1-10所示为某泵阀企业准备生产的产品——自吸泵，表1-1所示为自吸泵的零部件明细表。

另外，自吸泵的装配图和零件图也十分重要，零件图上要有完整的视图、尺寸、材料、公差和表面粗糙度等各项制造技术条件。此外，设计部门最好还要提供产品的实物模型或样品，以便设施设计人员详细观察和研究产品。

图1-10　自吸泵外观图

表1-1　自吸泵的零部件明细表

产品名称		自吸泵	产品代号		80ZX125	计划年产量	2 100件	共1页/第1页
序号	零件名称	零件代号	自制	外购	材料	总计划需求量（件）	单件重量/kg	说明
1	泵体		√		HT250	2 100	70	
2	泵轴		√		45	2 100	1.5	
3	叶轮		√		45	2 100	10	
4	脚盘		√		HT250	2 100	38	
5	泵体联轴器		√		HT250	2 100	2	
6	电动机联轴器		√		HT250	2 100	2	
7	轴承盖		√		HT250	2 100	6	
8	后盖		√		HT250	2 100	9	
9	进口法兰		√		45	2 100	14	
10	出口法兰		√		45	2 100	14	
11	机械密封			√	F4	2 100	0.3	
12	六角弹性块			√	橡胶	2 100	0.4	
13	O型密封圈			√	橡胶	2 100	0.01	
14	油堵			√	塑料	2 100	0.02	
15	标牌			√	铝	2 100	0.02	
16	螺栓			√	45	54 600	0.04	
17	弹簧片			√	65Mn	8 400	0.02	
18	垫圈			√	20	8 400	0.01	
19	轴承体		√		HT250	2 100	20	
20	轴承			√	铝基轴承合金	4 200	1.5	
21	挡水圈			√	塑料	2 100	0.5	
22	电动机			√		2 100	15	

2. 生产纲领与工艺过程

设施规划除了明确生产什么产品外，还要明确这种产品的生产规模，它将决定工业设施规模的大小。产品的生产规模（生产纲领）一般以年产量来计算，年产量主要取决于市场的需求和预测，也可考虑投资的可能性。对于少品种的大批量生产来说很容易决定年产量，对于多品种成批生产的企业，为了简化设计，一般可从众多的产品中选定代表产品。选定代表产品主要考虑三个因素：代表产品和被代表产品应为同类产品，基本结构应尽可能相似；选定的代表产品应是该工业设施建成后生产数量最多的产品；同类产品中如果年产量差不多，应选中等尺寸者为代表产品。

选定代表产品后需将被代表产品的数量折合成代表产品的当量数（Q），以便作为设计的依据，即

$$Q=aQ_x \tag{1-1}$$

式中　Q——折合为代表产品的年产量；

Q_x——被代表产品的产量；

a——折合系数，有

$$a=a_1 a_2 a_3$$

其中，a_1为重量折合系数，可用下式计算：

$$a_1=\sqrt[3]{\left(\frac{W_x}{W}\right)^2}$$

式中　W_x——被代表产品的单台重量；

　　W——代表产品的单台重量。

a_2为成批性折合系数，批量大每台所需劳动力小，a_2<1；批量小则a_2>1，如表1-2所示。

表1-2　成批性折合系数

n/n_x	0.5	1.0	2.0	4.0	7.0	10.0
a_2	0.97	1.0	1.12	1.22	1.31	1.37

注：1. n和n_x分别为代表产品与被代表产品的年产量。

2. n/n_x一般不小于0.5，不大于10；其他的值可用插值法求得。

a_3为复杂性系数，复杂性包括两方面内容，分别为制造精度的差别和产品结构复杂程度的差别。此系数一般根据产品设计师的经验来决定。在某种情况下可能还要考虑其他因素，可根据具体情况再计入总系数当中。

所以，总生产纲领代表产品年产量加上被代表产品的折合年产量之和。

在决定了产品及其生产纲领后，尤其是对产品零件的外购或自制决策后，最重要的数据就来源于自制零件的工艺和产品的装配。零件制造工艺的数据来自工艺路线卡，在大批量生产时还有更为详细的工序卡。表1-3为自吸泵产品中后盖的工艺路线卡。通常工艺路线卡中包含零件号、名称、材料、加工批量、各工序编号、各工序加工内容、采用设备、工艺装备、工时定额以及技术工人要求等。不同的企业有不同的工艺习惯和传统，因此工艺路线卡形式也可能不同。图1-11为后盖的工艺流程图，可以更直观地反映出生产流程的详细情况。

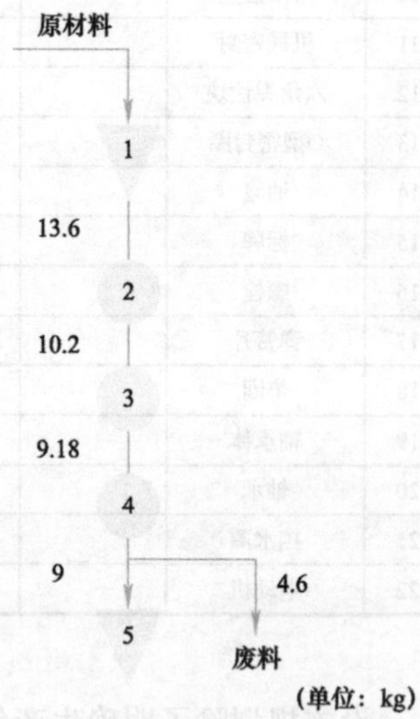

图1-11　后盖的工艺流程图

表1-3　后盖的工艺路线卡（部分）

产品名称	零件号	材料	单件重量	计划年产量	年总产量
后盖	HG0012	HT250	9kg	2 100件	
序号	作业单位名称		工序内容		工序材料利用率（%）
1	原材料库		准备铸锭		
2	铸造车间		铸造		75
3	机加工车间		粗铣、镗、钻		90
4	精密车间		精铣		98
5	半成品库		暂存		

一旦自制零件生产完毕，供应商提供了外购件，就进入了装配阶段。装配过程卡上表示出产品的装配顺序，利用装配展开图和零部件明细表，设施设计人员就能很方便地画出装配卡。装配的顺序可能有不同的方案，通常选择装配时间最短者为最佳方案，同时还要对装配线进行平衡。来自装配卡的各种数据正是设施设计人员工作的基本依据。

1.3.3 管理层的策略

企业最高管理层是从企业总体战略的高度来看待设施规划项目的，因此，任何一项新的设施都必须服从公司的经营战略。在设施项目实施前要做前期工作，其目的是研究论证设施项目的目标和必要性，然后做出决策。对于研究论证，国内外普遍以"可行性研究报告"形式体现。在项目决策前对项目做技术、经济论证和评估，来作为项目决策的主要依据。下面对影响设施规划的主要因素进行讨论。

1. 可行性研究

可行性研究是设施规划的前提，是企业最高管理层对该项设施规划战略意图的体现。

联合国工业发展组织（UNIDO）和世界银行出版的《工业可行性研究手册》是比较常用的规范化格式，我国各部门也常按此手册实施。可行性研究主要解决以下五个方面的问题：技术上是否可行；经济上是否盈利；需要多少人力、物力资源；需要多长时间建设；需要资金多少及如何筹集。更具体来说，可行性研究报告应有以下十方面的内容：①背景、意义、依据及投资必要性；②市场销售预测及生产规模；③资源、原材料及公用设施支持的可能性；④建厂条件和厂址方案；⑤生产流程及实现方案；⑥环境保护及污水处理；⑦企业组织、人员需求和培训；⑧实施进度；⑨投资、资金筹集及回收期；⑩社会效益及经济效益的评价。

2. 库存管理策略

企业的库存应为原材料、在制品和产成品提供一定周期（如1个月）的存储空间（包括设施），库存量一旦确定下来，计算所需的空间就容易了。但如果企业采用准时制（JIT）等管理方式，就要减少库存，即减少仓库空间，这将影响到设施的布置。

3. 投资策略

企业投资方针主要体现在投资回收期上。投资是成本，回收是收益，通常制造业工厂的回收期为3～5年，而服务业的项目回收期则较短，一般为1～3年，不同行业有较大的差别。

当提出一个设施规划方案给管理部门以期得到批准时，真正请求的是批准预算，所以预算应在企业的投资计划之内。因此，工程师必须收集来自供应商、零售商、维修工以及相关人员等方面的成本，做出合理准确的预算，并重视实施过程的预算控制。

4. "自制或采购"的决策

是制造还是购买一个零件？一个完整的制造型企业设施布置，可以包括从原材料的购进并经过一系列加工、装配，到完成最终产品；也可以包括从购进零部件经过装配到完成最终产品的一个纵向的集成过程所需要的一切设备。一个产品的设计，可以包括几个、几十个甚至成百上千个的零部件。对所有这些零部件，都要做出是自制还是外购的决策。因此，一个制造企业设施范围的大小和企业纵向的集成水平密切相关。这些决策称为"自制或采购"的决策。

自制或采购的决策是典型的管理决策，它以一般企业运营的成本为主要衡量标准，同时还考虑了市场、工艺，甚至包括人力资源等其他因素。在进行自制或采购决策时，要考虑的一系列问题如图1-12所示，图中还表明了一个零件是自制还是采购决策的一般流程。但是在决策过程中，不能完全生搬硬套这个决策流程图，而是要根据具体的项目和工程实践灵活地安排和考虑。例如，对于一些笨重部件，考虑到搬运困难，即使有现成的采购，也可能会放弃采购的考虑。同时，随着供应链管理的发展，企业需要不断增强自己的核心竞争力，可能会逐渐地放弃一些利润很小的环节，转而投资和开发自己占有优势的方面。

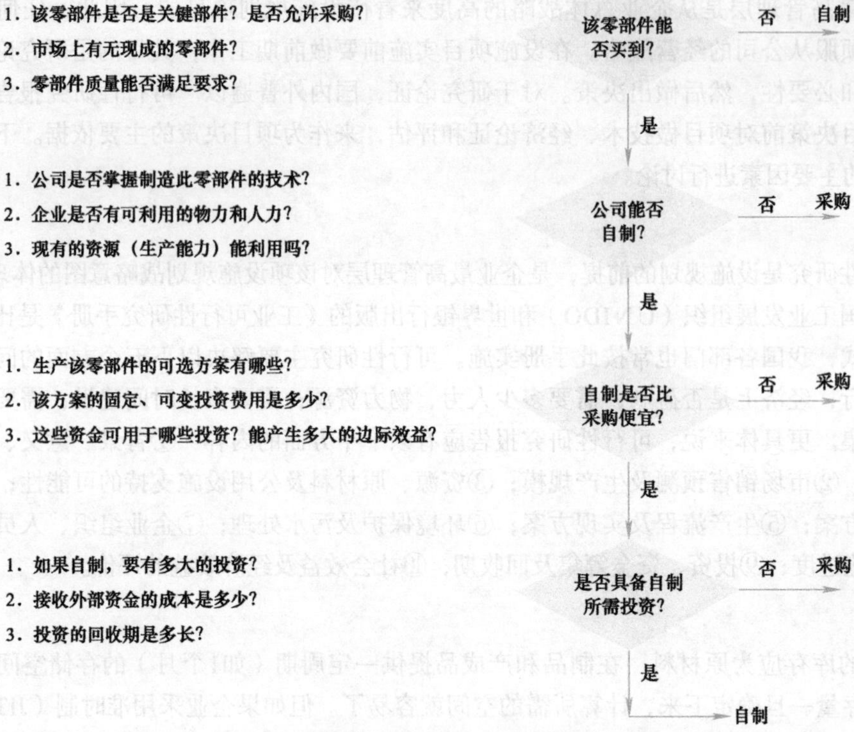

图1-12　自制—采购决策过程图

5．开工日期

开工日期要根据市场和竞争的形式来决定，这也是最高管理层的重要决策。

6．公司的组织和规模以及未来的发展

公司的组织和规模决定了职工的人数，这对设施设计人员来说非常重要，职工人数决定了公共设施如食堂、办公室、厕所、医务室和宿舍等处面积的大小，各处的功能还决定了各部门之间的合理布置。

习题与思考题

1. 设施以及设施规划的定义是什么？设施规划的主要目的是什么？
2. 设施规划的研究内容包括哪些？设施布置有哪些类型，各有何要求？
3. 简述设施规划的过程以及Lee氏FacPlan模型的内容。
4. 在进行设施规划以前，需要哪些主要原始信息和数据？不同行业所需的原始信息和数据是否相同？请你选择某两个代表行业进行说明。
5. 你认为哪个部门的信息对设施规划最重要？不同行业是否有区别，请选择代表行业做说明。
6. 何谓代表产品的年产量？折合系数由哪些因素来决定？
7. 为何要进行自制—采购的决策？

第2章

设施选址

2.1 概述

设施选址是指针对新建或扩建设施，运用科学的方法决定设施的地理位置，使之与企业的整体经营运作系统有机结合，以便高效、经济地达到企业的经营目的。

设施选址是设施规划的重要内容之一，也是涉及政治、经济、文化和科技的一个关键而又复杂的问题。特别是大型工业设施的选址是否合理，将会影响到社会生产力分布、城镇建设、企业投资和建设速度等诸多方面。另外，设施地址对投产后的生产经营费用、产品和服务质量以及成本都有极大而长久的影响。一旦选择不当，它所带来的不良后果无法通过建成后的局部改进、加强和完善管理等其他措施来弥补。因此，在进行设施选址时，必须充分考虑到多方面因素的影响，慎重决策。

设施选址分为两大类，即单一设施选址和综合设施选址。单一设施选址是指根据产品和生产规模等目标为一个独立的设施选择最优的地址，问题相对简单。而综合设施选址则是为多个设施或一个企业所属的若干工厂、仓库、销售点或服务中心等选择最佳的地址，使得这些设施数量、位置和规模达到优化，这无疑也增加了设施选址的复杂度。

设施选址包括两个层次的内容：地区选择和地点选择。地区选择是指选择设施建设的区域，如选择沿海还是内陆、南方还是北方等。在当前全球经济一体化的大趋势之下，或许还要考虑是选择国内还是国外。地点选择则是指在地区选定的基础上，在该地区内选定一片土地作为设施的具体建设位置。

2.2 影响设施选址的主要因素

2.2.1 设施选址的基本原则

1．长远发展原则

设施选址是一项带有战略性的经营管理活动，因此选址时要有战略意识。选址工作要考虑到企业生产力的合理布局，还应符合国家生产力布局规划和有关政策，只有这样才能既满足国民经济发展的总体需求，又有利于企业自身的生存和发展。同时，要考虑市场的开拓，要有利于获得新技术、新思想。在当前世界经济越来越趋于一体化的时代背景下，要考虑如何选址才有利于参与国际竞争。

2．费用原则

企业首先是一个经济实体，经济利益对于企业至关重要。建设初期的固定费用、投入运行后的变动费用以及产品出售后的年收入，都与选址有关。

3．聚集人才原则

人才是企业最宝贵的资源，企业地址选得合适有利于吸引人才。反之，因企业搬迁造成员工生活不便，导致员工流失的事例常有发生。

4．接近用户原则

对于服务业基本都需要遵循这条原则，如酒店、银行、电影院、医院和零售业的所有商店等。许多制造企业也把工厂建到消费市场附近，以降低运费和损耗，并能更好地与客户进行沟通。

2.2.2 设施选址考虑的因素

设施选址时应考虑的因素可以从两个方面来进行分类。从选址的层次来看，可分为地区选择因素和地点选择因素；从各因素与产品成本的相关性来看，可分为经济因素和非经济因素。

2.2.2.1 地区选择因素

设施场址的地区选择要从宏观的角度考虑，不同类型的设施需要考虑的因素不同。一般情况下，地区选址应主要考虑以下因素：

1．社会环境条件

一个企业的发展离不开国家和地方的政策支持。在地区选择时，要考虑到国家的政策导向、产业发展规划以及当地的法律规定、税收政策等情况是否有利于投资。例如，当前国内中西部地区为了承接产业转移，大力开展招商引资活动，对投资的企业有若干年的惠税政策；国内各种工业园区和经济开发区一般在金融税收方面都有优惠政策。在国外建厂时还应注意当地的政治环境是否稳定，是否临近自由贸易区等。

2．市场条件

市场是企业生存和发展的基础。在地区选址时，要充分考虑该地区的市场情况，包括对产品和服务的需求情况、消费水平、运输状况以及与同行业竞争的态势。要分析在相当长的时期内，企业是否有稳定的市场需求以及未来市场可能的变化。

3．资源条件

企业的运作需要充分的资源供应，在选址时就要充分考虑该地区是否能满足企业对各种资源的需求。资源包括原材料、能源、资金以及人力资源等。不同类型的企业所需求的资源是不同的，例如发电厂、造纸厂、化工厂等需要大量的水，应建在水源充足的地区；钢铁企业需要大量的矿石，最好选在接近铁矿的地区。

除了物质资源外，还要考虑到人力资源。劳动力的来源、数量以及质量应满足相应类型企业的需要。例如纺织、制衣、餐饮等劳动密集型企业对劳动力的数量要求大，对专业知识要求却不高；而对于汽车、大型机械、精密仪表、信息技术（IT）行业等技术密集型企业，在要求劳动力数量得到满足的情况下，对员工技术等级也有着较高的要求。

由于各地的消费水平不同，工资标准也不同，因此还应该考虑到当地的工资水平所带来的影响。

4. 基础设施条件

交通道路、网络与通信、动力、燃料管线、废水处理等基础设施对投资成本影响很大，因此在选址时要考虑到该地区的基础设施条件，充分利用现有的基础设施，以便大大减少投资成本。

另外，很多企业都远离城市，因此还必须考虑到企业员工上下班是否方便的问题。在中小城镇，职工上下班时间一般不宜超过30min；在大都市，一般不宜超过1h；在高原高寒地区步行时间一般不宜超过15min。

5. 配套供应条件

对于制造业厂商而言，尤其是那些复杂机电产品的制造商，需要众多的零部件厂与之配套供应。因此，场址所选地区应当有足够多的配套件合格供应商，以便能够及时得到配套服务，这对降低总成本、追求敏捷制造有着重要的意义。

2.2.2.2 地点选择因素

在完成了设施的地区选址之后，就要在选定的地区内确定该设施的具体地点。一般来说，制造业选点要比服务业选点复杂很多。设施选点应考虑的主要因素有：

1. 地形地貌条件

设施所选场址要有适宜的地形和必要的场地面积。为了物流运输的安全和方便，一般选择地形较为平坦的地点，这样可以减少复杂的土石方工程。但完全平坦的地点又不利于地面积水的排放，因此场地地势最好能一面或自中心向四周以较小的坡度倾斜。另外，为了满足生产需要，设施场地的面积应能够将所有工场和建筑物合理地容纳下来，其中还应包括运输设备行走的面积以及扩建面积。

2. 地质条件

为了满足建筑设计的要求，设施所在地点应该拥有良好的地质条件，例如土壤要有足够的地基承载力、地下水位应低于地下建筑物（如地下室、油库等）的基准面，同时场址地表应高于最高的洪水位。因此，在地点选择过程中，应对所有拟选场址及其周围区域的地质情况进行深入调查和实际勘测，对该场址的区域稳定性和工程地质条件做出评价。

3. 占地原则

场址选择时，应减少农业用地的使用，尽量利用荒地和劣地，但不应设在有开采价值的矿藏以及开采过后的矿坑上。位于城市或工业区的拟选场址应与城市或工业区的规划相协调。

4. 施工条件

为了保证施工的顺利进行，选址时要注意调查当地可能提供的建筑材料，如矿石、砖、瓦、钢材等。这样可以减少建筑材料的运输费用，也就降低了建设成本。

5. 气候条件

不同地区的风向、风速各不相同，在选址时不仅要考虑本企业产生的废气对周围环境的影响，也要考虑到其他企业对自己的影响。场址应位于住宅区的下风方向，以免厂内排放的废气烟尘影响居民。同时厂址不应设置在现有或拟建有污染排放工厂的下风区，以免受吹来的废气烟尘的影响。窝风的盆地会使烟尘不易消散，故不宜选为厂址。

为确定方向，可制出表示该地各个季节里最频繁的风向和风速的风向图（或称为风玫瑰图），通过地方气象台的观察资料，可按10～20年的平均数制作该图。如图2-1所示为某两个城市的风玫瑰图。

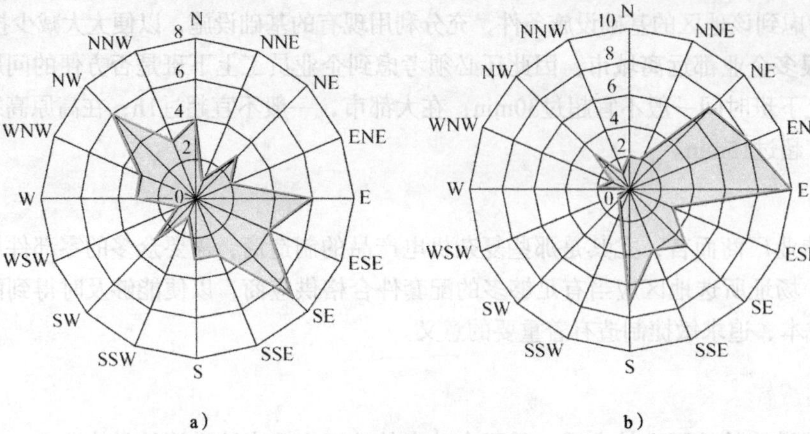

图2-1 风玫瑰图

6．特殊条件

对于那些对气压、湿度、防磁、防辐射线等有特殊要求的行业，应该要考虑到周围环境的影响，反之也要考虑其对周围环境的影响。对于那些易燃易爆的行业，应考虑一定的防护距离。

需要指出的是，无论是地区选择还是地点选择，都必须考虑到本企业的组织类型与经营战略。服务业应贴近服务对象、邻近社区，从而可提升服务水平、增大客流量与业务量，带来企业收入的增加。基于市民生活质量的提升、制造成本的降低和市区规划等因素，制造业正逐渐远离市区。组织类型使服务业与制造业两者的设施选址大相径庭。即便同为制造业，甚至是同类型的制造业，也会因为各自经营战略的差异而使得考虑选址问题的出发点不同。例如，戴尔公司着重于为顾客提供更多的多样化产品和个性化配置，从而采取了网上选购模式，并在若干中心地区设置供应链设施。联想公司则基于为顾客提供快速的响应、周到的选购帮助及详细的价格对比，在城区设置了多个计算机零售店。我国的苏果公司则强调为顾客提供廉价的商品、便利的服务，故它的众多零售店均设在居民区。

综上所述，影响设施选址的因素非常多，想要使设施选址达到最优化是一项相当复杂而艰巨的任务。因此设施规划人员在选址时应综合考虑以上各种因素，选择资源、人力、物力都能合理利用的场址，使其功效最大化。

2.2.2.3 影响设施选址的经济因素和非经济因素

1．经济因素与非经济因素

从宏观的地区选择到微观的地点选择，影响设施选址的因素有很多。为了构建决策模型，以便于科学决策，根据这些因素与拟建设施运营成本的相关性程度，又可将其分为经济因素和非经济因素。经济因素是指那些与产品成本有直接关系、可以货币化表示、能进行定量分析的因素，也称为成本因素；非经济因素是指那些虽与成本无直接联系，但能间接影响设施选址决策、产品成本以及企业未来发展的定性因素，也称为非成本因素。

表2-1列出了一些影响设施选址的经济因素和非经济因素，可作为选址评价的定量与定性指标；同时也给出了在一般情况下这些因素重要性等级的建议值。

表2-1 影响设施选址的经济因素和非经济因素

经济因素	重要性等级	非经济因素	重要性等级
1. 原料供应及成本	关键	1. 组织经营与竞争战略	关键
2. 动力、能源供应及成本	关键	2. 地区政府政策	关键
3. 人力资源成本	关键	3. 国家及地区政治环境	关键
4. 产品配送成本	重要	4. 当地环境保护要求	重要
5. 零配件供应（含运输）成本	重要	5. 气候和地理环境	重要
6. 建筑及土地成本	重要	6. 地区人文习俗	重要
7. 水资源及其成本	重要	7. 城市规划和社区情况	重要
8. 税率、利率和保险	次要	8. 发展机会	次要
9. 资本市场和流动资金	次要	9. 同一地区的竞争对手	次要
10. 各种服务及维修费用	次要	10. 配套、合作环境	次要

2. 经济因素与非经济因素的权衡

不同类型的企业以及不同性质的规划项目，设施选址的影响因素各不相同，同时各影响因素的重要性也不一样。因此，根据各个因素对具体选址项目的重要性等级不同，在经济因素与非经济因素之间做出恰当的对比与权衡成为最终选址成功与否的关键。通常，在仔细列举所有影响因素的情况下，首先考虑关键的经济因素与非经济因素，若关键因素不符合，就没有必要再考虑其他因素。其次考虑重要因素，如果重要因素中存在不符合要求的，而且不能通过一定措施得到解决的，那么也不能选择为候选场址。最后考虑次要因素，若次要因素不能符合要求，一般可以通过增加辅助设施或改变设施设计加以解决，次要因素一般对设施选址不起决定性作用。本章的第4节分别给出了定量评价方法、定性评价方法以及综合考虑定量与定性因素的评价方法。

需要指出的是，随着企业经营环境与自然因素、社会因素等发生变化，各经济因素的量值也会发生不同程度的变化，如人力资源成本的增加或运输成本的降低。而且，各经济因素与非经济因素对设施选址的重要性等级也会发生变化：原本不重要的因素上升为重要，甚至上升为关键因素；而原本的关键因素则变得不那么重要。因此，在选址准备阶段，需要对未来一定时期内各因素重要性等级的变化做出预测，并将预测结果纳入决策模型中，从而使最终选址方案具有一定时期内的适应性，以减少现行设施营运成本，或降低重新选址的设计费用与设置费用。

2.3 设施选址的步骤和主要内容

在我国，工业设施的场址选择通常分为四个阶段：准备阶段、地区选择阶段、地点选择阶段和撰写设施选址报告阶段。

1. 准备阶段

准备阶段的主要工作就是根据企业的需求，确定设施选址的期望目标。所需的主要的信息包括：

（1）企业生产的产品和生产规模。

（2）企业的运营工作，包括生产、仓储和管理等。

（3）设施的组成，包括作业单位面积估算及特殊要求。

（4）产品计划供应的目标市场及销售渠道。

（5）需要的资源要求，包括资源的数量、质量和供应渠道等。

（6）企业物流量和运输方式等。

（7）产生的废料及其处理方式等。

（8）所需人力资源要求。

（9）外部协作条件等。

根据以上信息列出选址时要满足的要求，列举选址的影响因素，提出这些因素的技术经济指标。

2. 地区选择阶段

在地区选择阶段，首先要调查研究、收集资料，如走访主管部门和地区规划部门，征询选址意见，在可供选择的地区调查社会、经济、资源、气象、运输和环境等条件，然后根据上述资料对候选地区进行分析比较，提出地区选择的初步意见。

3. 地点选择阶段

在地点选择阶段，要对地区内若干地址进行深入调查和实际勘测，查阅当地有关地质、气象、水文、地震等方面的历史统计资料，收集通信、供电、交通运输、给水排水等资料，研究运输线路以及公用管线的连接问题，经研究比较后提出数个候选场址。

4. 撰写设施选址报告

经过大量的实地勘测和调查研究之后，在各个阶段都要撰写相应的报告。报告中应该清楚地写明所选场址的具体情况、分析比较结果、推荐理由等，并附有各种图样，以供领导和管理部门决策。为了便于决策者决策，选址报告应该对设施场址的每个候选方案做出相应的定性和定量的综合评价，并排出优劣顺序。

最终的设施选址报告中一般应包括如下内容：

（1）本场址选择的概况与确立依据（如正式批准文件等）。

（2）拟选择地区的概况及自然条件、社会人文风貌等。

（3）拟建设施的规模及主要技术经济指标，包括工业设施产能，区域位置，用地估算面积，原材料、配套件及产品等的运输方式、运输线路及运输量概算，设施初步总体布置概况等。

（4）各场址选择方案的比较，包括当地自然条件与社区人文状况比较、所需资源获取比较、设施建设费用及未来经营费用比较、投资经济效益与社会效益比较和环境影响比较等。

（5）对各场址选择方案的综合分析和结论，包括各可选方案的排序。

（6）当地政府相关部门的意见，以及社区和社团组织的意见。

（7）附件，包括已达成的各项协议文件抄件、场址区域位置图、交通线路图、设施管线初步走向和设施初步总体布置图等。

此外，设施选址报告也应当对当前选址项目的必要性做适当分析说明。

设施选址的流程如图2-2所示。

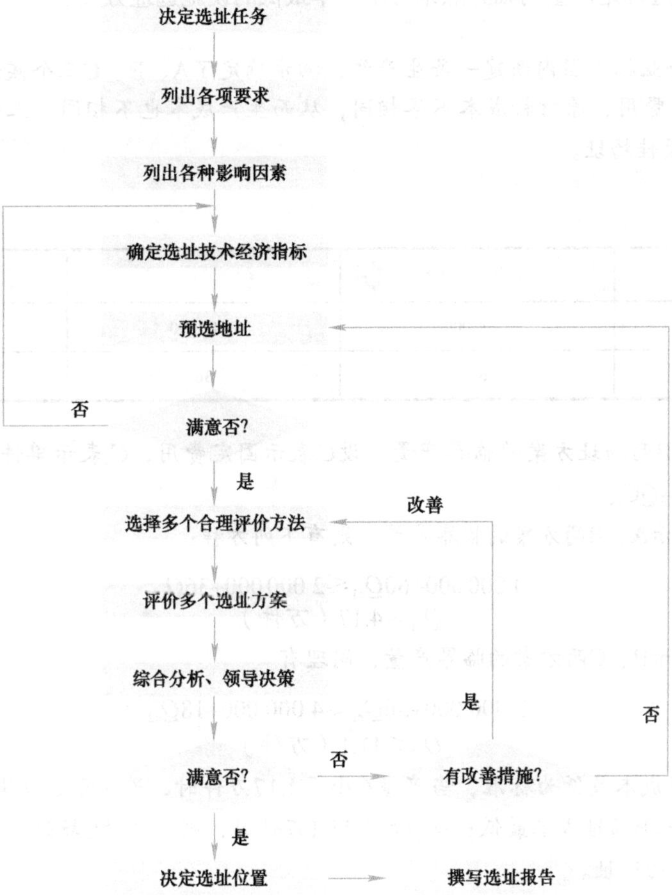

图2-2　设施选址的流程

2.4　设施选址的评价方法

从多个候选场址中决定最终的场址需要科学决策，其关键在于确定合适的评价指标和选择适当的评价方法。影响设施选址的因素很多，有些是可定量化的成本因素，另外一些则是定性的非成本因素。因此，在进行设施选址方案分析比较时，依据是否涉及成本因素或（和）非成本因素，可将选址评价方法分为定量评价、定性评价和综合评价三大类。

2.4.1　定量评价法

在影响场址选择的各种因素中，大部分因素都能用成本的形式体现出来，因此可以采用比较经济成本的方法来决定各候选方案的取舍，从而最终确定最佳场址。此处介绍几种最常用的方法，使读者对设施选址的定量方法有一个初步的认识。

1. 盈亏点平衡法

该方法是工程经济和财务管理中的基本方法，它建立在产量、成本、预测销售收入的基础上，着眼点在于通过确定产量的临界点来寻求成本最低的设施选址方案。

例2-1 某外资企业拟在国内新建一条生产线，初步确定了A、B、C三个候选场址，由于各场址土地费用、建设费用、原材料成本不尽相同，从而生产成本也不相同。三个场址的生产成本见表2-2，试确定最佳场址。

表2-2 不同候选场址的生产成本

生产成本	A	B	C
固定费用/（元）	1000000	2000000	4000000
可变费用/（元/件）	60	36	18

解：先求A、B两场址方案的临界产量。设C_f表示固定费用，C_v表示单件可变费用，Q为产量，则总费用为C_f+QC_v。

（1）令Q_{c1}表示A、B两方案的临界产量，则有下列方程：

$$1\,000\,000+60Q_{c1}\leqslant 2\,000\,000+36Q_{c1}$$
$$Q_{c1}\leqslant 4.17\text{（万件）}$$

（2）设Q_{c2}表示B、C两方案的临界产量，同理有

$$2\,000\,000+36Q_{c2}\leqslant 4\,000\,000+18Q_{c2}$$
$$Q_{c2}\leqslant 11.1\text{（万件）}$$

结论：以生产成本最低为标准，当产量Q小于4.17万件时，选A场址为佳；产量Q在4.17～11.1万件之间时，选B场址成本最低；当Q大于11.1万件时，则应选择C场址。可见要根据不同的建厂规模确定相应的场址。

2. 重心法

选址时，因运输方式或运输距离而导致在产品成本中运输费用所占比例较大，企业的原材料由多个原材料供应地点提供或其产品运往多个销售点时，可以采用重心法来选择运输费用最少的场址。应用此方法时，运输费用等于货物运输量与运输距离以及运输费率的乘积。

如图2-3所示，拟建工厂坐标为$P(x, y)$，工厂共有n个原材料供应地（也可视为产品销售集散地），其中第i个原材料供应地P_i的坐标为(x_i, y_i)，i=1，2，…，n。现欲求出工厂的合适位置，使得从工厂到各地的运输费用最小。

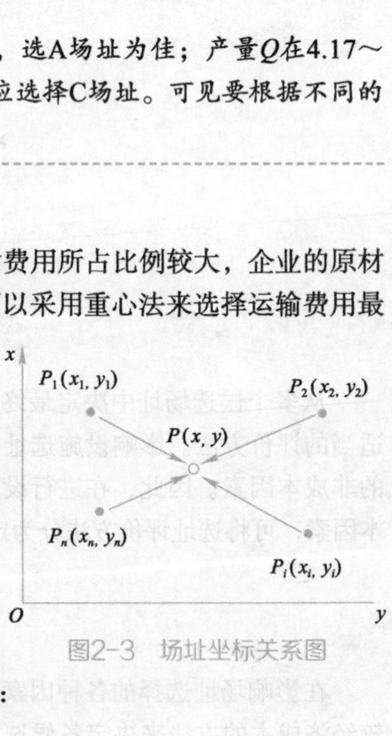

图2-3 场址坐标关系图

设r_i为P_i地到工厂的单位原材料单位距离运输费，q_i为P_i地到工厂的原材料运输量，d_i为从P_i地到工厂的直线距离，Z_i为从P_i地(x_i, y_i)运至工厂所在地$P(x, y)$的运输费用，则：

$$Z_i = r_i q_i d_i \tag{2-1}$$

式中　$d_i=\sqrt{(x-x_i)^2+(y-y_i)^2}$。

总费用Z为

$$Z=\sum_{i=1}^{n}Z_i=\sum_{i=1}^{n}r_iq_id_i \tag{2-2}$$

由于d_i是x、y的函数，则总费用Z也是x、y的函数，即

$$Z=f(x,y)=\sum_{i=1}^{n}r_iq_i\sqrt{(x-x_i)^2+(y-y_i)^2} \tag{2-3}$$

为了使总费用最小，上述选址问题转变为求具体解x^*、y^*，使Z取极小值。依据高等数学多元函数求极值的方法原理可知，能使得$\frac{\partial Z}{\partial x}=0$、$\frac{\partial Z}{\partial y}=0$成立的$x^*$、$y^*$，即为所要求的最佳工厂位置。

$$\frac{\partial Z}{\partial x}=\sum_{i=1}^{n}\frac{r_iq_i(x-x_i)}{\sqrt{(x-x_i)^2+(y-y_i)^2}}=0 \tag{2-4}$$

$$\frac{\partial Z}{\partial y}=\sum_{i=1}^{n}\frac{r_iq_i(y-y_i)}{\sqrt{(x-x_i)^2+(y-y_i)^2}}=0 \tag{2-5}$$

解得：

$$x^*=\frac{\sum_{i=1}^{n}(r_iq_ix_i/d_i)}{\sum_{i=1}^{n}(r_iq_i/d_i)} \tag{2-6}$$

$$y^*=\frac{\sum_{i=1}^{n}(r_iq_iy_i/d_i)}{\sum_{i=1}^{n}(r_iq_i/d_i)} \tag{2-7}$$

式（2-6）和式（2-7）虽给出了x^*、y^*的表达式，但因d_i是x、y的函数，仍不能一次性直接求出x^*、y^*的数值。故此处还需用迭代法来求x^*、y^*的数值，它们的迭代表达式分别为

$$x^*_{(k)}=\frac{\sum_{i=1}^{n}(r_iq_ix_i/d_{i(k-1)})}{\sum_{i=1}^{n}(r_iq_i/d_{i(k-1)})} \tag{2-8}$$

$$y^*_{(k)}=\frac{\sum_{i=1}^{n}(r_iq_iy_i/d_{i(k-1)})}{\sum_{i=1}^{n}(r_iq_i/d_{i(k-1)})} \tag{2-9}$$

其中
$$d_{i(k-1)}=\sqrt{(x^*_{(k-1)}-x_i)^2+(y^*_{(k-1)}-y_i)^2} \tag{2-10}$$

根据式（2-8）和式（2-9）可求出最佳场址坐标（x^*，y^*）。具体步骤如下：

（1）给出式（2-8）和式（2-9）的初始条件，即假设的场址初始位置（$x^*_{(0)}$，$y^*_{(0)}$）。

（2）令k=1，利用式（2-10）求出$d_{i(0)}$。

（3）利用式（2-2）求出总运输费用$Z_{(0)}$。

（4）令k=k+1，利用式（2-8）和式（2-9）求出第k次迭代结果（$x^*_{(k)}$，$y^*_{(k)}$）。

（5）代入式（2-10）求出$d_{i(k)}$，利用式（2-2）求出总费用$Z_{(k)}$。

（6）若$Z_{(k)}<Z_{(k-1)}$，说明总运费在减少，返回步骤（4），继续迭代，否则说明$\left(x^*_{(k-1)}, y^*_{(k-1)}\right)$为最佳，迭代停止。

由以上反复迭代求解可知，该问题非常适合采用计算机编程进行计算。

此外，通过研究发现，若用下面两式，即式（2-11）与式（2-12）来计算最佳场址坐标，其结果与用计算机迭代求解结果相差不大。因此，在实际选址过程中，为了简化计算，往往用式（2-11）与式（2-12）的解作为最佳场址，它们实质上成为最佳场址的简化计算公式，即

$$x^* = \frac{\sum_{i=1}^{n} r_i q_i x_i}{\sum_{i=1}^{n} r_i q_i} \tag{2-11}$$

$$y^* = \frac{\sum_{i=1}^{n} r_i q_i y_i}{\sum_{i=1}^{n} r_i q_i} \tag{2-12}$$

例2-2 某公司欲在某城市建设一座工厂，该厂每年要从A、B、C、D四个原料供应地运来不同的原料。各供应地与城市中心的距离和年运输量见表2-3，假定各种材料运输费率相同。试用重心法确定该厂的合理位置。

表2-3 各供应地与城市中心的距离及年运输量表

原材料供应地	A		B		C		D	
各供应地与城市中心的距离/km	x_1	y_1	x_2	y_2	x_3	y_3	x_4	y_4
	50	40	65	70	20	18	78	30
年运输量/t	2 000		1 500		1 200		800	

解：根据式（2-11）与式（2-12）得：

$$x^* = \frac{50\times 2\,000 + 65\times 1\,500 + 20\times 1\,200 + 78\times 800}{2\,000 + 1\,500 + 1\,200 + 800}\text{km} \approx 51.62\text{km}$$

$$y^* = \frac{40\times 2\,000 + 70\times 1\,500 + 18\times 1\,200 + 30\times 800}{2\,000 + 1\,500 + 1\,200 + 800}\text{km} \approx 41.93\text{km}$$

需要说明的是，影响场址选择的因素是多方面的，很难通过简单的数学计算来确定场址。由重心法计算出的场址，并非就一定是合理的地点。譬如，若用公式计算出的位置恰好有现存大型建筑物或者有河流经过时，便不宜在此处建厂。另外，重心法采用的两地距离是直线距离，在大多数情况下这种简化假设也不尽合理。由此可见，重心法求出的解还比较粗糙，它的

实际意义在于能为选址人员提供一定的数据参考。例如，当不同选址方案其他方面差不多时，可以考虑选择那个与重心法计算结果最为接近的方案。

3. 线性规划法

对于由多个工厂向多个需求点和供应点（仓库、工厂和销售点）运输的问题，通常采用线性规划法求解更为方便。运输问题不但是运筹学的主要课题之一，也是设施规划课程的典型问题。运输问题的一般性描述如下：

设某公司由m个工厂向n个销售点供货，并且产销平衡。其中，第i个工厂的总产量为P_i（i=1，2，…，m），第j个销售点的需求量为S_j（j=1，2，…，n）；又令X_{ij}为从工厂i到销售点j的运输量，C_{ij}为单位产品的运输成本，运输问题就是求出适合的X_{ij}，使总运输费用最低。

用函数形式化表示为

$$\min(Z)=\sum_{i=1}^{m}\sum_{j=1}^{n}C_{ij}X_{ij} \tag{2-13}$$

约束条件为

$$\begin{aligned} &\sum_{j=1}^{n}X_{ij}=P_i \quad (i=1,\ 2,\ \cdots,\ m) \\ &\sum_{i=1}^{m}X_{ij}=S_j \quad (j=1,\ 2,\ \cdots,\ n) \\ &X_{ij}\geqslant 0 \\ &\sum_{i=1}^{m}P_i=\sum_{j=1}^{n}S_j \end{aligned} \tag{2-14}$$

该问题当然也可以用运筹学的单纯型法求解，但由于其约束条件的特殊性，一般采用更简便的表上作业法来求解，如最小元素法。

例2-3 某日化公司由F1、F2两家工厂向A、B、C三个销售点配货，单位运价、厂家产量及需求量见表2-4。试求最佳配货方案。

表2-4 单位运价、产量及需求量

销售点 / 需求量 / 单位运价 / 产量 / 工厂		A	B	C
		7	8	5
F1	12	③ 31 （4）	① 28 （8）	50 （0）
F2	8	④ 39 （3）	45 （0）	② 29 （5）

最小元素法的基本思想是将工厂产品优先分配给运输费用最少的销售点，如表2-4所示。下面结合表2-4列出求解步骤：

步骤1（用①表示）：选择最小运价28（工厂F1至销售点B），将工厂F1的12个产品分配8个到销售点B（用8表示），还剩4个，B的需求量已得到满足，不需要工厂F2提供，则同列对应于工厂F2的位置补0。将销售点B划去，不需再讨论。

步骤2（用②表示）：选择剩下的运价中最小的29（工厂F2至销售点C），将工厂F2的8个产品分配5个到销售点C（用5表示），C的需求得到满足，同列对应于工厂F1的位置补0。工厂F2还剩3个产品。将C列划去，不需再讨论。

步骤3（用③表示）：在剩下的运价中选最小的31（工厂F1至销售点A），将工厂F1剩下的4个产品分给销售点A（用4表示），A需7个产品，还缺3个。

步骤4（用④表示）：将工厂F2剩下的3个产品分给销售点A（用3表示），至此所有产品分配完毕。

则最小运费为$Z=4\times31+8\times28+0\times50+3\times39+0\times45+5\times29=610$。

对于分配过程，这里需要说明的是：

（1）当产量P_i不等于需求量S_j时，设置虚拟产地或虚拟销地，将产销不平衡问题转化为产销平衡问题，再利用上述方法即可求解。

（2）当产量P_i等于需求量S_j时，则一次完成产销分配，或在行上、列上补0，但不能同时补0。

在设施选址中，还会经常遇到复合选址的问题，即由多个工厂向多个销售点供货，目前有数个待选场址，要确定一个场址方案使得生产运输费用最小。复合选址问题可以转化为上面介绍的运输问题来进行求解。

例2-4 某电子设备公司通过F1、F2两家生产工厂向A、B、C、D四个售货点供货。现因市场需求量连连攀升，欲增加一新的生产工厂，可供选择场址的地点为F3、F4，产品的生产成本与运输费用见表2-5。试确定最佳场址。

表2-5 某电子设备公司的生产成本与运输费用

工厂	运输费用（万元）				年产量（万箱）	生产成本（万元）
	A	B	C	D		
F1	4.9	3.1	4.2	3.2	0.70	78
F2	3.8	4.5	3.7	2.2	0.65	73
F3	2.6	6.4	2.5	6.3	1.15	75
F4	4.6	3.8	7.9	7.5	1.15	68
年需求量/万箱	0.55	0.80	0.70	0.45	—	—

该问题是要求生产和运输总费用最小，所以应将生产成本加到运输费用上，从而得到总费用，见表2-6。

表2-6 生产与运输总费用

工厂	生产与运输总费用（万元）				年产量（万箱）
	A	B	C	D	
F1	82.9	81.1	82.2	81.2	0.70
F2	76.8	77.5	76.7	75.2	0.65
F3	77.6	81.4	77.5	81.3	1.15
F4	72.6	71.8	75.9	75.5	1.15
年需求量/万箱	0.55	0.80	0.70	0.45	—

表2-7和表2-8分别列出了新厂设在F3和F4的生产与运输总费用情况，从而将场址选择问题转化成了两个运输问题，用例2-3的方法可分别求出F1、F2、F3以及F1、F2、F4的生产运输费用，然后比较两个方案的计算结果，费用少者为佳。相关计算请读者自己完成。

表2-7 新厂设在F3的生产与运输总费用

工 厂	生产与运输总费用（万元）				年产量（万箱）
	A	B	C	D	
F1	82.9	81.1	82.2	81.2	0.70
F2	76.8	77.5	76.7	75.2	0.65
F3	77.6	81.4	77.5	81.3	1.15
年需求量/万箱	0.55	0.80	0.70	0.45	2.5 / 2.5

表2-8 新厂设在F4的生产与运输总费用

工 厂	生产与运输总费用（万元）				年产量（万箱）
	A	B	C	D	
F1	82.9	81.1	82.2	81.2	0.70
F2	76.8	77.5	76.7	75.2	0.65
F4	72.6	71.8	75.9	75.5	1.15
年需求量/万箱	0.55	0.80	0.70	0.45	2.5 / 2.5

4. 启发式方法

服务行业经常会面临在一个地区内需建立多个服务网点的问题，这类问题一般都较复杂，要想找到一个最优解往往很费时间。若通过启发式方法来求解该问题，则可以提供一种可行的解决办法。下面通过例题加以说明。

例2-5 某医疗集团拟在某市新城区建立几家医院以方便市民就近看病就医，新城区较大，共分A、B、C、D四个区域。假定每个区域在其地域内人口均匀分布，各区域可能就诊于各个医院的人数、权重因素见表2-9。那么，医院应该设置在哪个区域内，才能使市民到医院看病最方便，即总距离成本最低？

表2-9 各区域人口、距离及相对权重因素

从 区 域	至医院距离/km				各区人口数（千人）	人口相对权重
	A	B	C	D		
A	0	10	8.5	9	12	1.0
B	10	0	11	7	10	0.8
C	8.5	11	0	8	16	1.4
D	9	7	8	0	11	1.2

解：求解步骤如下：

（1）将“各区人口数”乘以“人口相对权重”及“区域至医院之间的距离”，得到总距离成本，并将各列成本数值相加，见表2-10。从该表可以看出，区域C所在列的总成本最低，为295.6km·千人，所以有一座医院应该建于C内。

表2-10 总距离成本（距离×人口×权重因素）

从区域	至医院/（km·千人）			
	A	B	C	D
A	0	120	102	108
B	80	0	88	56
C	190.4	246.4	0	179.2
D	118.8	92.4	105.6	0
总计	389.2	458.8	295.6*	343.2

（2）A、B、D各列数值与C列对应数值相比较，若小于C列同行数值，则将其保留，若大于C列数值，则将原数值改为C列数值。例如：A与C相比，0<102，取0；80<88，取80；190.4>0，则取0；118.8>105.6，则取105.6。依此类推得到表2-11，并将同列成本数值相加。

表2-11 总距离成本新表1

从区域	至医院/（km·千人）			
	A	B	C	D
A	0	102	102	102
B	80	0	88	56
C	0	0	0	0
D	105.6	92.4	105.6	0
总计	185.6	194.4	295.6	158*

由表2-11可见，区域D所在列的总距离成本最低，则应选D为另一座医院地点。

（3）若要建第三座医院，还需再选一场址，则将C列数值去掉，将A、B所在列数值与D所在列数值相比，方法同步骤（2），得到表2-12。由该表可见，A列对应总成本56（km·千人）为最小，因此A区域为第三个候选区。

综上，医院地址选择的优先关系可以按照下列顺序排列：C—D—A—B，即首选C，其次D，再选A，最后为B。

表2-12 总距离成本新表2

从区域	至医院/（km·千人）		
	A	B	D
A	0	102	102
B	56	0	56
C	0	0	0
D	0	0	0
总计	56*	102	158

选址策略是企业经营战略中的重要环节，随着科学技术的进步与投资环境的变化，企业决策者常常会面临多种选择机会，此时选址评价标准并不仅仅局限于最低成本因素，还需要考虑到政治、经济和社会等其他非成本因素的影响；特别是在很多情况下，针对选址问题，企业决策者往往要根据各种综合因素进行全方位评价。

2.4.2 定性评价法

当经济因素可以直接用货币和成本来衡量时，非经济因素必须通过一定的方法进行量化，才能用于设施选址评价。此处介绍设施选址定性评价法中常用的分级加权评价法。

分级加权评价法主要适用于非经济因素的量化，以获得基于非经济因素的定量评价结果。分级加权评价法实施步骤如下：

（1）根据场址选择的基本要求和特点列出各种影响因素（主要是非经济因素）。

（2）权重确定：按照各因素的相对重要程度，给不同因素赋以不同权重，权重大小为1～10。

（3）级别评定：就每个因素对不同备选场址进行优劣评定，一般分为五个等级，分别用字母A、E、I、O、U表示。不同级别分别代表不同的分数，如：A=4分、E=3分、I=2分、O=1分、U=0分。

（4）将某因素的权重乘以它的备选场址级别分数，得到备选场址基于该因素的评价得分，再分别将备选场址各因素的评价得分求和后比较大小，分数最高的备选场址为最佳场址方案。表2-13为分级加权评价法应用示例。从该表中可以看出甲场址分数最高，因此选择甲场址。

表2-13 分级加权评价法应用示例

考虑因素	权重	各备选场址评价等级及分数/分			
		甲	乙	丙	丁
场址位置	9	A/36	E/27	I/18	I/18
面积和外形	6	A/24	A/24	E/18	U/0
地势和坡度	2	O/2	E/6	E/6	E/6
风向和日照	5	E/15	E/15	I/10	I/10
铁路接轨条件	7	I/14	E/21	I/14	A/28
施工条件	3	I/6	O/3	E/9	A/12
同城市规划的关系	10	A/40	E/30	E/30	I/20
合计	—	137*	126	105	94

分级加权评价法实施的关键是如何合理确定各因素权重和客观评定备选场址等级，可以采

用先由专家或决策者打分，然后求平均值的办法进行。

2.4.3 综合评价法

在设施选址时，大多数情况下必须同时考虑经济因素与非经济因素。此时，应将非经济因素按一定规则和经济因素进行整合，以综合评价各候选场址，该方法称为综合评价法。此处重点介绍常用的因次分析法。

因次分析法是将各备选方案的经济因素和非经济因素按相对重要程度加权统一起来并加以比较，从而甄别方案良莠的方法。因次分析法的实施步骤如下：

（1）根据场址选择的基本要求和特点确定各种必要的影响因素。

（2）影响因素分类及类别权重确定：将各种必要的影响因素分为经济因素和非经济因素两大类，设经济因素和非经济因素的重要程度之比为$x:y$，则经济因素的权重值为$K_1=x/(x+y)$，非经济因素的权重值为$K_2=y/(x+y)$。

（3）计算备选方案i关于经济因素的度量值TJ_i。计算公式如下：

$$\mathrm{TJ}_i=\frac{\dfrac{1}{c_i}}{\displaystyle\sum_{i=1}^{n}\frac{1}{c_i}} \tag{2-15}$$

设有n个备选场址，式（2-15）中TJ_i为第i个备选场址关于所有经济因素的度量值，c_i为备选场址i的各种经济因素所反映的货币量之和，即该场址的经济性成本。之所以取成本的倒数进行比较，是为了和非经济因素相统一。因为非经济因素是极大型指标（评价值越大越好），而经济因素本身是极小型指标（评价值越小越好），因此此处将经济因素取倒数进行比较，显然计算结果大者经济性好，这样便和非经济因素评价值的要求一致起来。

很明显，若将所有备选场址的度量值相加，其和必定等于1，即$\sum_{i=1}^{n}\mathrm{TJ}_i=1$。

（4）计算备选方案关于非经济因素的度量值TF。计算过程分三个阶段：

1）确定备选场址关于单一非经济因素的评比值。在只考虑单一因素的情况下，依各备选场址在该单一因素下的重要性，将各备选场址做两两比较，令较好的比重为1，较差的比重为0；然后计算某一备选场址的所得比重与所有备选场址总比重的比值，将此值作为该场址关于单一因素的评比值TS。用公式表示为

$$\mathrm{TS}_{ij}=\frac{g_{ij}}{\displaystyle\sum_{i=1}^{n}g_{ij}} \tag{2-16}$$

式中 TS_{ij}——备选场址i关于单一因素j的评比值；

g_{ij}——备选场址i关于单一因素j的比重；

$\sum_{i=1}^{n}g_{ij}$——所有备选场址关于单一因素的总比重；

n——备选场址数目。

关于评比值更详细的计算以及注意事项，可参见运筹学中的层次分析法（AHP）。

2）确定各非经济因素的权重。对于不同的非经济因素，确定其在所有非经济因素中所占的权重比率w_j，w_j的确定可用层次分析法，也可由专家根据经验来确定；所有因素的权重之和为1，即$\sum_{j=1}^{m} w_j = 1$（m为非经济因素的数目）。

3）计算备选场址关于非经济因素的度量值。将备选场址关于单一因素的评比值与该因素权重相乘，然后将各种因素的乘积相加，便得到备选场址关于所有非经济因素的度量值TF。计算公式如下：

$$\mathrm{TF}_i = \sum_{j=1}^{m} (w_j \mathrm{TS}_{ij}) \tag{2-17}$$

式中 TF_i——备选场址i关于非经济因素的度量值；

w_j——非经济因素j的权重；

m——非经济因素的数目。

（5）确定备选方案场址位置的度量值。备选方案场址位置的度量值实质上就是备选方案综合因素（包括经济因素和非经济因素）的度量值。将备选方案关于经济因素的度量值TJ和关于非经济因素的度量值TF按因素类别权重叠加，得到该方案的综合因素度量值TZ。计算公式如下：

$$\mathrm{TZ}_i = K_1 \mathrm{TJ}_i + K_2 \mathrm{TF}_i \tag{2-18}$$

式中 TJ_i——备选场址i关于经济因素的度量值；

TF_i——备选场址i关于非经济因素的度量值；

K_1——经济因素的类别权重；

K_2——非经济因素的类别权重；

TZ_i——备选场址i位置的度量值。

例2-6 某品牌乳业公司拟在我国中部地区新建一奶制品加工场地，有三处备选场址A、B、C，因地址不同导致各场地生产成本也有区别，其经济因素成本列入表2-14；非经济因素则主要考虑政策法规、气候变化和周围产业配套。就政策而言，A地最宽松，B地次之，C地最差；就气候而言，A地、B地相平，C地次之；就产业配套而言，C地最好，A地最差。通过专家评估，三种非经济因素权重分别为0.5、0.3和0.2。要求用因次分析法确定最佳场址。

解：（1）首先计算备选场址关于经济因素的度量值TJ。

表2-14 不同备选场址、不同经济因素的生产成本

经济因素 \ 生产成本	成本（万元）		
	A	B	C
原材料	500	460	495
劳动力	70	65	85
运输费	29	32	38
其他费用	20	18	21
总成本	619	575	639

$$\frac{1}{c_1} = \frac{1}{619} = 1.616 \times 10^{-3}$$

$$\frac{1}{c_2}=\frac{1}{575}=1.739\times10^{-3}$$

$$\frac{1}{c_3}=\frac{1}{639}=1.565\times10^{-3}$$

则

$$\sum_{i=1}^{3}\frac{1}{c_i}=4.92\times10^{-3}$$

$$\mathrm{TJ_A}=\frac{1}{c_1}\Big/\left(\sum_{i=1}^{3}\frac{1}{c_i}\right)=\frac{1.616}{4.92}=0.329$$

同理

$$\mathrm{TJ_B}=\frac{1.739}{4.92}=0.353$$

$$\mathrm{TJ_C}=\frac{1.565}{4.92}=0.318$$

（2）计算备选场址关于非经济因素的度量值TF。

1）首先确定备选场址关于各个单一非经济因素的评比值TS。

a. 政策法规比较情况见表2-15。

表2-15 政策法规比较情况

场址	两两相比			方案比重	TS
	A-B	A-C	B-C		
A	1	1	—	2	2/3
B	0	—	1	1	1/3
C	—	0	0	0	0

b. 气候因素比较情况见表2-16。

表2-16 气候因素比较情况

场址	两两相比			方案比重	TS
	A-B	A-C	B-C		
A	1	1	—	2	2/4
B	1	—	1	2	2/4
C	—	0	0	0	0

c. 周边产业配套比较情况见表2-17。

表2-17 周边产业配套比较情况

场址	两两相比			方案比重	TS
	A-B	A-C	B-C		
A	0	0	—	0	0
B	1	—	0	1	1/3
C	—	1	1	2	2/3

d. 将各非经济因素比较情况汇总见表2-18。

表2-18 各非经济因素比较情况汇总

因 素	A	B	C	权 重
政策法规	2/3	1/3	0	0.5
气候因素	2/4	2/4	0	0.3
产业配套	0	1/3	2/3	0.2

2）计算备选场址关于非经济因素的度量值，具体如下：

$$TF_A=（2/3）\times 0.5+（2/4）\times 0.3=0.483$$

$$TF_B=（1/3）\times 0.5+（2/4）\times 0.3+（1/3）\times 0.2=0.383$$

$$TF_C=（2/3）\times 0.2=0.133$$

（3）计算各方案场址位置的度量值。

假定经济因素和非经济因素同等重要，则$K_1=K_2=0.5$。

$$TZ_A=0.5\times 0.329+0.5\times 0.484=0.406\ 5$$

$$TZ_B=0.5\times 0.353+0.5\times 0.383=0.368$$

$$TZ_C=0.5\times 0.318+0.5\times 0.133=0.225\ 5$$

综上计算可见，A场址的位置度量值最高，故应选A作为最佳场址。

案例与讨论

一、案例

1. 经济因素对设施选址的影响——美国部分制造业开始加速回迁美国

美国《华尔街日报》中文网络版2011年10月8日载文报道、新浪网2012年7月9日载文报道，在全球寻找工资和成本优势的博弈中，美国一些行业正退回到美国本土；特别是旨在帮助美国制造业降低生产成本、增强国际竞争力、提振实体制造业和创造更多就业岗位的《美国制造业振兴法案》于2010年8月11日生效后，美国“再工业化”步伐得到加快。例如，美国通用电气在相隔了50年后在路易斯维尔市重新开设了一家新工厂；美国器具制造商惠尔浦（Whirlpool）也在美国田纳西州的克里弗兰投资2亿美元开设了新的工厂。某些产业多年来一直在往美国回流，但现在最有可能回国生产的领域或许开始明朗起来。波士顿咨询公司指出七个最容易因美国市场迁移而使生产受到影响的工业类别分别是：家具、运输商品、计算机和电子产品、电气设备和电器、塑料和橡胶制品、机械以及金属制品。其中，67%的橡胶和塑料制品企业、42%的机械制造企业、41%的电子制造企业、40%的计算机制造企业、35%的金属制品企业表示，它们期望将企业从中国迁回到美国。随着劳动力、原料和运输成本的上涨，这些类别产品的优势将会在四年左右的时间里由中国倒向美国。其影响因素包括：中国不断上升的生产成本；由于美国一些工会变得更有灵活性，美国的工作条例得以简化，劳动力成本出现下降；美国一些州政府向企业提供更多补贴；美国的劳动生产率高于中国；美国零售商为缩短货物周转时间和削减库存而给生产商施加压力，这一压力促使更多生产商放弃因将生产转移至中国而导致的长供应链。

2. 非经济因素对设施选址的影响——中国宜兴的化工企业正逐渐关闭并外流

2007年5月，因蓝藻暴发而引发太湖水危机。宜兴市以此为契机，以安全环保为主题，对化工行业严格实行退出机制，以确保行业健康发展。从2007年起，通过首轮三年的化工行业整合整治，宜兴市依法关停化工企业454家，产业结构得到了优化。从2010年开始，宜兴市启动了第二轮化工行业整合整治，在2009年关停41家化工企业的基础上，2010年再关停40家化工企业，目标是用三年时间关停100多家化工企业，使宜兴市化工企业数缩减为2006年年初的一半。

然而，在过去的数年间，因宜兴环保政策的收紧，宜兴的一些化工企业在面临关闭的同时，也面临着外面巨大的诱惑。有的地方政府招商人员甚至跑到宜兴市环保局来了解哪些企业在宜兴将被淘汰而主动接洽。这使得这些面临关闭的化工企业纷纷外迁，其中，宜兴某镇一家化工企业搬迁至苏北某市后，在2010年为该市贡献了超过100亿元的工业产值，与企业原所在镇2010年的总产值大体相当。

3. 经济因素与非经济因素对设备选址的综合作用

全世界规模最大的代工工厂富士康公司从深圳内迁的消息于2010年7月开始传得满城风雨。

从原设施地址角度而言，从2008年开始，急于转型的深圳市政府与富士康曾就富士康搬迁问题有过讨论，正如富士康内陆地区商务长曾在2008年4月接受媒体采访时所说，在深圳土地等资源难以为继的情况下，富士康也在寻求如何发展。“怎样与市里面大的形势统一起来？这就得进行职能转换，可能会拆掉部分厂房，将生产转移到其他地区。”同时，从2010年年底始，员工加薪66%使深圳人力资源成本增加，进一步挤压了代工企业原本微薄的利润空间。但深圳对于富士康却具有内陆目前无法实现的优势。首先，富士康出口大额还是由深圳、烟台工厂实现的，而武汉、重庆、廊坊等地工厂主要做内销，如果富士康不改变其经营战略，从事的仍然是劳动密集型的出口业务，并依靠香港或华南地区进行出口，那么管理成本可能要增加10%以上，而物流运输成本则会增加30%以上。其次，在深圳富士康周围存在一个产业集群和成熟的服务体系，这是保持其竞争力的一个关键因素；而一个城市的配套服务并不是短期内能够形成的。最后，对普通员工而言，富士康仅仅是打工生涯的一个站而已，外出打工，不是奔着富士康，而是奔着深圳，选择的是一种大城市生活，放弃深圳去北方一座小城市，这与他们的人生规划是相背离的。而且，不少技术比较好的工人，在富士康已经工作多年了，很多人在当地成了家，他们更不可能迁移。

但对于内陆工厂拟选地址而言，富士康能拥有的有些优势也是深圳无法给予的。首先，当地政府在税收、土地供应、用水用电供暖等配套、劳动力供给等诸多方面做出了“最大的让步”。其次，廉价的人工成本对于代工企业而言也是很大的诱惑。最后，内迁使富士康更加接近代工企业，为内销打下基础；同时，富士康在内陆工厂选址上会考虑到进口原材料的内陆分布点，省去中间原材料出口、再进口环节成本。从而，仓储成本可能会下降20%左右，人力成本会下降30%左右，土地成本和电力成本大约会下降15%～20%。然而，在内陆工厂，熟练工人与技术骨干难以获得，生产与生活配套条件也难以在短时间内得到较大改善；同时，搬迁本身也需要大量的建设资金。

因此，富士康提出了“发展内陆，制造转移”的口号，将生产线转移地点选在山东烟台、重庆、河北廊坊、北京亦庄等地，而大部分转移地周围都有富士康大客户的工厂。同时，未来的深圳富士康基地将以“研发+部分生产”为主，将转型为富士康集团提供研发、市场、内销和物流的基地。

二、讨论

1. 当中国力图从制造大国向制造强国转变时，美国制造业回迁给予我们何种启迪?

2. 在环保日益成为全人类共同的追求时，如果你处在地方官员或者化工企业老板、企业员工的位置，在环保与发展、政绩与利益的博弈中，你将如何选择?

3. 在中国东南沿海制造企业逐步向中西部产业转移时，如果你是企业选址规划工作人员，在企业选址规划中，你将向决策者提议哪些措施以使选址规划更富有成效?

习题与思考题

1. 为什么说设施选址意义重大?

2. 地区选择的目的是什么？它和地点选择的区别是什么?

3. 根据成本因素的设施选址评价方法有哪些？分别适用于何种场合?

4. 当评价不同场址方案时，分级加权评价法和因次分析法两者应用场合有何不同?

5. 某企业已在S1和S2设有两个工厂，生产的产品供应给A、B、C、D四个城市。由于需求量增大，该企业决定在S3和S4两地中选一个建设新厂，各厂单位产品的生产成本及各厂至四个城市的运输费用见表2-19。试用线性规划法确定一个最佳厂址。

表2-19　某企业的生产成本及运输费用

工　厂	运输费用（万元）				年产量（万箱）	生产成本（万元）
	A	B	C	D		
S1	5.0	3.0	2.0	3.0	0.70	75
S2	6.5	5.0	3.5	1.5	0.55	70
S3	1.5	0.5	1.8	1.8	1.25	70
S4	3.8	5.0	8.0	8.0	1.25	67
年需求量/万箱	0.4	0.8	0.7	0.6	—	—

6. 某市要为废品处理总站选择一个最适合的地点，现有的四个废品处理分站坐落在下列坐标点（x，y）处：一分站（40，120），二分站（60，45），三分站（115，90），四分站（20，120）。每月从各分站运往总站的废品数量为：一分站350车，二分站200车，三分站300车，四分站450车。假设任何两点之间的单位运输费用相同，试用重心法找出总站最合适的坐落地点。若该地点未被当地政府接受，而只限于两个被选地点，一个坐落在A（25，35），另一个坐落在B（80，150），则总站设在哪个地点最佳?

7. 某制冷设备公司打算新建一家家用空调制造厂，经调研共有三处备选地点可供建厂选择，各地点每年的经营成本见表2-20，三处场址的非经济因素优劣比较及各因素权重见表2-21。运用综合评价法确定厂址。

表2-20 各地经营成本

经济因素	成本（万元）		
	A	B	C
劳动力	200	240	290
运输费	140	100	80
税收	180	240	250
能源	220	300	240
其他费用	180	100	140

表2-21 非经济因素优劣比较及各因素权重

因素	A	B	C	因素权重
当地欢迎程度	很好	较好	好	0.3
可利用劳动力情况	好	很好	一般	0.2
官员不当干预	一般	较多	少	0.4
生活条件	一般	好	很好	0.1

第3章

设施布置

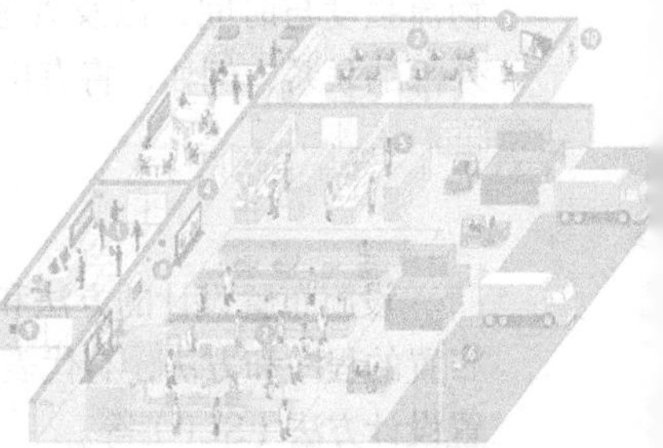

3.1 概述

3.1.1 设施布置的研究内容

设施布置是指根据企业的经营目标和生产纲领，在给定的空间场所内，按照企业的运作需求，对系统物流、人流和信息流进行分析，将人员、设备和物料等所需的空间做最适当的分配和最有效的组合，以实现期望目标。所谓给定的空间场所，可以是一个工厂、一个车间、一座百货大楼、一座写字楼或一家餐馆等。

设施布置在设施规划中占有重要地位，历来备受重视。以工厂布置为例，它的好坏直接影响整个系统的物流、信息流、生产能力、生产率、生产成本以及生产安全。优劣不同的工厂布置，在施工费用上可能相差无几，但对生产运营的影响却会有很大不同，由于优良的平面布置可以使物流搬运费用减少10%～30%，在美国，设施布置被认为是提高生产率的决定因素之一。

设施布置主要考虑以下四个问题：

1．应包括哪些经济活动单元

这个问题取决于企业的产品、工艺设计要求、企业规模、企业的生产专业化水平与协作化水平等多种因素。反过来，经济活动单元的构成又在很大程度上影响生产率。例如，在有些情况下，一个厂集中有一个工具库就可以，但在另一些情况下，也许每个车间或每个工段都应有一个工具库。

2．每个单元需要多大空间

每个单元应规划合适的空间，空间太小，就可能会影响到生产率，影响到工作人员的活动，有时甚至会容易引起人身事故；空间太大，也是一种浪费，如增加物流距离、空间利用率低等，同样也会影响生产率。

3．每个单元空间的形状如何

每个单元的空间大小、形状如何以及应包含哪些单元，这几个问题实际上相互关联。例如，一个加工单元，应包含几台机器，这几台机器应如何排列，因而会占用多大空间，都需要综合考虑。

4．每个单元在设施范围内的位置

这个问题应包括两个含义：单元的绝对位置与相对位置。有时，几个单元的绝对位置变了，但相对位置没变。相对位置的重要意义在于它关系到物料搬运路线是否合理，是否减少了物流强度与时间，以及管理和通信是否便利。此外，如内部相对位置影响不大时，还应考虑与外部的联系，例如，将有出入口的单元设置于靠近通道。

3.1.2 设施布置设计过程和几种代表方法

设施布置设计的方法和技术一直是工业工程领域不断探索的问题，专家学者提出了多种设施布置的程序和方法，有代表性的如Reed的工厂布置方法、Apple的工厂布置方法和Muther的系统布置设计方法（SLP）等。

3.1.2.1 一般设施布置设计过程

尽管设施规划并不是一门精确的科学，但它也可以通过组织、系统的方式来寻求解决方法。其中，制造设施布置的质量取决于如何收集和分析基本数据，而蓝图的绘制则是制造设施布置的最后步骤。制造设施布置系统规划的基本过程如下：

（1）定义设施的目标。

（2）明确要制造的相关信息，包括：

1）生产什么产品。

2）单位时间内要生产多少产品。

3）产品的设计信息。

4）确定部件自制还是外购。

5）了解产品工艺规划。

6）确定生产设备及其数量。

（3）确定作业单位的划分，具体如下：

1）采用什么生产布置方式。

2）企业的组织关系。

3）需要哪些生产辅助部门和服务部门等。

4）确定各作业单位。

（4）确定各作业单位之间的相互关系。

（5）确定物料搬运方案。

（6）确定各作业单位的空间需求。

（7）产生不同的设施布置方案。

（8）评价不同的设施布置方案。

（9）选择最优的设施布置方案。

（10）实施选取的设施布置方案。

（11）维护和改造设施。

（12）产品更新，重新定义设施的目标。

3.1.2.2 Reed的工厂布置方法

Reed提出了如图3-1所示的工厂布置方法：

Reed认为布置规划图表是整个布置

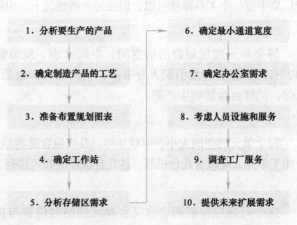

图3-1 Reed的工厂布置方法流程

程序中最重要的一个内容，布置规划图表包括：

1）工艺流程图，包括操作、运送、储存及检验的工艺流程图。

2）每项操作的具体时间。

3）机器的选择和平衡。

4）人员的选择和平衡。

5）物料搬运需求。

3.1.2.3　Apple的工厂布置方法

Apple的工厂布置方法流程如图3-2所示。

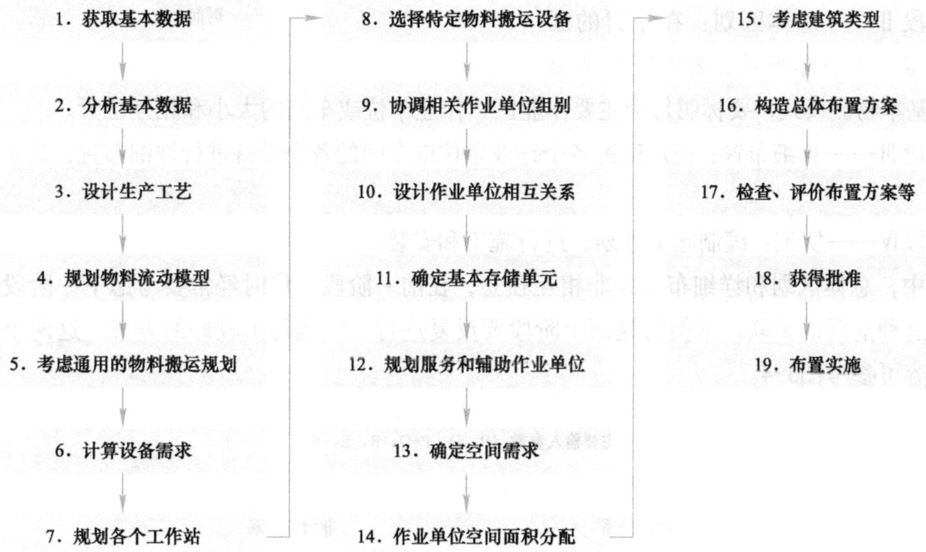

图3-2　Apple的工厂布置方法流程

注：作业单位是指布置图中各个不同的工作区或存在物，是设施的基本区划。该术语可以是某个厂区的一个建筑物、一个车间、一个重要出入口，也可以是一个车间的一台机器、一个办公室或一个部门。作业单位可大可小、可分可合，其划分要看规划设计工作所处的阶段或层次。

Apple的方法中考虑了各部门间的联系问题，以物料搬运系统作为评估各协调部门面积配置的手段，并提高了物料搬运在设施规划中的地位，但是它对于设施设计方案如何建立与改善未做完整的交代。

3.1.2.4　Muther的系统布置设计方法

1961年，Muther提出了“系统布置设计（System Layout Planning，SLP）”，这是一种条理性很强，将物流分析与作业单位相互关系密切程度分析相结合，求得合理布置的技术。

自SLP法诞生以来，设施规划设计人员不但把它应用于各种机械制造厂的设计中，而且还不断发展应用到一些新领域，如办公室的布置规划、连锁餐厅的布置规划等服务领域。

1．SLP的输入数据

在SLP法中，Muther将研究工厂布置问题的依据和切入点归纳为五个基本要素，这些就是解决布置问题的“钥匙”。五个基本要素是：①P——产品（材料）；②Q——数量（产量）；③R——生产路线（工艺过程）；④S——辅助服务部门；⑤T——时间（时间安排）。

2. SLP的四个阶段

整个系统布置设计采取四个阶段进行，称为“布置设计四阶段”，如图3-3所示。

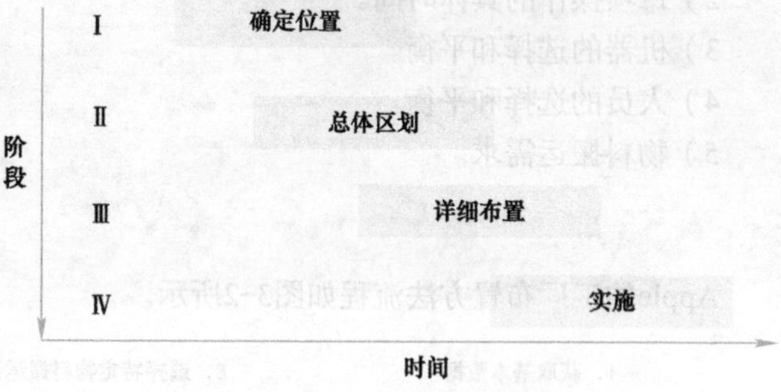

图3-3 SLP的设计阶段

阶段Ⅰ——确定位置：不论是工厂的总体布置，还是车间的布置，都必须先确定所要布置的相应位置。

阶段Ⅱ——总体区划：在布置的区域内确定一个总体布局。要决定布置范围内的基本物流模式，要标明每个主要作业区、作业单位或车间的大小和相互位置。

阶段Ⅲ——详细布置：把厂区的各个作业单位或车间的各个设备进行详细布置，确定其总体位置。

阶段Ⅳ——实施：编制施工计划，进行施工和安装。

其中，总体区划和详细布置并非相互独立，在前一阶段工作时经常要考虑下一阶段的某些细节。这种前后的关联，常使得这两个阶段要反复进行，才能得出较好的方案。这两个阶段的工作内容可参考图3-4。

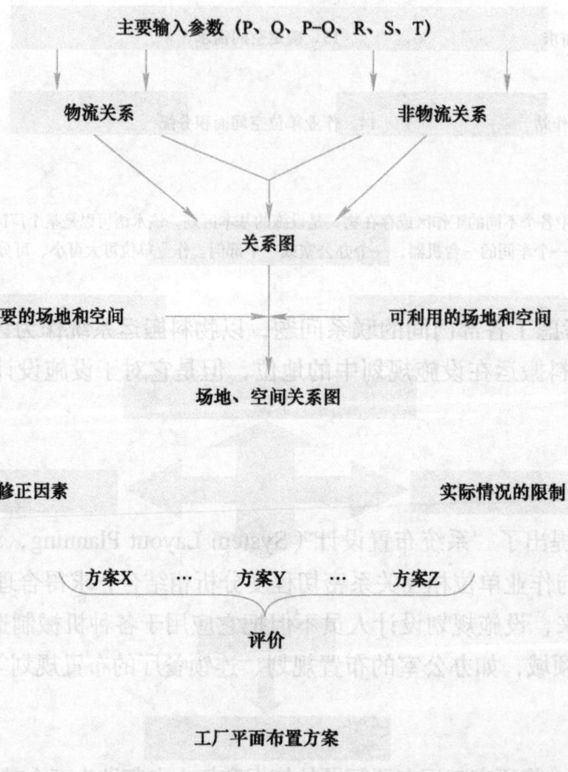

图3-4 SLP程序图

3.1.2.5　整合的设施布置规划步骤

对比Reed、Muther和Apple三人的设施布置方法，其各有特点，分述如下：

Reed的程序与其他两者有三方面的不同：

1）开始程序并无首先取得基本资料的步骤。

2）并未考虑到作业单位之间的关联性，以及如何确定邻近程度。

3）对于设施布置方案如何发展、评估及实施未做完整的交代。

Muther的SLP法相比较于其他两者，有下列特点：

1）利用许多图表作为分析工具，以作为布置方案的依据。

2）其方法较有条理，有系统且易于执行追踪。

3）最先提出运用A、E、I、O、U、X六个定性衡量来表示作业单位的关系程度。

Apple所提出的方法与其他两者相比，有下列特点：

1）较重视物料搬运在设施布置中的地位。

2）在其程序中，提及较多关于物料搬运系统方面的执行步骤。

三人所提出方法的共同点如下：

1）都缺乏明确的设施定位说明。

2）都忽略了顾客特性的需求。

3）对施行方案后都无设定持续改善的循环，也无设施布置规划再重新定义的执行步骤。

因此，将一般设施布置设计步骤和SLP法整合，就能得到较佳的设施布置规划步骤，如图3-5所示，图3-6为整合的设施布置设计步骤。

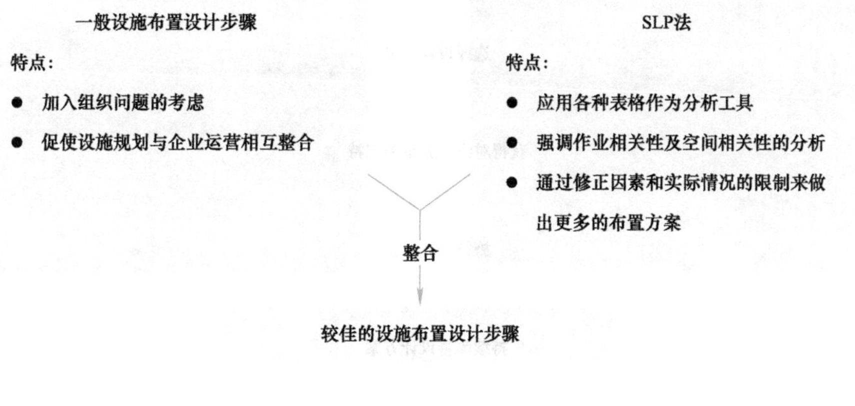

图3-5　一般设施布置设计步骤和SLP法整合示意图

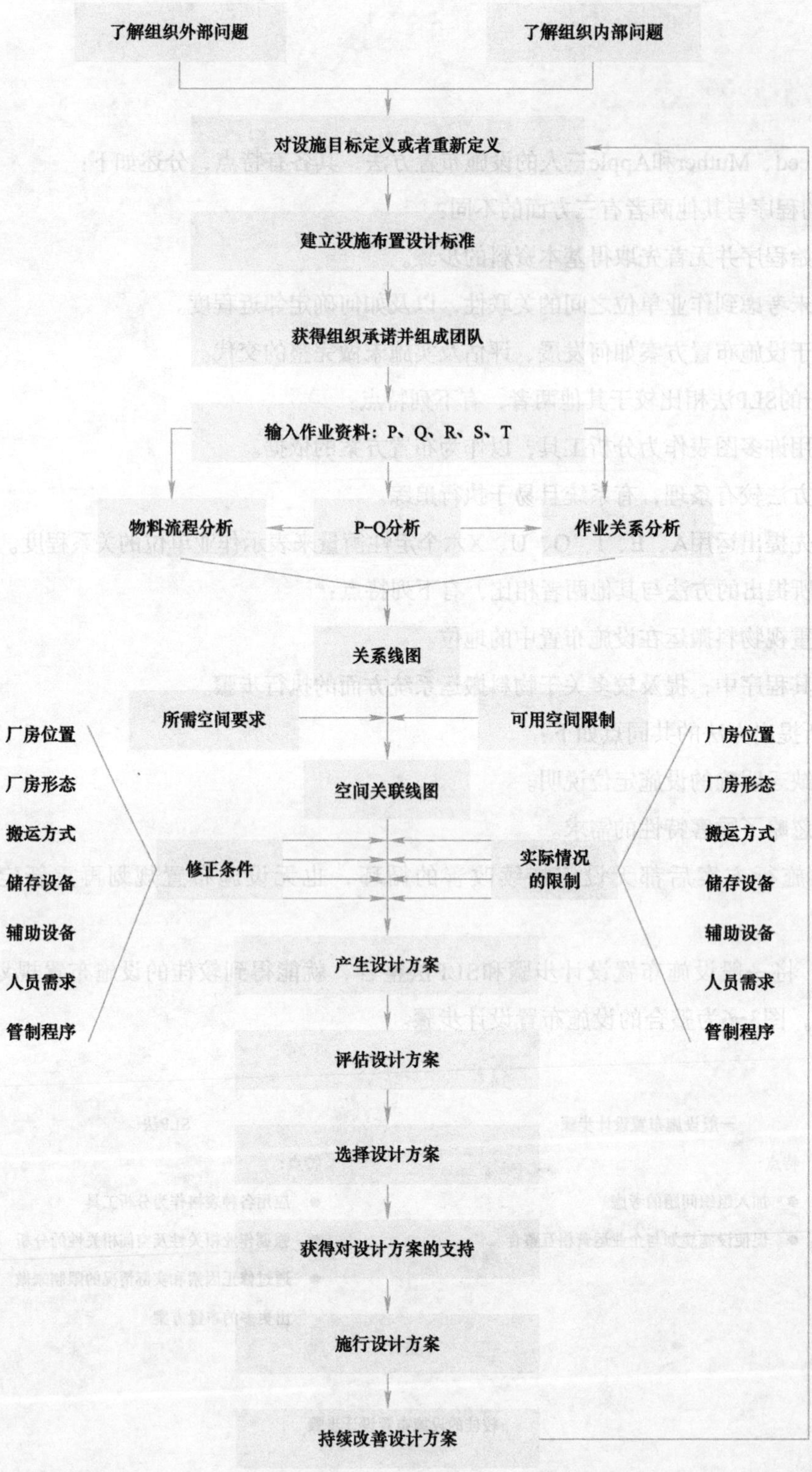

图3-6 整合的设施布置设计步骤

3.2 部门划分

3.2.1 部门划分概述

在确定设施的需求时，有三个因素非常重要，即流动、空间和作业单位的相互关系。流动依赖于批量、集装单元大小、物料搬运设备与策略、布置安排和建筑物布局。空间则依赖于批量、存储系统、生产设备类型及尺寸、布置安排、建筑物配置、仓储和采购策略、物料搬运设备以及办公室、员工服务设施等的设计。作业单位的相互关系则由物料和人员的移动、环境、组织结构、控制和工艺过程要求等因素来确定。

设施布置规划是一项需要反复多次进行的过程，规划人员不仅要与产品、工艺和计划的设计人员交流，还要与公司高层交流，以确定在具体分析（如批量、存储及搬运策略、办公室设计、组织结构和环境等问题）时，要考虑的不同问题和策略。

目前，不断革新的现代制造方法也会对流动、空间和作业单位的相互关系产生影响，如非集中存储、多收货站台、工位配送、非集中管理和支持职能、单元式制造、精益生产、小批量采购和生产等。这些理念可能对原来的作业单位之间的相互关系，尤其是集中办公、集中存储、单一收货区和集中返工区等，有很大的影响。新概念的采用还减少了物流量和空间需求，如在企业内部都要求工位配送，在靠近销售点处设置非集中的存储区就可以减少物流量，采用看板管理和单元制造的“拉式”生产策略也可以减少物流量。而且对这类库存、生产、存储和搬运设备，空间的需求减少了，办公、停车和餐饮等空间的需求也减少了。

为简化对流动、空间和作业单位的相互关系的考虑，进行部门划分很有必要。在部门这一级别的设施规划过程中，一般不必过分关心企业本身，而是要关心如何形成要规划的设计部门。部门划分可能涉及生产、支持、管理和服务，可分别成为生产型部门、辅助型部门、管理型部门和服务型部门。

3.2.2 典型的生产型部门布置方式

设施布置过程中要确定生产型部门怎么划分，各生产型部门究竟包含哪些设施。生产型部门布置是工厂布置中一个非常重要的问题，其设施布置方式直接影响产品的生产率、质量、成本、安全以及生产管理的有效性。根据经验，生产车间内设施布置的典型方式有四种：按工艺布置、按产品布置、按固定工位布置和按成组生产布置。

（1）按工艺布置。这种布置方式适合于产品品种很多，但每种产量较少，且具有类似生产工艺流程的生产。因此，这种布置广泛用于多品种、小批量的生产方式。这种设施布置特点又称为机群布置或功能布置，是一种将相似设备或功能相近设备集中布置的布置形式，例如按车床组、磨床组等分区。由于同一类设备集中在一起，可以提高这类设备的利用率，但对某零部件来说，则加长了生产路线和物流距离。按工艺布置的优缺点如表3-1所示，图3-7为按工艺布置的示意图。

表3-1 按工艺布置的优缺点

优 点	缺 点
1. 机器利用率高，可减少设备数量	1. 由于流程较长，搬运路线不确定且运费高
2. 可便于调用设备	2. 生产计划与控制较复杂
3. 设备和人员的柔性程度高，便于更改产品品种和数量	3. 生产周期长
4. 设备投资相对较少	4. 库存量相对较大
5. 操作人员作业多样化，提高工人的工作兴趣和职业满足感	5. 由于操作人员从事多种作业，需要较高的技术等级

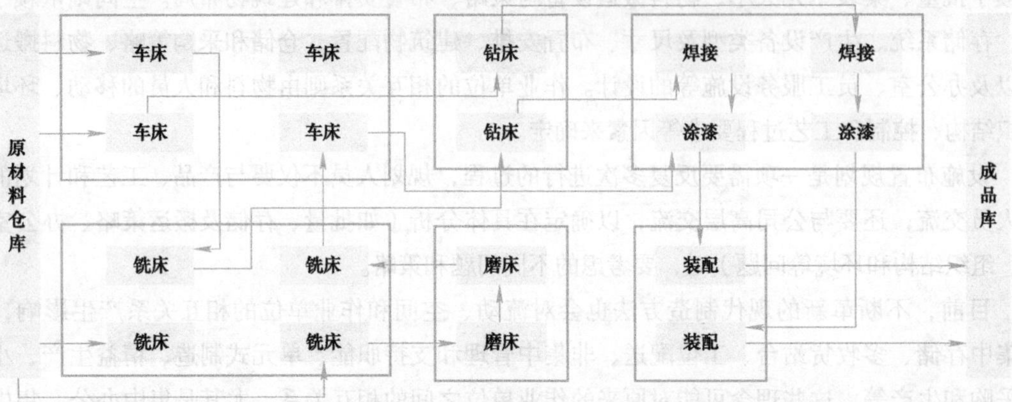

图3-7 按工艺布置的示意图

（2）按产品布置。在这种布置方式下，设备完全按照某产品及其零部件的生产工艺过程来排列，主要用于少品种、大批量的生产方式。这种布置最大限度地缩短了物料搬运的距离，生产容易按照技术控制，当然在这种生产方式中，某一部分出了问题就会影响全局。按产品布置的优缺点如表3-2所示，图3-8为按产品布置的示意图。

表3-2 按产品布置的优缺点

优 点	缺 点
1. 布置符合工艺过程，物流顺畅	1. 设备发生故障时将引起整个生产线的中断
2. 上下工序衔接，存放量少	2. 产品设计变化将引起布置的重大调整
3. 生产周期短	3. 生产线速度取决于瓶颈机器
4. 物料搬运工作量少	4. 相对投资较大，在生产线上可能有的机器负荷不满
5. 可做到作业专业化，对工人的技能要求不高、易于培训	5. 生产线上重复作业，易使工人单调乏味，产生厌倦感
6. 生产计划简单，易于控制	6. 维修和保养费用高
7. 可使用专用设备和机械化、自动化搬运方法	

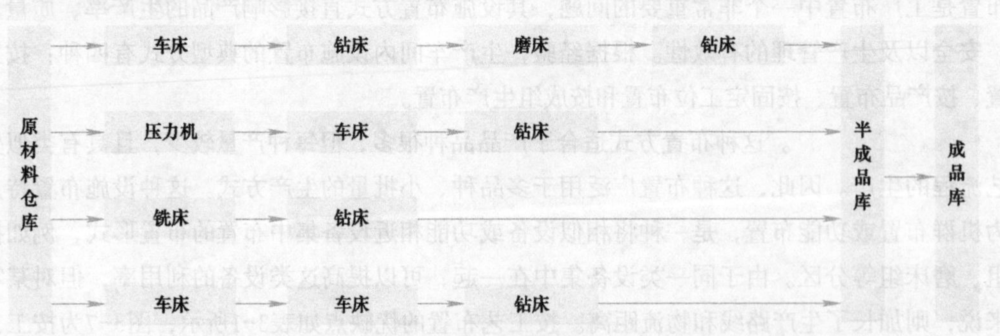

图3-8 按产品布置的示意图

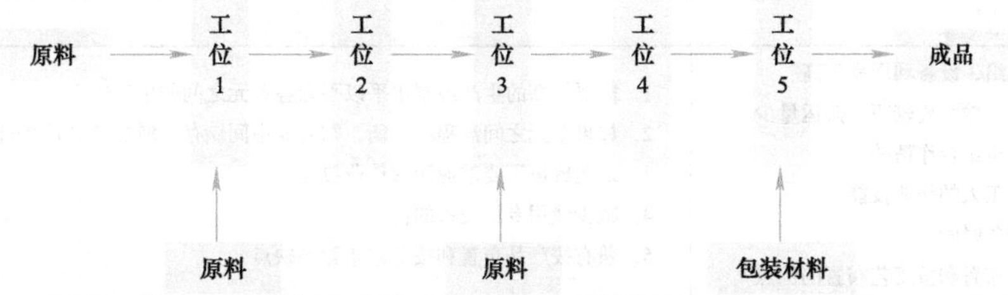

图3-8　按产品布置的示意图（续）

（3）按固定工位布置。这种布置方式主要用于大型或特大型产品的生产，这类产品不易移动，如船舶制造、大功率内燃机车和飞机的总装配等。在制造过程，产品固定在一个位置上，所需设备、人员和物料均围绕产品布置。按固定工位布置的优缺点如表3-3所示，图3-9为按固定工位布置的示意图。

表3-3　按固定工位布置的优缺点

优　　点	缺　　点
1. 物料移动少 2. 当采用班组方式时，可提高作业连续性 3. 提高质量，因为班组可以完成全部作业 4. 高度柔性，可适应产品和产量的变化	1. 人员和设备的移动增加 2. 设备需要重复配备 3. 工人需要较高的技能 4. 会增加面积和工序间储存 5. 生产计划需要加强控制和协调

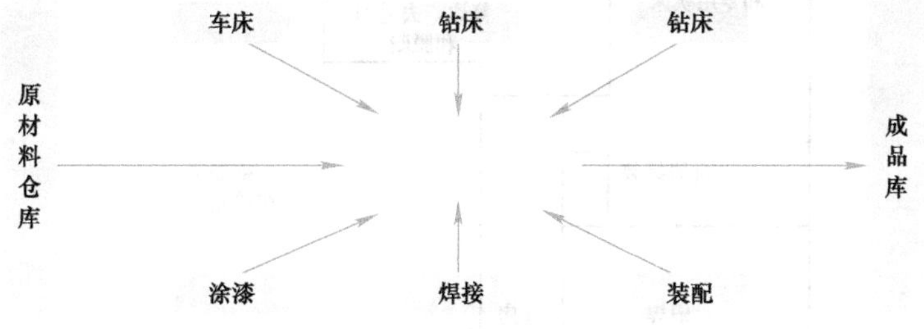

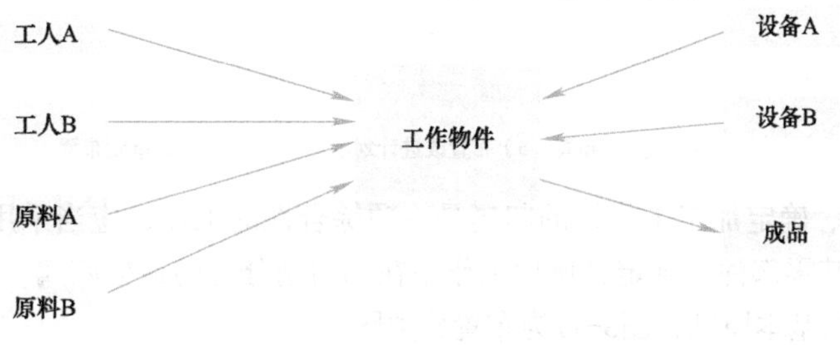

图3-9　按固定工位布置的示意图

（4）按成组生产布置。这种布置方式主要用于产品品种较多、每种产品的产量又是中等规模的生产。成组生产布置将工件按其外形与加工工艺的相似性进行编码分组，同组零部件用相似的工艺过程进行加工，同时将设备成组布置，即把使用频率高的机器群按工艺过程顺序布置，组合成成组制造单元，整个生产系统由数个成组制造单元构成。这种布置方式提高了设备的利用率，总体上缩短了物流路线，但也加大了生产管理的难度。成组生产布置的优缺点如表3-4所示，图3-10为按成组生产布置的示意图。

表3-4 按成组生产布置的优缺点

优 点	缺 点
1. 由于产品成组，设备利用率较高 2. 流程通顺，运输距离较短，搬运量少 3. 有利于发挥班组合作精神 4. 有利于扩大工人的作业技能 5. 缩短生产准备时间 6. 兼有按产品布置和按工艺布置的优点	1. 需要较高的生产控制水平以平衡各单元之间的生产流程 2. 如果单元之间流程不平衡，则需要中间储存，增加了单元之间的物料搬运 3. 班组成员需要掌握所有作业技能 4. 减少使用专用设备的机会 5. 兼有按产品布置和按工艺布置的缺点

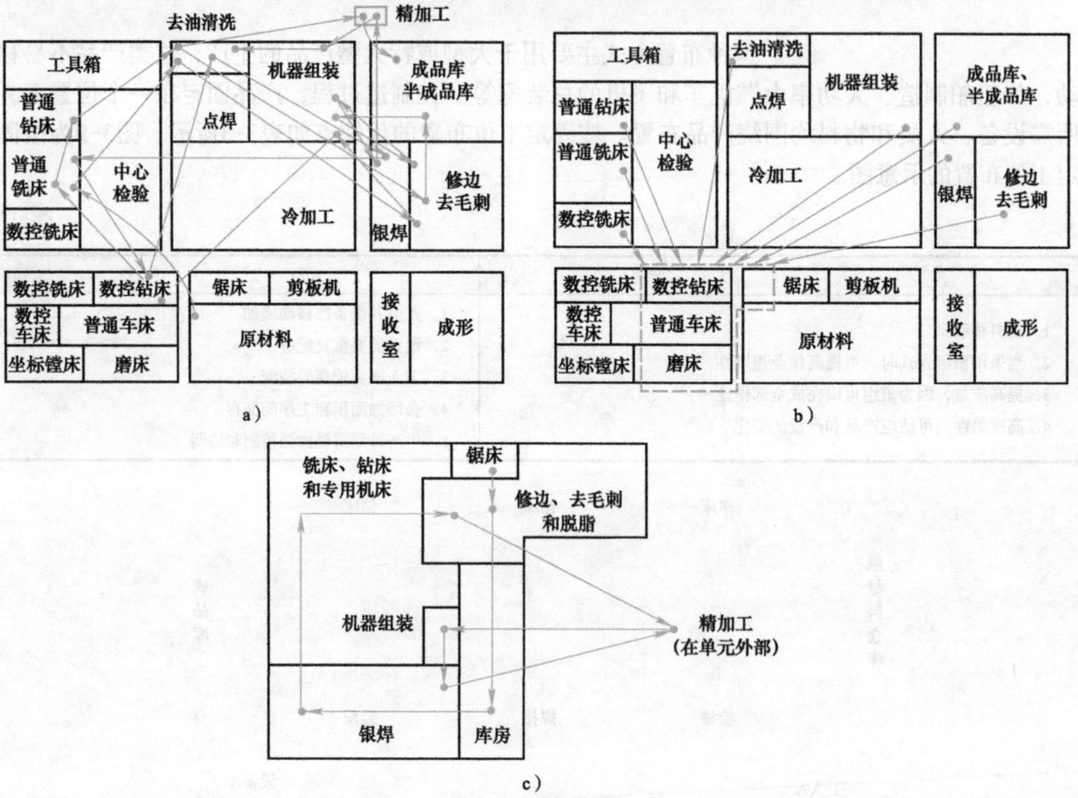

图3-10 按成组生产布置的示意图

a）老厂区布置 b）布置改进计划示意 c）改进后的单元布置

如何划分部门、确定加工工作站的归属是一项综合性的工作，应当采用系统的方法。要仔细研究每种产品及其零部件，确定其所用工作站在部门划分时的最佳归属。表3-5总结出了部门划分和工作站归属的基本原则，图3-11为布置分类图。

表3-5 部门划分和工作站归属的基本原则

产 品 特 性	划分部门类型	工作站归属
标准化产品，需求量大且稳定	产品型部门	生产此产品的所有工作站
体积大、难以移动且零星需求	物料固定型部门	生产此产品的所有工作站和产品暂存区
可归入相似零件族，并可用工作站群来生产	产品族型部门	生产此产品族的所有工作站
以上皆不是	工艺型部门	将相同、相近的工作站划分在一起

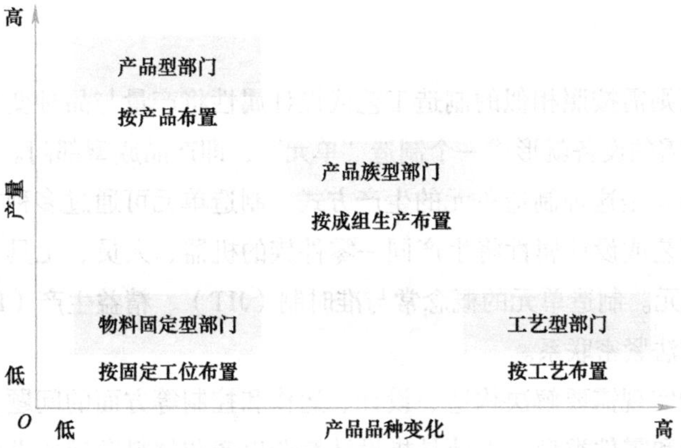

图3-11 布置分类图

通过产品-产量（P-Q）分析，可以确定设备布置形式，图3-12直观反映了P-Q与设备布置形式的关系。一般来说，P-Q分析分为两个步骤：

1）将各种产品、材料或有关生产项目分组归类。

2）统计或计算每一组或类的产品数量。需要说明的是，产量的计算单位应该反映出生产过程的重复性，如件数、重量或体积等。

在P-Q分析过程中，将P-Q的关系绘制成P-Q曲线，如图3-12所示。绘制曲线时，按产量递减顺序排列所有产品。通过P-Q分析，决定采用何种原则（产品、工艺、成组或固定工位布置原则）进行布置。在图3-12中，M区的产品适用于采用大量生产类型，按产品布置原则；J区采用单件小批生产类型，按工艺布置原则；而介于M区与J区之间的产品生产类型为成批生产，适宜采用两者结合的按成组生产布置原则。

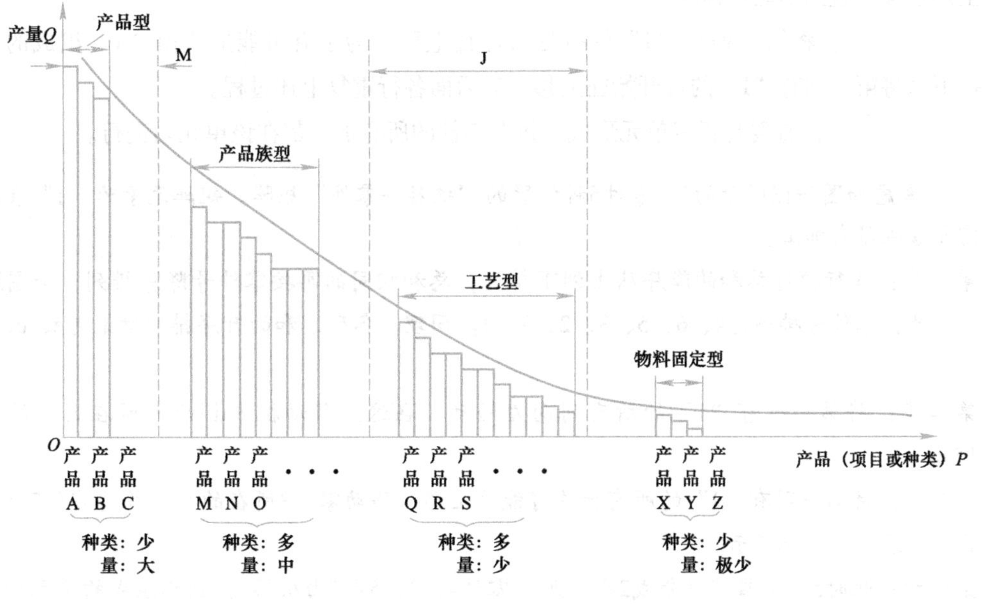

图3-12 P-Q与设备布置形式的关系

3.2.3 制造单元成组分析

成组生产布置原则需按照相似的制造工艺或设计属性将产量与品种变化幅度中等的零件归为零件族，零件族所需的设备就形成一个制造“单元”，即产品族型部门。

单元制造采用的就是这种制造单元的生产方式。制造单元可通过多种方式形成，最常见的为按照相似的制造工艺或设计属性将生产同一零件族的机器、人员、工具、搬运存储设备等进行分组，形成制造单元。制造单元的概念常与准时制（JIT）、精益生产（LP）和全面质量管理（TQM）等概念和方法紧密联系。

制造单元的成功实现需要解决构造、设计、运作和控制等方面的问题。构造是指对某一特定单元确定它的机器和零件类型。设计是指设计符合生产和物料搬运要求的布置形式。运作则需要确定生产批量、时间进度安排、操作工人数量与类型以及生产控制类型等问题。控制指的是用于度量制造单元绩效的方法。

目前，对于制造单元的构建问题有很多方法，最常见的有分类和编码法、生产流程分析法、族聚法和启发式方法等。

这里以Singh和Rajamani提出的直接簇聚法DCA为例，介绍单元生产方法。DCA法采用一种机器—零件矩阵，其中矩阵元素为“1”，表明某零件需要某机器加工，否则为空。DCA法的步骤如下：

（1）将行、列排序。将机器—零件矩阵每行、列的“1”相加。各行以行总和递减的方式从上到下排列，各列以列总和递增的方式从左到右排列。如果行或列的总和相同，那么再以零件号或机器号递减的方式排列。

（2）列移动。从矩阵的第一列开始，将第一行有“1”值的各列移到矩阵左边。对下面各列重复上述过程，直到不能再移动。

（3）行移动。将第一列有“1”的行尽可能往上移。为了有可能形成由“1”组成的集中块，接下来将第二列有“1”的行开始往上移。对后面各行重复上述过程。

（4）形成单元。查看是否有单元形成，每个零件的所有加工都在该单元内进行。

例3-1 考虑如图3-13所示的7个零件5种机器的“机器—零件”矩阵。矩阵元素为“1”表示某零件需要该机器来加工。

第一步：各行按行总和的降序从上到下排列，总和相同的再按零件号降序排列，如图3-14所示。因此，零件号排序是4、6、5、3、2、7、1。同理，各列总和的升序排列结果为e、c、d、b、a。

第二步：将第一行有“1”的所有列向左移动，在这里移动机器d和b的所在列，结果如图3-15所示。

第三步：将第一列有“1”的所有行尽可能往上移，移动零件3所在的行，并将零件7上移，移动后的结果如图3-16所示。

第四步：此时5台机器可以分成2个单元。零件4、3、5和7由机器e、d和b组成的单元加工，零件6、2和1由机器c和a组成的单元加工，如图3-17所示。

机器号

零件号	a	b	c	d	e	行总和
1	1					1
2	1		1			2
3				1	1	2
4		1		1	1	3
5		1		1		2
6	1		1			2
7		1				1
列总和	3	3	2	3	2	

图3-13 例3-1机器—零件矩阵

机器号

零件号	e	c	d	b	a	行总和
4	1		1	1		3
6		1			1	2
5			1	1		2
3	1		1			2
2		1			1	2
7				1		1
1					1	1
列总和	2	2	3	3	3	

图3-14 排序后的矩阵

机器号

零件号	e	d	b	c	a	行总和
4	1	1	1			3
6				1	1	2
5		1	1			2
3	1	1				2
2				1	1	2
7			1			1
1					1	1
列总和	2	3	3	2	3	

图3-15 列调整后的矩阵

机器号

零件号	e	d	b	c	a	行总和
4	1	1	1			3
3	1	1				2
5		1	1			2
7			1			2
6				1	1	2
2				1	1	1
1					1	1
列总和	2	3	3	2	3	

图3-16 行调整后的矩阵

机器号

零件号	e	d	b	c	a
4	1	1	1		
3	1	1			
5		1	1		
7			1		
6				1	1
2				1	1
1					1

图3-17 形成两个作业单元

例3-2 采用DCA法得到排序后的机器—零件矩阵如图3-18所示。

机器号

零件号	e	d	b	c	a
4	1	1	1		
3	1	1			
5		1	1		
7			1	1	
6				1	1
2				1	1
1					1

图3-18 排序后的机器—零件矩阵

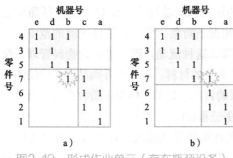

如图3-19a所示，零件4、5和7都需要机器b，存在冲突；如图3-19b所示形成的两个单元，机器c存在冲突问题。

为处理冲突，一种解决方法是布置两个单元时使机器b或机器c相对靠近，即处在两个单元的边界处；另一种解决方法是增加发生冲突的机器，每个单元里都放一台机器，如图3-20所示。最终使用哪种方案取决于成本、效率、搬运和安全等多种因素的综合确定。

机器号

零件号	e	d	b	c	a
4	1	1	1		
3	1	1			
5		1	1		
7			1	1	
6				1	1
2				1	1
1					1

a）

机器号

零件号	e	d	b	c	a
4	1	1	1		
3	1	1			
5		1	1		
7			1	1	
6				1	1
2				1	1
1					1

b）

图3-19 形成作业单元（存在瓶颈设备）

a）设备b为两单元共用设备 b）设备c为两单元共用设备

机器号

零件号	e	d	b_1	b_2	c	a
4	1	1	1			
3	1	1				
5		1	1			
7				1	1	
6					1	1
2					1	1
1						1

a）

机器号

零件号	e	d	b	c_1	c_2	a
4	1	1	1			
3	1	1				
5		1	1			
7			1	1		
6					1	1
2					1	1
1						1

b）

图3-20 增加机器后形成的作业单元

a）增加设备b b）增加设备c

此算法的弱点是没有考虑到机器利用率的问题，也没有考虑到采用多台同种机器的情况。

3.2.4 其他部门

在制造型企业中，除生产型部门外一般还包括辅助、管理和服务型部门，包括办公室、存储区、质量控制、维修、现场管理、餐饮、厕卫和停车场等。辅助和管理型部门的组成一般由企业的组织结构、运营管理和各单位的作业关系决定，而服务型部门则由管理层对于员工的关心程度和投入期望所决定。一般来说，这些部门常按工艺型部门处理，因为它们都是相似作业集中在一定区域内进行。

采用现代制造技术的企业组织是将生产、辅助、管理和服务型部门结合起来形成综合的连贯型部门。例如，生产某零件族的专门制造单元内也包括相应的辅助、管理和服务功能（即维修、质量控制、物料、工程、工具、采购、管理、自动售货机和厕卫等）。

3.3 作业关系

在企业运营过程中，作业单位之间一般存在不同程度的各类关系，简称作业关系，作业关系为设施规划过程中的许多决策提供了基础，需考虑的作业关系主要为：

（1）组织关系。它受控制幅度和从属关系影响。

（2）流动关系。它包括物料、能量、信息和人员的流动。

（3）控制关系。它包括物流控制是集中还是分散，库存控制是即时还是分批以及其现场管理和自动化集成水平。

（4）环境关系。它包括安全因素和温度、噪声、烟雾、湿度和灰尘等。

（5）过程关系。例如楼面载荷、水处理要求、化学处理和特种服务等。

组织关系通常以正式的组织结构图来表示。但是组织内经常存在着非正式的组织关系，在确定组织内作业关系时要予以考虑。例如，质量控制看起来与仓库收货职能没有多少组织关系，但是因为它们的工作需要紧密配合，所以这两个职能之间通常会形成非正式的组织关系。

流动关系对设施规划人员相当重要，设施规划人员本身就将流动看作货物、材料、能量、信息和人员的移动。例如产品从制造厂通过各级分销到达最终消费者的过程就是一个重要的流动过程。销售订单从销售部门传递到生产部门就是一个信息流动过程。

流动过程可以通过流动的对象、产生流动的资源和协调资源的信息交流三个方面来说明。流动的对象就是要加工的物品，资源是完成所需流动的加工和运输设施，信息交流包括简化流动过程管理的各种措施。这种观点能否采用取决于具体情况下对象、资源和信息交流的范围。

如果要考虑的流动过程是进入制造设施内的物流，那么这种流动过程一般称为物料管理系统（供应物流系统）。供应物流系统的对象是企业生产产品需要的材料、零件和外购品。供应物流系统内的信息交流，包括生产预测、库存记录、请购单、采购订单、提单、传票、验收报告、看板、电子数据交换（EDI）和订单付款。外购物料接收管理事务流程如图3-21所示。

如果流动的对象限定在制造设施内的材料、零件和外购件等范围内，这种过程就称为生产物流系统。生产物流系统由物料流经的作业单位或部门组成，产品型部门、工艺型部门等的流动关系是不同的。生产物流系统的资源包括：①生产控制和质量管理部门；②制造、装配和存储部门；③移动材料、零件和外购品所需的物料搬运设备；④仓库。生产物流系统内的信息交流包括：生产计划与排程、工作单、传票、看板、工艺路线卡、装配程序图和销售记录等。

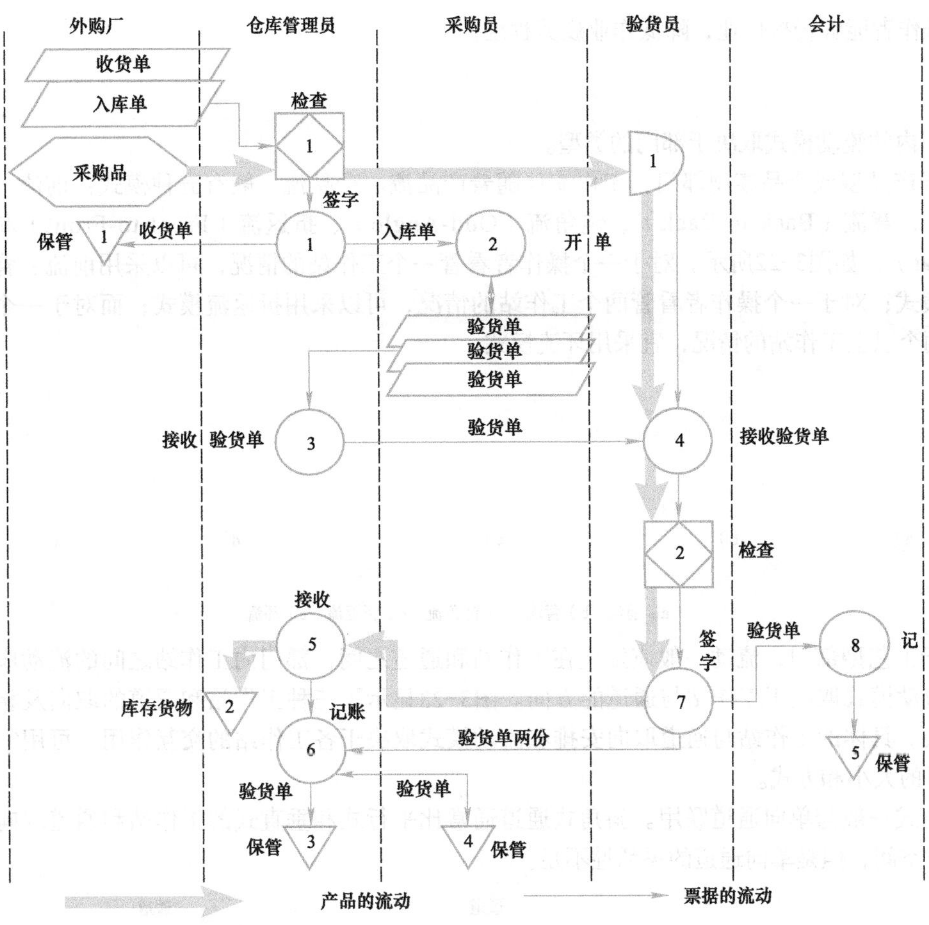

图3-21　外购物料接收管理事务流程

如果流出制造设施的产品流是流动的对象，那么这种流动系统就是销售物流系统。销售物流系统的资源包括：①顾客；②销售、会计部门和仓库；③移动产成品所需的物料搬运和输送设备；④产成品的分销商。销售物流系统内的信息交流包括销售订单、装箱单、发货记录、发货单、看板、EDI、发票和提单等。

3.4　物流分析

3.4.1　流动模式

对物流系统及其分系统宏观流动状况的分析使得设施规划人员能明确货物移动的总体环境，在总体物流环境中，流动模式是关键考虑因素。流动模式可以从工作站内、部门内和部门间三个层面来考察。

3.4.1.1　工作站内的流动

动作研究和人因工程对工作站内流动模式的建立十分重要，例如工作站内的流动主要是操作者的个人动作，这些动作应当是同时的、对称的、有节奏的和习惯性的，尽量缩短作业距离，使操作者能够轻松作业，降低作业疲劳程度。

3.4.1.2 部门内的流动

部门内的流动模式取决于部门的类型。

对于产品型或产品族型部门，工作流伴随着产品流。产品流一般有五种模式：前流（End-to-End）、背流（Back-to-Back）、钝角流（Odd-Angle）、折返流（Front-to-Front）和环流（Circular），如图3-22所示。对于一个操作者看管一个工作站的情况，可以采用前流、背流和钝角流模式；对于一个操作者看管两个工作站的情况，可以采用折返流模式；而对于一个操作者看管两个以上工作站的情况，宜采用环流模式。

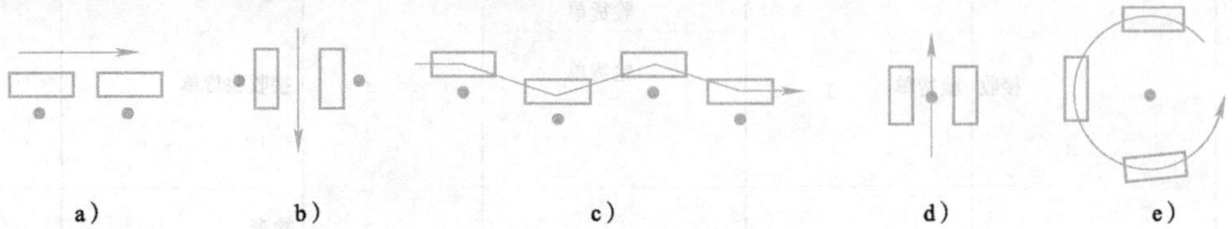

图3-22 产品型部门内的流动模式

a）前流 b）背流 c）钝角流 d）折返流 e）环流

对于工艺型部门，流动一般应发生在工作站和通道之间，部门内工作站之间的流动应当尽量少。流动模式取决于工作站与通道的方向。图3-23显示了三种工作站和通道的取向及相应的流动模式。具体的工作站与通道取向安排和流动模式取决于各工作站的交互作用、可用空间及搬运物料的大小和方式。

斜角式一般与单向通道联用。斜角式通道通常比平行式和垂直式的工作站和通道取向安排更能节省空间，但是单向通道的灵活性不足。

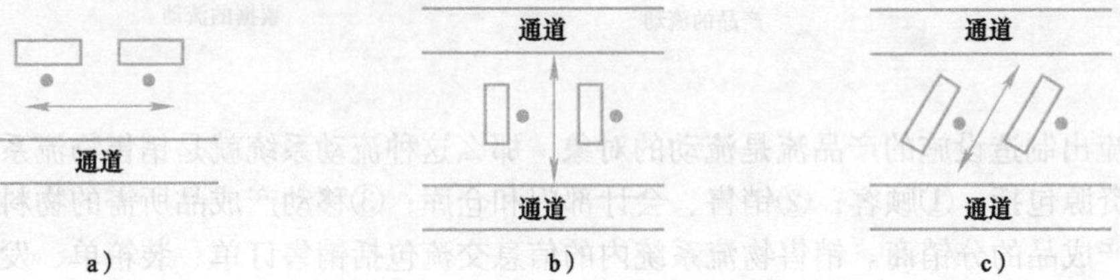

图3-23 工艺型部门内的流动模式

a）平行式 b）垂直式 c）斜角式

3.4.1.3 部门间的流动

部门间的流动常常作为判断设施整体流动情况好坏的依据。部门间的流动一般是下面五种基本流动模式的组合，如图3-24所示。基本模型组合中最重要的考虑因素是出入口的位置。对于建筑设计来说，入口（收货部门）和出口（发货部门）的位置通常是固定的，设施内的流动要受到它们的限制。

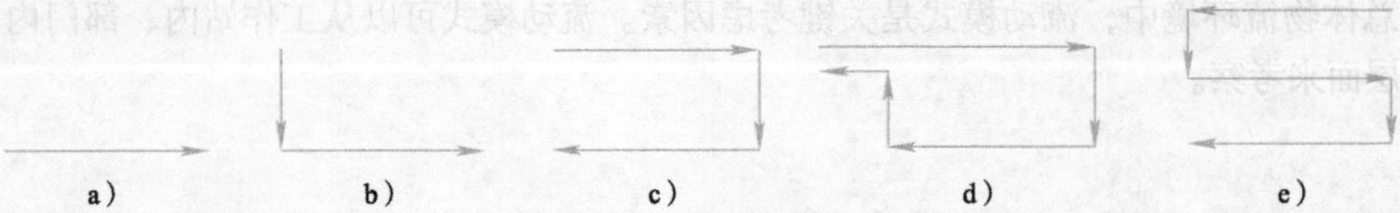

图3-24 基本流动模式

a）直线形 b）L形 c）U形 d）环形 e）S形

（1）直线形。它适用于入口和出口在相对位置，生产过程短而且比较简单，或只有少量零部件和少数生产设备的情况。

（2）L形。它适用于现有设施或建筑物不允许直线流动的情况。

（3）U形。它适用于入口与出口在同一相对位置的情况。

（4）环形。它适用于要求物料返回到起点的情况。

（5）S形。它适用于生产线比实际可安排的距离长的情况。

考虑出入口位置的设施内流动模式如图3-25所示。

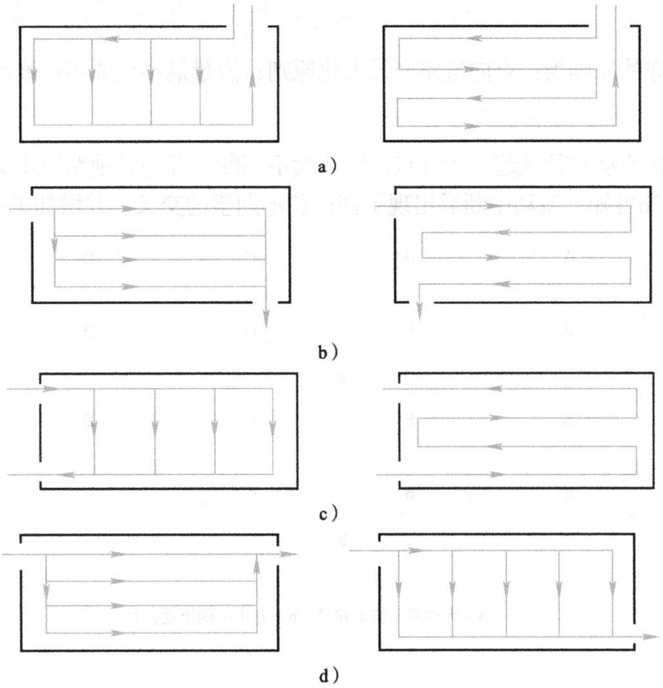

图3-25 考虑出入口位置的设施内流动模式

a）在同一位置 b）在垂直边 c）在同一边的相对端 d）在相对边

因此，选择流动模式要考虑的因素如下：

1）首要因素是入口和出口的位置。

2）场址或建筑物的轮廓尺寸。

3）生产工艺流程的特点。

4）生产线长度、通道设置。

5）物料搬运方式及其设备。

6）储存要求、发展需要等。

3.4.2 流动规划

要规划有效的流动涉及3.4.1介绍的各种流动模式的组合，并要留有足够的通道以满足从起点到终点的通畅移动。部门间的有效流动包括物料、信息和人员在部门间一级一级的移动；部门内的有效流动包括物料、信息和人员在工作站间一级一级的移动；工作站间的有效流动包括物料、信息和人员贯穿于工作站间的移动。因此，有效流动的规划是一个多层次的规划问题，这种层次结构如图3-26所示。

图3-26 流动规划的层次结构

有效流动要遵守的原则为：有向流路径最大化原则；流量最小化原则；流动成本最小化原则。

1．有向流路径最大化原则

有向流路径是指流动路径从起点到终点，既连续不间断（即与其他路径不交叉）也无回退（逆流）现象。从图3-27b可知，流动中断后出现了拥挤和不期望的交叉，并增加了流动路径的长度。

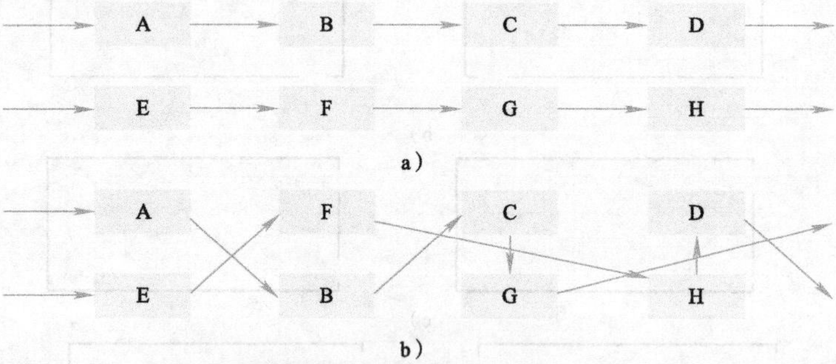

图3-27 流动路径示意

a）无中断的流动路径 b）有中断的流动路径

2．流量最小化原则

（1）消除不必要的流动。即通过规划使得物料、信息和人员的交付直接发生在最终使用点，消除中间步骤。

（2）流动次数最小化。即通过规划使得两个连贯使用点之间的流动次数尽可能少，最好是一次。

（3）尽可能合并流动和作业。即通过规划使得物料、信息或人员的移动与下一步骤合并。

3．流动成本最小化原则

（1）尽量减少手工搬运，包括尽可能减少行走次数、距离和动作。

（2）尽量消除手工搬运，通过流动过程的机械化和自动化，使得工人全部时间投入到分配的任务上，而不是浪费在不增值的搬运上。

3.4.3 流动度量

部门间的流动状况是在设施内布置安排部门时最重要的因素。为了评价作业单位之间的关系或布置方案的好坏，需要对流动进行度量。流动状况可以用定量或定性的方式来度量。定量的方式包括每小时件数、每天移动次数或者每周重量等；定性的方式为不能单纯用定量来衡量作业单位之间的关系，包括必须靠近或不能相邻的判断。如果设施内各部门之间有大量的物料、信息和人员流动，那么就将定量方式作为部门位置安排的依据；相反，如果设施内部各部门之间只有很少的物料、信息和人员流动，但有大量的交流和组织相互关系，那么就以定性方式作为部门位置安排的依据。在大多数情况下，对部门位置安排的依据既需要定量的方式，也需要定性的方式。工厂物流分析的技术工具很多，如线图、多产品工艺过程表、从至表等，而物流分析的信息则主要来源于工艺路线卡。

3.4.3.1　线图

线图一般用圆圈来表示设备，而圆圈间的连线则用来表示流程。相邻圆圈间的连线是从一个圆的中心指向另一个圆的中心，如果要跳过某一个环节，就将线画在圆圈的上方，如果流程是回运的，就是“回流”，流程线则在圆圈下方。通过线图可指出由某些因素引起的问题，如交叉交通、回流和物流距离等。

（1）交叉交通。交叉交通是指物流路径是交叉的，在设施布置中应尽可能没有交叉交通。出于对堵塞和安全因素的考虑，在任何地方交叉交通都是一个问题。对设备、服务区和各部门的合理布置能消除部分交叉交通。

（2）回流。物流通常应由进口进来朝出口流动，如果朝相反的方向叫作回流，那么通常回流耗费的时间更长。

（3）物流距离。物流路径越短，则成本越低。将物流路径图画在按一定比例的布局图上，就可以很容易地计算出物流距离，通过重新布置机器和部门，可以尽量减少物流距离。

例3-3　假设已知一组零件及其生产流程（工艺过程）如表3-6所示，请用线图表示其物流，并进行改善。

表3-6　零件的生产流程

零件编号	生产流程							
1#	I	B	C	E	D	G	O	
2#	I	C	E	D	B	O		
3#	I	F	G	C	B	D	E	O
4#	I	G	B	D	E	O		
5#	I	D	B	E	O			

注：I表示原材料入口处，O表示生产线出口，B、C、D、E、F、G表示各机器设备。

解：该组零件物流线图如图3-28所示，零件移动步数统计如表3-7所示。

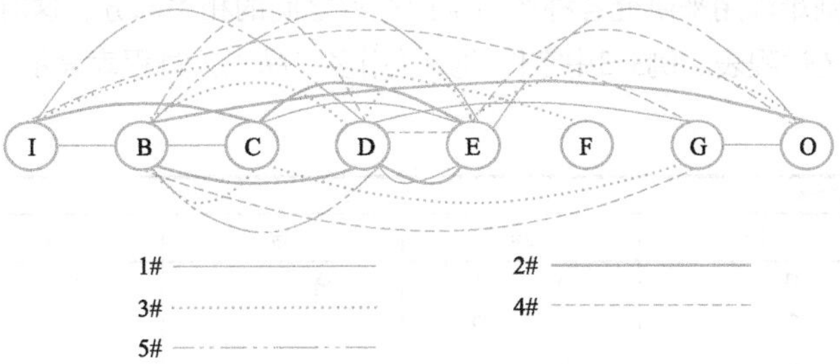

图3-28　零件物流线图

表3-7　零件移动步数统计（一）

零件编号	移动步数
1#	9步
2#	13步
3#	17步
4#	17步
5#	11步
共计	67步

则：$效率=\frac{理想最少步数}{移动步数}=\frac{35步}{67步}=52\%$

以上的线图清楚地表明，这种机器布置会产生许多搬运量。为了改进这个布置，需观察其中的重要关联（两圆圈之间有多少线连接），寻找重要关联（多于一个零件采用相同的路径）。例如B和D及D和E之间的路径，5个零件中有4个采取了此路径，所以是重要关联，必须靠近。以此类推寻找其他重要关系。

因此，如改成图3-29所示的第二种布置，需要的步数就可减少，如表3-8所示。

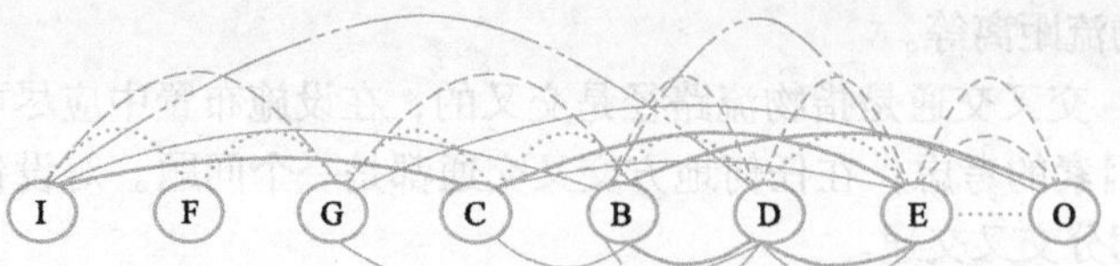

图3-29 改进后的线图

表3-8 零件移动步数统计（二）

零件编号	移动步数
1#	17步
2#	11步
3#	7步
4#	7步
5#	9步
共计	51步

则： $效率=\frac{35步}{51步}=69\%$

3.4.3.2 多产品工艺过程表

为了表示所有产品的生产过程，需要为每一种产品绘制一份工艺过程图，但是当产品较多时，各自独立的工艺过程则难以用来研究各种产品生产过程之间的相关部分，这时就需要把工艺过程图独立汇总成多产品工艺过程表。例3-3中零件的路径用多产品工艺过程表表示，如表3-9所示。

表3-9 多产品工艺过程表

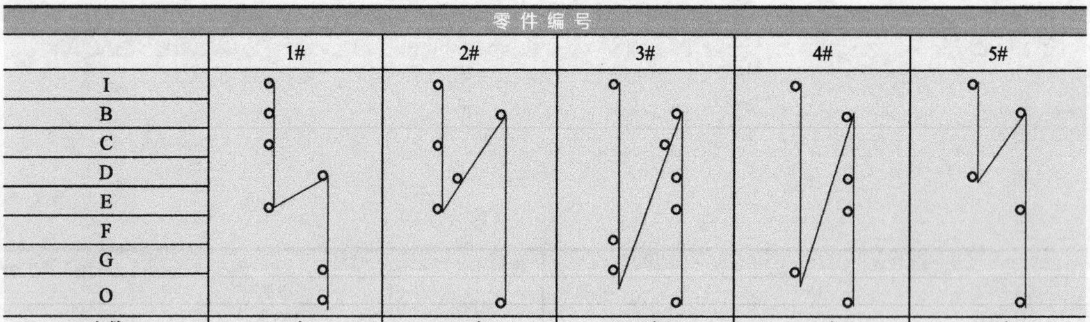

	1#	2#	3#	4#	5#
步数	9步	13步	17步	17步	11步
最少步数	7步	7步	7步	7步	7步

总步数为67步，最少步数为35步，效率=35步/67步=52%。

3.4.3.3 从至表

虽然以上方法可以表达物料流程，但从分析的角度看，很难从图中发现物流中的问题，更谈不上如何改进，以上例子所做的改进只能依靠经验或“穷举法”。在物流分析中，除物流距离外，物料的重量、数量等都是重要的影响因素，而前两种方法中均未能考虑这些影响因素。作为物流分析方法而言，从至表是较好、方便和准确的一种。通过从至表既能发现问题，又能解决问题，而且从至表是一个矩阵，故便于计算机做分析和计算。表3-10为例3-3中5个零件考虑了物流其他影响因素的每日物流量表。

表3-10 每日物流量表

零件编号	每日生产量（件）	重量/kg	总重量/kg	相对重要性（权重）
1#	2000	1	2000	1
2#	2000	18	36000	18
3#	4000	1	4000	2
4#	2000	30	60000	30
5#	2000	7.5	15000	7.5

从至表用方阵来表示各作业单位之间的物料移动方向和物流量，表中方阵的行表示物料移动的源，称为“从”；列表示物料移动的目的地，称为“至”；行列交叉点标明由源到目的地的物流量。当物料沿着作业单位排列顺序正向移动时，即没有倒流物流现象，从至表中只有上三角阵有数据，这是一种理想状态。当存在物流倒流现象时，倒流物流量出现在从至表中的下三角阵中。例3-3中5个零件的物流如表3-11所示。

表3-11 从至表

从＼至	I	B	C	D	E	F	G	O	和
I		1	18	7.5		2	30		58.5
B			1	+30	7.5			18	58.5
C		2			1+18				21
D		18+7.5			30+2		1		58.5
E				18+1				30+2+7.5	58.5
F							2		2
G		30	2					1	33
O									
								总计	290

3.4.3.4 工艺过程图

工艺过程图是一个零件从到达工厂到被装配到其他零件所进行的所有工作流程，图中主要用符号标示所进行的作业，所用符号及其意义如表3-12所示，表3-13为工艺过程图示例。

表3-12 流程图符号及其意义

符号	表示的意义
○	加工
□	检查
→	搬运
D	等待或暂存
▽	储存
⊡	表示同一时间或同一工作场所由同一人同时执行加工与检查工作

表3-13 工艺过程图示例

工作部别：3车间　　编号：11
工作名称：加工套筒　　编号：5
开　始：棒料待加工
结　束：加工出套筒
研 究 者：　　日期：__年__月__日
审 阅 者：　　日期：__年__月__日

统计表			
项别	现行方法	改良方法	节省
加工次数：○	3	3	0
搬运次数：→	3	3	0
检查次数：□	0	0	0
等待次数：D	1	0	1
储存次数：▽	1	1	0
搬运距离/m	6	6	0
共需时间/min	1	0.8	0.2

现行方法

步骤	情况 加工	搬运	检查	等待	储存	工作说明	距离/m	需时/min	改善要点 取消	合并	重排	简化
1	●	→	□	D	▽	切断		0.2				
2	○	→	□	D	▽	运往下一工序	2					
3	○	→	□	●	▽	等待		0.2				
4	●	→	□	D	▽	车两端面及外圆		0.4				√
5	○	→	□	D	▽	运往下一工序	2					
6	●	→	□	D	▽	钻孔		0.2				
7	○	→	□	D	▽	运往下一工序	2					
8	○	→	□	D	▽	储存						

改良方法

步骤	情况 加工	搬运	检查	等待	储存	工作说明	距离/m	需时/min
1	●	→	□	D	▽	车端面、切断		0.3
2	○	→	□	D	▽	运往下一工序	2	
3	●	→	□	D	▽	车另一端面及外圆		0.3
4	○	→	□	D	▽	运往下一工序	2	
5	●	→	□	D	▽	钻孔		0.2
6	○	→	□	D	▽	运往下一工序	2	
7	○	→	□	D	▽	储存		

3.5 活动关系分析

工厂中，各单位之间存在各种作业关系，如物料的接收、暂存、库存和运输，信息在各单位之间传递，员工从一地到另一地等。各生产部门、办公室和服务设施等都必须得到合理的布置以适应它们之间的联系，因此，需要对各单位的关系做出度量，度量技术包括相关图、活动关系表和无尺寸模块图等，通过活动关系分析，使尽可能多的重要联系得到满足，以便产生尽可能高效率的布置。

3.5.1 相关图

相关图是由Muther首先提出的，它是将系统中的物流和非物流部门绘制在一张表上，采用一种“密切程度”代码（Closeness Code）来反映各单位之间的关系，以进行定性度量。“密切程度”代码如表3-14所示。此外，还要用一种理由代码来说明达到此种密切程度的理由，如表3-15所示。

表3-14 "密切程度"代码

密切程度代码	A	E	I	O	U	X
含　义	绝对必要	特别重要	重要	一般	不重要	不希望靠近

表3-15 "密切程度"理由代码示例

理由代码	1	2	3	4	5	6
理　由	设备由相同人员操作	物料移动	人员移动	监督管理	需要相同公用设施	噪声和污染

相关图中用菱形框表示相应两个作业单位之间的关系。菱形框中上半部分为密切程度代码，下半部分为密切程度代码的理由（可省略）。相关图示例如图3-30所示。

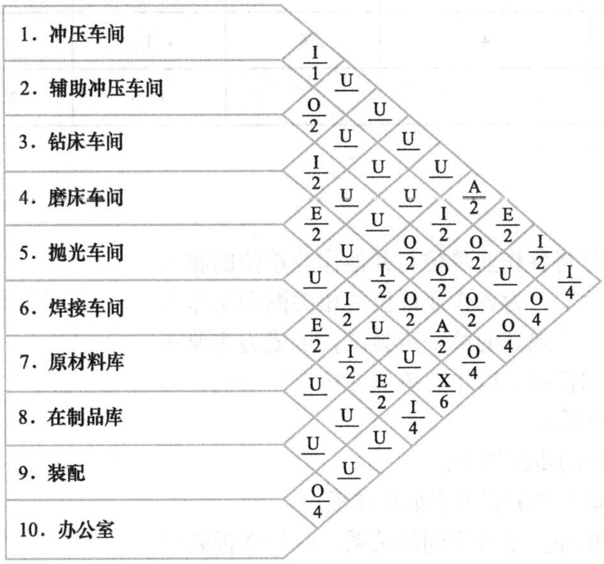

图3-30 相关图示例

因相互关系涉及多个方面，可以通过多种主要关系来建立独立的相关图，如从物流、人员流和组织控制等不同方面建立不同的相关图，并可通过加权合并获得综合的相关图。比较常用的为建立物流和非物流两种关系表。此外，分配关系代码中的定性成分往往基于专家的意见和个人的判断，为了保证问题的简单性，同时为了避免物流关系和非物流关系的标准会将对方覆盖的可能，建议使用同样的排列尺度。

3.5.2 活动关系表

活动关系表是一个在相关图和无尺寸模块图之间过渡的中间步骤，如表3-16所示。活动关系表解释和整理了相关图，并且成为无尺寸模块图的数据基础。

表3-16 活动关系表

序号	作业单位	A	E	I	O	X
1	冲压车间	7	8	2，9，10		
2	辅助冲压车间			1，7	3，8，10	
3	钻床车间			4	2，7，8，9，10	
4	磨床车间	9	5	3，7	8，10	
5	抛光车间		4	7		10
6	焊接车间		7，9	8，10		
7	原材料库	1	6	2，4，5	3	
8	在制品库		1	6	2，3，4	
9	装配	4	6	1	3，10	
10	办公室			1，6	2，3，5，9	5

3.5.3 无尺寸模块图

无尺寸模块图就是将各作业单位与其他作业单位的相互关系表示在正方形纸片上，为各作业单位的相关图和工作表的结果表示，是设施布置规划的第一步尝试，可成为主要布置和构思计划的基础和依据。以作业单位冲压车间为例，其无尺寸模块图如图3-31所示。

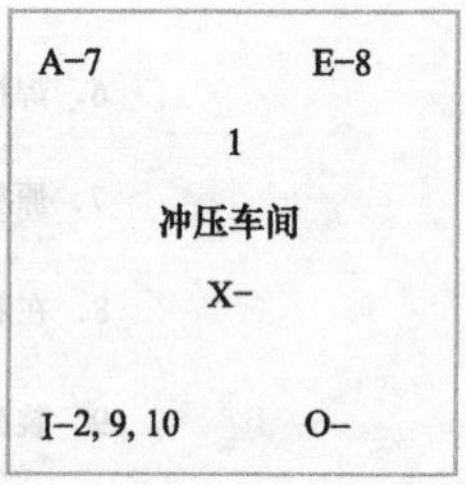

图3-31 代表加工部门的方形模块

制作无尺寸模块图的步骤如下：

（1）将纸裁成合适大小的正方形纸片样板。

（2）在样板上根据作业单位之间的关系，一块样板表示一个作业单位与其他单位之间的关系，样板中间写上作业单位名称和代码，样板的四周和中间分别写上与本作业单位相关的关系代码，“U”关系的可不写出。

（3）将所有作业单位的方形纸片准备好之后，就可将其排列成一种尽可能多地满足关系代码的方式。

首先，找出有最多的重要关系代码的作业单位，过程是先找出“I”关系最多的样本，在表3-16中，7号部门重要关系最多，将其放在中间。

（4）选出第二块样板不仅与第一块样板有“A”关系，同时与其他样板的重要关系最多。如1号与7号部门有“A”关系，将1号放在7号边上。再选择第三块样板，应与已选用样板关系最为密切，在表3-16中，与1号和7号关系最为密切的分别为8号和6号，而6号与其他单位的重要关系比8号多，因此，先选出6号部门为第三块样板，将其放在7号旁边，以此类推直至完成所有作业单位的放置，如图3-32所示。

在放置样板的时候，所有相互之间有“A”关系的部门应当在整条边上接触，所有相互之间有“E”关系的部门应当至少有一个角相接触，所有相互之间有“X”关系的都不可以接触。

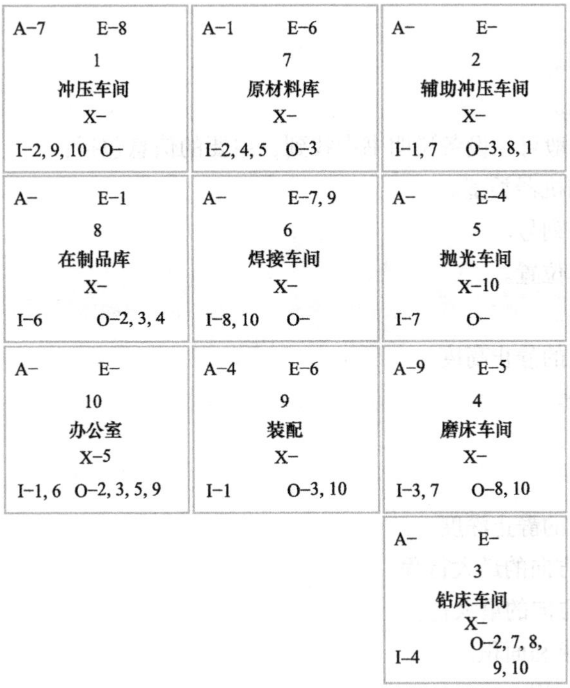

图3-32　各样板方块的相对位置

3.6 作业空间需求计算

在设施规划中，最难确定的也许就是设施内的空间需求计算，设施规划的时间跨度一般是5～10年，但是未来有很多不确定因素，如技术进步、产品转型、需求变化和组织变化等。当面对这些不确定因素时，要预测真正的空间需求就很困难。因此，合理地进行需求的基础数据调查和预测是非常重要的。例如，在确定仓储作业的空间需求时，要考虑到库存水平、存储单位、存储方法和策略、物流设备需求、建筑条件和人员需求等，仓储系统的空间需求将在第6章介绍。

此外，现代制造技术下制造、存储和办公的空间需求减少，主要原因包括：①产品以更小的批量和集装单元配送到使用点；②在使用点设置分散化的存储区；③库存保有量更少；④采用更高效的布置安排方式；⑤公司规模减小；⑥共享式办公室和电信技术的采用等。

在制造设施和办公环境中，空间需求的确定要先从单个工作站开始，然后才是由工作站集合而成的部门需求。

3.6.1 工作站的空间需求

工作站的空间需求包括设备、物料和人员的空间。

1. 设备空间

设备空间包括以下几项：

（1）设备本身所占的空间。

（2）机器行程空间。

（3）日常维护空间。

（4）大修服务空间。

设备的相关数据一般可在设备说明书中找到，主要的信息包括：

（1）机器制造商和机器类型。

（2）机器型号和序列号。

（3）机器安全停车位置。

（4）地面负荷需要。

（5）到最大行程点的静止高度。

（6）最大竖向行程。

（7）最大向右行程。

（8）最大向左行程。

（9）到最大行程点的静止深度。

（10）接近操作者方向的最大行程。

（11）远离操作者方向的最大行程。

（12）日常维护需求和面积。

（13）大修需求及面积。

2．物料空间

工作站内物料区空间包括以下几项：

（1）来料的接收和存储空间。

（2）在制品的接收和存储空间。

（3）待发料的存储和发送空间。

（4）废料和切屑的存储与发送空间。

（5）工模夹具和维修保养用物料空间。

其中，（1）～（4）均取决于集装单元尺寸及物料在机器间的流动状况，同时注意考虑取放过程是否需要一定的空间；（5）则取决于机器调整。

3．人员空间

工作站内人员空间包括以下几项：

（1）操作者空间。

（2）物料搬运空间。

（3）操作者进出空间。

操作者空间和物料搬运空间需求依赖于工艺方法；操作者的进出主要表现为操作者在工作站内安全行走的通道需求；对操作者的作业应当进行动作研究和人因研究以确定工艺方法。

人员空间设计通常遵循的原则如下：

（1）应使操作者取放物料时尽量不需行走，尽量不进行长距离或不方便的伸臂动作。

（2）应当使得操作者的工作既有效果又有效率。

（3）应尽量减少手工的物料搬运。

（4）应使操作者安全、舒适，减少疲劳。

操作者进出空间可参照如下设计：

（1）行走通过静止物体时最小需要0.8m宽的通道。

（2）在静止物体和运行的机床间通过至少需要0.9m宽的通道。

（3）在两台运行的机床中行走至少需要1.1m宽的通道。

实施前应提供布置示意图（见图3-33），最好模拟操作者实施任务、改换设置、保养设备和打扫等工作，保证空间分配足够。

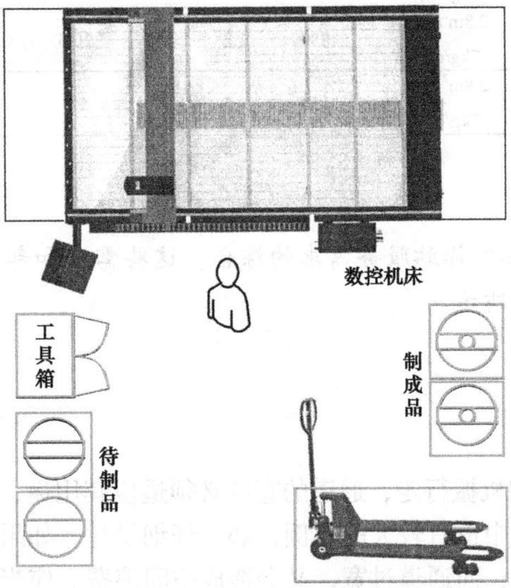

图3-33 工作站布置示意图

3.6.2 部门的空间需求

部门的面积需求并不是各个工作站面积的简单相加，因为像模具、设备维护、保洁用品、存储区、操作者、零配件、看板和信息识别交流板等可能是共享的。此外，每个部门内需要内部物料搬运的空间。

因此，部门空间包括部门内所有工作站的空间和服务需求空间，例如模具、设备维护大修、存储区、零配件、看板、信息交流板和部门内的通道等所占用的空间。其中，部门内的通道在工作站的摆放方式和物料搬运系统没有确定下来之前可采用经验估计值。表3-17所示为根据搬运货物尺寸估算的通道经验值。

表3-17 估算的通道经验值

最大货物尺寸	小于$0.5m^2$	0.5～$1m^2$之间	1～$1.5m^2$之间	大于$1.5m^2$
通道面积比例（%）	5～10	10～20	20～30	30～40

例3-4 A公司按工艺方式划分车间，某车间由10台机器组成，不包含大修维护、模具制作和质检人员等空间。其中，机器包括4台六角车床、4台自动螺钉机、2台夹头式螺钉机。棒状材料每捆长2.5m，直接运送到机器旁。六角车床占地1.2m×3.7m，自动螺钉机占地1.2m×4.3m，夹头式螺钉机占地1.5m×1.8m。人员使用面积1.2m×1.5m，物料储存面积六角车床每台需要$2m^2$，自动螺钉机每台$4m^2$，夹头式螺钉机每台$5m^2$，并假设公司用弹性物料搬运设备，以搬运物料、在制品以及成品。以通道空间裕度为13%计算，此部门空间需求的计算结果如表3-18所示。

表3-18 部门服务和空间需求表

公司名称：A公司　　　制 表 人：××

部　　门：车削车间　　　日　　期：20××年××月××日

服务要求						面积/m^2			
工作站	数量	电力	压缩空气	地板负荷/(kg/m^2)	高度/m	设备	物料	人员	合计
六角车床	4	380V AC	$2.8m^2/min$ $7kg/cm^2$	735	1.2	17.8	8	7.2	33
自动螺钉机	4	380V AC	$2.8m^2/min$ $7kg/cm^2$	880	1.2	20.6	16	7.2	43.8
夹头式螺钉机	2	380V AC	$2.8m^2/min$ $7kg/cm^2$	150	1.5	5.4	10	3.6	19

净　面　积：95.8

13%通道裕度：12.5

总　面　积：108.3

部门服务需求是其内各工作站服务需求的综合，这些需求和部门面积应当记录在部门服务和面积需求表上，如表3-18所示。

3.6.3 通道的空间需求

通道用于人员、设备和机械行走，通道的宽度必须适应其用途，通道在设施中的位置应当有利于流动。通道在设施面积中占有较大的比例，必须仔细设计。如果通道规划过窄，那么会导致设施拥挤，易造成安全问题；而通道过宽，又会造成空间浪费。应当在考虑通道的流量和类型后再确定其宽度，表3-19给出了不同流动类型的推荐通道宽度的参考值。

表3-19 不同流动类型的推荐通道宽度的参考值

流动类型	通道宽度/m	流动类型	通道宽度/m
拖车	3.6	1t叉车	2.7
3t叉车	3.4	窄通道叉车	1.8
2t叉车	3	手推车	1.5
单向人行道	1	双向人行道	1

通道设计应注意以下事项：

1）通道应当尽量避免曲线、急转弯和非直角相交。

2）通道应当是直线的，并通向大门。

3）应尽量避免沿墙布置通道，除非通道是用于进出设施。

4）应考虑柱间距，柱子应位于通道的边界，而不能挡在中间。

在设施规划时，建议计算通道占总场地的面积比，需要把这个数据按年度记录绘图，目标是尽量缩小这个百分比。减少百分比的措施有：

1）用前叉车代替普通叉车，减少通道弯曲半径。

2）使用多深货架或者驰入式托盘货架，可以将对应的通道面积减少一半。

3.6.4 目视管理的空间需求

目视管理是一种以公开化和视觉化显示为特征的管理方式，在现代制造系统中相关的目视管理工具被广泛应用，它对设施布置会产生一定的影响。目视管理的工具主要包括以下内容：

（1）标示、整理和定置管理。整洁的环境有助于团队开展工作、开会和查看工作进度，以及发布和张贴产品和生产的各种信息，检查物料和工模夹具是否在正确的位置。

（2）目视文档。它包括公差要求、工作指令、机器操作指令、自检指令、检查方法、工厂布置图和平面指示图等。

（3）目视生产、维护、库存和质量管理。它包括生产进度墙报、看板、自助维护指示板、机器故障警示灯、仪表指示板、进度过程控制方法图板和问题记录板等。

（4）工作绩效度量。

（5）对进度状况的跟踪和改进的目视显示。

为了有效利用空间，设施规划人员需要利用墙壁和通道等空间尽量显示更多的信息，并合理分配物料、模具、清洁保养工具和员工会议室等专用空间。图3-34所示为一目视管理布置的具体示例。

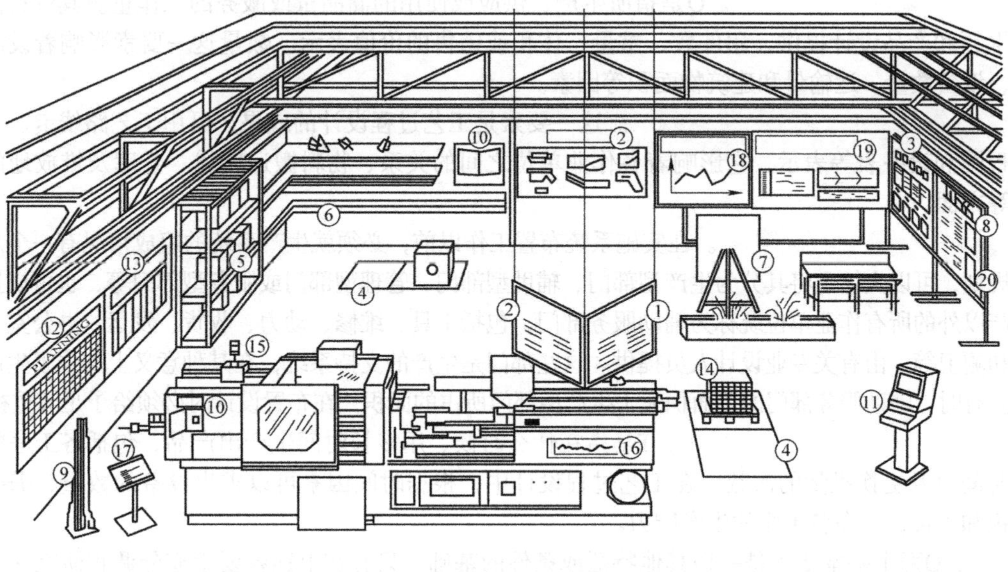

图3-34　某工厂目视管理布置

1—部门标示　2—作业单元、资源和产品标识　3—团队板报　4—地面标记（看板位置、物料搬运设备的位置）　5—工具、料架和夹具的位置　6—技术专用区域　7—交流休息区　8—信息和指令区　9—清扫工具摆放处　10—制造指令和技术方法显示处　11—计算机终端　12—生产进度表　13—机器维修保养表　14—库存和在制品指示　15—机器信号监控　16—统计过程控制　17—问题记录板　18—目标、结果和差距指示板　19—改进活动板　20—公司计划和宗旨

3.7　系统化设施布置方法

3.7.1　系统布置设计

系统布置设计（SLP）是一种条理性很强，将物流分析与作业单位相互关系密切程度分析相结合，求得合理布置的方法。

1．SLP的输入数据

在SLP法中，Muther将研究工厂布置问题的依据和切入点归纳为五个基本要素——P、Q、

R、S和T，抓住这些就是解决布置问题的“钥匙”，如图3-35所示。

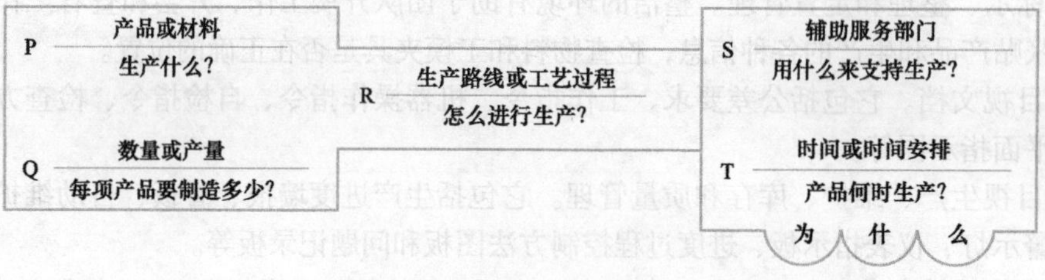

图3-35 解决系统布置问题的钥匙“P、Q、R、S、T”

（1）P（产品或材料）。P是指待布置工厂将生产的商品、原材料或者加工的零件和成品等。这些资料由生产纲领和产品设计提供，包括项目、种类、型号、零件号、材料和产品特征等。产品这一要素影响着设施的组成及其各作业单位间的相互关系、生产设备的类型和物料搬运的方式等方面。

（2）Q（数量或产量）。Q是指所生产、供应或使用的商品量或服务的工作量。其资料由生产纲领和产品设计提供，用件数、重量、体积或销售的价值表示。数量这一要素影响着设施规模、设备数量、运输量和建筑物面积等因素。

（3）R（生产路线或工艺过程）。这一要素是工艺过程设计的成果，可用工艺路线卡、工艺过程图和设备表等表示。它影响着各作业单位之间的关系、物料搬运路线、仓库及堆放地的位置等方面。

（4）S（辅助服务部门）。在实施系统布置工作以前，必须就生产系统的组成情况有一个总体的规划，可以大体上将其分为生产型部门、辅助型部门、管理型部门或服务型部门等，也可以把除生产以外的所有作业单位统称为辅助服务部门，包括工具、维修、动力、收货、发运、办公室、食堂和厕卫等，由有关专业设计人员提供。这些部门是生产的支持系统，在某种意义上加强了生产能力。有时，辅助服务部门的总面积大于生产型部门所占的面积，在布置设计时必须给予足够重视。

（5）T（时间或时间安排）。T是指在什么时候、用多长时间生产出产品，包括各工序的操作时间以及更换批量的次数。在工艺过程设计中，根据时间因素可以求出设备的数量、需要的面积和人员，平衡各工序的生产能力。

P、Q两个基本要素是一切其他特征或条件的基础。只有在上述各要素充分调查研究并取得全面、准确的各项原始数据的基础上，通过绘制各种表格、数学和图形模型，有条理地细致分析和计算，才能最终求得设施布置的最佳方案。

2．SLP的四个阶段

整个系统布置设计采取四个阶段来进行，分别为确定位置、总体区划、详细布置和实施，这四个阶段称为“布置设计四阶段”，如图3-3所示。

3．总体区划和详细布置的工作内容

（1）总体区划。通常，首先是研究产品和产量，再研究为了完成生产所需要的各种生产作业单位和非生产作业单位，进而分析各作业单位间的物流和非物流的相互关系，然后将物流和非物流的相互关系用一张相关图表示。如果是服务业的企业，就可能只有非物流的相互关系。可据此画出初步的布置图，再加上用经验数据或计算所得的各单位面积，就能够得到一个布置方案。进一步考虑影响方案的各种因素，对方案做修改和调整，同时还要注意到各种实际限制条件。最后将各种修正因素和限制条件进行综合并调整后，可以得出几个符合实际的可供比较的方案，对这些方案用经济或其他条件做评估，即可从中选出满意的方案。

（2）详细布置。在总体区划已确定的方案下，详细规划每个作业单位的作业区、每台机器设备、每条通道、每个货架的位置等详细的布置。实际上，在进行每个作业单位的详细布置时，经常要对总体区划做出一些调整。

总体区划和详细布置的工作内容可参见图3-4和图3-36。

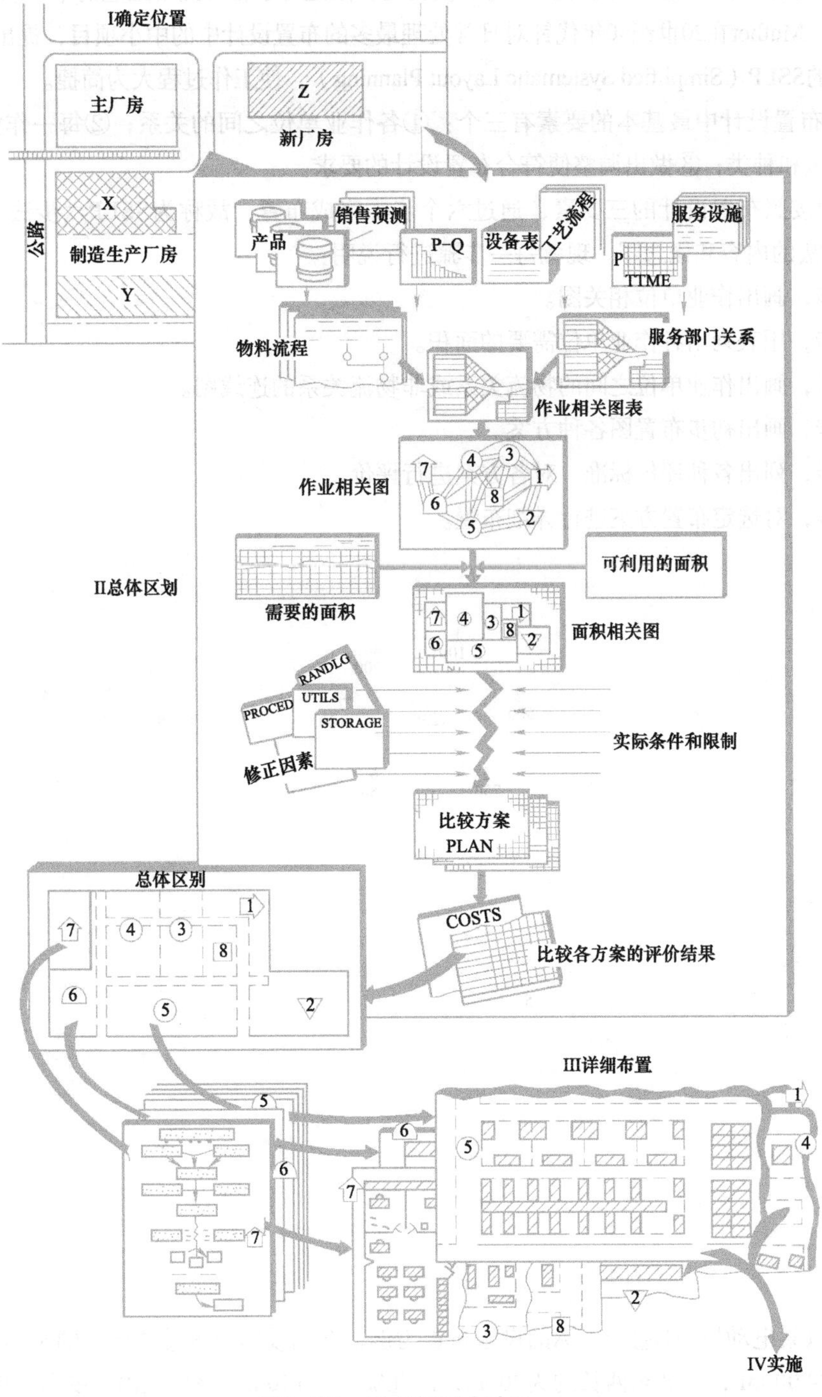

图3-36　SLP的四个阶段

3.7.2 简化的系统布置设计

在实际工作中，工业工程师和其他工程技术人员经常遇到的布置设计并不是大型项目。对于大型项目来说，用SLP进行设施布置是可以接受的，但是对于各种经常处理的中小项目就得不偿失了。为此，Muther在20世纪90年代针对日常处理最多的布置设计中的中小项目，提出了比原来SLP大为简化的SSLP（Simplified Systematic Layout Planning），使工作过程大为简捷。

一项布置设计中最基本的要素有三个：①各作业单位之间的关系；②每一作业单位应有的空间的数量和种类；③做出调整使符合布置设计的要求。

SSLP按照布置设计的三要素，通过六个步骤完成布置，故称为SSLP六步法。图3-37即为SSLP六步法的内容和概念图。现就每一步骤进行说明：

第1步，画出作业单位相关图。

第2步，用表列出各作业单位需要的面积。

第3步，画出作业单位之间的物流关系或非物流关系的连线图。

第4步，画出初步布置图各种方案。

第5步，列出各种评价标准，对各方案进行评价。

第6步，对选定布置方案进行详细布置。

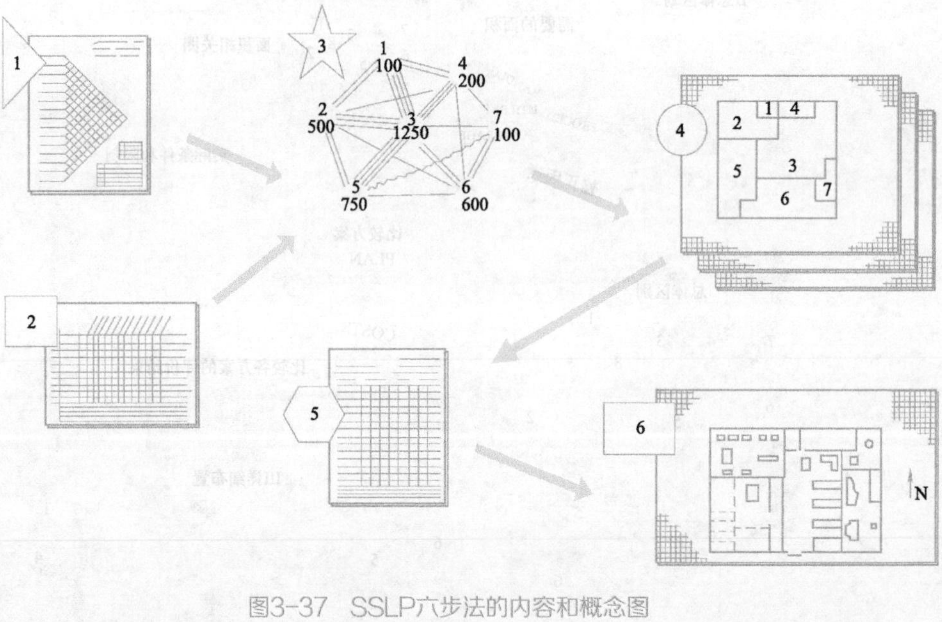

图3-37 SSLP六步法的内容和概念图

3.7.3 基于SLP法的设施布置过程

本节以某电动机配件生产厂A的设施布置为例，介绍设施布置总体区划的基本过程。A厂占地面积为24 000m^2，厂区东西长约为200m，南北宽约为120m。该厂址内主要负责电动机定子和转子等的生产。

3.7.3.1 作业单位分析

在系统布置设计开始时，首先应收集P、Q、R、S和T等的原始资料，同时需要对作业单位的划分情况进行分析，通过分解与合并，得到最佳的作业单位划分状况，并计算出相应的作业单位面积。

1．P-Q分析，确定设备布置形式

产品品种的多少和产量的高低直接决定了设备布置的形式，图3-12直观反映了P-Q与设备布置形式的关系。

2．划分作业单位

在P、Q、R、S、T和P-Q等信息的分析基础上，结合企业的管理方式和经营目标，合理划分作业单位。在一般情况下，工厂都是由多个生产部门、管理部门、仓储部门及辅助服务部门等组成的。在进行工厂总体布置时，作业单位是指车间、科室一级的部门。一个好的企业应该有一个良好的组织结构，每个作业单位承担着明确的任务，作业单位之间既相互独立又相互联系，共同为企业整体利益服务。

3．计算作业单位面积

各作业单位所需占地面积与P、Q、P-Q、R、S、T、搬运方式等有关，根据这些信息，可参照“3.6作业空间需求计算”的相关知识，计算出各作业单位的面积。作业单位信息如表3-20所示。

表3-20 作业单位信息

序 号	作业单位名称	用 途	占地面积长×宽/（m×m）	结构型式
1	原材料库	储存原材料	30×15	
2	冲压车间	冲片	80×30	
3	整片车间	整片	30×15	
4	半成品库	储存半成品	24×20	
5	浇铸车间	铸铝	64×20	
6	叠压车间	叠压	50×15	
7	检修车间	检验和不合格品返修	20×20	
8	成品库	成品储存	24×20	
9	五金仓库	储存工具、外购件	30×20	
10	办公行政区	办公室	60×15	

3.7.3.2 作业单位相互关系分析

在设施布置中，各设施的相对位置由设施间的相互关系决定。针对某些以生产流程为主的工厂，物料移动是工艺过程的主要部分，如一般的机械制造厂，物流分析是布置设计中最重要的方面；对某些辅助服务部门或某些物流量较小的工厂，各作业单位之间的非物流关系对布置设计就显得更为重要。介于上述两者之间的情况，需要综合考虑作业单位之间的物流与非物流的相互关系。

1．物流分析

物流量的计算取决于产品、生产纲领、工艺和搬运方式等多个因素。获取各产品的工艺过程图（见图3-38）并做出从至表（见表3-21）来统计具体物流量大小；也可以折合为代表产品（见式1-1）来计算物流量。在采用SLP法进行工厂布置时，通过划分等级的方法来研究物流状况，在此基础上，引入物流相关表，以简洁明了的形式表示工厂总体物流状况。

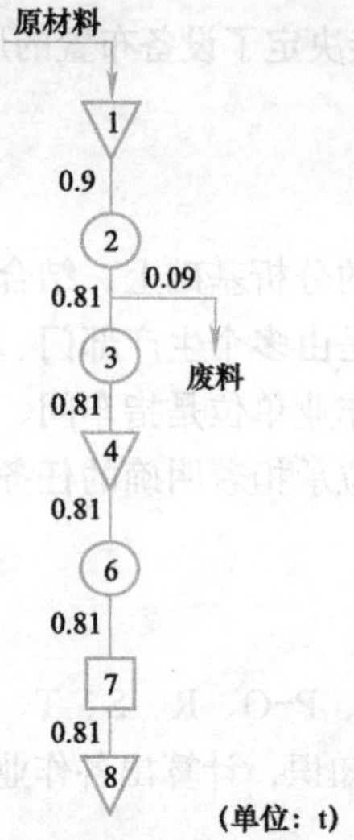

图3-38 某型号转子工艺过程图

表3-21 从至表

从＼至 序号	名称	1 原材料库	2 冲压车间	3 整片车间	4 半成品库	5 浇铸车间	6 叠压车间	7 检修车间	8 成品库	9 五金仓库	10 办公行政区	合计
1	原材料库		8.9			2.9						11.8
2	冲压车间			5.9	1.9							7.8
3	整片车间				0.8	1.5	3.6					5.9
4	半成品库					1.6	1.1					2.7
5	浇铸车间							6				6
6	叠压车间							5.5				5.5
7	检修车间								11.5			11.5
8	成品库											0
9	五金仓库						0.8					0.8
10	办公行政区											0
合计		0	8.9	5.9	2.7	6	5.5	11.5	11.5	0	0	52

由于直接分析大量物流数据比较困难，而且也无必要，SLP法将物流强度转化为五个等级，

分别用符号A、E、I、O、U表示，分别对应超高物流强度、特高物流强度、较大物流强度、一般物流强度和可忽略搬运五种物流状况。作业单位对或称为物流路线的物流强度等级，应按物流路线比例或承担的物流量来确定，可参考表3-22来划分。

表3-22 物流强度等级划分

物流强度等级	符　号	物流路线比例（%）	承担的物流量比例（%）
超高物流强度	A	10	40
特高物流强度	E	20	30
较大物流强度	I	30	20
一般物流强度	O	40	10
可忽略搬运	U		

针对前述A厂的实例，讨论物流强度等级划分的具体步骤。首先根据工艺过程图，利用表3-21来统计存在物料搬运的各作业单位对之间的物流量，应注意必须采用统一的计量单位来统计物流强度。然后将表3-21中各作业单位对按物流强度大小排序，绘制成如表3-23所示的物流强度汇总表，然后采用如表3-24所示的物流强度分析表进行物流分析，划分出物流强度等级。表3-23和表3-24中未出现的作业单位对不存在固定的物流，因此物流强度等级定为U级。根据物流关系就得到了作业单位物流相关图，如图3-39所示。

表3-23 物流强度汇总表

序　号	作业单位对（路线）	物 流 强 度	序　号	作业单位对（路线）	物 流 强 度
1	1-2	8.9	8	4-5	1.6
2	1-5	2.9	9	4-6	1.1
3	2-3	5.9	10	5-7	6
4	2-4	1.9	11	6-7	5.5
5	3-4	0.8	12	7-8	11.5
6	3-5	1.5	13	6-9	0.8
7	3-6	3.6	14	—	—

表3-24 物流强度分析表

序　号	作业单位对（路线）	物 流 强 度	物流强度等级
1	7-8		A
2	1-2		A
3	5-7		E
4	2-3		E
5	6-7		E
6	3-6		I
7	1-5		I
8	2-4		O
9	4-5		O
10	3-5		O
11	4-6		O
12	3-4		O
13	6-9		O

图3-39　作业单位物流相关图

2. 非物流分析

当物流状况对企业的生产有重大影响时，物流分析就是工厂布置的重要依据。但我们也不能忽视非物流因素的影响，尤其当物流对生产影响不大或没有固定物流时，工厂布置就应当考虑非物流因素对各作业单位间相互关系的影响。不同的企业，作业单位的设置不同，作业单位间的相互关系的影响因素也不一样。作业单位间相互关系密切程度的典型影响因素，一般可以考虑：①物流；②工作流程；③作业性质相似；④使用相同的设备；⑤使用同一场地；⑥使用相同的文件档案；⑦使用相同的设施；⑧使用同一组人员；⑨工作联系频繁程度；⑩监督和管理方便；⑪噪声、振动、烟尘、易燃易爆危险物品的影响；⑫服务的频繁和紧急程度等方面。Muther在SLP中建议，每个项目中重点考虑的因素不应超过10个。作业单位间各密切程度理由的基准相互关系示例如表3-25所示。

表3-25　基准相互关系示例

字　母	一对作业单位	密切程度的理由
A	钢材库和剪切区域 终检和包装 清理和油漆	搬运物料的数量，类似的搬运问题 工艺流程的连续性 使用相同人员，公用设施、管理方式、型式相同的建筑物
E	接待和参观者停车处 金属件加工和焊接 维修和部件装配	方便、安全 搬运物料的数量和形状 服务的频繁程度
I	剪切区和冲压机 部件装配和总装配 仓储部门和财会部门	搬运物料的数量 搬运物料的面积，共用相同的人员 报表运送、安全、方便

（续）

字　母	一对作业单位	密切程度的理由
O	维修和接收 废物回收和工具室 收发室和厂办公室	产品的运送 共用相同设备 联系频繁程度
U	维修和接收 焊接和外购仓库 技术部门和发运	辅助服务不重要 接触不多 不常联系
X	焊接和油漆 焚化炉和主要办公室 冲压车间和办公室	灰尘、火灾 烟尘、臭味、灰尘 噪声、振动

针对A厂，选择如表3-26所示的作业单位相互关系密切理由，在此基础上建立如图3-40所示的作业单位非物流相关图。

表3-26　A厂作业单位相互关系密切理由

编　码	理　由
1	工作流程连续性
2	生产服务
3	物料搬运
4	管理方便
5	安全和污染
6	振动
7	人员联系

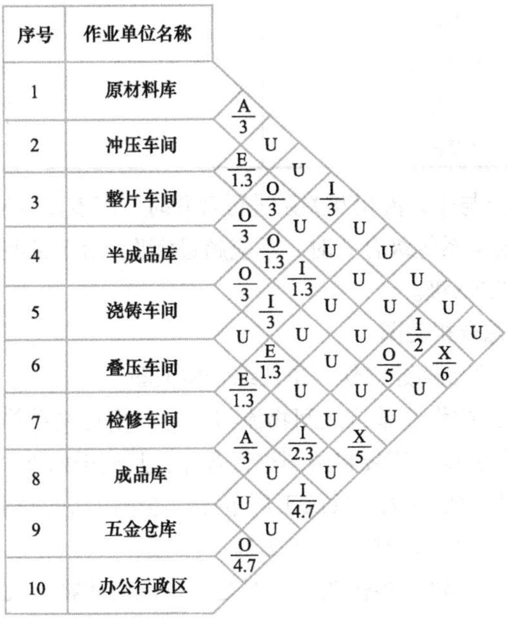

图3-40　作业单位非物流相关图

3. 作业单位综合相关图

在大多数工厂中，各作业单位之间既有物流关系也有非物流关系，两作业单位之间的相互关系应包括物流关系与非物流关系，因此，在SLP中，要将作业单位间物流的相互关系与非物流的相互关系进行合并，求出合成的相互关系——综合相互关系。然后，从各作业单位间的综合相互关系出发，实现各作业单位的合理布置。一般按照下列步骤求得作业单位综合相关图：

（1）确定物流与非物流相互关系的相对重要性。一般，物流与非物流相互关系的相对重要性比值$m:n$应为1:3～3:1。当比值小于1:3时，说明物流对生产的影响非常小，工厂布置时只需考虑非物流的相互关系；当比值大于3:1时，说明物流关系占主导地位，工厂布置时只需考虑物流相互关系的影响。在实际工作中，根据物流与非物流相互关系的相对重要性，一般取$m:n$=3:1、2:1、1:1、1:2、1:3，$m:n$称为加权值。

（2）计算量化的作业单位综合相互关系。设任意两个作业单位分别为A_i和A_j，物流相互关系等级为MR_{ij}，非物流的相互关系等级为NR_{ij}，则作业单位A_i与A_j之间的综合相互关系等级度TR_{ij}为：

$$\mathrm{TR}_{ij} = m\mathrm{MR}_{ij} + n\mathrm{NR}_{ij}$$

（3）综合相互关系等级划分。TR_{ij}是一个量值，需要经过等级划分，才能建立与物流相关图相似的、符号化的作业单位综合相互关系表。综合相互关系的等级划分为A、E、I、O、U、X，各级别TR_{ij}值逐渐递减，且各级别的作业单位对数应符合一定的比例，表3-27给出了综合相互关系等级与划分的一般比例。

表3-27 综合相互关系等级与划分的一般比例

符 号	含 义	作业单位对比例（%）
A	绝对重要	1～3
E	特别重要	2～5
I	重要	3～8
O	一般密切程度	5～15
U	不重要	20～85
X	不要靠近	0～10

需要说明的是，将物流与非物流相互关系进行合并时，应该注意X级关系等级的处理，任何一级物流等级与X级非物流关系等级合并时，不应超过O级。对于某些极不希望靠近的作业单位之间的相互关系，可以定为XX级。

（4）经过调整，建立综合相关图。

下面仍以A厂为例，说明如何建立作业单位综合相关图。

由图3-39和图3-40给出的作业单位之间物流与非物流相互关系并不一致。为了确定各作业单位之间综合相互关系密切程度，需要将两图进行合并，其过程如下：

（1）加权值的选取。加权值的大小反映工厂布置时考虑因素的侧重点，对于A厂来说，物流影响大于其他因素的影响，因此取加权值$m:n$=2:1。

（2）综合相互关系计算。根据各作业单位对之间物流与非物流关系等级的高低进行量化，并加权求和，求出综合相互关系，详见表3-28。

当作业单位数目为N时，总的作业单位对数P可用下式计算。即：

$$P=\frac{N(N-1)}{2}$$

对于上例，N=10，则P=45。因此，表3-28中共有45个作业单位对，即45个相互关系。

（3）划分关系等级。在表3-28中，综合关系分数取值范围为1～8，按表3-29统计出各段分数段作业单位对的比例，参考表3-27划分综合关系等级。

表3-28 作业单位之间综合相互关系计算表

作业单位对	关系等级				综合关系	
	物流关系 加权值：2		非物流关系 加权值：1			
	等级	分数	等级	分数	分数	等级
1-2	A	4	A	4	12	A
1-3	U	0	U	0	0	U
2-3	E	3	E	3	9	E
2-4	O	1	O	1	3	I
2-8	U	0	U	0	0	U
2-9	U	0	I	2	2	O
2-10	U	0	X	−1	−1	X
3-5	O	1	O	1	3	I
3-9	U	0	O	1	1	O
4-5	O	1	O	1	3	I
4-6	O	1	I	2	4	I
4-7	U	0	U	0	0	U
5-7	E	3	E	3	9	E
5-9	U	0	U	0	0	U
5-10	U	0	X	−1	−1	X
6-7	E	3	E	3	9	E
6-8	U	0	U	0	0	U
6-9	O	1	I	2	4	I
6-10	U	0	U	0	0	U
7-8	A	4	A	4	12	A
8-9	U	0	U	0	0	U
9-10	U	0	O	1	1	O

注：部分作业单位对省略。

表3-29 综合相互关系等级划分

总分	符号	作业单位对数	百分比（%）
12	A	2	4.4
9	E	3	6.7
6～3	I	8	17.8
2～1	O	4	8.9
0	U	26	57.8
−1	X	2	4.4
总计		45	100

（4）建立作业单位综合相关图。按照表3-28中的关系等级，绘制成作业单位综合相关图，如图3-41所示。

图3-41 作业单位综合相关图

3.7.3.3 确定平面布置方案

1. 绘制作业单位位置相关图

在SLP中，工厂总平面布置并不是直接去考虑各作业单位的占地面积和几何形状，而是从各作业单位间相互关系密切程度出发，安排各作业单位之间的相对位置，关系密级高的作业单位之间距离近，关系密级低的作业单位之间距离远，由此形成作业单位位置相关图。

当作业单位数量较多时，作业单位之间相互关系数目就非常多，因此即使只考虑A级关系，也有可能同时出现很多个。故引入“综合接近程度”，即某一作业单位综合接近程度等于该作业单位与其他所有作业单位之间量化后的关系密切程度的总和。这个值的高低，反映了该作业单位在布置图上所处的位置，综合接近程度分值越高，说明该作业单位越应该靠近布置图的中心位置，分值越低则说明该作业单位越应该处于布置图的边缘位置。处于中央区域的作业单位应该优先布置，也就是说，依据SLP思想，首先根据综合相互关系级别高低按A、E、I、O、U、X级别顺序先后确定不同级别作业单位位置，而同一级别的作业单位按综合接近程度分值的高低顺序来进行布置。

表3-30所示为A厂的综合接近程度排序表，根据该表画出如图3-42所示的作业单位位置相关图，绘制过程如图3-43所示。在绘制该作业单位位置相关图时应使用图例符号，如表3-31所示。

表3-30　综合接近程度排序

作业单位代号	1	2	3	4	5	6	7	8	9	10
1		A/4	U/0	U/0	I/2	U/0	U/0	U/0	U/0	U/0
2	A/4		E/3	I/2	U/0	U/0	U/0	U/0	O/1	X/−1
3	U/0	E/3		I/2	I/2	I/2	U/0	U/0	O/1	U/0
4	U/0	I/2	I/2		I/2	I/2	U/0	U/0	U/0	—
5	I/2	U/0	I/2	I/2		U/0	E/3	U/0	U/0	X/−1
6	U/0	U/0	I/2	I/2	U/0		E/3	U/0	I/2	U/0
7	U/0	U/0	U/0	U/0	E/3	E/3		A/4	U/0	O/1
8	U/0	U/0	U/0	U/0	U/0	U/0	A/4		U/0	U/0
9	U/0	O/1	O/1	U/0	U/0	I/2	U/0	U/0		O/1
10	U/0	X/−1	U/0	U/0	X/−1	U/0	O/1	U/0	O/1	
综合接近程度	6	9	10	8	8	9	11	4	5	0
排　序	7	3	2	6	5	4	1	9	8	10

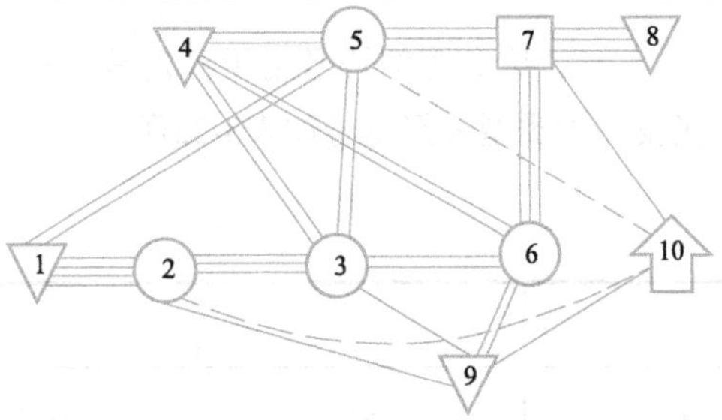

图3-42　作业单位位置相关图

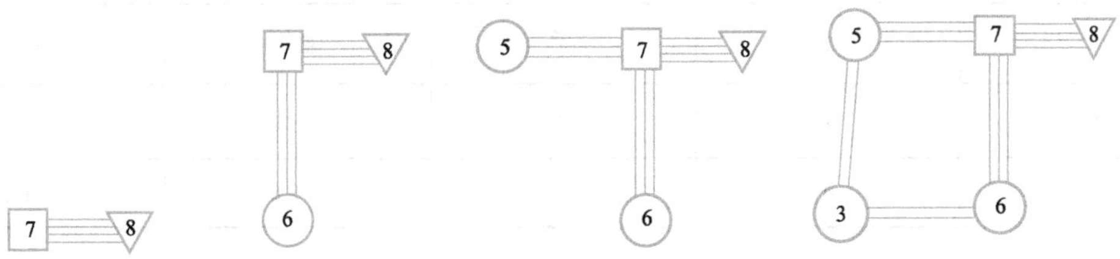

a)　b)　c)　d)

图3-43　作业单位位置相关图绘制步骤（部分）

设施规划与设计所用的作图图例符号包括以下两个部分：

（1）流程与面积类型图例符号。这类图例符号表示流程、功能、作业和作业区。其中，流程类型的图例符号是采用美国机械工程师协会（ASME）所订标准中的流程图例符号，颜色和阴影的通用表示方式如表3-31所示。设施规划人员在使用图例符号时有很大的选择余地，在具体项目中可以选择最适合的图例符号、颜色和阴影。

表3-31 流程与面积类型图例符号

工艺过程图表符号及其意义	说明作业单位及区域的扩充符号	颜色区别	黑白图文
○加工	○成形或处理加工区	绿	
	○装配、部件装配拆卸	红	
→搬运	→与运输有关的作业单位/区域	橘黄	
▽储存	▽储存作业单位/区域	橘黄	
D等待或暂存	D停放或暂存区域	橘黄	
□检查	□检验、测试和检查区域	蓝	
	∩服务及辅助作业单位/区域	蓝	
	⌂办公室或规划面积、建筑特征	棕（灰）	

（2）评级及评价类型等级符号。这类图例符号用于评定等级和评价尺度，用元音字母、数值、线条和颜色等表示。评级及评价类型等级符号如表3-32所示。

表3-32 评级及评价类型等级符号

元音字母	系数值	线条数	密切程度等级	颜色规范
A	4	////	绝对必要	红
E	3	///	特别重要	橘黄
I	2	//	重要	绿
O	1	/	一般	蓝
U	0		不重要	不着色
X	–1		不希望	棕
XX	–2，–3 –4		极不希望	黑

2．绘制作业单位面积相关图

把各作业单位占地面积附加到作业单位位置相关图上，就形成了作业单位面积相关图，如图3-44所示。

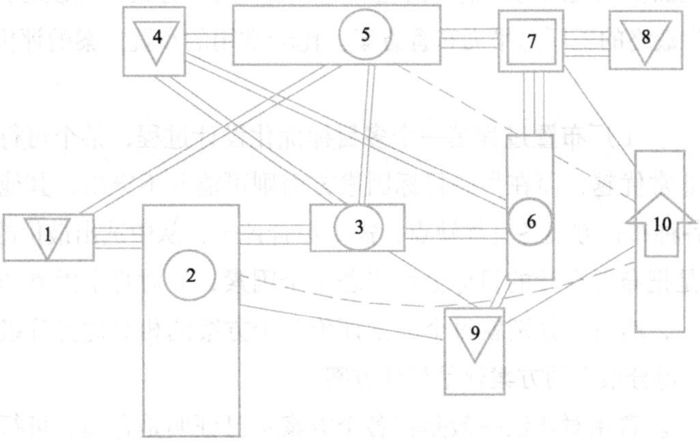

图3-44 A厂作业单位面积相关图

3．修正

因为作业单位面积相关图只是一个原始布置图，所以还需要根据其他因素进行修正。

（1）修正因素

1）场址条件或周围情况。如地面坡度、主导风向、朝向、铁路或道路的出入口，对周围污染、振动和噪声的影响等。

2）搬运方法。如与外部运输的连接、搬运的总体方案、搬运方式、搬运设备、起重机起重能力和所占空间等。

3）仓库设施。要根据作业单位面积相关图重新检查仓库设施的面积。这时要根据货物堆垛、上架和支撑方法等确定面积。

4）建筑特征。如建筑立面、柱网、门窗形式、高度和地面负荷等。

5）公用及辅助部门。要考虑公用管线和维修部门所需要的面积，包括机器设备、自动化控制设备以及通道等的面积。

6）人员的需要。包括工厂出入口的分布，更衣室、休息室的位置，以及安全、方便、通信等问题，这些都要作为调整布置考虑的因素。

（2）实际条件限制。在考虑布置时，常常会遇到一些对设计有约束作用的修正因素，这些因素叫作实际条件限制。例如，原有的建筑、现有的搬运方法、不宜变动的管理方法等限制了理想布置的实现，企业方针、建筑规范、资金不足等也是影响布置的重要限制条件。在处理这些修正因素时，会产生重新安排面积的考虑。例如，在布置中希望设置一条高度同步化的自动输送带系统，但实际条件可能使它阻断了车道，这就抵消了其具有的优点，因此需要考虑舍弃这种布置方案。

通过考虑多种方面因素的影响与限制，形成众多的布置方案，抛弃所有不切实际的想法，保留2～3个可行方案以供选择。

3.7.3.4 布置方案评价

通过各作业单位面积相关图的调整，已经取得了数个可行方案，应该对各个方案进行评价，选出最佳方案，作为最终的工厂总平面布置方案。比较常用的布置方案的评价方法有加权因素法与费用对比法。

（1）加权因素法。工厂布置过程是一个多目标优化设计过程，某个可行的布置方案可能在某一目标因素方面非常优越，而在另一目标因素方面则可能并不突出，其他布置方案可能正好相反。也就是说，各种布置方案各有优缺点，需要综合评价，从中选出最优的布置方案。

加权因素法就是把布置设计的目标分解成若干个因素，并对每个因素的相对重要性评定一个优先级（加权值），然后，分别就每个因素评价各个方案的相对优劣等级，最后加权求和，求出各方案的得分，得分最高的方案就是最佳方案。

（2）费用对比法。费用对比法一般是在各个方案都已证明是合理、可行的情况下，从经济角度对方案进行比较择优。分析评价时，可以着重对布置方案的物流费用和基建费用等方面进行综合评价，费用最低的方案即为最佳方案。

3.7.4 动线型SLP

1. 传统系统布置设计存在的问题

SLP法为Muther于1961年提出，随着科学技术的进步和经济的发展，企业生产模式发生了转变，从大批量、少品种生产向多品种、变批量生产转变，制造业企业之间的竞争焦点将不仅仅是价格的竞争，更是在适应市场需求、客户快速反应和准时供货等方面的竞争。现代企业的特征使得传统SLP法的应用可能存在不足，主要表现在以下几方面：

（1）不适合现代企业的生产特点。传统的SLP法是基于计划推动式生产的方法，而现代企业的生产是基于市场订单需求的，属于拉动式生产。

（2）缺少物流战略规划。战略规划比任何其他因素对现代企业设施布置设计的影响都要大，布置设计各项问题的分析都要基于企业经营战略，以实现战略规划为目标。传统的设施布置方法缺少战略规划，影响现代企业的持续发展。

（3）缺少动态柔性。SLP法基本上是静态的，缺乏动态柔性。而现代企业的生产经营是以市场为导向的，随机性、时效性等特点很明显，要求其布置设计和生产系统具有适当的弹性和柔性，能紧随市场变化及时地、适度地进行调整。

（4）SLP法缺少动线分析过程。所谓动线，就是指货物和人员的移动路线。在整个企业范围内货物和人员的流动不能发生阻断、迂回、绕行和相互干扰等现象，要求动线具有完整性、合理性和流畅性。在总体规划方案初步确定后，就要及时地进行动线分析，以便做出相应的调整。

（5）由于历史的局限性，SLP法没有充分利用计算机技术。传统的方法主要是手工布置，受主观经验、自身知识及能力等多种因素的影响虽然在布置过程中考虑了系统优化，但往往得不到较优解，有时得到的可能仅仅是非劣解，想要获得优秀的、令人满意的方案比较困难，而且手工布置程序烦琐，导致设计者最终提供给决策者的方案较少，可供决策者选择的余地太小，不利于科学决策。

2. 动线型SLP法的程序模式

基于以上原因，一种适合现代企业设施布置设计的改进SLP法被提出。该方法加入了动线分析，故称之为动线型SLP法，其程序模式大致分为八个阶段，如图3-45所示。

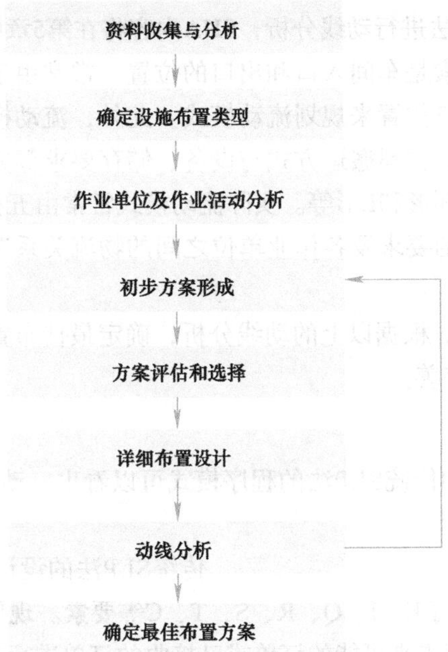

图3-45 动线型SLP法的程序模式示意图

（1）资料收集与分析阶段。资料的收集与分析是现代企业设施布置设计的重要前提。在此阶段收集并分析影响布置设计的基础数据和背景资料，主要包括：E——Entry（指加工、服务的对象或接收的订单）；I——Item（指加工产品或处理货物的种类）；Q——Quantity（指加工产品或处理货物的数量）；R——Route（指产品的工艺流程或货物处理的作业流程）；S——Service（指辅助部门和物流服务水平）；T——Time（指生产加工的时间安排或物流服务的时间）；C——Cost（指现代企业的造价预算）。

（2）确定设施布置类型。对于生产企业来说，企业生产的产品品种的多少以及每种产品产量的高低，决定了企业的生产类型，直接影响着企业的总体布局及生产设施的布置形式。在动线型SLP法中采用的是Entry-Quantity（E-Q）分析，E-Q分析属于基于拉式的分析方法，与传统SLP的推式方法的P-Q分析有本质区别。

（3）作业单位及作业活动分析。在对前述基础数据和背景资料分析的基础上，进而对现代企业主要的业务活动、作业的关联性及其大体作业流程进行分析，划分作业区域和作业单位。在此过程需注意作业区域之间可能存在的信息交换关系、组织协调关系、考虑操作安全和环境需要而保持的距离关系。

（4）初步方案形成阶段。在这一阶段所采用的方法和传统的SLP法基本一致。

（5）方案评估和选择阶段。

（6）详细布置设计阶段。对各作业区内部所使用的各种设施、设备器具、作业场所和车间通道等进行详细布置和安排。

（7）动线分析。在此之前均是空间的合理布置设计，故在对一到两个可选方案进行详细布置设计后，有必要对现代企业的物流动线和人行动线进行分析，即物料搬运系统分析，并对最优方案进行调整和反馈修正，使其物流动线和人行动线具有最大的合理性和流畅性，并使搬运方法和搬运手段合理化，以提高现代企业的运转效率。在这里可以运用搬运系统分析（System Handling Analysis，SHA）方法进行动线分析，SHA内容将在第5章中详述。一般来说，选择车间内部流动模式的一个重要因素是车间入口和出口的位置。常常由于外部运输条件或原有布置的限制，需要按照给定的出入口位置来规划流动模式。此外，流动模式还受生产工艺流程、生产线长度、场地、建筑物外形、物料搬运方式与设备、储存要求等方面的影响。物流动线的主要形式有直线形、U形、S形、环形和L形等。实际流动模式常常由五种基本流动模式组合而成，新建企业时可以根据生产流程的要求及各作业单位之间的物流关系选择流动模式，进而确定建筑物的外形及尺寸。

（8）确定最佳布置方案。根据以上的动线分析，确定最佳布置方案，在实施过程中再对布置方案进行调整和进一步的完善。

3. 动线型SLP法与传统SLP法的异同

通过比较动线型SLP法和传统SLP法的程序模式可以看出，动线型SLP法与传统SLP法相比存在以下三点不同：

（1）设计基于的基础数据和背景资料不同。传统SLP法的设计基于P、Q、R、S、T等基本要素；动线型SLP法主要依赖于E、I、Q、R、S、T、C等要素。现代企业已从原来的推动式生产转为拉动式生产，故需要根据未来可能的订单或已接收的订单进行布置设计。

（2）在程序上有所改变。针对现代企业的特点，在传统SLP法的程序模式上，加入了设施布置类型的确定、详细布置设计及动线分析阶段。增加的动线分析，将空间的布置设计和物料搬运系统相协调，因为设施布置设计只有通过完善的搬运系统才能显示出其合理性。

（3）动线型SLP法更强调设施布置设计的柔性。一般来说，现代企业布置设计的柔性、弹性可以从布置设计、建筑技术和机械制造等多方面来考虑采取多种措施实现。例如：①对将来可能发生的变化，布置设计要适当留有余地，可将暂时没用的地方予以绿化；②把未来有较大扩充可能性的作业区，布置在现代企业可以扩展的纵深方向；③多利用大跨度车间厂房，一则可以提高空间利用率，二则便于作业区就在此厂房内局部调整；④利用组合式厂房、可拆卸墙体，必要时拆迁重新组装搭建，便于快速变动和调整；⑤机器设备布置时应多采用成组技术及可重构技术；⑥注意各种机械设备、建筑设施等的标准化和模块化；⑦机器设备的安装固定应多采用弹性固定、可移动性支撑构件等。

习题与思考题

1. 比较Apple、Reed和Muther工厂布置方法的异同，比较整合的设施布置规划与前三种方法的异同。

2. 设施规划人员从管理层、产品设计人员、工艺设计人员和生产计划排程人员那里分别要获取什么信息？这些信息对设施布置有什么影响？

3. 车间或工厂设备布置有哪几种基本方式？各有何优缺点？各适用于何种生产环境？

4. 在准时制生产方式下什么布置原则最流行？请解释原因。

5. 6个密切程度代码分别是什么？它们各代表什么？

6. 什么是“作业单位相互关系”？“作业单位相互关系”根据什么决定？

7. 根据经验，在确定作业单位相互关系时，“A”和“E”代码的比例分别为多少较为合适？

8. 某工厂生产6种产品，设有6个部门，各产品的工艺流程及相关参数如表3-33所示，试绘制多产品工艺过程图，并做出从至表。（假设产品在加工过程中重量变化可以忽略，各产品的材料密度相近且搬运方式相同）

表3-33 某工厂各产品的工艺流程及相关参数

产品代号	工艺流程	月产量（件）	重量/kg
1	ABCDEF	800	2
2	ABEF	1 000	2.2
3	ABDECBF	200	2
4	ABDEF	2 000	1.8
5	ACDF	1 500	2
6	ADBEBF	1 000	2.4

9. 在一个小型标准件制造厂内有7个作业单位，其关系代码和面积如图3-46所示。

（1）试画出一张无尺寸模块图。

（2）试用SLP法做出作业单位面积相关图。

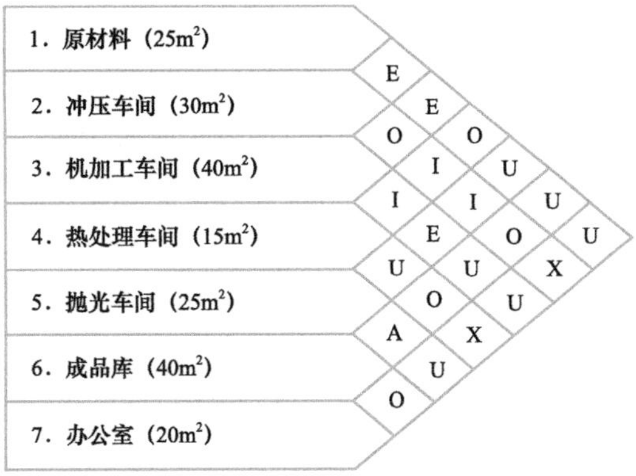

图3-46 作业单位面积相关图

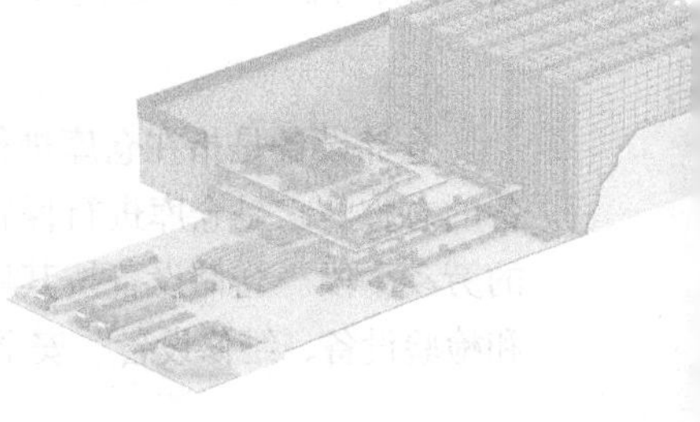

第4章 物料搬运与仓储设备

4.1 概述

物料（包括原材料、燃料、动力、工具、半成品、零配件和成品等）的实体流动过程是物流运作的主要内容，在物流运作过程中，对物料实体进行移动和储存的功能主要是由物料搬运与仓储设备完成的，不同的物料搬运与仓储设备系统都配有不同的机械部件，用于完成相应的具体作业功能。因此，物料搬运与仓储设备是物流运作的技术基础，是物流运作的具体实施工作单元，在设施规划活动中具有不可替代的基础作用。

4.1.1 物料搬运与仓储设备分类

物料搬运与仓储设备门类多、品种复杂且型号规格多，功能各异，有简单的作业部件和单机设备，也有复杂的成套设备和生产线。分类方法比较多，最常用的是根据物料搬运与仓储设备所完成的物流作业的类型，将其区分为输送和分拣设备、起重机械、工业用车辆、集装化机械设备和仓储设备等几类。

1．输送和分拣设备

输送和分拣设备是指用于搬移、升降、装卸、短距离运输和分拣货物或物料的机械。它是物流系统中使用频率最高、使用量最多的一类机械设备。它不仅用于完成船舶与车辆货物的装卸，而且也用于完成仓库和堆场货物的堆码、拆垛和运输等，还用于生产线的物料流动及短距离输送。输送和分拣设备是实现装卸搬运机械化作业的物质技术基础，是实现装卸输送合理化、效率化和省力化的重要手段。

2．起重机械和工业用车辆

起重机械是现代企业实现物流作业机械化、自动化，改善物料搬运效率，减轻劳动强度，提高生产率的必不可少的重要机械设备。在港口、仓库、车站、工厂和建筑工地等场所都取得了广泛的运用。工业用车辆是指在生产过程中用于搬运货物的车辆，主要包括叉车和AGV等。

3．集装化机械设备

集装化机械设备是指用集装单元化的形式进行储存、运输、装卸搬运作业的物流设备与器具。它是集装单元系统的主要组成部分，主要有集装箱、托盘和滑板等。运用集装化机械设备能把散杂货物组合成有一定重量或容积单位的整体，并使货物的外形定型化，有利于组织联运、加速货物周转和保证货物安全，便于实现装卸、运输的机械化和自动化，提高运输设备的装载效率。

4. 仓储设备

仓储设备是指在仓库进行生产、辅助生产作业以及保证仓库作业安全所必需的各种机械设备的总称。它是仓库进行保管维护、搬运装卸、计量检验、安全消防和输电、用电等各项作业的劳动手段。仓储设备按其用途一般可以分为储存设备、仓库装卸设备、计量设备、仓库保管和检验设备、维修设备、安全消防设备等。

4.1.2 设备选择原则

在物料搬运和仓储过程中，物流机械设备的选用不是越先进越好，而是必须根据系统设计的目标，综合考虑各种因素来科学、合理地配置和选择。一般来说，搬运仓储系统对机械设备的选择必须符合以下一般原则：

1. 合理化原则

在进行物料搬运和仓储系统设计时，应该从整个系统的角度来考虑，把机械设备视为整个物料搬运和仓储系统的子系统，根据系统的总体设计目标，综合各种因素，选择合适的物流设备。每一类物流机械设备都有其基本功能，在选用设备时，要进行科学规划，认真研究选用设备的固有特点，扬长避短，从而制定出切实可行的配置方案，以求获得最好的效果。

2. 标准化原则

在物料搬运和仓储系统中，应该尽量采用标准化的物流设备或部件，一是可以提高物流运作中的灵活性和互换性，二是可以降低设备和器具的购置和管理费用，以提高物流自动化系统的整体效率。

3. 配套原则

在物料搬运和仓储系统中，不仅要注意机械设备单机的选择，更要注意整个系统各环节的衔接和合理匹配。要保证各种物流机械设备在动力、功率、尺寸、性能和容量等各方面的互相配套，也要保证物流机械设备能满足与人工操作相衔接的需要。

4. 适应性原则

在物料搬运和仓储系统中，物流机械设备的选择应该能够适应各种不同的外部环境、物流任务和实际应用的需要，应满足气候、法律法规、人体工程学和管理要求等方面的需求。

5. 经济性原则

物料搬运和仓储的主要目标就是提高效率，降低成本。因此，在物料搬运和仓储系统设计的过程中也要注意经济性要求，一方面不能盲目选用高成本的先进技术，另一方面也要考虑整个系统的运行成本和维护成本。

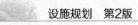

4.2 输送和分拣设备

4.2.1 输送机械设备概述

输送机械一般是指沿一定的输送线路连续输送物料的机械设备，一般用于零散物料的短距离运输以及生产线的在制品流动。

物料的短距离运输是许多物流环节衔接过程中的必要步骤，特别是装卸搬运过程中的主要步骤，是物料在不同的运输状态间进行转换的桥梁。输送机械把物料运动的各个阶段连接成连续的“流”，在整个物流运作过程中扮演了重要角色。因此，改善输送作业是加速车船周转，发挥港、站、库的效用，加快货物送达，减少流动资金占用，简化包装，降低货物破损率，减少货物破损的重要手段，对物流效益的提高具有十分显著的作用。

在生产物流（特别是生产流水线）中，输送机械起着人与工位、工位与工位、加工与储存、加工与装配之间的衔接作用，具有物料的暂存和缓冲功能。通过对输送机械的合理运用，使各工序间的衔接更加紧密，提高生产效率，它是生产过程中必不可少的调节手段。

在现代化货物或物料搬运系统中，输送机械起着重要的作用。它不但是组成机械化、连续化、自动化流水作业运输线中不可缺少的组成部分，还是自动化仓库、配送中心和大型货场的生命线。

输送机械的优点在于：

（1）可以连续不断地搬运货物，即装货、输送、卸货均连续进行，不必因空载回程而引起运输过程的间断，也不必因经常起动、制动而无法保持较高的运输速度，从而实现很高的生产效率。

（2）由于连续输送设备的动作比较单一，控制比较简单，造价低廉，重量较轻，结构紧凑，不需要太复杂的制造工艺和控制模型。

（3）载荷均匀，运行稳定，可以控制运行速度，特别适用于生产流水线的物料运输。

输送机械的缺点在于：

（1）必须沿固定的线路输送货物，当输送路线需要经常变化时，重新布置的成本较高，会造成整个物流系统或生产线的柔性不足。

（2）输送的产品的特性比较单一，只适用于重量不大的散货或件货的运送，不适用于重量很大的单件产品的运送。

（3）输送机械一般不能自行取货，因而需要一定的供料设备。

输送机械的形式、构造和工作原理多种多样。按照它们安装方式，可以分为固定式输送机械和移动式输送机械；按照传动特点，可以分为有挠性牵动构件输送机械和无挠性牵动构件输送机械；按它们的结构形式，可以分为辊式、链式、轮式、胶带式、滑板式及悬挂式等，如图4-1所示。

- 按安装方式区分
  - 固定式输送机械
  - 移动式输送机械
- 按传动特点区分
  - 有挠性牵动构件输送机械
  - 无挠性牵动构件输送机械
- 按结构形式区分
  - 辊式输送机械
  - 链式输送机械
  - 轮式输送机械
  - 胶带式输送机械
  - 滑板式输送机械
  - 悬挂式输送机械
  - ⋮

图4-1　输送机械的分类方式

有挠性牵动构件输送机械主要使用输送带等挠性牵引件来传输动力（见图4-2），它包括带式输送机、板式输送机、刮板式输送机、埋刮板式输送机、斗式提升机和悬挂式输送机等。无挠性牵动构件输送机械依靠工作机构直接推动物料移动，主要有螺旋输送机、辊道式输送机和振动输送机等。

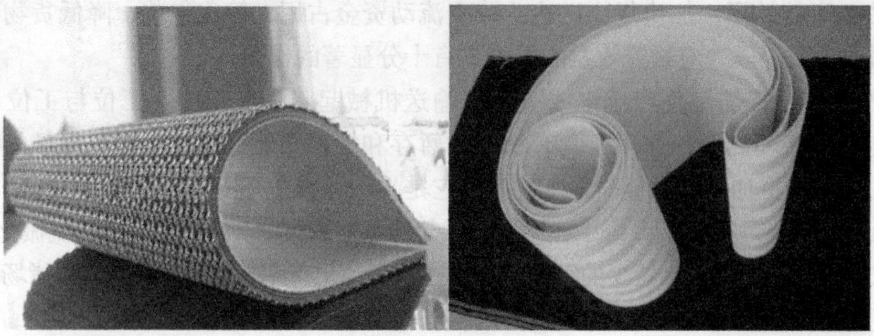

图4-2 常见的挠性牵引件——输送带

在选用输送机械时，要考虑的主要技术参数有生产率、输送速度、充填系数、输送长度和提升高度等。

（1）生产率。生产率是指输送机械在单位时间内输送货物的重量，是反映输送机械工作性能的主要指标，它的大小取决于输送机承载件上每米长度所载物料的重量和工作速度。输送机械的生产率可以用以下公式来计算：

$$Q = qv \tag{4-1}$$

式中 Q——生产率；

q——每米长度承载的物料重量；

v——工作速度。

（2）输送速度。输送速度是指输送物料的运行速度。与输送速度有关的术语包括带速、链速和主轴转速等。其中，带速是指输送带或牵引带在被输送货物前进方向的运行速度，链速是指牵引链在被输送货物前进方向的运行速度，主轴转速是指传动滚筒转轴或传动链轮轴的速度。

（3）充填系数。充填系数是表征输送机械的承载件被散货或件货填满程度的系数。

（4）输送长度。输送长度是输送机械装货点和卸货点之间的展开距离。

（5）提升高度。提升高度是物料在竖直方向上获得提升的高度。

除此之外，输送机械的性能技术参数还有安全系数、制动时间、起动时间、电动机功率、轴功率、单位长度牵动构件的质量传入点张力、最大动张力、最大静张力、预张力和拉紧行程等。

4.2.2 输送设备的主要类型

输送设备包括带式输送设备、链式输送设备和辊式输送设备等，主要根据其承载装置的不同来进行分类。

承载装置是输送机械中最关键的部分。承载装置的主要功能一是承载运送货物，二是传输牵引力，是直接与物料接触和对物料进行操作的机械部件。

常见输送设备使用的承载装置主要有输送带和支承托辊、链条（链板、刮板）、辊道、螺旋、悬挂挂钩和提升料斗等，可用于不同性质的物料输送。各种承载装置适用的物料类型和场合见表4-1。

表4-1　各种承载装置适用的物料类型和场合

承载装置	物料类型	适用场合
输送带	重量较轻的件货或散粒物料	短距离水平移动
链条（链板）	重量较重的件货	短距离水平移动
刮板（埋刮板）	散粒物料	短距离水平移动
辊道	箱式货物或形状规则的件货	短距离水平移动
螺旋	散粒或粉状货物	水平或竖直移动
悬挂挂钩	可悬挂的件货	按一定空间曲线移动
提升料斗	散粒、粉状货物或小块货物	垂直提升

1．带式输送机

带式输送机的承载装置主要是输送带和托辊。

输送带是用来承载货物和传递牵引力的最常见的承载部件，常用的是橡胶带或塑料带。输送带材料要求强度高、抗磨耐用、挠性好、伸长率小、便于安装维修。其中普通橡胶带的使用最广泛。这类橡胶带一般使用棉织物或化纤织物挂胶后的胶布层作为带芯材料，用橡胶作为覆盖材料（见图4-3）。它适用于工作环境为-15～40℃、物料温度不超过50℃的情况。国产通用带式输送机的常用带宽有六种规格：500mm、650mm、800mm、1 000mm、1 200mm和1 400mm。

图4-3　橡胶材质的输送带及其结构

橡胶输送带的张力由带芯胶布衬垫层承受，带的强度取决于带的宽度和带芯衬垫层数。为了使输送带有足够的横向刚度，防止它在支承托辊之间向两侧过分塌下，应根据带宽选用一定的衬垫层数。

橡胶输送带的特点是成槽性好，伸长率小，对于驱动滚筒的摩擦系数较大，强度和允许带速较大，适用面比较广泛。

目前也采用塑料代替橡胶，用作输送带的材料。塑料材质的优势在于制造工艺简单、质量好且价格低廉。塑料材质的输送带有多层芯和整芯两种。多层芯塑料带和普通橡胶带的结构大致相同，整芯塑料带以维尼纶-棉混纺织物为整体带芯，用聚氯乙烯塑料作为覆盖物。

橡胶覆盖层的作用是保护衬垫免受机械损坏、磨损以及外部介质的侵蚀，可按被运输物料的性质和块度来选定覆盖橡胶的厚度。

输送带常与支承托辊一起使用。由于输送带的挠性较大，一般不能起到支承承载物料的作用。支承托辊能够支承物料，减少输送带的垂度，保证物料在输送带上的平稳运行。

在输送散粒物料的时候，可以使用槽型托辊，如图4-4所示。利用物料的重力在输送带上形成凹槽，保证运行中物料在凹槽中，不会四处散落。由三根托辊组成的槽型托辊是目前国内最常用的，侧辊与水平的夹角一般为30°。增大槽角可以加大载货的横断面面积和防止输送带跑偏，输送效率比较高，但容易造成胶带弯折，对胶带的寿命有一定影响。

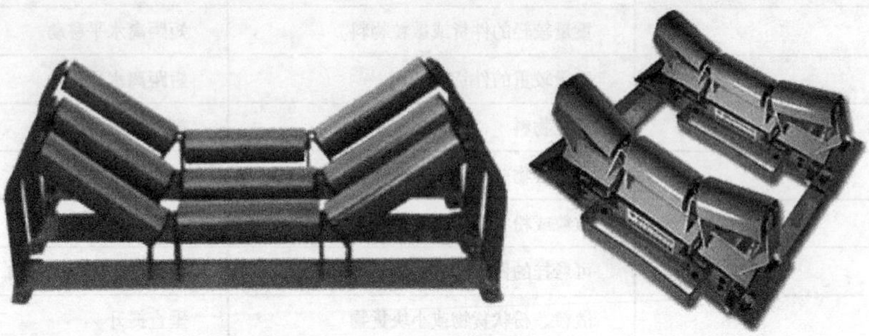

图4-4 槽型托辊

在运送件货时，一般采用平行托辊。平行托辊由一根平直的托辊构成，以保证件货的平稳输送。缓冲托辊一般用于输送带的受货处，为了减少货物对输送带的冲击可以在托辊下方安装橡胶圈和弹簧。

一台输送机的托辊数量很多，托辊质量的好坏将直接影响输送带的使用寿命和运行阻力。托辊的维修和更换费用是输送机运营费用的直接组成部分。为了减少托辊对输送带的运动阻力，托辊两端装有滚动轴承，以保证托辊的转动灵活和延长使用寿命。托辊间距离要适当，间距太小会增加输送带磨损和功率消耗，太大则会使两根托辊之间的输送带过于下垂，不利于物料的运送。

2. 链式输送机

链条及相关的固定工作构件（链板、刮板等）是一种可以传递较大牵引力或承载较大重量的承载装置。它主要用绕过若干链轮的无端链条作为牵引构件，由驱动轮通过齿轮与链节的啮合将圆周牵引力传送给链条，在链条上或固接着的一定工作构件上输送货物。以链条作为输送元件的输送机械具有输送物品多样性、苛刻环境适应性、物品流向任意性、输送位置精确性和输送节拍可控性等许多独特的优点。

使用链条的最简单的输送方式是直接由两根套筒辊子链条组成链条输送机（见图4-5）。链条由驱动链轮牵引，链条下面有导轨，支承着链节上的套筒辊子。货物直接压在链条上，随着链条的移动向前移动。这种仅仅使用链条，而不附加任何固定工作构件的输送机主要适用于尺寸固定的箱式货物的运输。

用特殊形状的链片制成的链条，可以再装上特定的托板，称之为链板。图4-6所示为一链板输送机。链板输送装置的结构和工作原理与带式输送装置很相似，但带式输送装置主要用输送带的摩擦力来传输牵引力，用输送带的张力或托辊来承载货物，而链板输送装置则主要用链条来传输牵引力，用铰接在链条上的托板来承载货物。因为链条和链板的强度和挠性远远大于输送带，所以链板输送装置可以用较小的链轮传递大得多的牵引力，可以承载的重量也大得多。但链条输送装置也有它的缺点。由于链条自重较大，链条环节之间有摩擦力，整个输送装置比较笨重，消耗的功率也比较大。另外，由于链条在运动过程中会发生动载荷，工作速度也会受到限制。

图4-5　链条输送机

图4-6　链板输送机

如果链条辊子的支承方向垂直于链条的回转平面，则可以制成水平回转的链板输送机。如果托板铰接在链条上，可以侧向倾覆，则可以制成自动分选机。在需要把货物卸出的地点使托板倾翻，即可使货物滑到相应的输送分选槽内。

刮板式输送装置是一种特殊的链条式输送装置（见图4-7）。它将刮板每隔一定距离固定在牵引链条上，沿敞开的导槽刮运散货，主要用于水平方向或小倾角方向上输送煤炭、沙子和谷物等粉粒状或块状物料。它的优点是结构简单牢固，对被运物料的块度适应性强，改变输送机的输送长度比较方便，可以在任意地点进行装卸。它的缺点主要是刮板和物料摩擦造成磨损比较快，输送阻力和功率消耗比较大，因此经常被用于生产率不高的短距离运输。

在刮板式输送装置的基础上，又发展出一种埋刮板式输送装置（见图4-8）。它主要是利用散粒物料具有内摩擦力和侧压力等特性来工作。水平输送时，由于刮板链条在槽底运送，刮板之间的物料被向前拖动成为牵引层，当牵引层物料对其上层物料的内摩擦力大于物料与机槽两侧壁间的外摩擦力时，上层物料就随着刮板链条向前运动。埋刮板式运输装置的优点是结构简单、体积小、重量轻且密封性好，可以防止扬尘、输送线路布置灵活、安装方便，可以多点加料、多点卸料。它的缺点是链条埋在物料层中，工作条件恶劣，机件容易磨损，不宜输送黏性、磨磋性很大或易结块、怕碎的物料，输送速度和生产率低，能耗大。

图4-7　刮板式输送机

图4-8　埋刮板式输送机

3. 辊道式输送机

辊道式输送装置也是一种常见的输送装置，它由一系列以一定间距排列的辊子组成，主要用于输送件货或者托盘货物（见图4-9）。为了保证货物和托盘的底部有沿输送方向的连续输送面，货物底部必须与四根辊子相接触，即辊子的间距应该小于货物支承面的1/4。

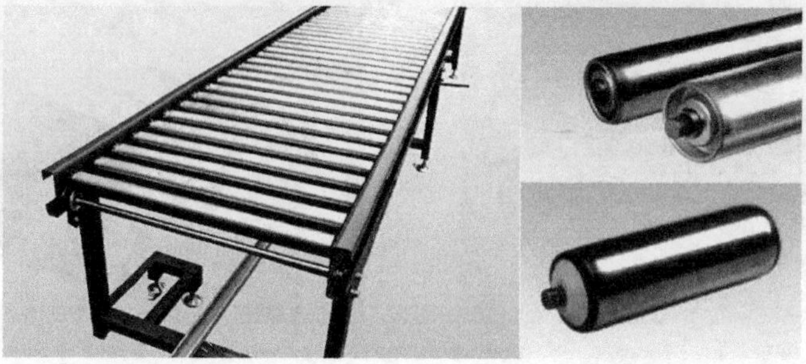

图4-9 辊道式输送装置及辊子

辊道的输送方式主要有人力驱动、重力驱动和电动机驱动三种。人力驱动辊道输送装置是没有任何动力、水平放置的辊道输送装置。货物在辊道上完全由人力来推动。由于辊子的摩擦力比较小，货物可以靠人力推动的惯性向前移动。重力驱动的辊道输送装置一般具有一定的坡度，使货物能够依靠自身的重力从一处自然移动到另一处。人力驱动和重力驱动的辊道装置的特点是结构简单、布置灵活，不需要动力驱动。缺点是货物的移动速度难以控制，可能会发生碰撞，导致货物的破损。在需要以稳定的速度运输货物的场合，可以使用电动机驱动辊道装置。

4. 螺旋输送机

螺旋输送装置是无挠性牵动构件输送机械（见图4-10），它借助原地旋转的螺旋叶片将物料向前方推动进行运输，主要用来运送粉粒状散货，如水泥、谷物、面粉、煤炭、黄沙和化肥等。螺旋输送装置的主要优点是结构简单，没有空返分支，横断面尺寸小，可以多点装货或卸货，工作可靠，易于维修，造价低廉，输送密封性好，没有粉尘。缺点是生产率低，运输过程中螺旋装置搅拌物料的阻力大，螺旋装置和料槽容易被损坏，物料可能破碎。螺旋输送装置对超载比较敏感，容易产生堵塞。因此，螺旋输送装置适用于输送磨碴性较小的物料，不宜输送黏性大、易结块及大块的物料。

图4-10 螺旋输送机及螺旋

螺旋输送装置可以沿水平、倾斜方向或竖直方向输送货物，分为水平螺旋输送装置和竖直螺旋输送装置两种。

水平螺旋输送装置可以在水平方向或倾角不超过20°的条件下使用，输送长度一般在70m以内，螺旋直径在150～600mm之间，螺旋转速一般为20～190r/min，每小时可以输送4～140t货物。水平螺旋输送机由封闭料槽、螺旋、驱动装置和轴承等构成。它的工作原理是：螺旋在料槽内旋转时，料槽内的物料受本身重力和与料槽间的摩擦力的影响，不会随螺旋一起移动，而是沿着料槽轴线的方向移动。竖直螺旋输送装置一般采用振动电动机作为振动源，利用两振动电动机的合成振幅，将物料沿螺旋输送槽向上输送。

5. 悬挂式输送机

悬挂挂钩是典型的悬挂式的物料承载装置。它将物料悬挂在钩子等装置上，利用车间结构搬运货物。悬挂式输送装置的作用：一是防止物料在运输过程中被触碰或损坏，例如用于喷漆产品的输送；二是节省空间，避免与地面的设备或人员相冲突，从而使生产物流系统更加合理高效。

普通悬挂式输送装置是最简单的架空输送承载装置（见图4-11）。它有一条由工字钢型材组成的架空单轨线路。承载滑架上有一对滚轮，承受货物的重量沿轨道滚动，挂钩等吊具挂在滑架上，滑架由链条牵引。由于架空线路一般为空间曲线，要求牵引链条在水平和竖直两个方向上都要有很好的挠性，一般采用可拆链。悬挂输送装置的上、下料作业是在运行过程中完成的。通过线路的升降可以实现自动上料。

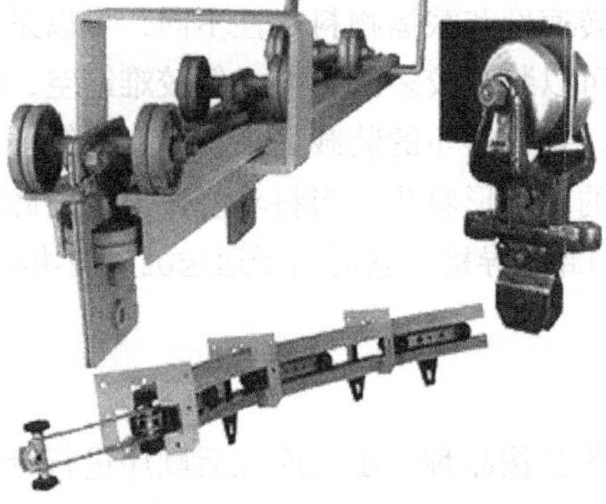

图4-11 悬挂式输送装置及悬挂滚轮

使用电动小车或电动葫芦的单轨输送系统是一种新的悬挂输送技术。这种输送装置不需要牵引链条，线路的更改或扩张比较容易实现。而且可以根据实际需要增加或减少在线路上运行的电动小车或电动葫芦的数量，解决了传统悬挂式输送系统存在的即使输送一件物料也需要整个系统的链条都不停运行的问题。

6. 斗式提升机

斗式提升装置是在竖直或接近竖直方向上连续提升粉粒物料的输送机械（见图4-12）。它的牵引构件绕过上部和底部的滚筒或链轮，牵引构件上每隔一段距离装一料斗，由上部滚轮或链轮驱动，形成具有上升的有载分支和下降的无载分支的无端闭合环路。物料从有载分支的下部供入，由料斗把物料提升至上部卸料口卸出。

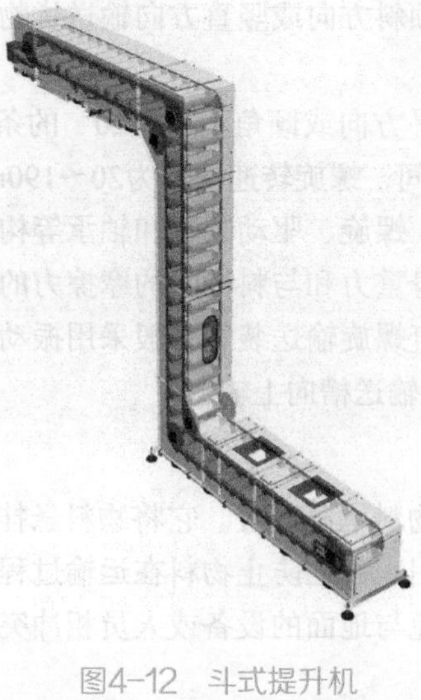

图4-12 斗式提升机

斗式提升装置结构简单，占地面积小，可以在全封闭的罩壳内工作，减少粉尘的污染。但缺点是对过载比较敏感，斗和链容易磨损，被输送的物料受到一定的限制，只适用于粉粒状和中小块状的散货的竖直提升。斗式提升装置按牵引构件不同可以分为胶带牵引的带斗式提升装置和链条牵引的链斗式提升装置。

斗式提升机主要由牵引构件、料斗、驱动装置、张紧装置、上下滚筒（或链轮）、机架与罩壳组成。其中主要的提升装置是料斗。料斗主要有三种形式：深斗、浅斗和导槽斗（三角斗）。根据斗式提升机的运转速度和载运物料特性不同，可以采用不同的料斗形式。深斗的斗口与后壁夹角大，每个料斗可以装载较多的物料，但较难卸空，适用于运输干燥的松散物料。浅斗的斗口与后壁的夹角小，每个料斗的装载量小，但容易卸空，适合运输潮湿的和黏性的物料。导槽斗是具有导向侧边的三角形料斗，当料斗绕过上滚筒卸料时，前一个料斗的两个导向侧边和前壁形成后一个料斗的卸载导槽，它适用于运送沉重的块状物料和怕碰碎的物料。

4.2.3 分拣设备

分拣（Sorting）是指将物品按品种、出入库先后顺序进行分门别类堆放的作业。这项工作可以通过人工的方式完成，也可以用自动化设备进行处理。

自动分拣系统（Automatic Sorting System）是第二次世界大战后在美国、日本的物流中心广泛采用的一种分拣系统，具有很高的分拣效率，通常每小时可分拣物品6 000～12 000箱，目前已成为发达国家大中型物流中心不可缺少的一部分。

该系统的作业过程可以简单描述如下：物流中心每天接收成百上千家供应商或货主通过各种运输工具送来的成千上万种物品，在最短的时间内将这些物品卸下并按物品品种、货主、储位或发送地点进行快速准确的分类，将这些物品运送到指定地点（如指定的货架、加工区域、出货站台等），同时，当供应商或货主通知物流中心按配送指示发货时，自动分拣系统能够在最短的时间内从庞大的高层货架存储系统中准确找到要出库物品的所在位置，并按所需数量出库，将从不同储位上取出的不同数量的物品按配送地点的不同运送到不同的理货区域或配送站台集中，以便装车配送。

1. 自动分拣系统的主要组成

自动分拣系统一般由控制装置、分类装置、输送装置及分拣道口组成，如图4-13所示。

图4-13　自动分拣系统示意图

（1）控制装置。控制装置的作用是识别、接收和处理分拣信号，根据分拣信号的要求指示分类装置、输送装置按物品品种、送达地点或按货主的类别对物品进行自动分类作业。这些分拣需求可以通过不同方式，如条码扫描、色码扫描、键盘输入、重量检测、语音识别、高度检测及形状识别等方式，输入到分拣控制系统中去，根据对这些分拣信号的分析，来决定某一种物品该进入哪一个分拣道口。

（2）分类装置。分类装置的作用是根据控制装置发出的分拣指令，当具有相同分拣信号的物品经过该装置时，该装置开始动作，使物品改变在输送装置上的运行方向进入其他输送机或进入分拣道口。分类装置的种类很多，一般有推出式、浮出式、倾斜式和分支式几种，不同的装置对分拣货物的包装材料、包装重量以及包装物底面的平滑程度等有不同的要求。

（3）输送装置。输送装置的主要组成部分是输送带或输送机，其主要作用是使待分拣物品鱼贯通过控制装置、分类装置，并沿固定线路输送物品。一般要连接若干分拣道口，使分好类的物品滑下主输送机（或主输送带）以便进行后续作业。

（4）分拣道口。分拣道口是已分拣物品脱离主输送机（或主输送带）进入集货区域的通道，一般由输送带、滚筒等组成滑道，使物品从主输送装置滑向集货站台，在那里由工作人员将该道口的所有物品集中后或是入库储存，或是组配装车并进行配送作业。

以上四部分装置通过计算机网络联结在一起，配合人工控制及相应的人工处理环节构成了一个完整的自动分拣系统。

2. 自动分拣系统的特点

（1）能连续、大批量地分拣货物。由于采用大量生产中使用的流水线自动作业方式，自动分拣系统不受气候、时间和人力等的限制，可以连续运行，同时因为自动分拣系统单位时间分拣件数多，所以自动分拣系统的分拣能力比人工分拣系统具有不可比拟的优势。它可以连续运行100h以上，每小时可分拣7 000件包装物品，如用人工则每小时只能分拣150件左右，同时分拣人员也不能在这种劳动强度下连续工作8h。

（2）分拣误差率极低。自动分拣系统的分拣误差率大小主要取决于所输入分拣信息的准确性大小，这又取决于分拣信息的输入机制。如果采用人工键盘或语音识别方式输入，则误差率在3%以上；如采用条码扫描输入，除非条码的印刷本身有差错，否则不会出错。因此，目前自动分拣系统主要采用条码技术来识别货物。

（3）分拣作业基本无人化。国外建立自动分拣系统的目的之一就是为了减少人员的使用，减轻员工的劳动强度，提高人员的使用效率，因此自动分拣系统能最大限度地减少人员的使用，基本做到无人化。分拣作业本身并不需要使用人员，人员的使用仅局限于以下工作：①送货车辆抵达自动分拣线的进货端时，由人工接货；②由人工控制分拣系统的运行；③分拣线末端由人工将分拣出来的货物进行集载、装车；④自动分拣系统的经营、管理与维护。例如，美国一家公司配送中心面积为10万m^2左右，每天可分拣近40万件物品，仅使用400名左右的员工，这其中部分人员都在从事上述①、③、④项工作，自动分拣线做到了无人化作业。

3. 自动分拣系统的类型

自动分拣系统的类型比较多，下面给出几种典型的自动分拣系统的结构形式、性能参数以及适用场合。

（1）堆块式分拣系统（Pusher Sorting System）。堆块式分拣机由链板式输送机和具有独特形状的滑块在链板间左右滑动进行物品分拣的堆块等组成，如图4-14所示。堆块式分拣系统是由堆块式分拣机、供件机、分流机、信息采集系统、控制系统和网络系统等组成。堆块式分拣系统的优点和性能参数如下：①可适应不同大小、重量、形状的各种不同物品；②分拣时轻柔、准确；③可向左、右两侧分拣，占地空间小；④分拣时所需物品间隙小，分拣能力高达18 000个/h；⑤机身长，最长达110m，出口多。

（2）交叉带式分拣系统（Carbel Sorting）。交叉带式分拣系统由主驱动带式输送机和载有小型带式输送机的台车（简称“小车”）联结在一起，当“小车”移动到所规定的分拣位置时，转动输送带，完成把物品分拣送出的任务，如图4-15所示。因为主驱动带式输送机与“小车”上的带式输送机呈交叉状，故称交叉带式分拣机。交叉带式分拣系统根据作业现场的具体情况可分为水平循环式或直行循环式，其主要优点/性能参数如下：①适宜于分拣各类小件物品，如食品、化妆品和衣物等；②分拣出口多，可左右两侧分拣；③分拣能力，一般达6 000～7 700个/h。大型交叉带式分拣系统一般应用于机场行李分拣和安检系统。

图4-14 堆块式分拣机

图4-15 交叉带式分拣机

（3）斜导轮式分拣机（Line Shaft Diverter）。转动着的斜导轮，在平行排列的主窄幅输送带间隙中浮上、下降，达到物品的分拣目的，如图4-16所示。斜导轮式分拣机的主要优点/性能参数：①对物品冲击力小，分拣轻柔；②分拣快速准确；③适应各类物品，只要是硬纸箱、塑料箱等平底面物品；④分拣出口数量多。

（4）轨道台车式分拣系统（Pallet Sorting System）。被分拣的物品放置在沿轨道运行的小车托盘上，当到达分拣口时，台车托盘倾斜30°，物品被分拣到指定的目的地，如图4-17所示。轨道台车式分拣系统的主要优点/性能参数：①可三维立体布局，适应作业工程需要；②可靠耐用，易维修保养；③适用于大批量产品的分拣，如报纸捆、米袋等。

图4-16　斜导轮式分拣机

图4-17　轨道台车式分拣系统

（5）摇臂式分拣机（Swing Arm Diverter）。被分拣的物品放置在钢带式或链板式输送机上，当到达分拣口时，摇臂转动，物品沿摇臂杆斜面滑到指定的目的地，如图4-18所示。

（6）竖直式拣选系统（Vertical Picking System）。竖直式拣选系统（又称折板式竖直连续升降输送系统）是不同楼层间平面输送系统的连接装置，如图4-19所示。

图4-18　摇臂式分拣机

图4-19　竖直式拣选系统

4.3　起重机械和工业用车辆

本节主要介绍用于长、大、笨重货物的升降和短距离水平移动，以满足货物装卸、转载功能的机械设备，以及叉车、AGV等工业用车辆。

4.3.1 起重机械概述

起重机械是指用来升降、装卸和搬移物料或货物的机械设备（见图4-20）。它是物流机械设备中非常重要的一种，不仅能够完成船舶车辆货物的装卸，而且也能够用于完成库场货物的堆码、拆垛以及舱内、车内、库内货物的起重搬运。

图4-20　起重机械

4.3.1.1 起重机械的分类

起重机械所处理的货物来源广泛，种类繁多，外形和特点各不相同，如箱装货物、袋装货物、桶装货物、散货、易燃易爆及剧毒品等。为了适应各类货物的装卸和满足装卸过程中各个不同环节的不同要求，各种起重机械应运而生。从功能上进行区分，起重机械可分为以下几个大类：

1. 成件包装货物的起重机械

成件包装货物一般是指怕湿、怕晒、需要在仓库内存放并且多用棚车装运的货物，如日用百货、五金器材、电子元件和食品香烟等。这种货物的包装方式很多，有箱装、筐装、桶装、袋装和捆装等。该类货物一般使用叉车配以托盘进行装卸。

2. 长、大、笨重货物的起重机械

这一类货物主要包括大型机电设备、钢材、混凝土构件、原木和大型储藏罐等，具有长、大、重、结构和形状复杂等特点。这类货物的装卸搬运作业通常采用轨行式起重机和自行式起重机两种。轨行式起重机有龙门式起重机、桥式起重机和轨道起重机等，自行式起重机有汽车起重机、轮胎起重机和履带起重机等。在货场、仓库和码头等货物吞吐量大而且位置比较确定的场合，一般采用轨行式起重机。在运量不大但作业地点经常变化的场合，一般采用自行式起重机。

3. 散装货物的起重机械

散装货物通常是指成堆搬运不计件的货物，如煤炭、砂石、矿石、粮食等。散装货物的装车一般采用抓斗起重机、装卸机、链斗装车机等设备。卸车主要使用链斗式卸车机、螺旋式卸车机和抓斗起重机等。

4. 集装箱货物起重机械

小型的集装箱一般选用内燃叉车或蓄电池叉车进行装卸作业。大型的集装箱一般采用龙门式起重机或旋转起重机进行装卸作业。还可以采用集装箱跨运车、集装箱牵引车、集装箱搬运车来进行运输。

从性能和结构上对起重机械进行区分，可将其分为轻小型起重机械、桥梁式起重机械、臂架式起重机械、升降机和堆垛机几种类型，见表4-2。

表4-2　起重机械的分类

起重机械	轻小型起重机械	千斤顶、手拉葫芦、手扳葫芦、电动葫芦、绞车和绞盘等
	桥梁式起重机械	梁式起重机、通用桥式起重机、龙门式起重机、装卸桥、冶金桥式起重机和缆绳起重机等
	臂架式起重机械	固定式回转起重机、桅杆起重机、塔式起重机、门座起重机、轮胎起重机、履带起重机、汽车起重机和浮式起重机等
	升降机	电梯、货物升降机等
	堆垛机	桥式堆垛起重机和巷道式堆垛起重机等

4.3.1.2　起重机械的工作特点

总的来说，起重作业要求起重机械结构简单牢固，作业稳定且价格低廉，易于维修保养，操作灵活方便，生产率高，安全可靠，能够最大限度地发挥其工作能力。起重机械的主要工作特点是：

（1）适应性强。由于起重作业受货物类别、作业环境、作业时间影响较大，起重活动各具特点，要求起重机械具有较强的适应性，能够在各种环境下正常工作。

（2）工作能力强。装卸作业要求起重机械起重能力大，起重量范围大，具有很高的生产率和效率。

（3）机动性一般较差。大部分起重机械都安排在固定位置进行作业，一般缺乏灵活移动和重新部署的能力。

（4）工作忙闲不均。有的起重机械工作繁忙，有的却长期处于闲置状态，因此对于起重机械的维护和保养很重要，保证起重机械始终处于良好的工作状态。

起重机械是周期性、间歇循环工作的机械。一个工作循环包括取物、提升、运移和下降卸载，然后返回到装载位置。以吊钩式起重机为例，其工作程序通常是：空钩下降至装货点、货物挂钩、把货物提升和运送到卸货点、卸货、空钩返回原来位置准备第二次吊货。也就是说，在它每吊运一次货物的工作循环中都包括载货和空返的行程。

4.3.1.3　起重机械的构成

起重机械主要由驱动装置、工作机构和金属结构组成。

1. 驱动装置

驱动装置是用来驱动各工作机构动作的动力设备。它是起重机械的重要组成部分，在很大程度上决定着起重机械的工作性能和构造特征。起重机械一般主要采用电力驱动和内燃机驱动两种形式。

电力驱动是最常见的驱动形式。起重机械一般都安装有使用工业电源的电动机，实现各个运动机构的分别驱动。这样做的主要优点是简化了传动系统，而且操作维修简便，工作安全可靠，环保性好，无污染。其主要缺点是受到电源条件的限制，起重机械运行的机动性比较差。

内燃机驱动一般用于无轨运行的移动式起重机，它使用内燃机作为各工作机构的动力。内燃机通过液力联轴器和动力分配箱进行集中驱动，各机构的运转、制动和改变方向都靠操纵离合器和制动器来实现。这种驱动装置的主要优点是起重机的机动性好，可以经常改变作业地点，而且结构紧凑；主要缺点是内燃机不能有载起动，各机构须安装离合器，调速困难，运行时噪声大，排放废气污染环境。

内燃机-电力驱动是一种综合的驱动形式，它以一台内燃机为动力，拖动一台直流发电机，为各机构的直流电动机提供动力，分别实行电力驱动。其主要的优点是既有独立的电源，又有电力驱动的良好性能，调速性能好，传动系统简单。所以这种驱动形式在移动式起重机中得到了广泛的应用。其缺点是造价高、结构较庞大。

还有一种驱动方式是内燃机-液压驱动。它以一台内燃机作为原动机，驱动高压油泵把机械能转换为液体压力能，通过管路系统把高压油传至各工作机构的液压马达或工作油缸，把液体压力转换为回转运动或直线往复运动的机械能，实现各机构的运作。其主要优点是结构简单，重量轻，可实现无级调速，传动比大，操作简单等。其缺点是对液压件精度要求高，传动效率低，油液易泄漏。

2. 工作机构

工作机构是指实现升降及移动货物的机构，一般分为起升机构、运行机构、变幅机构和回转机构。其中，起升机构是用来升降货物的机构，运行机构是实现起重机械沿固定轨道或路面行走的机构，变幅机构是使吊具移动而改变幅度的机构，回转机构是起重机械的回转部分在水平面内绕回转中心转动的机构。任何一种起重机械都是起升机构与其他三种机构的不同组合。

3. 金属结构

金属结构是起重机械的基本骨架。它主要用来布置和支撑起重机械的各种驱动机构和工作机构，承受各种载荷并将载荷传递给起重机构的支撑基础。起重机械的主要金属结构有臂架、门架、桥架和人字架等。

起重机械除了上述三大机构以外，为了保证工作的安全可靠，还可以配备一些安全保护装置。例如：上升高度限位器、运行极限限位器、缓冲器、锚定装置、夹轨器、防风铁鞋、安全钩、防后倾装置、起重重量限制器、力矩限制器和防碰撞装置等。

4.3.1.4 起重机械的主要技术参数

起重机械的主要技术参数有起重量、幅度、起升高度、工作速度、生产率、轨距、跨度、基距和工作级别等。

1. 起重量

起重量是指起重机械正常工作时允许起升的最大重量。对于吊钩式起重机，它是指允许吊钩吊起的最大重物的重量。对于使用吊钩以外的其他吊具的起重机械，如抓斗和电磁吸盘等吊具的起重机，这些吊具本身的重量应该包括在内，即允许起升的最大重量是货物与吊具重量的总和。

2. 幅度

幅度（或外伸距）是指起重机械吊具伸出起重支点以外的水平距离。不同形式的起重机械采用不同的计算起点，例如回转臂架式起重机的幅度是指回转中心线与吊具中心线的水平距离，非回转臂架式起重机的幅度是指臂架下铰点到吊具中心的水平间距。

3. 起升高度

起升高度是指起重机械能将额定起重量起升的最大竖直距离。陆上工作的起重机械的起升高度一般是指地面或轨面升至最高位置的竖直距离。装卸船舶的起重机可以将吊具降至码头地面以下的船舱里，因此起升高度定义为地面以上的上升高度与地面以下的下降深度之和。浮式起重机的起升高度是指水面以上的上升高度和水面以下的下降深度之和，还要考虑船体倾斜后对起升高度的影响。

4. 工作速度

工作速度包括起升、变幅、回转和运行四个机构的速度。起升速度是起重机械起升额定重量时，货物匀速上升的速度，变幅速度是吊具改变幅度时水平方向移动的速度，回转速度是回转机构在匀速转动时每分钟回转的圈数，运行速度是起重机械匀速运行或行驶的速度。

5. 生产率

生产率是单位时间内起重机械吊运货物的总吨数，它是综合了起重量、工作行程和工作速度等基本参数以及操作技能、作业组织等因素而表明起重机械工作能力的综合指标。

6. 轨距、跨度、基距

轨距是指有轨运行的起重机械行走轨道中心线之间的水平距离。桥架类起重机械的运行轨道中心线之间的水平距离或固定式起重机支腿之间的水平距离称为跨度。基距是指沿轨道方向上起重机两支腿中心线的间距。

7. 工作级别

工作级别是标明起重机械工作繁忙程度和负荷状态的参数。工作级别是根据疲劳设计的理论来划分的，主要是反映金属结构疲劳程度，以保证选用适当的零部件，并按相应的标准维护保养，以保证设备安全运行。

4.3.1.5 起重机械的经济性能指标

在选用起重机械时，不仅要考虑技术性能，而且还应有一定的经济性能指标来衡量。一般从能耗大小、自重和功能等方面进行比较和选择。主要的经济性能指标有比功率、比重量和价值系数等。

比功率表示起重机械在单位起重量下所耗的能量多少，通常用比功率系数K_g表示，并有

$$K_g = \frac{N}{Q} \tag{4-2}$$

式中 N—— 起重机械发动机的总功率（kW）；

Q—— 起重机械的额定起重量（t）。

K_g越小，表明该起重机械工作时能耗越少，经济性能越好。

比重量表示起重机械在单位载荷力矩之下，机器所需的自重，通常用比重量系数K_z表示，并有

$$K_z = \frac{G}{QL} \text{（适于桥式类型起重机械）} \tag{4-3}$$

$$K_z = \frac{G}{QR}（适于旋转类型起重机械）\quad (4\text{-}4)$$

式中 G——起重机械自重（t）；

L——桥式类型起重机械外伸距；

R——旋转类型起重机械工作幅度。

起重机的比重量系数K_z越小，说明在同样起重量的起重机械里，该起重机的自重越轻，原材料使用得越少，机器本身所消耗的动能越少，经济效益越高。

比功率、比重量只适用于同一类型起重机械的比较。在对不同类型和规格的起重机械进行比较时，应主要比较不同起重机械完成相同装卸量所需要的时间和成本。我们将起重机械完成一定工作量所需要的成本称为价值系数。

4.3.2 轻小型起重设备

轻小型起重设备包括千斤顶、起重葫芦和卷扬机等。它们具有轻小简练、使用方便的特点，适用于流动性和临时性的作业。手动的轻小型起重设备尤其适合在无电源的场所使用。千斤顶体积较小、重量轻，主要靠人力驱动顶升重物，它的起重量范围大，但顶升高度小。通常用于机械和车辆检修。起重葫芦有手拉、链条和电动等几种。它轻便可靠，常用于安装维修时吊运小件设备。电动葫芦靠电动机驱动卷筒或链轮起升重物，具有结构紧凑、操作方便、价格便宜的特点。因此，在车间和仓库里得到了广泛的应用。千斤顶、链条葫芦、电动葫芦如图4-21所示。卷扬机又称绞车，是由手动或电动机驱动，并包括卷筒、减速装置和制动装置的起重、牵引设备。

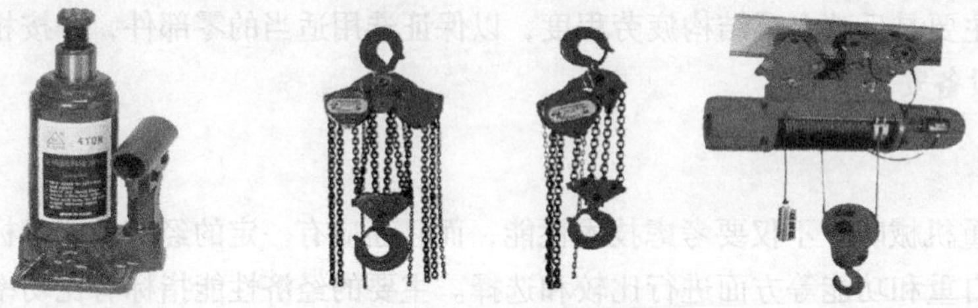

a） b） c）

图4-21 千斤顶、链条葫芦和电动葫芦

a）千斤顶 b）链条葫芦 c）电动葫芦

1. 千斤顶

千斤顶又称举重器，是一种利用刚性承重件顶举或提升重物的起重设备。它靠很小的外力，能顶高很重的物体，又可校正设备安装的偏差和构件的变形等。千斤顶的顶升高度一般为100～400mm，最大起重量可达500t，自重大约10～500kg。

千斤顶按其构造和工作原理不同，可分为齿条式、螺旋式和液压式三种。在货物及设备装卸中常用的千斤顶是液压式千斤顶和螺旋式千斤顶。

2. 链条葫芦

链条葫芦是一种使用简单、携带方便的手动起重机械，也称“环链葫芦”或“倒链”。它适用于小型设备和货物的短距离吊运，起重量一般不超过10t。链条葫芦具有结构紧凑、手拉力小等特点。

链条葫芦由链轮、手拉链、传动机械、起重链及上下吊钩等几部分组成。其中，传动机械部分又可分为蜗杆传动和齿轮传动两种。由于蜗杆传动的机械效率低，零件易磨损，现在已很少使用。齿轮传动的链条葫芦有几种型号，其中HS型是颇受欢迎的一种链条葫芦，WA型是在HS型的基础上的改进产品，SBL型采用新型机构传动，它的机械效率较高，但自重略比HS型重一些。

3. 电动葫芦

电动葫芦的种类很多。按行业标准，可将电动葫芦分为八种：常速钢丝绳电动葫芦（HC）、常慢速钢丝绳电动葫芦（HM）、重级工作制电动葫芦（HZ）、双卷筒电动葫芦（HT）、防爆电动葫芦（HB）、防腐电动葫芦（HF）、环链电动葫芦（HH）和板链电动葫芦（HL）。其中，常速钢丝绳电动葫芦和常慢速钢丝绳电动葫芦的用途最广，它们的结构基本相同。不同的是，常速钢丝绳电动葫芦只有一种8m/min的起升速度，而常慢速钢丝绳电动葫芦不仅有8m/min的起升速度，还有一个由副电动机驱动的慢速0.8m/min的起升速度，以满足安装、浇铸等慢速工作的需要。重级工作制电动葫芦、双卷筒电动葫芦、防爆电动葫芦和防腐电动葫芦是用钢丝绳作挠性件，在特殊工作环境下使用的电动葫芦。近几年发展起来的环链电动葫芦和板链电动葫芦，由于采用链条做挠性件，其结构与钢丝绳作挠性件的电动葫芦完全不一样。没有笨重的卷筒和滑轮组，而用链条、链轮做起升机构。因此环链电动葫芦和板链电动葫芦具有外形尺寸小、结构紧凑、重量轻且携带方便的特点。

4.3.3 桥梁式起重机械

桥梁式起重机械在起重机械中用途最广、数量最多且通用化程度较高。20世纪60年代后被称为“定型化”时期，目前它的设计、制造、试验、检验和性能指标等都已规范化。

桥梁式起重机是指由能运行的桥架结构和设置在桥架上能运行的起升机构组成的起重机械。属于桥梁式类型的起重机有梁式起重机、桥式起重机和龙门式起重机等。这类起重机械多是固定式，完成固定矩形空间的物料的装卸、搬运、吊运作业，适用于工矿企业、仓库、露天场地等。

下面主要介绍梁式起重机、桥式起重机（见图4-22）和龙门式起重机。

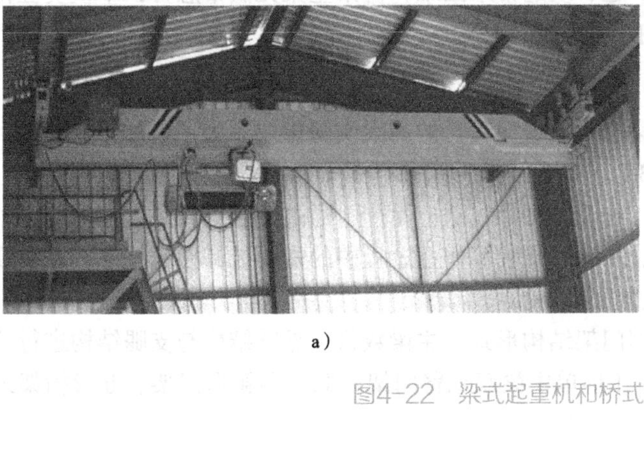

a)

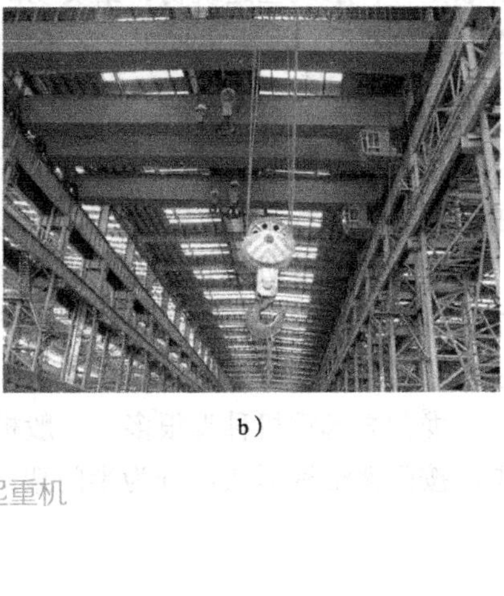

b)

图4-22　梁式起重机和桥式起重机

1. 梁式起重机

梁式起重机一般由桥梁和起重小车两大部分组成。桥架主梁一般由型钢或型钢与钢板制成的简单截面梁构成，起重小车采用手拉葫芦或电动葫芦配套，或用葫芦作为起升机构的部件装配而成。梁式起重机各机构的工作速度较低，起重量也较小，属于轻型起重机，它具有自重轻、成本低、结构简单、维护方便等优点。

梁式起重机的安装方式有支承式和悬挂式两种。支承式梁式起重机的桥梁沿梁上的起重机轨道运行。悬挂式起重机的桥架沿悬挂在厂房支架下的起重轨道运行。梁式起重机按操纵方式分，有手动和电动两种。按梁的结构分，有单梁和双梁两种。单梁的起重重量一般在0.5～5t，双梁的起重重量一般在5～32t。

手动梁式起重机的特点是，起升机构和运行机构都采用手动方式。单梁手动梁式起重机用手动单轨小车作为运行小车，用手拉葫芦作为起升机构。双梁手动梁式起重机由于重量较大，需要专门的运行机构和起升机构，起升机构常用带有载荷自制式制动器的单卷筒自动绞车。手动梁式起重机适用于无电源、搬运量不大、对速度和生产率要求不高的场合。

2. 桥式起重机

桥式起重机是横架于车间、仓库及露天堆场的上方，用来吊运各种货物的机械设备，通常称为桥吊、天车或行车。它放置在固定的两排钢筋混凝土栈桥上，可沿栈桥上的轨道做纵向运移。起重小车可在桥架上的小车轨道上做横向移动。这样，吊钩、抓斗就可以在一个长方体（起升高度×跨度×走行线长度）的空间内任意位置上做升降、搬运物件的运动。

桥式起重机是拥有量最大和使用最广泛的一种轨道运行式起重机，其数量约占各种起重机总数量的60%～80%，额定起重量从几吨到几百吨。它一般用吊钩、抓斗或电磁吸盘来装卸货物。最基本的类型是通用吊钩桥式起重机，其他类型的桥式起重机基本上是在通用吊钩桥式起重机的基础上派生出来的。

桥式起重机的优点是起重量大、速度快、作业面辐射大、效率高且通用化程度高，广泛用于车间、仓库、货场装卸搬运货物。缺点是必须在装卸作业场地修建桥墩，建造费用较高，作业不够方便，而且只能在跨度范围内布置货位，货位面积较小。

桥式起重机与其他类型起重机相比主要具有以下特点。一是桥式起重机无支腿，稳定性较好，工作速度稍高些，单机生产率高。二是桥式起重机用电动机提供动力，电动机的故障率远远低于内燃机；各机构分别驱动，传动方法简单，使用、保养、维修方便。三是桥式起重机的桥墩是一种永久性建筑物，给货场的扩建、改建带来困难，桥吊主架无法带悬臂，不仅货位得不到充分利用，也给装卸作业带来影响。

3. 龙门式起重机

龙门式起重机又称龙门吊，由主梁和可在地面运行的高大支腿组成，为了增加作业面积，主梁两端可以具有外伸悬臂（见图4–23）。

龙门式起重机具有场地利用率高、作业范围大、适应面广、通过性强等特点，在库场、车站、港口、码头等场所，担负着生产、装卸、安装等作业过程中的货物装卸搬运任务，是企业生产经营活动中实现机械化和自动化的重要装备。

龙门式起重机种类很多，一般根据门架结构形式、主梁数目、悬臂结构与支腿结构进行分类。按门架结构形式可分为半门架式、L形单主梁双悬臂门架、双主梁箱形门架、Ⅱ形桁架式门架、单主梁梯形截面一刚一柔支腿门架、双主梁无悬臂门架、三角形截面桁架门架等。按主梁数目可分为双主梁龙门式起重机和单主梁龙门式起重机。按悬臂结构可分为双悬臂龙门式起重机、单悬臂龙门式起重机、无悬臂龙门式起重机。按支腿形状可分为L形、折线形、C形、A形、O形等。

图4-23　龙门式起重机

龙门式起重机有三个特点。一是能充分利用货位面积、通道。与桥式起重机相比，龙门式起重机的走行轨道直接铺设在作业场地，并且走行轨道面的高度可与作业场地在同一平面上，因此，龙门式起重机下的货位面积、通道等能得到充分利用。二是没有固定永久性建筑物，如果货场改建、变迁，则影响不大。三是装卸效率高。大多数龙门式起重机两端带有一定长度的悬臂，不仅作业面积增大，货位得到充分利用，而且汽车等短途搬运设备与铁路车辆可直接进行装卸或换装，提高了装卸效率，加速了车辆和货位的周转。

在一般情况下，起重量在50t以下，跨度在35m以内，无特殊使用要求，宜选用单主梁龙门式起重机。如果要求门腿宽度大，工作速度高，或经常吊运重物、长大件，则宜选用双主梁龙门式起重机。

龙门式起重机的跨度是影响起重机自身重量的重要因素，选择时，在满足设备使用条件和符合跨度系列标准的前提下，应尽量减小跨度。悬臂长度的选择要考虑龙门式起重机跨度和悬臂长度合理的比值关系，力求使自身重量最小。其原则是，符合等刚度和等强度理论，即当小车运行到悬臂极限位置时，主梁支腿处的强度与小车运行到跨中附近处的主梁的强度应尽可能相等或下挠度同时接近许用值。

装卸桥是龙门式起重机的另一种形式。通常把跨度大于35m、起重量不大于40t的龙门式起重机称为装卸桥。它的特点是跨度大，用抓斗作取物装置，工作速度快、效率高，一般生产率为500～1 000t/h。由于跨度大，其支腿有一个是铰接的。装卸桥取物装置以双绳抓斗或其他专用吊具为主，主要用于大型散堆货场装卸和搬运散货。通常以生产率来衡量和选择装卸桥。其起升和小车运行是工作性机构，速度较高；大车运行机构是非工作性机构，速度相对较低。

抓斗装卸桥是目前国内外广泛使用的一种大型散货装卸机械，矿石、煤炭、散粮等货物，大多都由抓斗装卸桥装卸。抓斗装卸桥之所以广泛使用，是因为这种机械具有技术成熟、机动性好、适应性强等优点。

4.3.4 臂架式起重机械

臂架式起重机械由行走、起升、变幅、旋转机构组成，主要利用臂架的边幅（俯仰）、绕竖直轴线回转配合升降货物，可在一个圆柱形空间范围内起重和搬运货物，有固定式、移动式和浮式三种。固定式臂架起重机直接安装在码头或库场的墩座上，只能原地工作。其中有的臂架只能俯仰不能回转，有的既可俯仰又可回转，如桅杆起重机、船舶吊杆等。移动式臂架起重机可以沿轨道或道路在地面上移动，主要有汽车起重机、轮胎起重机、履带起重机等。浮式起重机是安装在平底船上的臂架式起重机，主要用于港口的装卸和建筑作业。

1．门座起重机

门座起重机是有轨运行的臂架型移动式起重机（见图4-24）。在现代的港口、车站库场装卸设备中，门座起重机占据着重要的地位，主要原因在于其具有较好的工作性能和独特的优越结构。门座起重机的额定起重能力范围很广，额定起重范围一般在5～100t，造船用门座起重机的起重量范围则更大，现已达到150～250t。门座起重机的工作机构具有较高的运动速度，起升速度可达70m/min，变幅速度可达55m/min。

图4-24 门座起重机

门座起重机通过起升、变幅、旋转三种运行的组合，可以在一个大环形圆柱体空间内实现货物的升降、移动，并通过运行机构调整整机的工作位置，具有较大的起升高度和工作幅度，可以在较大的作业范围内满足运移货物的需要，因而能满足港口码头船舶和车辆的机械化装卸、转载以及充分使用场地的要求。此外，它还具有高速灵活、安全可靠的装卸能力。但门座起重机的缺点是造价高，需用钢材多，需要较大电力供给，一般轮压较大，需要坚固的地基，附属设备也较多。

门座起重机的结构可分为上部旋转部分和下部运行部分。上部旋转部分包括臂架系统、人字架、旋转平台和驾驶员室等，同时还安装有起升、变幅和旋转机构。它安装在一个高大的门型底架上，可以沿轨道运行，相对于下部运行部分可以实现360°任意旋转。

起重机的自重和吊重均由下部运行部分承受，并由它传到地面轨道上，底部装有行车车轮或运行台车，可以使整台起重机沿着地面或建筑物上的轨道运行。门架下面可以通过火车，以便于装卸货物。它的轨距有三种规格，能通过一列火车的轨距为6m，称单线门架；能通过两列火车的轨距为10.5m，称双线门架；能通过三列火车的轨距为15.3m，称三线门架。

门座起重机一般可以按照通用化程度、使用场合、门架结构、补偿方式、用途和取物装置来划分。按通用化程度不同，门座起重机可以分为通用和专用两种，通用门座起重机是用吊钩或抓斗装卸货物，专用门座起重机则只能用于某一种货物的装卸；按使用场合不同，门座起重机可以分为堆场门座起重机、港口门座起重机、造船用门座起重机、水电站用门座起重机四种；按门架结构形式不同，门座起重机可分为全门座起重机和半门座起重机两种；按补偿方式不同，门座起重机可分为象梁式门座起重机、连杆式门座起重机、臂架式门座起重机等；按用途不同，门座起重机可分为装卸用门座起重机、安装用门座起重机、多用途型门座起重机等；按取物装置不同，门座起重机可以分为吊钩式门座起重机、箱钩两用门座起重机等。

2. 移动式起重机

移动式起重机是指在带载或空载情况下，能在无轨道路或专用轨道上行驶，机体靠重力保持稳定的臂架式旋转起重机。这类起重机机动灵活，稳定性较好，操纵简单方便，移动迅速，广泛用于港口、车站、厂矿、货场等部门的装卸和安装作业。

移动式起重机按运行部分的结构不同，可分为汽车起重机、轮胎起重机、履带起重机和轨道起重机，其中轮胎起重机、汽车起重机拥有量大，使用普遍。

移动式起重机的主要技术参数包括工作幅度、起重力矩、支腿跨距和工作速度等。

工作幅度是指回转中心轴离吊钩中心线的水平距离。随着幅度增加或吊臂仰角的减小，起重量要减小，当幅度增加到一定值时或吊臂降低到一定值时，起重机将丧失所有起重能力。故在实际使用时，各种起重机都规定了工作幅度，即最大幅度和最小幅度。吊臂仰角最大不超过80°，一般工作范围规定在30°～75°。为了安装副臂和其他工作，吊臂仰角可达-3°。由于吊重时吊臂会发生弹性变形，故空钩状态和吊重状态时的幅度是有变化的。为了反映起重机的实际工作能力，规定了有效工作幅度（即前支腿中心与吊钩中心的最小水平距离）。

起重力矩是指起重量与相应的工作幅度的乘积（即起重力矩=起重量×工作幅度）。它是衡量动臂式起重机起重能力的指标。

支腿跨距是指支腿工作时的外伸尺寸。设计时以支腿最大跨距尺寸来计算起重机的稳定性，因此，不应任意改变支腿原来的跨距尺寸。

移动式作业时，各机构的工作速度主要包括：起升、变幅、吊臂伸缩、回转、支腿收放和行走速度。这里介绍其特有的几个速度。变幅速度是指起重机取物装置从最大幅度变到最小幅度的平均线速度（m/min），也可以用完成变幅全过程所需时间来表示（s）。因为变幅运动对起重机安全影响很大（特别是带载变幅或不打支腿时），所以速度不应太快，一般在15m/min左右。吊臂伸缩速度是指液压起重机的吊臂从基本臂到各节吊臂完全伸出的平均速度（m/min），也可以全伸（缩）状态到全缩（伸）状态所需的时间来表示。因为伸缩油缸两腔作用面积不同，所以吊臂外伸速度要比缩回速度慢一些。回转速度是指起重机绕旋转中心转动的速度（r/min）。额定回转速度是指旋转机构电动机在额定转速下，起重机绕其旋转中心的旋转速度。起动与制动时的惯性影响吊重物体的摆动，故回转速度不宜过快。行走速度是指自行式起重机在道路或轨道上行驶时的速度（km/h），有一般行驶速度和吊重行驶速度两种。轮式起重机的一般行驶速度为15～30km/h，吊重行走速度限制在5km/h以下。

通过性参数是指移动式起重机能通过各种道路能力的参数，包括最小转弯半径、最小离地间隙、最大爬坡度等。一般汽车起重机的最大爬坡度在12°～22°，轮胎起重机的最大爬坡度在8°～14°，越野轮胎起重机的最大爬坡度可达20°～35°。

外形尺寸是指整机的长度、宽度和高度的最大尺寸。因为外形尺寸受到道路桥梁、涵洞的限制，所以各国都做出具体规定。通常宽度限制在3.4m以内，高度则应低于4m。

轴荷是指移动式起重机单轴的最大负荷。为适应公路行驶的要求，各国都有严格的规定。英国定为11t，法国与日本定为13t，我国则在JTG B 01—2003《公路工程技术标准》中规定为12t。

自重是指起重机工作状态时的机械总重，有的机型是指在行驶状态下的重量。它是评价起重机的一个重要的综合性指标。

移动式起重机的特性曲线可显示幅度及额定起重量和起升高度的变化情况。当幅度变大时，起重能力变小；当幅度变小时，起重能力变大。当幅度加大时，起升高度要降低；当幅度减小时，起重高度可适当增高。

（1）汽车起重机。汽车起重机是安装在标准的或专用的载货汽车底盘上的全旋转臂架式起重机（见图4-25a），其车轮采用弹性悬挂，行驶性能接近于汽车。一般在车头设有驾驶员室，绝大多数还在转台（或转盘等）上设有起重驾驶员室。汽车起重机一般采用内燃机作动力，传动有机械式、电动式及液压式三种。为减小外形尺寸，吊臂做成伸缩式或折叠式两种。汽车起重机行驶速度快，越野性能好，作业灵活，能迅速改变作业场地，特别适合于流动性大、不固定的作业场所。汽车起重机作业时一般都放下支腿，不能带负荷行驶，且不能配套双绳抓斗使用，因而其使用会受到一定限制。

（2）轮胎起重机。同汽车起重机相比，其主要区别一是底盘不同。汽车起重机用标准或专用汽车底盘，轮胎起重机用专用底盘。其轴距和轮距配合适当，从而稳定性好，并能在平坦的地面上吊货行驶，但走行速度较低，所以适合于固定在一个货场内作业。二是驾驶员室的数目不同。轮胎起重机只有一个驾驶员室，位于转台上，四个机构都在这个驾驶员室中操纵；汽车起重机有两个驾驶员室，一个在转台上，操纵起升、旋转和变幅机构，另一个在起重机前方，操纵汽车的行驶和转向。

轮胎起重机一般采用内燃机驱动，但也有少量简易型轮胎起重机采用外接电源驱动。内燃轮胎式起重机一般采用内燃机驱动，传动有机械、电动和液压三种形式。它的吊臂大多为桁架结构，分段组装，但也有采用伸缩式的。轮胎起重机机动灵活，稳定性好，使用较方便，生产效率高，因此，在港口、铁路站场、堆场及工地被广泛使用。

轮胎起重机多采用刚性悬挂，在一定的起重范围内可以不用支腿便能作业，灵活方便，且能配套双绳抓斗进行散货作业，因而在装卸作业中，比汽车起重机的应用更为广泛。

（3）履带起重机。它是将起重机作业部分装在车架上的臂架式旋转起重机（见图4-25b）。这种起重机可在路面不好的情况下作业，稳定性好，可不打开支腿进行作业。但运行速度较低，并且在行驶时会损坏路面。另外，其维修操作也较复杂，配件不易解决，在使用中会受到一定的限制，一般只适用于建筑、建设施工工地。

a）　　b）

图4-25　汽车起重机和履带起重机

4.3.5　叉车

叉车是装卸搬运机械中应用最为广泛的一种，它由自行的轮胎底盘和能竖直升降、前后倾斜的货叉、门架等组成（见图4-26a），主要用于件货的装卸搬运，是一种既可进行短距离水平运输，又可堆拆垛和装卸货车、铁路平板车的机械。在配备其他取物装置以后，还能用于散货和多种规格品种货物的装卸作业。

1．叉车的主要特点

（1）功能性强。叉车具有装卸和搬运的双重功能，可以将两种操作合二为一，提高作业效率。

（2）机动灵活性好。叉车外形尺寸小、重量轻，能在作业区域内任意调动，适应货物数量及货流方向的改变，可机动地与其他起重机械配合工作，提高机械的使用率。

（3）可以一机多用。在配备与使用各种取货装置，如货叉、铲斗、臂架、串杆、货夹、抓取器等的条件下，可以适应各种品种、形状和大小货物的装卸作业。

（4）能提高仓库容积的利用率，堆码高度一般可达3.5m。

（5）有利于开展托盘成组运输和集装箱运输。

（6）与大型起重机械比较，它的成本低、投资少，能收到较好的经济效果。

2．叉车的分类

叉车可按其动力装置不同，分为内燃叉车和蓄电池叉车，按其结构和用途不同分为平衡重式、插腿式、前移式、侧叉式、跨车以及其他特种叉车等。

平衡重式叉车是叉车中应用最为广泛的一种形式，它的特点是货叉伸出在车身的正前方，货物重心落在车轮轮廓之外。为了平衡货物重量产生的倾覆力矩，保持叉车的纵向稳定性，在车体尾部配有平衡重。平衡重式叉车具有自重大、轮距大、行走平稳且转弯半径大等特点。

插腿式叉车的特点是叉车前方带有小轮子的支腿能与货叉一起伸入货板叉货，然后由货叉提升货物。由于货物重心位于前后车轮所包围的底面积之内，叉车的稳定性好。一般采用蓄电池作为能源，起重量在2t以下。插腿式叉车比平衡重式叉车结构简单，自重和外形尺寸小，适合在狭窄的通道和室内堆垛、搬运，但速度低，行走轮直径小，对地面要求较高。

前移式叉车有两条前伸的支腿，支腿较高，支腿前端有两个轮子，货叉可沿叉车纵向前后移动。取货卸货时，货叉伸出，叉卸货物以后或带货移动时，货叉退回到接近车体的位置，因此叉车行驶时的稳定性好。前移式叉车具有平衡重式叉车和电动堆垛机的共同特征。当门架前升至顶端时，载荷重心落在支点的外侧，此时相当于平衡重式叉车；当门架完全收回时，载荷重心落在支点的内侧，此时相当于电动堆垛机。这两种性能的结合，使得这种叉车具有操作灵活和高载荷的优点，可以节省空间，减小转弯半径，适合于通道较窄的室内仓库作业。前移式叉车自重大约500kg，一般由蓄电池作为动力，起重量在3t以下。

侧叉式叉车的门架、起升机构和货叉不在车体前方，而是位于叉车的中部，可以沿着横向导轨移动（见图4-26b）。叉货时，先将千斤顶顶着地，门架向外推出，叉取货物后，货叉起升，门架退后，然后下降货叉，货物即自动放置在叉车一侧的前后车台上。将千斤顶收起后，叉车即可行驶。由于货物沿叉车的纵向放置，可减少长、大货物对道路宽度的要求，同时，货物重心位于车轮支承底面之内。叉车行驶时稳定性好，速度高，驾驶员视野比正叉平衡重式叉车好。由于门架和货叉只能向一侧伸出，当需要在对侧卸货时，必须将叉车驶出通道，掉头以后才能进行卸货。侧叉式叉车主要用于搬运长大件货物。

a）

b）

图4-26 普通叉车和侧叉式叉车

跨车即跨运车，是由门形车架和带抱叉的提升架组成的搬运机械。一般用内燃机驱动，起重量为10～50t。作业时，门形车架跨在货物上，由抱叉托起货物后进行搬运和码垛。跨车起重量大，运行速度较高，装卸快，甚至可做到不停车装载。但跨车本身重量集中在上部，重心高，空车行走时稳定性较差，要求有良好的地面。跨车可用来搬运和堆码钢材、木材和集装箱等。

为了适应各种用途的需要，叉车还有很多其他形式，如三节门架叉车。普通叉车的门架是由内外门架两节组成的。当要求叉车的起升高度很大（4～5m以上）时，可采用三节门架叉车。它的特点是：门架全伸时，起升高度比两节门架的大；门架全缩时，叉车的全高比两节门架的小。它适于高层货物的装卸堆垛作业，起升高度可达7～8m。

还有自由起升叉车，它适用于在低矮的场所，如船舱、车厢内进行装卸或堆垛作业。能够全自由起升的叉车，当叉架起升到内门架的顶端时，内门架仍不上升，因此它可以在叉车总高不变的情况下将货物堆码到与叉车总高大致相等的高度。部分自由起升能提高叉车的通过性，只要门道的净空高度不低于门架全缩时的叉车总高，叉车就能通过。

3. 叉车的技术参数

叉车的技术参数说明叉车的结构特征和工作性能，也是选用叉车的主要参考依据。其主要的技术参数有：额定起重量、载荷中心距、最大起升高度、最大起升速度、门架倾角、满载最高行驶速度、满载最大爬坡度、最小外侧转弯半径、直角通道最小宽度、堆垛通道最小宽度和回转通道最小宽度等。

额定起重量是指门架处于竖直位置、货物重心位于载荷中心距范围以内时，允许叉车举起的最大货物质量。

载荷中心距是指叉车在确保纵向稳定时，设计规定的额定起重量的标准货物重心到货叉竖直段前臂之间的距离。

叉车的额定起重量和载荷中心距是两个相互关联的技术参数，载荷中心距是由叉车稳定性决定的，起重量不同的叉车其载荷中心距可以不同。在实际作业时，为了便于评价和选用叉车，按不同的额定起重量，规定了相应的载荷中心距值。如果货物的重心超出了载荷中心距，那么为了保证叉车的稳定性，叉车的额定起重量需要减小。货物重心超出载荷中心距越远，额定起重量越小。额定起重量还与货物的起升高度有关，货物起升越高，额定起重量就越小。

最大起升高度是指叉车在平坦坚实的路面上，在满载、门架直立的条件下，将货物提升到最高位置时，货叉水平段的上表面距地面的垂直距离。

最大起升速度是指在满载、门架竖直的条件下货物起升的最大速度。叉车的最大起升速度会直接影响叉车的作业效率，提高叉车的起升速度是国内外叉车制造业技术改进的共同趋势。一般大起重量叉车的最大起升速度都小于中小型叉车，同等起重量的蓄电池叉车的最大起升速度低于内燃叉车，主要是受蓄电池容量和电动机功率的限制。货物下降速度一般都大于起升速度。

门架倾角是指叉车在平坦、坚实的路面上，在无载条件下门架相对竖直方向向前或向后的最大倾角，分别称为门架前倾角和门架后倾角。门架前倾的目的是便于货叉取货，门架后倾的目的是防止叉车载货行驶时货物从货叉上滑落。

满载最高行驶速度是指叉车在平直、干硬的路面上满载行驶时所能达到的最高速度。由于叉车主要用于短距离的装卸和搬运作业，活动范围不宜过大，没有必要具备太高的行驶速度。在一般情况下，内燃叉车的最高运行车速是20～30km/h，库内作业的最高运行车速是14～18km/h，蓄电池叉车的最高运行车速一般为13km/h。

满载最大爬坡度是指叉车在良好的干硬路面上，以较低的稳定速度行驶时能够驶上的最大坡度，以度或者百分数来表示。满载最大爬坡度一般由动力装置的最大扭转力矩以及低档的总传动比决定。由于叉车一般在比较平坦的场地上作业，对最大爬坡度的要求不高，在一般情况下内燃叉车的最大爬坡度为20°。

最小外侧转弯半径是指叉车在空载低速行驶、打满方向盘即转向轮处于最大偏转角时，车体最外侧至转向中心的最小距离。叉车的最小外侧转弯半径值越小，代表叉车运行越灵活，越可以适应货场多变的作业环境。

直角通道最小宽度是指可供叉车往返行驶的、成直角相交的通道的最小理论宽度。直角通道最小宽度越小，叉车的机动性就越好，同时可以提高库场的利用率。

堆垛通道最小宽度是指叉车在通道内直线运行并且要做90°转向进行取货时，通道的最小理论宽度。堆垛通道最小宽度反映了叉车的作业灵活性，最小宽度值小可提高货场的利用率。

回转通道最小宽度是指可供叉车掉头行驶的直线通道的最小理论宽度。

4.3.6 自动导引搬运车

自动导引搬运车（Automated Guided Vehicle，AGV），是指具有电磁或光学导引装置，能够按照预定的导引路线行走，具有运行和停车装置、安全保护装置以及具有各种移载功能的运输小车，是物流系统的重要搬运设备（见图4-27）。

图4-27 AGV

自动导引搬运车是一种以电力为动力，装有非接触导向装置的无人驾驶自动化车辆。它的主要功能表现为能在计算机的监控下，按路径规划和作业要求，使小车较为精确地行走并停靠到指定地点，完成一系列作业功能。人们形象地把以巷道式堆垛机装备的自动化仓库称为现代物流系统的枢纽，把自动导引搬运车称为其动脉。

自动导引搬运车以轮式移动为特征，较之步行、爬行或其他非轮式的移动机器人具有行动快捷、工作效率高、结构简单、可控性强和安全性好等优势。与物流常用的堆垛机、单轨小车、传动链、传送辊道和固定式机器人相比，自动导引搬运车的活动区域无须铺设轨道、支座架等固定装置，不受场地、道路和空间的限制。因此，在自动化物流系统中，最能充分体现其自动化和柔性，实现高效、经济和灵活的无人化生产。随着工厂自动化、计算机集成系统技术的发展，柔性制造系统和物流业的发展，自动导引搬运车得到了广泛的应用。

自动导引搬运车可以按照引导方式、充电方式或转向方式进行分类。按照引导方式的不同，可分为直接坐标导引、电磁导引、磁带导引、光学导引、激光导引、惯性导航、GPS导航和自动导引等。

直接坐标导引是用定位块将自动导引搬运车的行驶区域分成若干坐标小区域，通过对小区域的计数实现导引，一般有光电式（将坐标小区域以两种颜色划分，通过光电器件计数）和电磁式（将坐标小区域以金属块或磁块划分，通过电磁感应器件计数）两种形式。其优点是可以实现路径的修改，导引的可靠性好，对环境无特别要求；缺点是地面测量安装复杂，工作量大，导引精度和定位精度较低，且无法满足复杂路径的要求。

电磁导引是较为传统的导引方式之一，它是在自动导引搬运车的行驶路径上埋设金属线，并在金属线上加载导引频率，通过对导引频率的识别来实现自动导引搬运车的导引。其主要优点是引线隐蔽，不易污染和破损，导引原理简单而可靠，便于控制和通信，声光对其无干扰，制造成本较低；缺点是路径难以更改扩展，对复杂路径的局限性大。

磁带导引与电磁导引相近，以在路面上贴磁带替代在地面下埋设金属线，通过磁感应信号实现导引。其灵活性较好，改变或扩充路径较容易，磁带铺设简单易行。但此导引方式易受环路周围金属物质的干扰，对磁带的机械损伤极为敏感，因此导引的可靠性受外界影响较大。

光学导引是在自动导引搬运车的行驶路径上涂漆或粘贴色带，通过对摄像机采入的色带图像信号进行简单处理而实现导引。其灵活性比较好，地面路线设置简单易行。但对色带的污染和机械磨损十分敏感，对环境要求过高，导引可靠性较差，且很难实现精确定位。

激光导引是在自动导引搬运车行驶路径的周围安装位置精确的激光反射板，自动导引搬运车通过发射激光束，同时采集由反射板反射的激光束，来确定其当前的位置和方向，并通过连续的三角几何运算来实现自动导引搬运车的导引。此项技术最大的优点是自动导引搬运车定位精确，地面无须其他定位设施，行驶路径可灵活多变，能够适合多种现场环境。

惯性导航是在自动导引搬运车上安装陀螺仪，在行驶区域的地面上安装定位块，自动导引搬运车可通过对陀螺仪偏差信号的计算及地面定位块信号的采集来确定自身的位置和方向，从而实现导引。此技术的主要优点是技术先进，定位准确性高，灵活性强，便于组合和兼容，适用领域广；其缺点是制造成本较高，导引的精度和可靠性与陀螺仪的制造精度及使用寿命密切相关。

GPS导航是通过卫星对非固定路面系统中的控制对象进行跟踪和制导，目前此项技术还在发展和完善中，通常用于室外远距离的跟踪和制导，其精度取决于卫星在空中的固定精度和数量，以及控制对象周围的环境等。

自动导引搬运车按照充电方式进行分类，可分为交换电池式和自动充电式两种。按照转向方式进行分类，可分为前轮转向、差速转向和独立多轮转向三种。

4.4　集装化设备

集装是指将许多单件物品，通过一定的技术措施组合成尺寸规格相同、重量相近的大型标准化的组合体。在多种类型的产品中，小件杂散货物很难进行单件处理，一般需要进行一定程度的组合才能便于流通。集装为类似货物提供了一种组合状态。集装单元是用各种不同的方法和器具，把有包装或无包装的物品整齐地汇集成一个扩大了的、便于装卸和搬运，并在整个物流过程中保持一定形状的作业单元。

集装单元化是指以集装单元来组织物资的装卸、搬运、存储和运输等物流活动的作业方式。集装单元化是物料搬运、物流作业的革命性改革，是综合规划和改善物流机能的有效技术，是物流现代化的标志。集装单元化的实质就是要形成单元化系统，即集装系统。它是由货物单元、集装化设备与器具、装卸搬运设备和输送设备等组成的，能高效、快速地为物流业服务的系统。

集装化设备是指用集装单元化的形式进行储存、运输、装卸搬运等作业的物流设备与器具。它是集装单元化技术中的重要硬技术。集装化设备与器具主要有托盘、集装箱、柔性集装袋、集装网络、集装罐、集装筒和货捆等。集装化设备有利于搬运、装卸、运输、储存作业的统一化和设施设备的充分利用，有利于提高搬运的活性指数，实现机械化高效率作业，提高运输器具的装载效率。

运用集装化设备的优点主要表现在以下几个方面：

（1）便于实现装卸、运输、储存作业的机械化和自动化，提高整个系统的作业效率。采用集装化设备与器具，货物在物流过程中只需对集装单元进行装卸、搬运、储存，无须搬动集装单元内的产品。同时，在物流过程的各个环节中，可以采用相应的机械化操作，大大提高了装卸效率，减轻了劳动强度。而且在运输过程中，大大提高了装卸速度，缩短了车船占用线路和泊位的时间，提高了车船和其他运输设备的使用效率，从而提高了整个物流系统的工作效率。

（2）节省费用，降低成本。集装箱和托盘等可以反复周转使用，大多数产品改用集装单元后，可以大大简化货物的包装，节省大量的包装材料，从而节省包装费用，提高包装容器的装载率。有些集装单元包装件可以露天堆放，节省仓库容积，减少仓库储存费用，从而大幅度减低了物流费用。

（3）有利于组织联运，实现物流作业的统一化，提高物流管理水平。采用集装化设备与器具后，集装单元在直达联运中，由一种运输方式向另一种运输方式进行换装作业时，无须倒装箱内的货物，直接将集装单元进行换装，大大加快了换装作业，简化了换装形式和手续，促进不同运输方式之间的联运，提高了物流管理水平。

（4）保证物流质量。采用集装化设备与器具，在物流过程中无论经过多少环节，都无须搬动集合包装内的产品，因而有效地保护了货物的质量，减少了货物破损，同时，还能防止货物被盗或丢失。

（5）提高搬运灵活性，加速货物周转。在物流系统的整个货物搬运中，散装货物和杂件货物的运量占很大比重。由于这些物料的灵活性较差，装卸和搬运很不方便。采用集装化设备与器具，物料经过托盘、集装袋、集装箱、组合包装以及其他集装器具处理后，使物料具有较高的灵活性，加速了货物的周转，提高了物流效率。

4.4.1 托盘

托盘是指用来放置作为单元负荷的货物和制品的平台装置。在装卸、运输、保管过程中，可以将货物按一定数量组合放置于托盘上，托盘有供叉车从下部叉入并将台板托起的叉入口。叉车与托盘的配合使用，形成的有效装卸系统大大促进了装卸活动的发展。可以说，托盘的出现有效地促进了全物流过程水平的提高。

托盘以其结构简单、使用方便的特点在物流领域中广泛应用。其主要优点是自重小、返空容易、装盘容易、装载量适宜，组合量较大；缺点是保护性差。托盘的种类繁多，结构各异。常见的托盘主要有平托盘、柱式托盘、箱式托盘、轮式托盘和滑片托盘等。

最常见的托盘是平托盘，它是托盘中使用量最大的一种。平托盘按台面类型可分为单面型、单面使用型和双面使用型、翼型等，按叉车叉入方式可分为单向叉入型、双向叉入型、四向叉入型三种，按制造材料可分为木制、钢制、塑料制和高密度合成板托盘等（见图4-28）。

a）　　　　b）

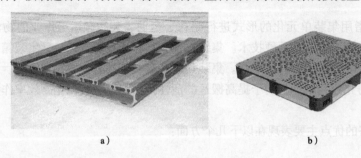

图4-28　单面双向叉入型木托盘和双面四向叉入型塑料托盘

柱式托盘是在托盘的四个角有固定的或可卸式的柱子，有的柱子与柱子之间有连接的横梁，组成门框架。柱式托盘的主要作用一是防止托盘上所放置的物品在运输、装卸等过程中发生塌垛；二是利用柱子支撑承重，可以将托盘堆高叠放，而不会压坏下部托盘上的货物。

箱式托盘是指在托盘上面带有箱式容器的托盘，即在托盘四个边上有板式、栅式、网式等各种平面，从而组成一个箱体，有些箱体还有顶板。箱板有固定式、折叠式和可卸式三种。这种托盘的特点是防护能力强，可有效防止塌垛，防止货损。同时，装运范围较大，不但能装运可码垛的整齐形状包装货物，也可装运各种异形不能稳定堆码的物品。

轮式托盘是在柱式、箱式托盘下部装有小型轮子。轮式托盘有很强的搬运性，大多用于一般杂货的运送，并可利用轮子做短距离移动，在生产企业物流系统中，可兼作作业车辆。

滑片托盘是一种新型托盘。它是由瓦楞纸、板纸或塑料简单地折曲而成的板状托盘，也叫作薄板托盘。其形状不同于普通托盘，它在片状平面下方无插口，但在操作方向上有突起的折翼，以便于配套的叉车进行操作。为了与滑板使用匹配，需要有带钳口推拉器的叉车。取货时先用推拉器的钳口夹住滑板的壁板，将叉向前伸，并同时将滑板货体拉到叉上。卸货时先对好位，然后用推拉器将滑板货体推出，使货体就位。滑片托盘质轻体薄，结实耐用，有较强的耐水及耐化学侵蚀的性质，能承受强度很大的操作，无效操作少，不易发生滑动、塌垛等事故，成本低廉，具有很好的发展前景。

其他还有一些为特殊场合特制的托盘，如航空托盘、玻璃集装托盘、油桶专用托盘、托盘货架式托盘和长尺寸物托盘等。

托盘尺寸标准化是实现托盘联运的前提，也是实现物流机械化和设施标准化的基础及产品包装标准化的依据。目前，国际标准化组织（ISO）制定的托盘尺寸规格有以下几种：欧洲规格一般为1 200mm × 800mm，美国规格一般为1 219mm × 1 016mm，亚洲规格一般为1 100mm × 1 100mm。我国的国家标准GB/T 2934—2007《联运通用平托盘主要尺寸及公差》，将联运托盘的平面尺寸定为1 200mm × 1 000mm和1 100mm × 1 100mm两种。

4.4.2　集装箱

集装箱是能装载包装货或无包装货进行运输，并便于用机械设备进行装卸搬运的一种集装化运输工具（见图4-29）。集装箱在运输有包装的箱、罐、坛和袋等有一定强度和一定形态的货物时，是一种刚性或半刚性容器；在运输粉状或颗粒状的无包装散货时，是一种柔性容器。通常所说的集装箱一般是指具有一定容积、适合于在不同运输方式中转运、具有一定强度和刚度、能反复使用的金属箱。

图4-29　集装箱

集装箱的定义在各国的国家标准、各种国际公约和文件中都有具体的规定，但不尽一致。国际标准化组织在ISO 830：1999《集装箱术语》中对集装箱的定义做了如下规定：

集装箱是一种供货物运输的设备，应满足以下条件：

（1）具有足够的强度和刚度，可长期反复使用。

（2）适合一种或多种运输方式载运，在途中转运时，箱内货物不需换装。

（3）具有便于快速装卸和搬运的装置，特别是从一种运输方式转移到另一种运输方式。

（4）便于货物的装满或卸空。

（5）具有$1m^3$及其以上的容积。

（6）是一种按照确保安全的要求进行设计，并具有防御无关人员轻易进入的货运工具。

运输货物用的集装箱种类繁多，可按尺寸、材料、结构和用途进行不同的分类，其中使用较多的是按用途分类，可分为通用集装箱、散货集装箱、冷藏集装箱、开顶集装箱、框架集装箱和罐状集装箱等。

通用集装箱又称为杂货集装箱或者干货集装箱，是应用最广泛的集装箱，占集装箱总数的70%～80%。这类集装箱常采用封闭防水式结构，在一端或侧面设有箱门。它可以用来装载除液体货物和需要调节温度的货物外的一般杂货，如装运文化用品、化工用品、电子机械、工艺品、医药、日用品、纺织品及仪器零件等。为了防止装载杂货时箱内货物移动和倒塌，在箱底和侧壁上设有系环，以便能系紧货物。

散货集装箱是适用于装载豆类、谷物、硼砂和树脂等各种散堆颗粒状、粉末状物料的集装箱，可节约包装且提高装卸效率。散货集装箱是一种密闭式集装箱，有玻璃钢制和钢制两种。前者由于侧壁强度较大，一般用于装载麦芽和化学品等相对密度较大的散货；后者原则上用于装载相对密度较小的谷物。散货集装箱顶部的装货口应设置水密性良好的盖，以防雨水浸入箱内。有些国家对进口粮食要求在港外锚地进行熏蒸杀虫，故有的集装箱上设有投放熏蒸药品用的开口以及排除熏蒸气体的排出口，熏蒸时要求箱子能保持完全气密。散货集装箱也可用来载运杂货，为了防止装载杂货时箱内货物移动和倒塌，在箱底和侧壁上也设有系环，以便能系紧货物。

冷藏集装箱是专为运输途中要求保持一定温度的冷冻货或低温货，如鱼、肉、新鲜水果和蔬菜等食品进行特殊设计的集装箱。目前，国际上采用的冷藏集装箱基本上分两种：一种是集装箱内带有冷冻机，称为机械式冷藏集装箱，它能使经预冷装箱后的冷冻货或低温货通过冷冻机的供冷保持在一定的温度上进行运输，箱内温度可在-25～25℃之间调整；另一种是箱内没有冷冻机而只有隔热结构的，即在集装箱端壁上设有进气孔，箱子装在舱内，由船舶的冷冻装置供应冷气，称为离合式冷藏集装箱。

开顶集装箱是一种顶部可开启的集装箱，箱顶又分为软顶和硬顶两种。软顶是指用可拆式扩伸弓支撑的帆布、塑料布式涂塑布制成的顶篷，硬顶是用一整块钢板制成的顶篷。适用于装载大型货物、重型货物，如钢材、木材，特别是玻璃板等易碎的重货。这种集装箱的特点是吊机可从箱子上面进行货物装卸，既不易损坏货物，而且便于在箱内将货物固定。

框架集装箱没有顶和左右侧壁，箱端（包括门端和盲端）也可拆卸，货物可从箱子侧面进行装卸，适用于装载长、大、笨重件，如钢材、重型机械等。这种集装箱的主要特点是密封性差，自重大。因普通集装箱采用整体结构，箱子所受应力可通过箱板扩散，而框架集装箱以箱底承受货物的重量，其强度要求很高，故集装箱底部较厚，可供装货使用的高度较小。

罐状集装箱适用于装运食品、药品、化学品等流体货物。它主要由罐体和箱体框架两部分组成。框架一般用高强度钢制成，其强度和尺寸应符合国际标准。角柱上装有国际标准角配件。罐体材料有钢和不锈钢两种。罐体外采用保温材料形成双层结构，使罐内液体与外界充分隔热。对装载随外界温度下降而增加黏度的货物，装卸时需加热，故在罐体的下部设有加热器，罐上设有反映罐内温度变化的温度计。罐上还设有水密的装货口，货物由液罐顶部的装货口进入。卸货时，货物由排出口靠重力作用自行流出，或者由顶部装货口吸出。

4.5 仓储设备

4.5.1 仓储设备基础知识

仓储活动是物流领域的核心环节，在物流领域中起着重要的作用，它的基本功能包括货物的保管功能、调节供需功能、调配货物的运输功能以及实现货物的配送功能。它的基本活动包括货物的储存、保养、维护和管理。

仓储设备是指仓库进行生产和辅助生产作业以及保证仓库及作业安全所必需的各种机械设备的总称。要实现仓储基本任务，企业应根据储存货物的周转量大小、储备时间的长短、储备货物的种类及有关的自然条件，广泛应用先进仓储技术，合理配置仓储机械设备，为有效进行仓库作业创造条件。

仓储设备是有效实现仓储作业的技术保证，是企业仓储能力大小的直接反映。科学、有效地应用仓储机械设备，加强仓储机械设备的管理，是保证仓库高效、低耗、灵活运行的关键。随着仓储功能要求的进一步提高，仓储的性能也在不断地提升，并出现了大量的新型设备，如适合大型配送中心使用的高层货架和堆垛机等。

仓储设备按照功能不同可分为储存设备、装卸搬运设备和计量设备。其中储存设备是指用于存放货物并保持其原有功能的设备；装卸搬运设备是指在仓储作业中按照预定要求完成货物空间位置改变的设备；计量设备是指确定货物重量等物理特性的设备。此外，还包括商品保管设备、商品检验设备、仓储养护设备以及仓储安全设备等。

仓储设备按照使用范围可分为专用机械设备和通用机械设备。为提高仓储设备的作业效率，目前，专用机械设备的应用越来越普及，如立体库专用的堆垛机等。

仓储设备按照作业形式不同可分为固定式机械设备、移动式机械设备和半移动式机械设备。目前，传统的固定式仓储作业正在逐渐改变，移动式仓储作业不断增加，因此，移动式机械设备的应用也在不断地扩大，比较典型的是移动式货架和移动式机器人。

仓储设备具有起重、装卸、搬运、储存和堆码的功能，如货架具有货物存放功能，堆垛机具有起重、装卸功能等。

仓储设备的主要特点如下：

（1）搬运质量要求高。仓储设备主要用于货物的移动和起升，一般在企业内部使用，因此其作业范围相对较小，对货物的搬运质量要求高，对货物应有必要的保护措施，减少货物损伤，而对搬运速度的要求则相对比较低。

（2）搬运线路比较固定。仓储作业地点比较集中，且运输线路的布局受到作业场地设施的限制比较多，特别是出入库作业等仓储作业形式，因此货物作业线路相对比较固定。

（3）专业化程度高。仓储作业由一系列实现特定功能的作业环节或工序组成，如装卸、搬运和堆垛等，单个工序的功能较单一，而工序之间的功能差别一般较大，使用通用机械很难达到作业要求，为提高工作效率，使得仓储设备的专业化程度越来越高，这也导致了仓储设备的种类规格较多，给设计仓储作业系统和选择仓储设备带来了一定的困难。

（4）标准化程度高。商品流通各环节对商品的外观和包装提出了标准化要求，商品包装的标准化也促进了物流设备包括仓储设备的标准化进程。同时，仓储作业中机械运动的重复性和专业性较高，为仓储设备的标准化工作带来了便利，采用标准化设计可以实现各个作业环节的无缝衔接，提高作业效率。

（5）机械化、自动化程度高。随着条码技术、光学字符识别技术、磁编码识别技术、无线射频识别技术、自动认址技术、自动称重技术和计数技术的广泛应用，现代仓储设备的自动化程度得到了大幅度提高。仓储作业已经逐渐淘汰了手工作业，而代之以大型化、高效率的自动化仓储设备。

（6）节能性和经济性要求高。仓储过程作为流通领域或企业物流必不可少的环节，为实现商品的价值起到了重要作用，常被作为商品成本的一部分来考虑，因此，为控制仓储成本，在设计和选用仓储机械设备时，必须考虑其节能和经济性。

（7）环保性要求高。由于仓库的清洁程度要求比较高，必须严格控制仓储设备对环境的污染程度，如对噪声、废气排放的控制等。

（8）安全性要求高。在仓储作业的过程中，要在复杂的环境和有限的空间中保证人员、设备和货物的安全，对仓储设备的安全性能要求很高。

4.5.2 货架

货架是指在仓库中专门用于存放成件物品的保管设备。货架在仓库中占有非常重要的地位，随着现代工业的迅猛发展，物流量的大幅度增加，为实现仓库的现代化管理，改善仓库的功能，不仅要求货架数量多，而且要求具有多功能，并能实现机械化、自动化要求。

货架的主要功能特点如下：

（1）可以充分利用仓库空间，提高库容利用率，扩大仓库的储存能力。

（2）可以充分保护货物，存入货架中的货物，互不挤压，物资损耗小，可最大限度地减少货物的损失。

（3）货物存取方便，便于清点及计量，可做到先进先出。

（4）可以采取防潮、防尘、防盗、防破坏等措施，以提高物资存储质量。

（5）很多新型货架的结构及功能有利于实现仓库的机械化及自动化管理。

货架的种类很多，包括层架、层格架、抽屉式货架、橱柜式货架、U形架、悬臂架、栅型架、鞍架、气罐钢筒架、轮胎专用货架、旋转式货架、移动式货架、装配式货架、调节式货架、托盘货架、进车式货架、高层货架、阁楼式货架、重力式货架和臂挂式货架等。

根据不同的分类标准，货架的类型见表4-3。

表4-3　货架的类型

序　号	分类标准	类　型
1	货架的发展	传统货架、新型货架
2	货架的适用性	通用货架、专用货架
3	货架的载货方式	悬臂式货架、橱柜式货架、棚板式货架
4	货架的结构特点	层架、层格架、橱柜式货架、抽屉式货架、悬臂架、三角架、栅型架
5	货架的可动性	固定式货架、组合货架、移动式货架、旋转式货架、可调式货架、流动储存货架等
6	货架的制造材料	钢货架、钢筋混凝土货架、钢与钢筋混凝土混合式货架、木制货架、钢木合制货架
7	货架的封闭程度	敞开式货架、半封闭式货架、封闭式货架
8	货架结构式	整体结构式、分体结构式
9	货架高度	低层货架、中层货架、高层货架
10	货架载重量	重型货架、中型货架、轻型货架
11	货架构造	组合可拆卸式货架、固定式货架（又分为单元式货架、一般式货架、流动式货架和贯通式货架）

下面主要介绍几种常用货架。

1. 层架

层架是最常见的货架形式，它是由主柱、横梁、层板构成（见图4-30）。架子本身分为数层，层间用于存放货物。层架应用广泛，种类繁多，一般可进一步划分如下：

（1）按层架存放货物的重量，划分为重型层架、中型层架和轻型层架三种。重型货架每层货架载重量在500kg以上，中型货架每层货架载重量为150～500kg，轻型货架每层货架载重量在150kg以下。

（2）按货架结构方式，分为装配式、固定式及半固定式三种。装配式多用于轻型货架，采用轻钢结构，较机动灵活；固定式层架坚固、结实，承载能力强，用于重、中型层架；半固定式兼有二者的优点。

图4-30　层架

（3）按货架封闭程度，分为开放型、半开放型、金属网型和前挡板型若干种。

（4）按层板安装方式分为固定层高及可变层高两种方式。

层架的尺寸规格在很大范围内变动，一般而言，轻型层架主要是人工进行装取货操作，规格、尺寸及承载能力都和人的搬运能力适合，总高度一般在2.4m以下，每层高度在0.5m以下。中、重型层架尺寸则要大得多，总高度可达4.5m，每层高度可达1.2m，宽度可达3m。

层架结构简单、省料、适用性强，便于货物的收发，但存放物资数量有限，是人工作业仓库的主要储存设备。轻型层架多用于小批量、零星收发的小件物资的储存。中型和重型层架要配合叉车等工具储存大件、重型物资，所以其应用领域广泛。

某些层架在层中用间隔板分成若干个格子，称为层格架，层格架主要有开放式、抽屉式和橱柜式三种。开放式层格架每格原则上只能放一种物品，物品不易混淆，但层间光线暗，存放数量少，主要用于规格复杂、多样，必须互相间隔开的物品。抽屉式层格架，具有防尘、防湿和避光的作用，用于比较贵重的小件物品的存放，或用于怕尘土、怕湿等的贵重物品，如刀具、量具、精密仪器和药品等物品的存放。橱柜式层格架前面装有橱门，上下左右及后面均封闭，门可以是开关式，也可以是左右拉开式或卷帘式，主要用于存放贵重物品、文件、文物及精密配件等物品。

还有一种U形层架，它组成的型材呈U字形，组合叠放后整个货架呈H形。为使其重叠码放和便于吊装作业的要求，在架的两边上端形成吊钩形角顶，主要用于存放量大的管材、型材、棒材等大型长尺寸金属材料及建筑塑料等。U形层架结构简单，但强度很高，价格较低，码放时可叠高，因而可提高仓库的利用率。

2. 托盘货架

托盘货架是存放装有货物托盘的货架（见图4-31），它多为钢材结构，也可用钢筋混凝土结构，可做单排型连接，也可做双排型连接。

图4-31 托盘货架

用托盘装载货物时，如果用平托盘直接堆码，两盘之间及最下层的货物会受到挤压，甚至造成货物损坏，也不能做到先进先出，而且当各个托盘装载不同货物时只能单摆，不能堆码，造成库容率低。如果使用立柱式托盘或框架式托盘，虽然可以堆码使货物不受挤压，但堆码不能太高，太高后稳定性差，存在安全隐患。因此，采用托盘货架每一个托盘占一个货位，这样就能克服上述问题。

较高的托盘货架使用堆垛机存取货物，较低的托盘货架可用叉车存取货物。托盘货架可实现机械化装卸作业，便于单元化存取，库容利用率高；可提高劳动生产率，实现高效率的存取作业，便于实现计算机的管理和控制。

3. 悬臂式货架

悬臂式货架由3~4个塔形悬臂和纵梁相连而成，如图4-32所示。悬臂的尺寸根据所存放货物的外形确定。悬臂式货架在储存长形货物的仓库中被广泛使用。

悬臂式货架的特点为：只适用于长条状或长卷状物品存放；需配合叉距较宽的搬运设备；空间利用率低，约35%~50%；这种货架适用于杆料生产工厂，或长形家具制造工厂。

4. 阁楼式货架

阁楼式货架是在已有的仓库工作场地上面建造楼阁，在楼阁上面放置货架或直接放置货物，将原有的平房库改为两层的楼库（见图4-33）。货物提升可用输送机、提升机、电葫芦，也可用升降台。一般为两层堆叠制成阁楼布置的货架，其结构有的是由底层货架承重上部搭置楼板，形成一层新的库面，有的是由立柱承重上部搭置楼板形成库面。在阁楼上面可用轻型小车或托盘牵引车进行货物的堆码。这种货架的特点是充分利用空间，一般用于旧库改造；缺点是存取作业效率低，主要用于存放储存期较长的中小件货物。

图4-32 悬臂式货架

图4-33 阁楼式货架

5. 重力式货架

重力式货架又称为流动式货架，是现代物流系统中的一种应用广泛的装备（见图4-34）。其原理是利用货体的自重，使货体在有一定高度差的通道上，从高向低处运动，从而完成进货、储存和出库的作业。

图4-34 重力式货架

重力式货架和一般层架从正面看基本相似，但是，其前后深度比一般层架深得多，类似许多层架密集靠放。每一层隔板呈前端（出货端）低、后端（进货端）高的一定坡度。有一定坡度的隔板可制成滑道形式，货体顺滑道从高端向低端滑动，也可制成滑轨、辊子或滚轮，以提高货体的运动性能，尽量将坡度做得小一些。

重力式货架有以下主要特点：

（1）单位库房面积存储量大。重力式货架是密集型货架的一种，能够大规模密集存放货物，与移动式货架密集存放的功能相比，其规模可以做得很大，且从1kg以下的轻体小件物到集装托盘乃至小型集装箱都可以采用重力式货架。由于密集程度很高，减少了通道数量，可有效节约仓库的面积。由普通货架改为重力式货架后，仓库面积可节省近50%。

（2）固定了出入库位置，减少了出入库距离。采用普通货架出、入库时，搬运工具如叉车、作业车需要在通道中穿行，易出差错，且工具运行线路难以规划，运行距离也长。采用重力式货架后，叉车运行距离可缩短1/3。

（3）入库作业和出库作业完全独立，两种作业可各自向专业化、高效率方向发展，且出入库时，工具不互相交叉，不互相干扰，事故率降低，增加安全性。

（4）重力式货架绝对保证先进先出，因而符合仓库管理现代化的要求。

（5）重力式货架和一般货架相比，大大缩小了作业面，有利于进行拣选活动，是拣选式货架中很重要的一种，也是储存型拣选货架中重要的一种。

重力式货架主要应用领域：一是可以进行大量存储；二是作为拣选式货架普遍应用于配送中心、转运中心、仓库、商店的拣选配货操作。大型重力式货架储存量较大，是以储存为主的货架，轻型、小型重力式货架则属于拣选式货架。

6. 进车式货架

进车式货架又称为驶入式货架。它一般采用钢结构，钢柱上一定位置有向外伸出的水平突出构件，当托盘送入时，突出的构件将托盘底部的两个边拖住，使托盘本身起架子横梁作用。当架上没有放托盘货物时，货架正面便成了无横梁状态，这时就形成了若干通道，叉车等作业车辆可方便地出入。

这种货架特点是叉车可以直接驶入货架进行作业，叉车从货架的正面沿垂直方向驶入，在最内部设有托盘的位置卸放托盘货载直至装满，取货时则以从外向内顺序取货（后进先出）。驶入式货架能起到保管场所及叉车通道的双重作用，但叉车只能从架子的正面驶入。这样虽然可提高库容率及空间利用率，却很难实现先进先出。因此，每一巷道只宜保管同一品种货物。此种货架只适用于保管少品种、大批量以及不受保管时间限制的货物。进车式货架是高密度存放货物的重要货架，库容利用率可达90%以上。

进车式货架的一种改进形式是穿越式货架，此种货架与进车式货架结构基本相同，不同之处在于此货架前后两端均有出入口，叉车可以横穿货架进行作业，两端均可作业，可以做到货物进出不受顺序限制。其他特点与进车式货架相同，也是高密度存放货架，库容利用率比进车式货架稍低。

7. 移动式货架

移动式货架是一种可移动的货架。在货架下面装有滚轮，在仓库地坪上装有导轨，货架可通过轮子沿导轨移动（见图4-35）。根据驱动方式的不同，它可以分为人力摇动式和电力驱动式两种。

图4-35 移动式货架

移动式货架平时互相依靠，密集排列在一起，可以密集储存货物。存取货物时通过手动和电力驱动使货架沿轨道横向移动，形成通道，并可用这个方法不断变换通道位置，以便于对另一货架进行作业，利用叉车等设备进行存取作业。作业完毕再将货架移回原来位置。这样，就克服了普通货架每列必须留出通道的弊病，减少了仓库作业通道数，一般只需要留出一条通道的位置就可以了。使用这种货架可以使仓库空间利用率成倍提高。

移动式货架主要用于小件、轻体货物的存取。采取现代技术，使设备大型化，也可存取重量较大的物品，如管件、阀门和电动机托盘等。这种货架尤其适用于环境条件要求高、投资大的仓库，如冷冻、气调等仓库，可相应减少环境条件的投资。

8. 装配式货架

装配式货架的柱、梁、层板和隔板等均制成标准件，在柱的两边钻出圆、椭圆、心形或其他形状的孔穴，在孔穴处用紧锁装置进行装配。装配式货架的尺寸有多种，一般形成标准系列。

固定式货架主要是焊接或铆接的，不能拆卸，如货架不合乎要求或仓库位置有变化时，或者将其丢弃不用，或者花大量费用进行改装。装配式货架的特点是可以自由调节长度、宽度和高度，横隔层也可以上下组装。这种货架可以根据实际需要进行组装或拆卸，对储存空间可以灵活调整，使其与存放物体的体积相适应。这样，既可提高货架容积充满系数，增加其储存能力，又可满足物资品种、规格变化频率快、新品种层出不穷、变化莫测的市场的需要。

9. 后推式货架

后推式货架是搁板或滑轨向前方倾斜，装货时叉车把货物由前方存入货架时，此货物便把原先的货物推到后方，当从前方取货时，后方的货物自动滑向前方，以待拣取。

后推式货架的储存密度高，一般深度方向达3个储位，最多达5个储位，会比一般托盘货架节省30%的空间，适用于一般叉车的存取。但它的存取性差，主要用于少品种、大批量物品储存，不宜用于太重物品的储存。由于取货时采用货物自动滑向最前储位的方法，因此不能先进先出地存取。

10. 旋转式货架

旋转式货架又称为回转式货架。它是适应目前生产及生活资料由少品种、大批量向多品种、小批量发展趋势而发展起来的一类现代化保管储存货架。这种货架的出现可以满足目前由于品种的迅猛增加，造成拣选作业的工作量、劳动强度日益增大且系统日益复杂的要求。

从货架上拣选货物一般都采用货物存放在固定的货架内、操作者进行取货的方式，而现在则采用旋转式货架、使货物随货架旋转到操作者面前、让操作者选取的方式，大大提高了拣选效率。

旋转式货架在存取货物时，可用计算机控制，也可用控制盘控制，根据下达的货格指令，该货格以最近的距离自动旋转至拣货点停止。这种货架存储密度大，货架间不设通道，和固定式货架比，可节省占地面积的30%～50%。由于货架转动，拣货路线简捷，拣货效率高，拣选差错少。

旋转式货架根据旋转方式的不同，可分为竖直旋转式、水平旋转式和立体旋转式三种。

（1）竖直旋转式。竖直旋转式货架类似于竖直提升机，在提升机的两个分支上悬挂有成排的货格，提升机可正转，也可以反转。货架的高度一般在2～6m，正面宽2m左右，10～30层不等，单元货位载重为100～400kg，回转速度在6m/min左右。

竖直旋转式货架属于拣选式货架。占地空间小，存放的品种多，最多可达1 200种左右，货架货格的小隔板可以拆除，这样可以灵活地存储各种长度尺寸的货物。

在货架的正面及背面均设置拣选台面，可以方便地安排出入库作业。在旋转控制上用编号的开关按键即可轻松操作，也可以利用计算机来操作控制，形成联动系统，将指令要求的货层经最短的路程送至挑选的位置。

竖直旋转式货架主要适用于多品种、拣选频率高的货物，如果将货格改成支架，则可用于成卷的货物，如地毯、纸卷、塑料布等的存取。

（2）水平旋转式货架的各层可以独立旋转，每层都有各自的轨道，用计算机操作时，可以同时执行几个命令，使各层货物从近到远、有序地到达拣选点，拣选效率很高。这种货架储存货物品种多，多达2 000种以上。这种货架主要用于出入库频率高、多品种拣选的配送中心等地。

（3）立体旋转式货架有多排货架联结，每排货架又有若干层货格，货架做整体水平式旋转，每旋转一次，便有一排架到达拣货面，可对这一排的各层进行拣货。这种货架每排可放置同种物品，但包装单位不同，如上部货格放置小包装、下部货格放置大包装，拣选时不再计数，只取一个需要数量的包装即可；也可以一排货架不同货格放置互相配套物品，一次拣选可在一排上将相关物品拣出。这种货架还可做小型分货式货架，每排不同货格放置同种货物，旋转到拣选面后，将货物按各用户分货要求拣出，分别放在各用户的指定货位，使拣选、分货结合起来。

立体旋转式货架旋转时动力消耗大，不太适用于拣选频度太高的作业，所放置货物主要是各种包装单位的货物，种类的容量受货架长度制约也有限。它也可制成长度很长的货架，可增大存储容量，但由于动力消耗大、拣选等待时间长，不适于随机拣选，在需要成组拣选或可按顺序拣选时可以采用。这类货架规模越来越大、长度越来越长，其拣选功能便逐渐向分货功能转化，成为适用于小型分货领域的分货式货架。

4.5.3　站台

站台是仓库与运输线路的连接点（见图4-36），是仓库进发货的必经之路，它既是仓库运行的基本保证条件，又是仓库高效工作不可忽视的部位。站台的基本作用是车辆停靠、装卸货物和暂存货物等，利用站台就能方便地将货物装进车辆中或从车辆中取出，实现物流网络中线与节点的衔接转换。

站台有高站台和低站台之分，高站台高度与车辆货台的高度一样。一旦车辆停靠后，车辆货台就与站台处于同一水平面，有利于使用作业车辆进行水平装卸。低站台与地面一样高，往往是和仓库地面处于同一高度，以利于站台与仓库之间的搬运。低站台与车辆之间的装卸作业不如高站台方便，但是，如果采用传送装置装卸货，由于传送装置安装需有一定高度，采用低站台，传送装置安装后可与车辆货台保持同等高度。此外，采用低站台也有利于叉车作业。在一般情况下，普通货车和载重车适用的站台高度为1.17m，平板车和冷藏车适用的站台高度为1.32m，集装箱拖车适用的站台高度为1.40m，长途挂车适用的站台高度为1.22m。在一个库区内应尽可能考虑停靠车辆的种类，设置若干不同高度的停靠位置，也可考虑使用车种平均高度，尽可能缩小货车车厢底板与站台高度差，以提高作业效率。

a)　　　　　　　　　　　　b)

图4-36　普通站台和封闭式站台

在实际仓库进出库工作中，进出货车种类很多，即使设置了不同高度的站台，也很难使全部车辆与站台相接合。要克服车辆与站台间的间距和高度差，一般站台为作业安全与方便起见，经常使用可移动式楔块、升降平台和车尾附升降台来帮助装卸。

可移动式楔块又叫作竖板，当装卸货品时，可放置于货车或拖车的车轮旁固定，以避免装卸货期间车轮意外的滚动可能造成的危险。

升降平台是一种比较安全也较有弹性的卸货辅助器械，分为货车升降平台及码头升降平台两种。当配送车到达时，货车升降平台可提高或降低车子后轮，使车底板高度与站台一致，从而方便装卸货，码头升降平台可调整码头平台高度来配合配送车车底板的高度。

车尾附升降台是安装在配送车尾部的特殊平台。当装卸货时，可运用此平台将货物装上货车或卸至站台。车尾附升降台可延伸至站台，也可倾斜放至地面，其设计有多种样式，适用于无站台设施的物流中心或零售点的装卸货使用。

出入口站台的设计需根据公司的作业性质及厂房形式，要考虑进出货站台的安排方式、站台设计形式和站台的周边设计形式等因素。

进出货站台的安排方式应以仓库内物流的情况来决定。为使物料能够顺畅地进出仓库，进货站台与出货站台的相对位置安排非常重要，它直接影响进出货的效率及品质。一般来说，这两者的安排方式有以下四种：

（1）进货及出货共用站台。此种设计可提高空间及设备使用率，但有时较难管理，尤其是在进出货的高峰时刻，容易造成进出货相互牵绊的不良效果。所以，此安排较适合进出货时间易规划错开的仓库。

（2）分别使用站台，但两者相邻以便管理。此安排设备仍可共用，但进货及出货作业空间分隔，可解决进出货可能互相牵绊的困扰。但进出货空间不能弹性互用的情形必将使空间效益变低。此方式的安排较适合厂房空间适中，且进出货常易互相干扰的仓库。

（3）分别使用站台，两者不相邻。此种站台安排方式进出货作业属于完全独立的两部分，不仅空间分开，设备的使用也独立。虽然这样能使进货与出货更为迅速顺畅，但空间及设备的使用率势必降低，因此这种方式对于厂房空间不大且进出货时段冲突频率不高的公司来说并不适用。

（4）数个进货、出货站台。不论站台采用以上哪种安排方式，若厂房空间足够且货品进出频繁、复杂，则可规划多个站台以适应JIT的管理方式。

站台的周边设计形式是指车辆与站台之间的连接设计。为了能防止大风吹入仓库内部、雨水进入货柜或仓库等灾害损失，为避免库内空调冷暖气外泄等能源浪费，站台形式有以下三种选择：

（1）内围式。将站台围在厂房内，进出货车辆可直接开进厂房装卸货，这种形式的设计针对上列考虑最为安全，不怕风吹雨打，也不用担心冷暖气外泄。

（2）平式。站台与仓库外缘刚好齐平，此法虽没有上一种方法安全，但至少整个站台仍在仓库内受保护，能源浪费也少。因这种形式较经济，所以是目前采用最广的形式。

（3）开放式。站台全部位于厂房之外的形式，在站台上的货品完全不受遮掩保护，且库内冷暖气也容易外泄。

4.5.4　堆垛机

堆垛机是立体仓库中最重要的起重运输设备之一，是随立体仓库的出现而发展起来的专用起重机。它是立体仓库特征的标志，主要负责完成出库、进库和盘库等任务。堆垛机具有作业效率高、提高仓库利用率、自动化程度高和稳定性好等特点，具有较高的搬运速度和货物存取速度，可在短时间内完成出入库作业，自身尺寸小，可在宽度较小的巷道内运行，同时适合高层货架作业，还可实现远程控制，便于管理，具有很好的可靠性和稳定性。

堆垛机可以按照有无导轨、高度、驱动方式、自动化程度和用途的差异进行分类。按照有无导轨可分为有轨堆垛机和无轨堆垛机。其中，有轨堆垛机沿着巷道内的轨道运行，无轨堆垛机又称为高架叉车。按高度不同可分为低层型、中层型和高层型。其中，低层型堆垛机起升高度在5m以下，主要用于分体式高层货架仓库和简易立体仓库中；中层型堆垛机起升高度在5～15m之间；高层型堆垛机起升高度在15m以上，主要用于一体式的高层货架仓库中。按驱动方式不同可分为上部驱动式、下部驱动式和上下部相结合的驱动方式。按自动化程度不同可分为手动、半自动和自动堆垛机。手动和半自动堆垛机上带有驾驶员室，自动堆垛机不带驾驶员室，采用自动控制装置进行控制，可以进行自动寻址、自动装卸货物。按用途不同可分为桥式堆垛机和巷道式堆垛机。图4-37所示为电动堆垛机和双层巷道式堆垛机。

a）

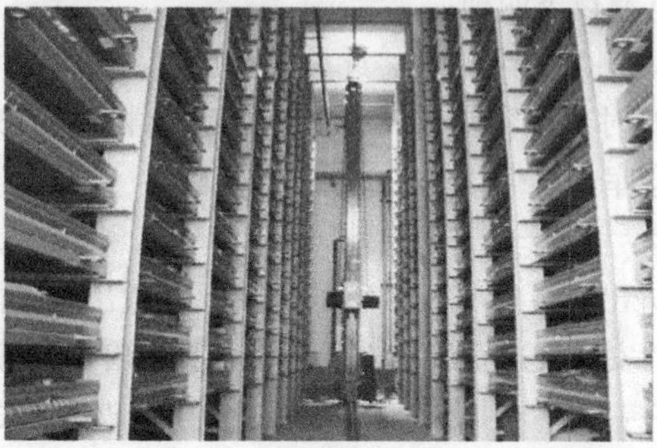
b）

图4-37 电动堆垛机和双层巷道式堆垛机

1．桥式堆垛机

桥式堆垛机具有起重机和叉车的双重结构特点，可同时完成货物存取和搬运作业。

桥式堆垛机的桥架可以沿导轨移动，且可以服务于多条巷道，具有较大的作业范围。小车可沿桥架运行，实现巷道内位移。桥式堆垛机具有固定式或可伸缩式的立柱。立柱上装有货叉或者其他取物装置，立柱可以通过回转平台完成货叉的转向操作，完成两侧货架上的货物存取操作。

桥式堆垛机的堆垛和取货是通过取物装置在立柱上运行实现的，受到立柱高度的限制。桥式堆垛机的作业高度不能太高，主要适用于12m以下中等跨度的仓库中。同时要求巷道的宽度比较大，适于笨重和长大件物料的搬运和堆垛。

桥式堆垛机的主要性能参数有额定起重量、小车运行最大速度、最大起升高度、最大起升速度、最大回转速度、巷道宽度和货叉下挠度等。额定起重量是指桥式堆垛机允许叉取的最大物料重量，此重量包含货叉等存取装置的重量。小车运行最大速度是指在额定起重量下，小车在桥架上运行时所能达到的最大速度。小车的运行速度会直接影响作业效率。最大起升高度是指在额定起重量下，货物起升到最高位置时，货叉水平段的上表面距地面的垂直距离，最大起升高度决定了货架的高度。最大起升速度是指在额定起重量下，货物起升的最大速度。最大回转速度是指在额定起重量下，回转平台回转时所能达到的最大速度。巷道宽度是指满足各项作业要求的巷道最小宽度，主要受到货物的几何尺寸、货叉的长度等因素的影响。货叉下挠度是指在额定起重量下，货叉上升到最大高度时，货叉最前端弯下的距离。这一参数反映货叉抵抗变形的能力，货叉下挠度过大会影响货物在运行过程中的稳定性。它与货叉的材料、结构形式以及加工货叉的热处理工艺有关。

2．巷道式堆垛机

巷道式堆垛机大多是有轨巷道式堆垛起重机，通过运行机构、起升机构和货叉的协调工作，完成货物在货架范围内的纵向和横向移动，实现货物的三维立体存取。堆垛机的具体工作原理是由行走电动机通过驱动轴实现沿导轨上的水平运动，由提升电动机带动载货台作竖直升降运动，由载货台上的货叉做伸缩运动。通过上述三维运动可将指定货位上的货物取出或将货物送到指定的货位。其定位和控制是通过认址器、光电开关的识别以及光通信信号的转化实现的。通过识别装置可确认堆垛机的实际运行位置。货叉下面的行程开关控制货叉伸出的距离，接近光电开关控制货叉的回中位置。

巷道式堆垛机采用货叉伸缩机构，使货叉可以伸缩，这样就可以使巷道宽度变窄，提高仓库的利用率。巷道式堆垛机适用于各种高度的高层货架仓库，可以实现半自动、自动和远距离集中控制。

巷道式堆垛机按照结构的特点，可以分为单立柱巷道式堆垛机和双立柱巷道式堆垛机。单立柱巷道式堆垛机由一根立柱、上横梁和下横梁组成。结构刚度较小，适用于高度不高、堆垛重量不大的场合。双立柱巷道式堆垛机有左右两根立柱支撑，刚度较好，适用于任何高度和堆垛重量的场合，而且适合高速运行。

巷道式堆垛机按支撑方式分可分为地面支撑型、悬挂型和货架支撑型。地面支撑型巷道式堆垛机支撑在地面铺设的轨道上，用下部的车轮支撑和驱动，上部有导轮防止堆垛机倾倒，适用于起重量较大的各种立体仓库，应用比较广泛。悬挂型巷道式堆垛机悬挂在仓库下弦装设的轨道下翼缘上运行。在货架下部两侧铺设下部导轨，防止堆垛机摆动，适用于起重量和起升高度较小的小型立体仓库。货架支撑型巷道式堆垛机支撑在货架顶部铺设的轨道上，要求货架具有较高的强度和刚度，也仅适用于小型立体仓库。

巷道式堆垛机按用途分可分为单元型和拣选型两种。单元型巷道式堆垛机以托盘单元或货箱单元进行出入库作业，应用比较广泛。拣选型巷道式堆垛机是由起重机上的操作人员从货格的托盘单元或货物单元中拣选货物进行出库作业，一般为手动或半自动式。

堆垛机有联机自动、本机自动、手动以及维修控制四种控制方式。

仓库系统正常运行时堆垛机一般应处于联机自动控制方式。处于此控制方式下的堆垛机，可以经通信装置接受来自计算机的操作指令，并可向上位控制计算机反馈堆垛机的作业状态等信息，使堆垛机处于上位机的远程控制状态下。这样可以方便地实现对仓库每一个货位的出入库作业，在立体仓库控制系统管理下可以实现全程作业无人化，具有较高的工作效率。

堆垛机单机运行时，一般处于本机自动控制方式。在此控制方式下的堆垛机可以自动完成本巷道内每一个货位的出入库作业，用户只需要确认出入库的首末位置即可。

手动控制方式是指在操作人员的控制下，分步完成各项作业任务，如货叉取放货、堆垛机运行至巷道内某一货位地址等操作。这种方式主要用于安装调试。

维修控制方式是在堆垛机发生故障时使用的一种控制方式。堆垛机处于维修人员控制状态下，可随时调整一些原有的控制选项设置，以便于查询故障原因。

巷道式堆垛机的技术参数主要有载荷参数、速度参数、尺寸参数、货叉下挠度、货叉尺寸和巷道宽度等。载荷参数是指巷道式堆垛机的额定起重量，该参数表明了巷道式堆垛机的承载能力。速度参数是指其执行机构的运行速度指标，主要包括巷道式堆垛机的水平运行速度、起升速度和货叉伸缩速度。巷道式堆垛机的各项运行速度的高低直接影响货物出入库的速度，关系着仓库的作业效率。尺寸参数包括堆垛机的外形尺寸（长、宽、高）、起升高度、下降深度和最低货位极限深度。其中，最低货位极限深度是指货叉表面最低一层货格的低位到地轨安装水平面的垂直距离，影响货架的布局。货叉下挠度是指在额定起重量下，货叉上升到最大高度时，货叉最前端弯下的距离。这一参数反映货叉抵抗变形的能力，它与货叉的材料、结构形式以及加工货叉的热处理工艺有关。货叉尺寸参数是指能够进行正常作业的货叉伸出长度，直接影响相应的托盘的几何尺寸参数。巷道宽度是指其正常运行情况下的巷道的最小宽度。

习题与思考题

1. 输送机械具有哪些优点？在使用方面有哪些缺点？一般适用于什么场合？输送机械主要有哪些技术参数？

2. 输送机械主要由哪些装置构成？为什么说承载装置是输送机械中最关键的装置？输送带和支承托辊、链条（链板、刮板）、辊道、螺旋、悬挂挂钩和提升料斗等各种承载装置各适用于哪些场合？

3. 橡胶输送带在设计和使用中如何保持张力？如何保证适当的横向刚度？

4. 链条输送装置在运行过程中经常出现的故障有哪些？一般采用什么解决方式？

5. 叉车有哪几种类型？各自适用于哪些场合？叉车主要有哪些技术参数？叉车的哪些技术参数和仓储系统的设计和集成有关？

6. 起重机械主要有哪些类别？有哪些技术参数？其中“工作级别”这一技术参数是什么含义？在设备的设计和选用中有什么意义？

7. 起重机械主要由哪几种机构组成？桥式起重机和梁式起重机的主要区别在哪里？

8. 货架在仓储系统中起到什么作用？有哪几种主要的类型？重力式货架主要有什么优点？

9. 巷道式堆垛机是自动化仓库系统中的重要组成部分，它主要有哪些技术参数？

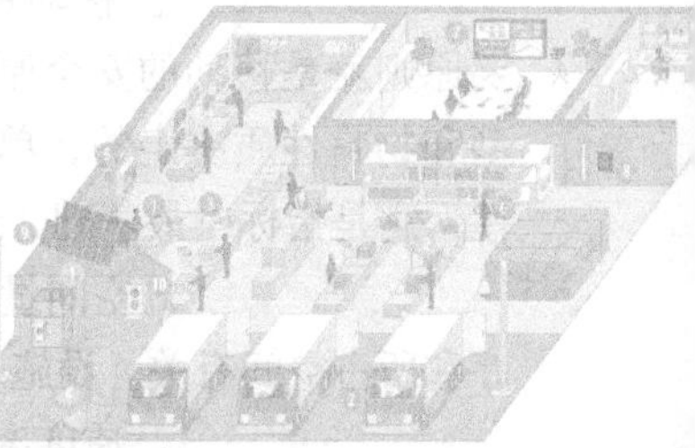

第5章

物料搬运系统设计

5.1 概述

5.1.1 物料搬运的含义

物料搬运是一种辅助生产过程，是制造企业生产过程中重要的组成部分，在工序之间、车间之间和工厂之间等物料流动中扮演了重要角色。

物料搬运简单来说就是指运用各种动力和搬运机械将物料保质、保量、及时、安全、经济、高效地搬离和运到指定地点。物料搬运是设施规划的重要组成部分，物料搬运系统的改变将影响设施布局，同样，布局的改变也会影响物料搬运系统。

1．物料搬运的主要活动

物料搬运的主要活动有物料的移动、存储、保护和控制。对它的控制不仅需要科学测量和规划，还需要利用方法、机械设备、系统、相关控制来实现这些功能。因此，有些学者提出，物料搬运是物料活动的科学与艺术。

（1）移动。移动是物料搬运最直接的表现形式，对任何物料的移动都需了解物料的物理性质、化学性质和物理形态，如物料的尺寸、质量和运输条件等，以及对其移动路径和幅度进行定性分析。

（2）存储。存储是操作工序之间直接的缓冲，缓冲是为了更为高效地利用生产设备和员工，并且为下一步的生产提供充足的物料。存储需要考虑的物料问题和移动一致，即物理性质、化学性质和物理形态，但主要目的则变为搬运和堆放；并且，存储还需要考虑建筑的实际情况（对产品的约束），如楼板的受力能力、建筑的空间和立柱的干扰等。

（3）保护。保护是为了使物料不发生破损或者丢失，通常对其进行包扎和装箱。有时候，还将物料的信息输入信息防范系统，防止错搬、漏搬和不按顺序加工生产。

（4）控制。控制就是对物料的位置、顺序和数量等方面进行有效控制。控制是所有活动中最为抽象和重要的，要达到控制的合理和适度，不仅取决于系统设计的优劣，还取决于企业的管理水平和员工的素质，还和企业文化密切相关。

2．物料搬运的指标

物料搬运有四个基本量：移动量、空间量、速度率和搬运量。

（1）移动量。移动量是物料空间位置的变化，通常不用位移表示，而用路程表示，其主要原则就是移动的安全原则和最短路程原则，安全原则又最为重要。它是由搬运物料设备的类型和物料性质决定的，单位物料运输费用可以由其算得。移动量还具有直观性、度量性和连续性，它是指标中最基础、最重要的量。

（2）空间量。空间量是物料搬运的空间方面，与存储和移动搬运设备所需空间、物料自身排序和所占空间有关。设施规划里面都需考虑物料的空间量，从而进行合理有效的布局。

（3）速度率。速度率是物料通过物料搬运设备移动的速率，它表示了物料流通的效率，是衡量物料搬运系统优劣的重要指标。

（4）搬运量。搬运量是物料搬运设备搬运的能力，它与很多方面有较密切的联系，如搬运设备的额定载荷、路线的设置、设施布局及工人的熟练度等。

这些指标相互联系、相互影响，是统一的整体。

3. 物料搬运作业的特点

物料搬运作业主要有以下三个特点：

（1）物料搬运是附属性的活动。物料搬运的目的总是与物流的其他环节密不可分，不是为了搬运而搬运，因此与其他环节相比，物料搬运具有伴随产生的特点。又如转运、储存和包装等环节，一般都以物料的装卸搬运为起点和终点，因此它又具有“起终性”的特点。

（2）物料搬运是保障性活动。物料搬运保障了生产中其他环节活动得以顺利进行，其他生产活动都需要物料搬运作为保障。物料搬运过程不消耗原材料，不排放废弃物，不大量占用企业资金，因此具有提供劳务的性质。

（3）物料搬运是衔接性的活动。在任何其他物流活动互相过渡时，都是以物料搬运来衔接的。所以，物料搬运往往会成为整个物流的“瓶颈”，是物流各功能之间能否形成高效和紧密衔接的关键。

5.1.2 物料搬运的目标

物料搬运的最终目标是降低生产成本，提高企业生产效率，其他目标都是围绕这个最终目标进行细化的。物料搬运的目标可归纳为七个“正确的”，由于物料全球化发展和相关领域理论与实践成效日益显著，物料搬运也受相关领域的影响，特别是准时制生产相关理论。准时制生产的基本原则是坚决抵制任何形式的浪费，以下七个“正确的”既清楚阐明了物料搬运的目标，也贯彻了准时制生产（精益生产和快速响应制造）精神。

（1）正确的数量。最终目的就是生产商给顾客正确数量的产品。为了实现这个目的，最理想的状态就是期间的每个搬运都应准确满足下个工序的要求。为实现这个目标，必须有效地对整个物流搬运过程进行控制。

（2）正确的物料。就是指在整个物料搬运系统中，出现的物料不能有错误。在企业生产中，往往生产型号类似的产品，从而导致原材料（物料）的相似度较高，所以，在整个搬运系统中，必须核对物料编码，且操作人员能对其进行有效、快速的识别。

（3）正确的状态。包括物料的位置正确与否，物料是否完成加工，物料的物理特性是否符合要求，物料的运输状态方便与否及物料是否需要测试等。物料的位置正确与否是“正确的状态”中最为重要的一点，它不仅包括生产中流经的位置，还包括了搬运和存储等位置。

（4）正确的顺序。它是指物料的搬运顺序安排合理，以尽可能地降低生产成本，杜绝无用搬运。当物料搬运系统成形以后，该目标应该较易实现，因为这是构建系统框架的基础。

（5）正确的时间。在保证生产的连续性情况下，尽可能缩短物料搬运的时间，以达到缩短生产周期和面向工艺的设施合理化或均衡生产。这是一个非常复杂的目标，因而，物料搬运系统应该在精益生产和快速响应制造的制造环境中运作。

（6）正确的成本。物料搬运系统不是成本越低越好，因为越好的系统，所需的成本也越高。正确的成本目标应该是企业获得最大收益，或者说，正确的成本是合适的成本而非最低的成本。

（7）正确的搬运。为了实现物料位置转移到正确的位置，往往有几种方法和几种路线，不同的方法和路线有各自的特点。对某种状态的物料来说，选择合适的搬运显得尤为重要。这个目标很好地体现了物料搬运是科学和艺术结合的产物。

5.1.3　物料搬运的原则

为实现搬运目标，可参考以下物料搬运原则。物料搬运原则简洁地阐明了多年来物料搬运的实践基础，这些原则只是作为一种工具而非标准，只是设计物料搬运系统的粗略指导原则。基于这些原则，可以避免一些设计人员出现较多原则性错误。

（1）规划原则。全面考虑需求、作业目标和功能要求来规划所有的物料搬运和物料存储工作，以获得系统整体最大工作效益。

（2）标准化原则。物料搬运方法、搬运设备、搬运器具、搬运控制软件和尺码应标准化，来实现系统总体作业目标，同时保证系统的适应性和分布化，满足最大设备吞吐量的要求。

（3）整体系统化原则。尽可能将搬运的所有过程和活动当作一个整体系统，使该系统内部协调高效运作。这包括了原材料运输，收货、检验和储存，产品生产，成品检验，成品包装，成品储存，商品运输和反向物流等部分。

（4）物料通畅原则。结合工序和设施布局，形成物料流动的最佳路径，提高搬运效率。

（5）人机同效原则。在设计物料搬运作业和选择设备时，要考虑人的作业能力和局限性，以保证人和机器有效地作业。

（6）精简原则。取消、减少、缩短或者合并必要的搬运作业，达到简化搬运工作的目的。

（7）应变原则。在特定情况下，某些专用搬运设备或者搬运方法用另外的设备或者方法替代，以满足不同操作人员和实际应用的要求，做到灵活处理，随时应付随机事件的发生。

（8）集装单元化原则。尽可能采用标准容器与装载工具集装物料，以利于搬运过程的标准化、集装化。

（9）单元负载原则。充分使用负载单元化及稳定化的设备。

（10）最大利用空间原则。最大可能地充分利用厂房的整体空间，特别是注重垂直空间的开发。

（11）设备轻装原则。经过改装或者定制，使搬运设备自重降低，提高自重与载荷的比率。

（12）重力原则。物料由高层向低层移动，让物料的势能转化成移动的动能；值得注意的是，在执行重力原则时，一定要遵守安全原则，尽可能保护好物料，避免相互磕碰和物料破损。

（13）自动化原则。将搬运作业进行合理的机械化或自动化，来提高作业效率和作业反应速率，同时也避免一些隐性安全事故。

（14）设备使用原则。搬运设备使用过程中要进行规范持续的保养，尽可能发挥设备的最大价值，同时，最好制定维护计划；当设备不能正常运作或者威胁到操作人员的安全时，应及时淘汰或者升级设备，从而保持生产的稳定。

（15）环境原则。要考察对周围场地环境的影响程度和能源消耗情况，是物料搬运系统设计的重要原则。

（16）信息化原则。在条件允许的情况下，对物料搬运时的各种情况进行信息化反馈，并进行信息化控制。

（17）安全原则。为了确保搬运的安全性，应该保证搬运设备的合适性，操作人员的规范性，搬运方法的适用性，物料堆垛位置的合理性和消防设施的完整性；还要避免用托板悬吊负载、负载超过地板、货架及结构超负荷，设备运转超速，货架未标明正反面等。

（18）全周期成本分析原则。对所有的物料搬运设备和最终运用的物料搬运系统，应当对它们做出整个使用周期内的全面、深入的经济分析。

5.2 物料搬运作业分析和方法选择

5.2.1 物料搬运程式

物料搬运系统是一个非常复杂的问题，设计者应深入理解问题，确定所设计系统必须满足的需求。而物料搬运程式在解决物料搬运系统问题的各个方面都被证实是有用的。程式提出在物料搬运系统设计时设计者需要考虑七个主要问题，即七个变量，分别为6W1H，如图5-1所示。

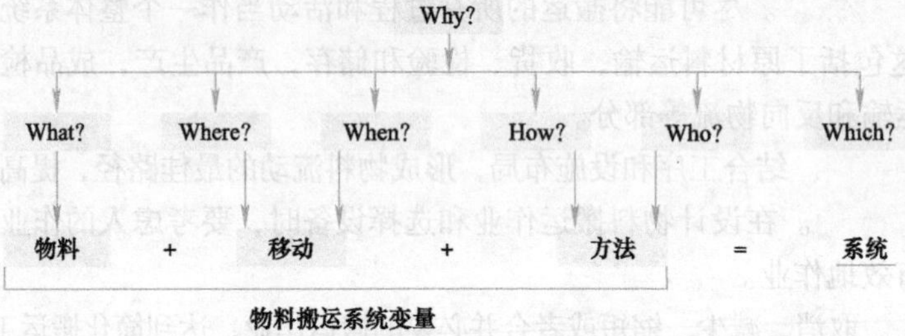

图5-1 物料搬运程式变量及其在设计中的作用

通过对系统七个问题的分析，可以了解系统需求，其具体问题列表如下：

（1）Why?

为什么要做这些搬运？搬运作业是否是必需的，是否可以消除？是否可以通过合并操作消除操作间的搬运？是否可以通过把机器合并来消除搬运等？

（2）What?

要搬运什么？需要对搬运对象进行分析，了解其类型、大小、性状、重量和搬运数量。

（3）Where?

从哪里取物料？搬运到哪里？如果这些搬运每次都是相同的，可使用固定路径技术（如输送带等）；如果这些搬运从一个地方到另一个地方是变化的，则可使用可变路径技术（如搬运车辆等）；如果搬运路径较短，则可以使用重力方法（如滑道、滚轮等）。

（4）When?

什么时候需要搬运？这种搬运是一天一次还是一天两次？例如，一天搬运多次，需要使用工业货车；在1min内搬运多次，可以使用输送带等。

（5）How?

如何搬运？是用手工？用输送带？还是用叉车搬运？

（6）Who?

谁来搬运物料？进行这些工作需要什么技能？谁应接受培训，以服务和维护物料搬运系统？谁应参与到系统的设计工作中？

（7）Which?

采用什么方案？有很多方案都可以达到同样的目的，但是哪个方案的成本效益比最低？

6W1H问题可以总结如下：

1）“Why”确定系统要完成的任务。

2）“What”明确和分析要搬运的正确物料。

3）“Where”和“When”确定要执行的移动。

4）“Where”“When”“Who”“How”确定合理的搬运方法。

5）“Which”评价各搬运系统的设计方案。

在考虑可能的搬运方案时，应该同时兼顾短期及长期的效果，并且保持存疑态度。

通过物料搬运程式分析，可以使物料搬运问题更加清晰。

下面将对物料搬运系统设计中的几个关键问题进行分析。

5.2.2 物料分析

5.2.2.1 物料分类分析

在选择搬运方法时，主要影响因素通常是所要搬运的物料。对任何物料搬运问题，先要解决的问题都是搬运什么。如果需要搬运的物料只有一种，那么唯一要做的就是弄清这种物料的特性。如果要搬运多种不同的物品，则必须按“物料类别”对它们进行分类。物料分类的主要目的是：①将多种物料归为有限的几类，使物流系统简化；②最终要解决多种物料的装运问题，只有分类后才能按类解决。

1．物料的基本分类方法

物料分类的基本方法是：①物料是固体、液体还是气体；②物料是单独件、包装件还是散装物料。但在实际分类时，是根据影响物料可运性（即移动的难易程度）的各种特征和影响物料能否采用同一种搬运方法的其他特征进行分类的。

2．物料的主要特征

区分物料类别的主要特征如下：

（1）物理特征。物理特征包括：

1）尺寸：长、宽、高。

2）重量：每次运输单元的重量或单位体积的重量（密度）。

3）形状：扁平的、弯曲的、紧密的、可叠套的及不规则的等。

4）易损性：易碎、易爆、易污染、有毒和有腐蚀性等。

5）状态：不稳定的、黏的、热的、湿的、脏的和配对的等。

（2）其他特征。其他特征包括：

1）数量：较常用的数量或产量（总产量或批量）。

2）时间性：经常性、紧迫性及季节性等。

3）特殊控制：政府法规、工厂标准和操作规程等。

物理特征通常是影响物料分类的最重要因素，是划分物料的主要依据。

数量也很重要。不少物料是大量的（物流较快的），有些物料是小量的（常属于“特殊订货”），大量的物品与小量的物品的搬运一般不同。

对时间性方面的各项因素，一般急件的搬运成本高，而且要考虑采用不同于搬运普通件的方法；间断的物流会引起不同于稳定物流的其他问题；季节的变化也会影响物料的类别。

同样，特殊控制问题往往会对物料分类起决定作用。麻醉剂、弹药、贵重毛皮、酒类饮料、珠宝首饰和食品等都是一些受政府法规、市政条例、公司规章或工厂标准所制约的典型物品。

3. 物料分类的程序

物料分类一般按以下程序进行：

（1）列表标明所有的物品或分组归并的物品的名称，如表5-1所示。

表5-1　物料特征表

物料名称	包装单元	单元的物理特征										类别
		尺寸/cm			重量/kg	形状	易损性	状态	数量特征	时间性	特征控制	
		长	宽	高								
I进厂物料												
钢带	卷	直径60		25	2.7～5.4	盘状	—	—	少	—	—	d
空纸袋	捆	70	48	60	22	矩形	易撕破	—	少	—	—	d
油料豆	袋	80	40	20	44	矩形	—	—	中等	—	—	c
鱼油	桶	直径46		80	148	圆柱形	—	有油腻	多	—	—	b
乳酸	坛	直径60		65	40	圆柱	怕破碎		很少			d
备件	箱	各种			各种	各种	部分有		很少	急		d
…	…	…	…	…	…	…	…	…	…	…	…	…
II进厂物料												
肥料20号												
肥料22号												
…	…	…	…	…	…	…	…	…	…	…	…	…

（2）记录其物理特征或其他特征。

（3）分析每种物料或每类物料的各项特征，并确定哪些特征是主导的或特别重要的。在起决定作用的特征下面画红线（或黑的实线），在物料分类有特别重大影响的特征下面画橘黄线（或黑的虚线）。

（4）确定物料类别，把那些具有相似的主导特征或特殊影响特征的物料归并为一类。规定一定的符号或代码代表每个类，通常用英文字母来代表，如a、b、c等，如表5-2所示。

（5）对每类物料写出分类说明。

值得注意的是，物料分类主要起作用的往往是装有物品的容器。因此要按物品的实际最小单元（瓶、罐、盒等）分类，或者按最便于搬运的运输单元（瓶子装存纸箱内、衣服包扎成捆、板料放置成叠等）进行分类。在大多数物料搬运问题中都可以把所有物品归纳为8～10类，一般应避免超过15类。

表5-2　物料分类结果一览表的填写示例

物料类别	分类依据			典型例子
摘要	类别号	物理特征（尺寸、重量、形状、易碎性、状态）	其他特征（数量）	
空桶	a	新的或空的金属桶，直径46cm×高80cm	供货者交货时间及频率有很大变化	标准金属桶
实桶	b	装有油或者化学物品的金属桶，重135kg，直径46cm×高80cm	数量相当大的稳定物流，约10种不同物品	鱼油由供货单位桶装进厂
袋	c	多层塑料纸袋的矿物、果仁及化学物品等，平均尺寸80cm×40cm×20cm，平均重42kg	数量相当大的稳定物流，约10种不同物品	混合料制成品
其他物品	d	盒子、纸箱、捆、麻包装的外购物品，有各种尺寸和形状，重量0.5～23kg	每种物料的数量少，时间要求却很高（如维修件）。有些物品需严格管理（如防失窃）	浓缩维生素用纸箱装，酒精用桶装

5.2.2.2　物料活性系数α分析

物料活性系数α是一种度量物料搬运难易程度的指标，由于存放的状态不同，物料的搬运难易程度也不同。物料从散放状态进入搬运状态要经过四种基本活动：集中、搬起、升起和运走。这四种基本状态是否完成和采取什么方式完成就决定了物料进入搬运状态的难易程度。散放状态的活性，规定其系数为0。对此状态每增加一次必要的操作，其物品的搬运活性系数加1，活性水平最高的状态活性系数为4。表5-3所示为活性的区分和活性系数。

表5-3　活性的区分和活性系数

物品状态	作业说明	作业种类				还需要的作业数目	已不需要的作业数目	搬运活性指数
		集中	搬起	升起	运走			
散放在地上	集中、搬起、升起、运走	要	要	要	要	4	0	0
集装箱中	搬起、升起、运走（集中）	否	要	要	要	3	1	1
托盘上	升起、运走（已搬起）	否	否	要	要	2	2	2
车中	运走（不用升起）	否	否	否	要	1	3	3
运动输送中	不要（保持运动）	否	否	否	否	0	4	4

从理论上来讲，物料活性系数α越高，物料的流动就越容易，但是越容易的物料流动必然是以大量的资金和管理为基础的，所以在设计物料搬运系统时，不能一味地追求α值高，应该结合实际情况，综合考虑。

通过计算每种物料搬运的平均物料活性系数α，分析和比较在不同物料搬运上的工作情况，找出需要改进的项目。某物料搬运的平均物料活性系数α的计算公式为

$$\alpha=\frac{\alpha_1\times 0+\alpha_2\times 1+\alpha_3\times 2+\alpha_4\times 3+\alpha_5\times 4}{\alpha_1+\alpha_2+\alpha_3+\alpha_4+\alpha_5} \tag{5-1}$$

式中　α_1——散放次数；

α_2——集装次数；

α_3——托盘上次数；

α_4——车中次数；

α_5——运动输送中次数。

例5-1 某车间作业工序活性系数图如图5-2所示，假设各工序搬运次数相同，则根据式（5-1）可得平均活性系数为2.7。

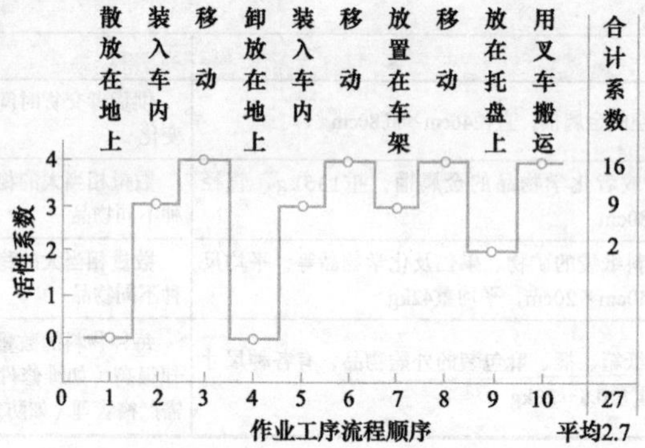

图5-2 某车间作业工序活性系数图

很明显，某种物料搬运的平均物料活性系数α越低，说明物料流转过程中需要人工搬运和工人操作的作业越多，在该种物料搬运方面所做的工作也就越差，因而应把该种物料的搬运作为需要改进的主要对象。

在计算出某种物料搬运的平均物料活性系数α以后，就要对该搬运进行分析和改进，根据相关专家几十年的经验总结，表5-4即是相应α值对应的改善措施。

表5-4 相应α值对应的改善措施

平均物料活性系数α	含义	建议的改善措施
<0.5	分析的搬运系统半数以上处于活性指数为0的状态，即大部分处于散装情况	①使用简易容器；②大量使用手推车
0.5～1.3	大部分物料处于集装状态	①大量使用手推车；②使用手动提升机；③使用叉车
1.3～2.3	装卸、搬运系统大多处于活性指数为2的状态	①全面使用叉车；②使用输送机（输送带、滚轮等）；③采用工业拖车或者自动导引搬运车
>2.3	大部分物料处于活性指数为3的状态	①全面使用工业拖车；②以输送机与叉车为中心，重点在于减少人工作业

5.2.3 物料搬运方法及选择

物料搬运方法是指在对物料搬运需求分析的基础上，对物料搬运路线、搬运设备和搬运单元的选择和设计。

5.2.3.1 物料搬运路线类型及选择原则

1．物料搬运路线类型

物料搬运系统根据物料移动方式的不同可划分成两种不同的运行体系：一是不同物料由起点直接向终点移动，称为直达运行类；二是对不同区域的各类物料进行统一，运用统一的设备依照一定的路线移动，对物料进行装卸搬运，称为间接移动体系类。间接移动体系类由其移动特性又可分为通渠类和中心转运类，这三种移动形态如图5-3所示。

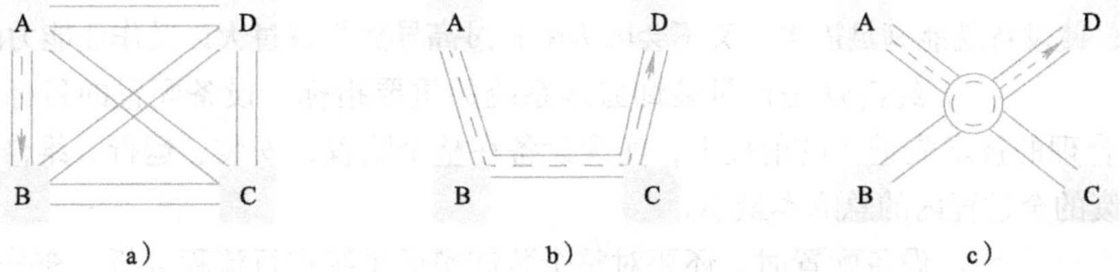

图5-3　物料搬运路线的类型

a）直达类　b）通渠类　c）中心转运类

2．物料搬运路线的选择原则

（1）直达类。这是指物料由起点到终点以最短的距离移动。直达类适用于物料流程密度较高，并且移动距离短或适中的情况，用这种方法较为经济，尤其在处理紧急订单时或者处理一些特殊性的物料时最有效。

（2）通渠类。这是指物料在经事先设定的路线上到达目的地，而路径相关的不同物料都能共同使用这条路线来完成物料搬运过程。通渠类适用于搬运密度不高、距离中等或者较长，且布置不规则甚至扩散时的物料装卸搬运。

（3）中心转运类。这是指物料由起点至终点要经由中间转运站加以分类和搬运，然后才送达目的地的搬运方式。简单来说，此种方式也就是由起点移到中心点再移向终点的方式。当物流量较小而且距离中等或者较远时，这种类型比较适用且经济，但这个方法要求的管理水平较高。

对比三种搬运路线可知，选择不同搬运路线与搬运物料量和两道工序间的距离有关，根据不同物流量和搬运距离，物料搬运路线类型的选择可参考图5-4。从图中可以知道，直达类和通渠类或者中心转运类的相交曲线，说明当物流量和距离为某种值时，搬运路线并非唯一确定的，可以是三种中的任何一种。

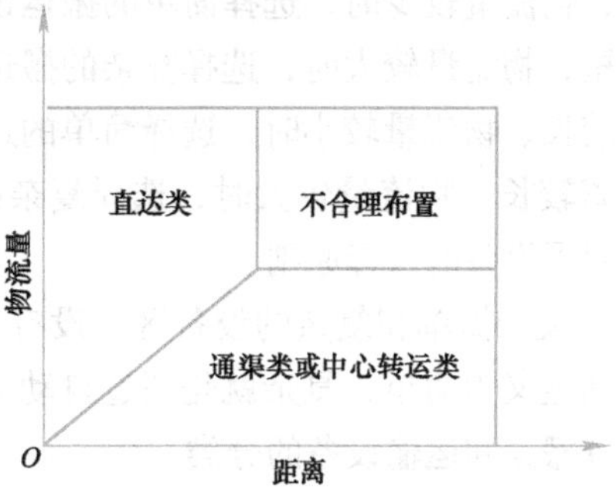

图5-4　物料搬运路线类型的选择示意图

5.2.3.2　物料搬运设备选择

1．物料搬运设备选择原则

物料搬运设备主要是指在企业内部进行物料装卸、运输、升降、堆放和储存的机械设备。一般包括起重机械、输送机、装卸机械、搬运车辆和仓储设备等。

一般来说，起重机械用于升降和搬运，但搬运距离较短，做间歇式运动。输送机可连续输送物料，搬运路线一般固定不变，大多用来输送散状物料。装卸机械能自行取物并装卸物料。搬运车辆可灵活安排搬运路线，经济运输距离较长，可在室内或室外作业，具有行驶车轮。仓储设备是在仓库中完成堆、取、储存物料的装置，包括料仓装置、高架仓库和给料机等。随着工业的发展，许多机械具有多种功能和用途，例如叉车是搬运车辆，可用于装卸，也可用于起升重物。

在选用生产物料搬运设备时，应预先进行系统分析。建立一个生产物料搬运系统，选择搬运设备的基本原则有以下四点：

（1）适用性与先进性相结合原则。设备配置就是要在设备的适用性和先进性之间寻找一个适当的平衡点，使设备既能满足需求，又不会因为配置过高导致投资过大以及作业能力的浪费。

（2）经济性原则。经济性是衡量装卸搬运系统的重要指标。设备配置的目标就是在满足作业需求和合理的技术先进性的前提下，实现设备在整个购置、安装、运行、维修、改造和更新，直至报废的全过程内的总成本最小。

（3）系统化原则。设备配置时，还要对整个装卸搬运系统进行流程分析，充分考虑各个作业工序之间的衔接，以使配置的设备相互适应，减少作业等待时间，提高作业效率。同时，还应将车间的布局、设施的规划纳入考虑，使装卸搬运设备与场地条件、周边辅助设备相匹配，这样才能够实现整体最优。

（4）可靠性原则。指设备寿命的周期长短，作业质量及作业安全的保证程度，设备的易维护性等。应选用结构坚固耐用、稳定性好且生产率高的机械设备。

选择合适的搬运设备除了要考虑设备适用性与先进性、经济性、系统化和可靠性外，还要考虑车间间距、通道宽度、搬运工具宽度、所需空隙和生产作业区域面积等一系列尺寸。

还有一种更为简单的物料搬运设备选择原则，这种原则的运用也较为广泛，就是根据搬运距离长短和物流量的大小来确定设备的种类。该原则是：①当物料搬运距离较短、物流量较少时，选择简单的搬运设备；②当搬运距离较短、物流量较大时，选择复杂的搬运设备；③当搬运距离较长、物流量较小时，选择简单的运输设备；④当搬运距离较长、物流量较大时，选择复杂的运输设备。图5-5说明了设备的选择原则。

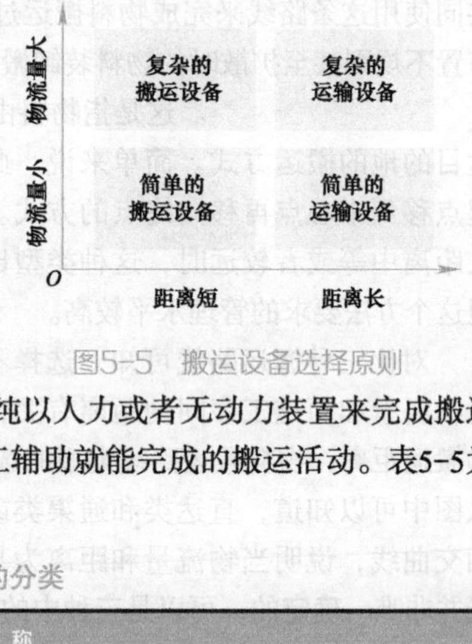

图5-5 搬运设备选择原则

关于简单和复杂的设备区分没有明显界限，通常将单纯以人力或者无动力装置来完成搬运活动定义为简单，复杂就是通过自动装置或者只需少量人工辅助就能完成的搬运活动。表5-5为部分搬运和运输设备的分类。

表5-5 部分搬运和运输设备的分类

设备分类	设备名称
简单的搬运设备	二轮手推车、旋转起重机、人力卷扬机和普通叉车等
复杂的搬运设备	特殊功能叉车、各种提升机、货车和各种牵引机等
简单的运输设备	电动货车、滑道、缆索、索道、带式输送机、螺旋输送机、埋刮板式输送机和斗式提升机等
复杂的运输设备	自动货车、自动分拣运输带、各种工业行车、悬挂式输送机、架空索道以及某些专用输送设备等

物料搬运设备的详细介绍请见“第4章物料搬运与仓储设备”。

2. 物料搬运设备选择因素

在企业选择物料搬运设备时，首先应明确加工工艺需要和流程设计的要求，根据生产产品批量明确各阶段需要搬运物料的特性和搬运量，然后进行搬运方式的选择。以下是在实际生产中，会影响搬运设备选择的因素：

（1）物料性质。物料性质包括物理性质（特别是形状体积）、是否易损坏、危险性以及环境状况等。不同性质的物料对搬运有不同的要求，如易破损的物料，在搬运时首先需要考虑它的安全完整性，对应的是需要选择必要的盛装器具，该器具必须要对物料起到很好的保护作用，也可以是另外的器具与搬运设备配合使用的；由于物料会占一定的面积和体积，物料搬运要配合生产工序的布置，搬运过程本身也要占用一定的面积和空间，因此在做生产物料搬运的具体设备选择时，要考虑到工作区域的地面面积和空间使用情况，尽量使整个生产系统收到最佳的生产运作效果。

（2）搬运能力。物料搬运需要专门的设备或系统，而对物料需求量小的搬运作业，为了提高设备的利用率和节约费用，可和其他相似特性的零部件共用同一设备。根据设备搬运的能力可以计算出搬运需要花费的时间，从而选择能够在正确的时间内保证搬运量的设备。

（3）搬运距离。搬运距离是决定采用何种搬运设备的主要因素。如果是生产企业内部的长距离运送，则使用牵引车及平板拖车比叉车更为经济；对于短距离、无规律又不超过人的负担能力的运送，利用人力比使用搬运设备更为经济。搬运距离和搬运时间、搬运速度之间存在着必然的联系，可以对三者进行综合考虑。

（4）搬运频率。搬运频率主要与任何两次搬运的时间间隔和搬运的紧迫性有关。搬运可能是连续的，也可能是分散的，还可能是一次性的。搬运频率高，证明该物料使用频繁，需要选择质量好并且适合操作的搬运设备来完成搬运任务。

（5）安全要素。安全生产是任何生产企业最基本的要求，发生事故是最大的成本浪费。因此，在生产物料搬运过程中，采用的机械设备一定要保证搬运物品的安全运送，尽量避免出现物品损坏、货堆倒塌造成阻碍生产流通和人员伤亡事故等现象，要在保证人员安全和物品质量完好运送的情况下，保证生产顺利进行。

（6）适应柔性。在实际生产中，生产物料搬运作业存在于一定的环境，服务于工厂的生产活动。一旦生产环境、生产工艺、产量、产品类型、原材料质量和管理方式等发生变化，生产物料的搬运作业就应随之变化，物料搬运方式等都要有所改变。因此，生产中物料搬运设备必须要有一定的适应柔性，这是现代企业在激烈的市场竞争中获取优势的必然要求。可以将在生产品种变换时，物料搬运系统做出相应调整所花费的时间或者额外费用作为具体的比较对象，选出花费时间和费用都在可以接受范围内的最优方案。

（7）周围的影响。21世纪对生产物流的环保提出了新的要求，就是要实现绿色物流。它主要是对生产物流系统污染进行控制，即在生产物流活动的规划与决策中尽量采用对环境污染小的方案，如采用排污量小的货车车型，近距离输送，以节省燃料和降低污染排放量等。

这些因素不全是相互独立的，有时是相互影响的，因此要全面考虑各种因素，以求能够做出最佳的选择。在选择好生产物料搬运设备类型的同时，还要进行设备数量的确定，具体设备的需要数量根据物料搬运的作业量及设备的搬运能力等来确定。

5.2.3.3 物料搬运集装单元化设计

1. 集装单元概述

在生产物料搬运过程中，必须根据物品的种类、性质、形状和重量来确定不同物料的装卸搬运方式。在物料装卸搬运时，对物料的处理大体有三种方式：第一种是“分块处理”，即按普通包装对物品逐个进行装卸搬运；第二种是“单件处理”，即对某些物料不加包装而进行原样的单件装卸搬运；第三种是“集装单元化”，即物料以托盘、集装箱等为单位进行组合后的装卸搬运。

集装单元化是实现生产物料的单元组合，可以充分利用机械进行操作，其优点是：操作单位大、作业效率高；能提高装卸搬运效率，减少物料损伤，提高物流活性；操作单位大小一致，易于实现标准化；装卸搬运不直接触及物品，对物品有保护作用。

集装单元化搬运的选择或设计受许多因素影响，包括：

1）需要具有单元化物料的特性（尺寸、易碎性和数量等）。

2）在单元化之前的搬运次数（内部搬运）。

3）集装单元化搬运的环境条件。

4）接收、存储、运输和搬运单元物料的方法（容器和搬运方式），以及系统内其他搬运单元的利用。

5）减少同一设施内“集装单元化搬运系统”的数量。

所有以上因素都会影响到集装单元化搬运的规模和包装。

集装单元化的最普通的方法是使用集装容器、平台、托板和托架。

1）集装容器：包括周转箱、纸箱、集装袋和仓库笼等。

2）平台：包括垫木平台和托盘。

3）托板：包括大纸板、胶合板和塑料板。

4）托架和专门设计的小型传送车以及手推车，经常用于限制集装单元化搬运。

有效应用集装单元化的概念要求有详细的规划与设计，主要考虑的因素如下：

1）包装材料用得最少，成本低，有足够的机械强度。

2）用后即可丢弃，是多用途或者多功能的。

3）尺寸优化，便于恢复非单元化的原来状态。

4）可用标准设备运输。

5）有互换性，外形优化，易于储存。

6）可以堆放，单元成本较低。

但是，集装单元化搬运存在以下缺点：

1）单元化比非单元化成本高。

2）对设备和空间增加要求。

3）增加了作为单元化介质的包装材料的废弃，造成了浪费。

4）有回收空的包装箱和托盘的问题。

5）在搬移场所两端经常没有转运设备，会带来搬移上的不便。

在集装单元化中，集装单元大小的技术规格对于物料搬运系统有重大影响。大的集装单元需要大而重的设备、更宽的通道和更高的地面承载能力，而且也增加了在制品库存，它的主要优点是移动次数少；小的集装单元增加了运转次数，但是减少了在制品库存，同时，只需要人工、手推车等搬运方式，能支持准时制生产。

图5-6展示了集装单元大小对作业完成时间的影响。从图可知，随着单元的减少，尽管物料搬运时间增加，总的作业完成时间下降了，但单元大小降为1件时，总的作业完成时间反而更长了。这里物料搬运时间就代表了总体的能力水平，是整体系统的短板。这里得出的重要结论是，

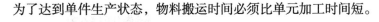

为了达到单件生产状态，物料搬运时间必须比单元加工时间短。

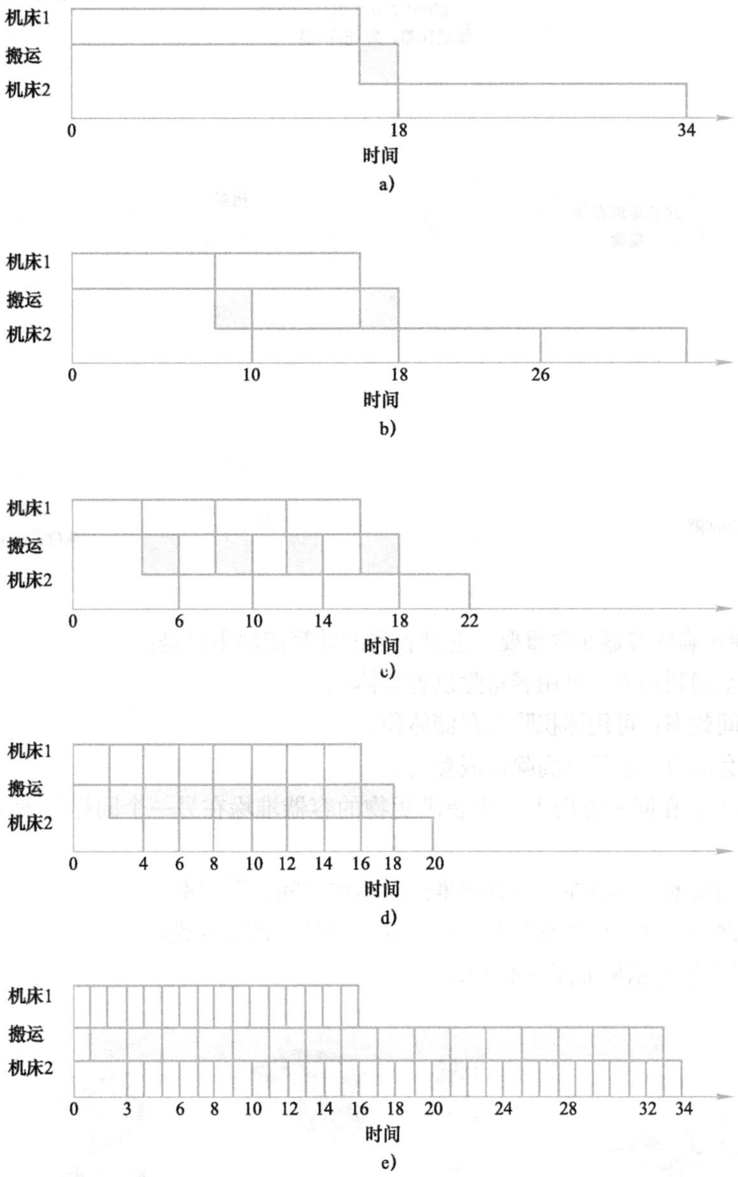

图5-6　集装单元大小对作业完成时间的影响

a）集装单元大小=16件，搬运次数=1次　b）集装单元大小=8件，搬运次数=2次

c）集装单元大小=4件，搬运次数=4次　d）集装单元大小=2件，搬运次数=8次

e）集装单元大小=1件，搬运次数=16次

2．可回收容器的选择和效率

在集装单元系统设计时，还必须要注意不同集装单元形式尺寸之间的相互关系，尺寸间应能相互配合。图5-7为物流系统中不同尺寸关系示例，图中假设货物用纸箱包装，整齐地堆码在托盘上，以整托盘的形式装载到托盘车厢中或堆码在仓库中，最后以整托盘形式出货。容器若有良好的码垛性和嵌套性，则可以明显降低物流成本。

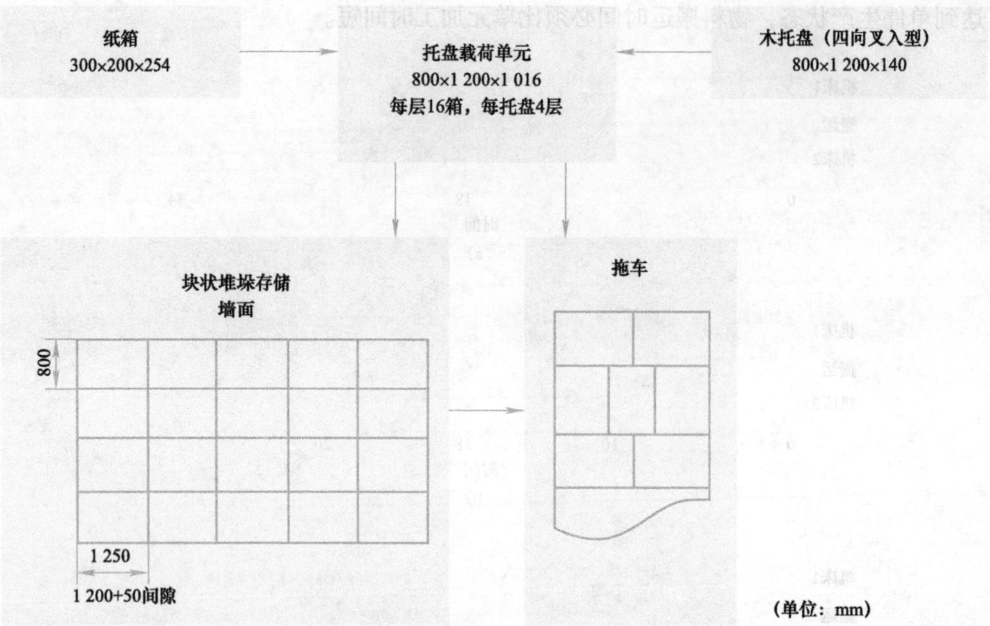

图5-7 物流系统中不同尺寸关系示例

因此，选择正确的容器非常重要。选择容器的计算依据主要是：

1）容器的空间利用率：可用容量除以容器体积。

2）存储空间效率：可用体积除以存储体积。

3）容器嵌套能力：容器总高除以嵌套高度。

4）码垛能力：在同一方向上一个装满货物的容器堆垛在另一个同样装满货物的容器上的能力。

5）单向空间效率：容器在一个方向堆码时车厢空间的利用率。

6）车厢容器回收比：可放空容器数量除以车厢可堆码容器数量。

容器的堆垛和嵌套示例如图5-8所示。

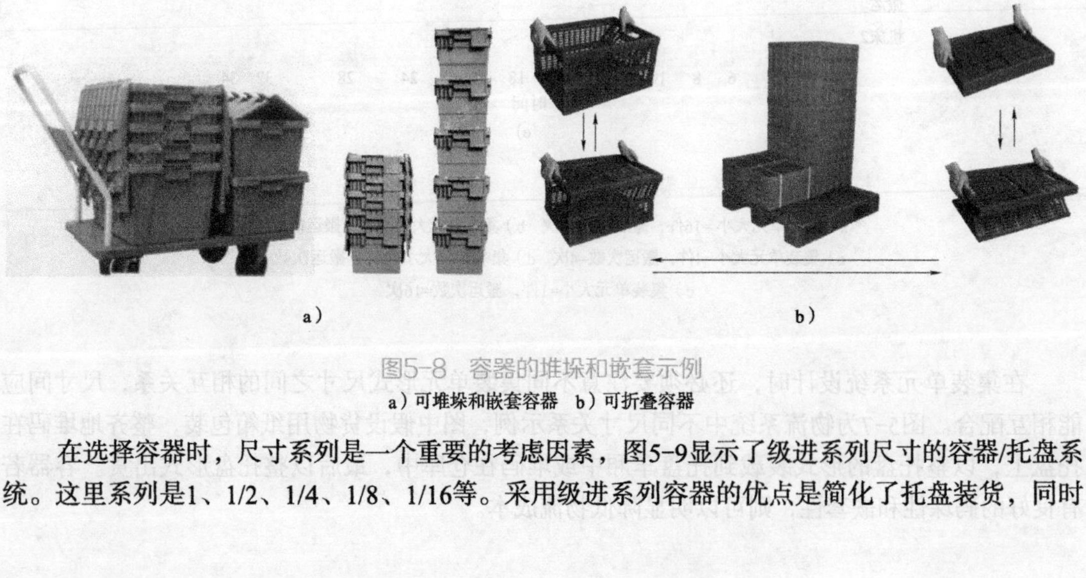

图5-8 容器的堆垛和嵌套示例

a）可堆垛和嵌套容器 b）可折叠容器

在选择容器时，尺寸系列是一个重要的考虑因素，图5-9显示了级进系列尺寸的容器/托盘系统。这里系列是1、1/2、1/4、1/8、1/16等。采用级进系列容器的优点是简化了托盘装货，同时提高了堆垛面积利用率。

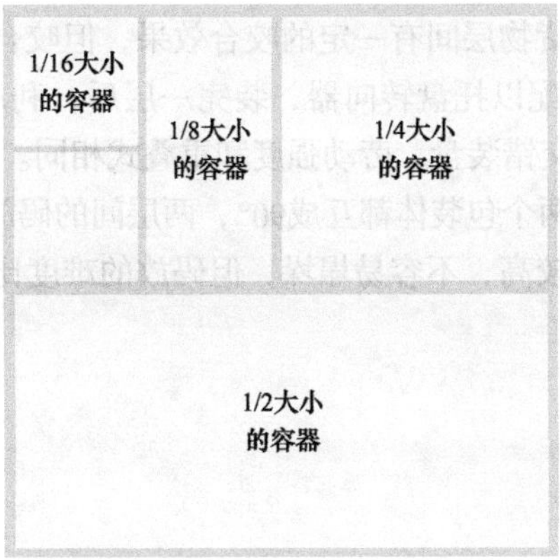

图5-9　级进系列尺寸的容器/托盘系统

3．托盘装载设计

托盘是一种重要的集装单元形式，在托盘上装放各种形状的包装货物，为保证作业的安全性和稳定性，必须采用各种不同的组合码垛方式。组合码垛方式主要有重叠式、交错式、转轮式和蜂窝式等几种，如图5-10所示。

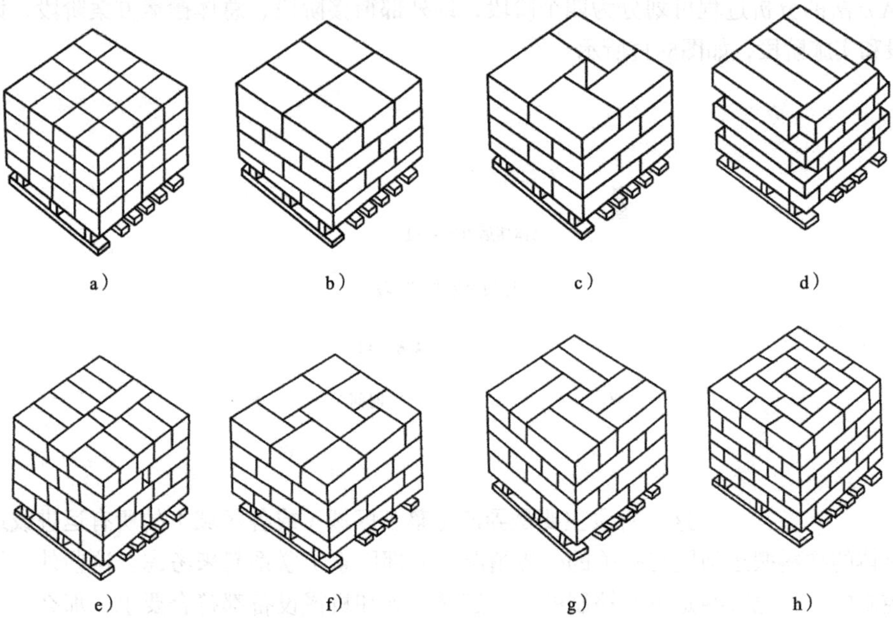

图5-10　不同托盘的码垛样式

a）重叠式　b）纵横交错式　c）转轮式　d）蜂窝式

e）分割交错式　f）分割转轮式　g）窄箱子的分割转轮式　h）砌砖式

重叠式是指托盘上货物各层以相同的方式码放，上下完全相对，各层之间不会出现交错的现象。这种码垛方式的优点是作业方式简单，作业速度快，而且包装物的四个角和边垂直并重叠，承载能力大。同时，在货体底面积较大的情况下，可保证有足够的稳定性。这种方式的缺点是各层面之间只是简单排放，缺少咬合，在货体底面积不大的情况下，稳定性不够，易发生塌垛。

交错式是指相邻的两层货物之间摆放旋转一个角度，一层成横向放置，另一层成纵向放置，层间纵横交错堆码。这种方式货物层间有一定的咬合效果，但咬合强度不高。重叠式和纵横交错式较适合自动装盘操作。如果配以托盘转向器，装完一层后，利用转向器旋转90°，这样只要用同一装盘方式就可以实现纵横交错装盘，劳动强度和重叠式相同。

转轮式是指第一层相邻的两个包装体都互成90°，两层间的码放又相差180°。这样相邻两层之间咬合交叉，托盘货体稳定性较高，不容易塌垛，但码放的难度比较大，而且中间会形成中空，使托盘装载能力降低。

5.3 物料搬运系统分析方法

5.3.1 搬运系统分析方法概述

搬运系统分析（System Handling Analysis，SHA）方法是Muther提出的一种条理化的系统分析方法，适用于一切物料搬运项目。

SHA方法是一种解决问题的方法，包括一系列依次进行的步骤、程序和一整套关于记录、评定等级和图表化的图例符号。

SHA方法的分析过程可划分为四个阶段，即外部衔接阶段、总体搬运方案阶段、详细搬运方案阶段和实施阶段，如图5-11所示。

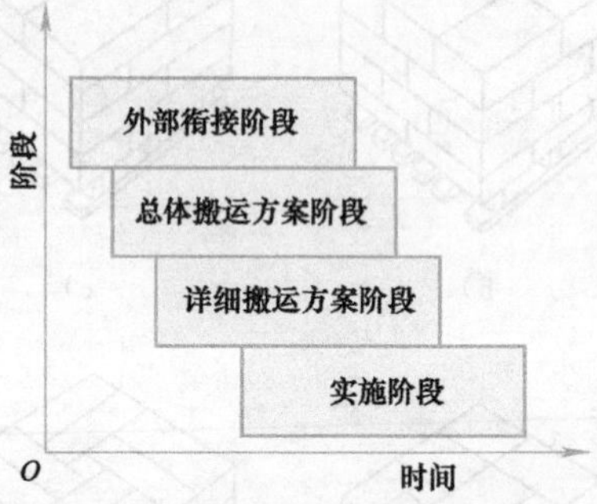

图5-11 SHA方法的分析过程

（1）外部衔接阶段。这个阶段主要是弄清楚整个区域（或各区域）的所有运进或运出，也就是把具体的物料搬运问题与有关的外界情况（外部因素）联系起来考虑。这些外界情况有些是可以控制的，但也有些是不能控制的。如道路设施和机械设备都符合要求，那么就可以把厂内物料搬运同外面的铁路运输结合成整体来考虑。

（2）总体搬运方案阶段。这个阶段要考虑总体搬运方案与总体区划设计。制定布置区域的基本物流模式、作业单位、部门或区域的相互关系及外形，制定区域间物料搬运方案，确定移动系统、设备型号、运输单元或容器。

（3）详细搬运方案阶段。这个阶段要考虑每个主要区域内部各工作地点之间的物料搬运，要确定详细物料搬运方法。如各工作地点之间具体采用哪种路线系统、设备和容器，如果说，第二阶段是分析工厂内部各车间或各厂房之间的物料搬运问题，那么本阶段就是分析从一个具体工位到另一个具体工位或者从一台设备到另一台设备的物料搬运问题。

（4）实施阶段。任何方案都要在实施之后才算完成。这个阶段要进行必要的准备工作，如订购设备、完成人员培训等，进而制订并实现具体搬运设施的安装计划。然后对所规划的搬运方法进行调试，验证操作规程，并对安装完毕的设施进行验收，确保它们能正常运转。

上述四个阶段按时间顺序依次进行。为了收到最好的效果，各阶段在时间上应有所交叉重叠。总体方案和详细方案的编制是物流系统规划设计人员的主要任务。

物料搬运系统的设计人员一般不对第一和第四阶段进行设计，第二、三阶段的工作可采用SHA方法来完成。SHA方法的原始数据仍是P、Q、R、S、T，SHA方法的流程示意图如图5-12所示，其基本过程如下：

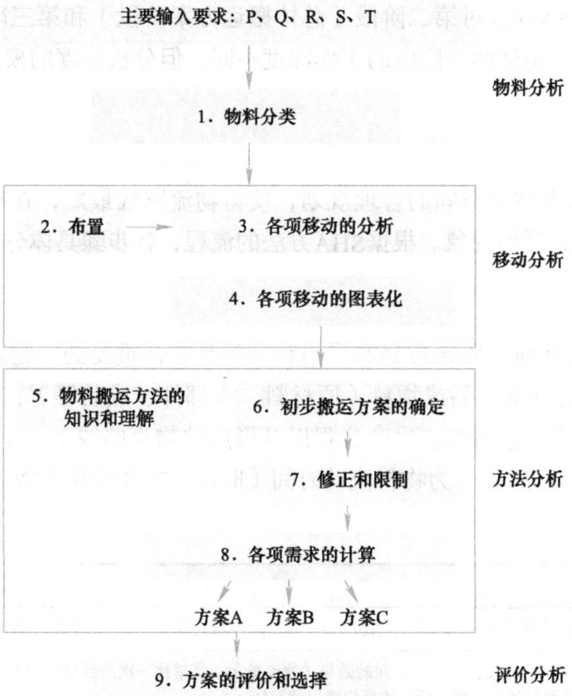

图5-12　SHA方法的流程示意图

（1）物料分类。在制定搬运方案的过程中，最重要也是首要的工作就是分析物料，也就是物料的分类，即按照物料的物理性能、数量、时间要求和化学特性以及特殊存放或管理要求等进行分类。

（2）布置。技术人员在对搬运活动进行分析或图表化之前，先要提出一个简略布置方案，一切搬运方法都是在这个并不非常完善的布置内进行的。

（3）各项移动的分析。主要是确定每种物料在每条路线（起点到终点）上的物流量和移动特点。

（4）各项移动的图表化。即把分析结果转化为直观的图形。通常用物流图或距离与物流量指示图来体现。

（5）物料搬运方法的知识和理解。在找出一个解决办法之前，需要先掌握物料搬运方法的知识，这里的知识设计非常广泛，还需要一些经验性的知识，运用有关的知识并结合实际情况来选择各种搬运方法。

（6）初步搬运方案的确定。在这一步，要提出关于路线系统、设备和运输单元（或容器）的初步搬运方案；也就是把收集到的全部资料数据进行汇总，从而求得具体的搬运方法。实际上，往往要提出几个合理的、有可能实行的初步方案。

（7）修正和限制。在考虑一切有关的修正因素和限制因素以后，对这些初步方案进一步调整。在这一步，要修正和调整每一个方案，把可能性变为现实性。

（8）各项需求的计算。对初步方案进行调整或修正是为了消除所有不能实现的设想，但是在选择最佳方案之前，还需要算出所需设备的台数或运输单元的数量，算出所需费用和操作次数。

（9）方案的评价和选择。对几个比较方案进行评价。评价的目的是要从几个方案中选择一个较好的方案。不过，在评价过程中，往往会把两个或几个方案结合起来又形成一个新的方案。

需要说明的是，SHA方法对第二阶段（总体搬运方案阶段）和第三阶段（详细搬运方案阶段）都适用。这就是说，虽然两个阶段的工作深度不同，但分析步骤的模式却是一样的。

5.3.2 SHA方法的过程分析

SHA方法的设计重点在于空间的合理规划，使得物流路线最短，在布置时位置合理，尽可能减少物流路线的交叉、迂回现象。根据SHA方法的流程，各步骤具体分析如下。

5.3.2.1 SHA的设计要素

在进行搬运系统设计前，原始数据的采集和分析是非常重要的。物料搬运系统分析时所需输入的主要数据，包括：P为产品或物料（原材料、零部件、成品等）；Q为数量（销售量或合同订货量）；R为路线（工艺路线、生产流程以及形成的物流路线）；S为后勤与服务（如库存管理、订货单管理、维修等）；T为物料流动时间（时间要求和操作次数），如表5-6所示。

表5-6 物料搬运系统设计五要素

设计要素	影响特征
P	产品和物料的可运性取决于物品的特征和所用容器的特性，而且每个工厂都有其经常搬运的某些物品
Q	数量有两种意义：①单位时间的数量（物流量）；②单独一次的数量（最大负荷量）。不管按哪种含义，只要搬运的数量越大，搬运所需的单位费用就越低
R（起点至终点）	每次搬运都包括一项固定的终端（即取、放点）费用和一项可变的行程费用。注意路线的具体条件变化（室内或室外）及方向变化所引起的费用变化
S	传送过程、维修人员、发货和文书等均属服务性质，搬运系统和搬运设备都依赖于这些服务。工厂布置、建筑物特性以及存储设施，都属于周围环境；搬运系统及设备都必须在此环境中运行
T	一个重要因素是时间性，即工作执行的时间规律，如执行的频率等；另一个重要因素是时间的持续长度——这项工作要持续多长时间，紧迫性和步调的一致性也会影响搬运费用

5.3.2.2 物料的分类

对系统要搬运的物料进行分析，并分类，完成物料分类表，具体方法见“5.2.2.1”。

5.3.2.3 布置

对物料鉴别并分类后，根据SHA方法，下一步就是分析物料的移动。在对移动进行分析之前，首先应该对系统布置进行分析。布置决定了起点与终点之间的距离，移动距离是选择任何一个搬运方法的主要因素。

1. 布置对搬运的影响

根据现有的布置制定搬运方案时，距离已经确定。然而只要能达到充分节省费用、优化生产系统的目的，就可以同时对搬运和布置进行分析，在“动线型SLP”中提出将物料搬运系统分析融合到设施布置规划中，内容详见“3.7.4动线型SLP”。

2. 对系统布置的分析

对物料搬运分析来说，需要从布置中了解的信息主要有以下四点：

（1）每项移动的起点和终点（提取和放下的地点）具体位置在哪里。

（2）哪些路线及这些路线上有哪些物料搬运方法，是在规划之前已经确定了的，或大体上做出了规定的。

（3）物料运进运出和穿过的每个作业区所涉及的建筑特点是什么样的（包括地面负荷、厂房高度、柱子间距、屋架支承强度、室内还是室外、有无采暖及有无灰尘等）。

（4）物料运进运出的每个作业区内进行什么工作，作业区内部分已有的（或大体规划的）安排或布置大概是什么样的。

当进行某个区域的搬运分析时，应该先取得或先准备好这个区域的布置草图、蓝图或规划图，这是非常有用的。如果是分析一个厂区内若干建筑物之间的搬运活动，那就应该取得厂区布置图；如果是分析一个加工车间或装配车间内两台机器之间的搬运活动，那就应该取得这两台机器所在区域的布置详图。

总之，当最后确定搬运方法时，选择的方案必须建立在物料搬运作业与具体布置相结合的基础之上。

5.3.2.4 各项移动的分析

在分析各项移动时，需要掌握的资料包括：物料（产品物料类别）、路线（起点和终点，或搬运路径）和物流（搬运活动）。

1. 物料

SHA方法要求在分析各项移动之前，首先需要对物料的类别进行分析，具体方法见“5.2.2”。

2. 路线

SHA方法用标注起点（即取货地点）和终点（即卸货地点）的方法来表明每条路线。起点和终点是用符号、字母或数码来标注的，简单明了地描述每条路线。

（1）路线的距离。每条路线的长度是从起点到终点的距离。距离的常用单位是：英尺、米、英里。距离一般是指两点间的直线距离。

（2）路线的具体情况。除移动距离外，还要了解路线的具体情况，具体如下：

1）衔接程度和直线程度，如是水平、倾斜、垂直，还是直线、曲线、折线。

2）拥挤程度和路面情况。

3）气候与环境：室内、室外、冷库、空调区；清洁卫生区、洁净房间、易爆区。

4）起讫点的具体情况和组织情况，取货和卸货地点的数量和分布，如起点和终点的具体布置、起点和终点的组织管理情况。

3. 物流

在物料搬运系统中，每项移动都有其物流量，同时又存在某些影响该物流量的因素。

（1）物流量。物流量是指在一定时间内在一条具体路线上移动（或被移动）的物料数量。物流量可用每小时多少吨或每天多少吨、“玛格数”等来计量，应选择合适的能衡量物料搬运的强度的计量单位。

（2）物流条件（或搬运活动条件）。除了物流量之外，通常还需要了解物流的条件。物流条件包括：

1）数量条件：物料的组成，每次搬运的件数，批量大小，少量多批还是大量少批，搬运的频繁性（连续的、间歇的、还是不经常的），每个时期的数量（季节性），以及以上这些情况的规律性。

2）管理条件：控制各项搬运活动的规章制度或方针政策，以及它们的稳定性。例如，为了控制质量，要求把不同炉次的金属分开等。

3）时间条件：对搬运快慢或缓急程度的要求（紧急的，还是可以在方便时搬运的），搬运活动是否与有关人员、有关事项及有关的其他物料协调一致，是否稳定并有规律，是否天天如此。

4. 各项移动的分析方法

（1）流程分析法。流程分析法是每一次只观察一类产品或物料，并跟随它沿整个生产过程收集资料，必要时要跟随从原料库到成品库的全过程，最后编制成流程图。在这里，需要对每种或每类产品或物料都进行一次分析，该方法适合物料品种很少的情况。

（2）起讫点分析法。起讫点分析法又有两种不同的分析法，分别为搬运路线分析法和区域进出分析法。

搬运路线分析法是通过观察每项移动的起讫点来收集资料，每次分析一条路线，收集这条路线上移动的各类物料或各种产品的有关资料，每条路线要编制一个搬运路线表，如表5-7所示。该法适合于路线数目不太多的情况。

区域进出分析法每次对一个区域进行观察，收集运进、运出这个区域的一切物料的有关资料，每个区域要编制一个物料进出表，如表5-8所示。该法适合于路线数目多的情况。

表5-7 搬运路线表

厂名：______ 项目：______ 制表人：______ 参加人：______

起点：原材料库 终点：冲压车间 日 期：____ 第 ___ 页，共 ___ 页

物料类别		路线状况，距离280m			物流或搬运活动		等级依据
名称	类别代号	起点	路程	终点	物流量（单位时间的数量）	物流要求（数量、管理和时间）	
钢板	a	原材料库（配有桥式起重机）	穿过露天场所达到	剪切机旁边（地方有限）	平均每天60张	必须与剪切计划步调一致	
托盘货物	b	物料从托盘上起运（有些托盘在货架上）	生产厂房、电梯到3层。有雨雪，冬天4个门	预焊接线（极为拥挤）	平均每天18托盘	与每天的油漆进度关联	
小件	c	从料架或料箱中取下，放在存放区	夏天2个门，生产厂房的底层交通拥挤	分布在小件所用的3个不同料架上	平均每天726kg，平均每天30种	共计120种零件，分别为每天1次，两天1次或7天1次	
空盒	d	堆放在地上，位置在原材料库的东北角		“无装配”件集合点	每天0～25盒，平均每天18盒	每天1次即可。空盒盖子容易松动问题需注意	

表5-8　物料进出表

1

厂名：______________ 项目：______________ 制表人：__________ 参加人：__________
区域：______________________________ 日期：________ 第______页，共______页

运进 →						运出 →				
产品或物料名称（品种或大类）	每单位时间数量			去往	操作或区域	来自	每单位时间数量			产品或物料名称（品种或大类）
	单位	平均	最大				单位	平均	最大	
1										
2	← 2 →				3		← 4 →			
3										
4										
5										
6										
7										
8										
9										
10										
…										
备注：5 →										

物料进出表填写说明

本表用于汇总某一个区域全部进出的搬运活动

① 填写本表表头各项

② 列出所有运进的物料，包括数量和去往地点

③ 说明该区域内对物料进行的事宜

④ 列出所有运出的物料，包括数量和起运地点

⑤ 把进一步解释以上数据的有关资料填写在备注栏内

5．搬运活动一览表

为了把所收集的资料进行汇总，达到全面了解情况的目的，编制搬运活动一览表是一种实用的方法，搬运活动一览表如表5-9所示。

在表中，需要对每条路线、每类物料和每项移动的相对重要性进行标定。一般是用五个英文元音字母来划分等级，即A、E、I、O、U。

搬运活动一览表是SHA方法中的一项主要文件，因为它把各项搬运活动的所有主要情况都记录在一张表上。简要地说，搬运活动一览表包含下列资料：

（1）列出所有路线，并排出每条路线的方向、距离和具体情况。

（2）列出所有的物料类别。

（3）列出各项移动（每类物料在每条路线上的移动），包括：

1）物流量（每小时若干吨、每周若干件等）。

2）运输工作（每周若干吨千米、每天若干千克米等）。

3）搬运活动的具体状况（编号说明）。

4）各项搬运活动相对重要性等级（用元音字母或颜色标定，或两者都用）。

（4）列出每条路线，包括：

1）总的物流量及每类物料的物流量。

2）总的运输工作量及每类物料的运输工作量。

3）每条路线的相对重要性等级（用元音字母或颜色标定，或两者都用）。

（5）列出每类物料，包括：

1）总的物流量及每条路线上的物流量。

2）总的运输工作量及每条路线上的运输工作量。

3）各类物料的相对重要性的等级（用颜色或元音字母标定，或两者都用）。

（6）在整个搬运分析中，总的物流量和总的运输工作量——填在右下角。

（7）其他资料，如每项搬运中的具体件数。

表5-9 搬运活动一览表

物料 ↓ 移动 → 工作量　　1　　厂名：______ 项目：______ 制表人：______ 参加人：______

物流量单位：______ 日 期：______ 第 页，共 页

物料类型 → 路线			3							路线合计		
□从—至 □双向运输	距离单位	具体情况								物流量单位	运输工作量单位	等级
1	2					4				5		
2												
3												
4												
5												
6												
7												
8												
9												
10												
11												
…												
每类物料合计	物流量										7	
	运输工作量											
	标定等级					6					校核总数	

搬运活动一览表用法说明

① 填写本表表头各项，表明物流量的计量单位

② 每一条路线填写一行（注明是单向还是双向），记下线路的距离和具体情况（在左下角说明代号的意义）

③ 填写各类物料，每类占一栏或两栏视需要而定

④ 按项目重要性填写物料搬运工作量，填写内容有：物流量、物流要求（在右下角加以说明）和运输工作量，留个地方供以后填写每个物流量的等级，在本表的空白处对有关此项目所填内容加以说明

⑤ 合计每条路线的物流量，必要时填写运输工作量，用A、E、I、O、U对每条路线的相对重要性标定等级

⑥ 纵向合计每类物料的物流量，必要时填写运输工作量，用A、E、I、O、U对每类物料相对重要性标定等级

⑦ 纵向及横向合计，核对无误，填写物流量或运输工作量总数

代号	路线的具体情况	代号	物流要求

5.3.2.5 各项移动的图表化

做了各项移动的分析，并取得了具体的区域布置图后，就要把这两部分综合起来，用图表来表示实际作业的情况。一张清晰的图表比各种各样的文字说明更容易表达清楚。

物流图表化有几种不同的方法。

1．在布置图上绘制的物流图

在布置图上绘制的物流图是画在实际的布置图上的，图上标出了准确的位置，所以能够表

明每条路线的距离、物流量和物流方向，可作为选择搬运方法的依据，如图5-13所示。物流图的常用符号和表示方法如表5-10所示。

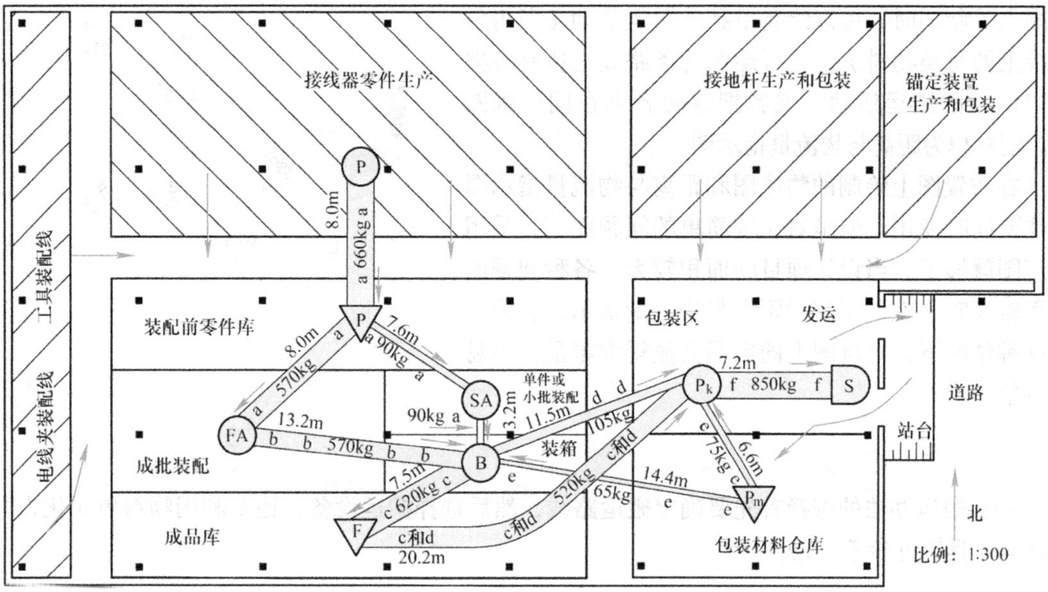

图5-13　在布置图上绘制的物流图

表5-10　物流图的常用符号和表示方法

名　称	符　号	表示方法
区域		1．一个区域的正确位置：画在建筑物平面图或各个厂房和有关设备的平面图上
	① [2]	2．每一个区域的作业形式：用区域符号和作业代号或字母表示
流程图	1500kg ③	3．物流量：用物流线的宽度来表示，线旁注上号码，或用1～4条线来表示，后者仅用于不太复杂的图
		4．物流的方向：用箭头表示，注在线路终点的旁边
	2 25m	5．距离：如果图上不太拥挤，则距离可注在流向图的旁边，标出距离单位并注在流向线起点附近
物料类别	a b	6．小的物流量符号：物种类别的字母、颜色或阴影线用于标示不同的产品、物料或成组物品。用彩色颜色的顺序表示物料的总物流量、重要性、大小的顺序

虽然流向线可按物料移动的实际路线来回，但一般仍画成直线。除非有特别的说明，距离总是按水平方向的直线距离计算。当采用直角距离、垂直距离（如楼层之间）或合成的当量距离时，分析人员应该给出文字说明。

2. 坐标指示图

坐标指示图是距离与物流量指示图。图上的横坐标表示距离，纵坐标表示物流量。每一项搬运活动按其距离和物流量用一个具体的点标明在坐标图上。制图时，可以绘制单独的搬运活动（即每条路线上的每类物料），也可绘制每条路线上所有各类物料的总的搬运活动，或者把这两者画在同一张图上。图5-14为距离与物流量指示图。

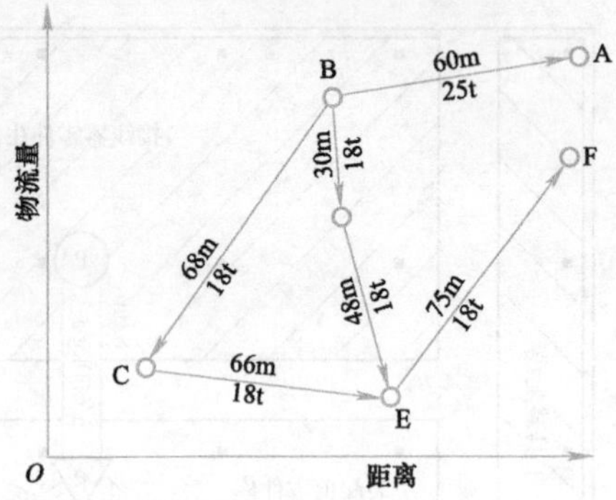

图5-14 距离与物流量指示图

在布置图上绘制的物流图和距离与物流量指示图往往要同时使用。但是对比较简单的问题而言，采用物流图就够了。当设计项目的面积较大、各种问题的费用较高时，就需要使用距离与物流量指示图，因为在这种情况下，物流图上的数据会显得太零乱，不易看清楚。

5.3.2.6 物料搬运方法的选择

物料搬运办法的选择首先要确定搬运路线，然后选择搬运设备，还要利用物料单元化来方便搬运，具体可参考“5.2.3”。

5.3.2.7 初步的搬运方案

在对物料进行了分类，对布置方案中的各项搬运活动进行了分析和图表化，并对SHA中所用的各种搬运方法具备了一定的知识之后，就可以初步确定具体的搬运方案。然后对这些初步方案进行修改并计算各项需求量，把各项初步确定的搬运方法编成几个搬运方案，并设这些搬运方案为“方案X”“方案Y”“方案Z”等。

前面已经讲过，把一定的搬运路线、搬运设备和搬运单元的选择和设计叫作“方法”。任何一个方法都是使某种物料在某一路线上移动。几条路线或几种物料可以采用同一种搬运方法，也可以采用不同的方法。不管是哪种情况，一个搬运方案都是几种搬运方法的组合。

在SHA方法中，把制定物料搬运方法叫作“系统化方案汇总”，即确定系统（指搬运的路线系统）、确定设备（装卸或运输设备）及确定运输单元（单件、单元运输件、容器、托架以及附件等）。

1. SHA方法用的图例符号

在SHA方法中，除了各个区域、物料和物流量用的符号外，还有一些字母符号用于搬运路线系统、搬运设备和运输单元。路线系统的代号包括直接系统和间接系统。D为直接型路线系统；K为渠道型路线系统；G为中心型路线系统。

用图5-15所示的符号或图例来表示设备和运输单元。值得注意的是，这些图例都要求形象化，能不言自明，它们很像实际设备。图例中的设备通用部件（如动力部分、吊钩和车轮等）也是标准化的。图例只表示设备的总类型，必要时还可以加注其他字母或号码来说明。

利用这些设备和运输单元的符号，连同代表路线形式的简明的“符号语言”来表达每种搬运方法。

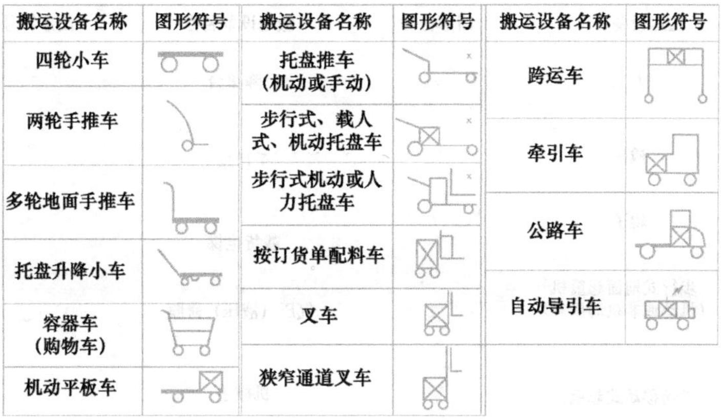

搬运设备名称	图形符号	搬运设备名称	图形符号	搬运设备名称	图形符号
四轮小车		托盘推车（机动或手动）		跨运车	
两轮手推车		步行式、载人式、机动托盘车		牵引车	
多轮地面手推车		步行式机动或人力托盘车		公路车	
托盘升降小车		按订货单配料车		自动导引车	
容器车（购物车）		叉车			
机动平板车		狭窄通道叉车			

a）

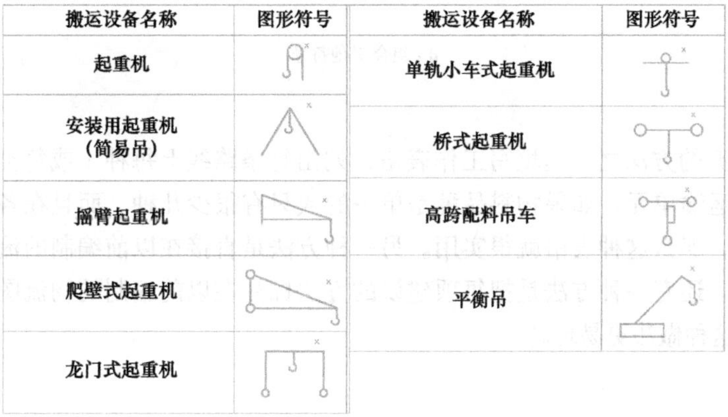

搬运设备名称	图形符号	搬运设备名称	图形符号
起重机		单轨小车式起重机	
安装用起重机（简易吊）		桥式起重机	
摇臂起重机		高跨配料吊车	
爬壁式起重机		平衡吊	
龙门式起重机			

b）

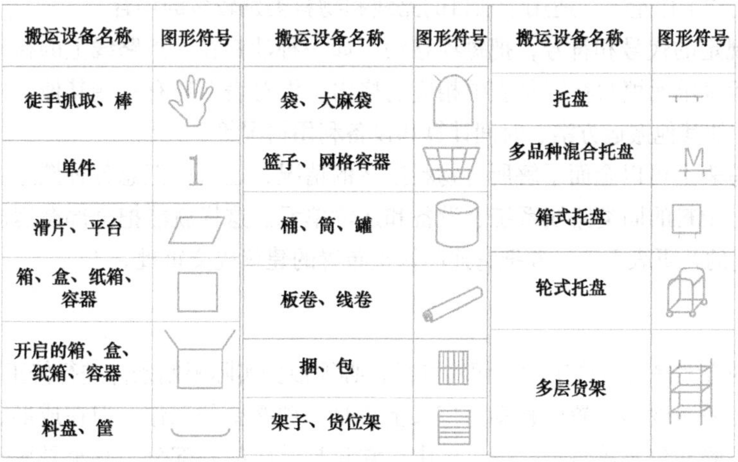

搬运设备名称	图形符号	搬运设备名称	图形符号	搬运设备名称	图形符号
徒手抓取、棒		袋、大麻袋		托盘	
单件		篮子、网格容器		多品种混合托盘	
滑片、平台		桶、筒、罐		箱式托盘	
箱、盒、纸箱、容器		板卷、线卷		轮式托盘	
开启的箱、盒、纸箱、容器		捆、包		多层货架	
料盘、筐		架子、货位架			

c）

图5-15 物料搬运符号

a）车辆符号 b）起重机符号 c）运输单元符号

搬运设备名称	图形符号	搬运设备名称	图形符号
人工		升降平台	
撬棒		千斤顶	
辊子		载货电梯	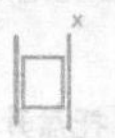
步行式地面起重机（机动或非机动提升）		气压（液压）薄膜	
机动移动式起重机		机械手	

d）

图5-15 物料搬运符号（续）

d）组合/其他符号

2. 在普通工作表格上表示搬运方法

编制搬运方案的方法之一是填写工作表格，列出每条路线上每种（或每类）物料的路线系统、搬运设备和运输单元。如果物料品种是单一的或只有很少几种，而且在各条路线上是顺次流通而无折返的，那么这种表格就很实用。另一种方法是直接在以前编制的流程图上记载建议采用的搬运方法。还有一种方法是把每项建议的方法标注在以前编制的物流图（或其复制件）上，一般说来，这种做法更易理解。

3. 在汇总表上表示搬运方法

编制汇总表同编制搬运活动一览表一样，就是每条路线填一横行，每类物料占一竖栏。在搬运活动一览表上记载的是每类物料在每条路线上移动的“工作员”。而填汇总表只是用“搬运方法”来取代“工作量”，适用于项目的路线和物料类别较多的场合。

采用前面规定的代号和符号，把每项移动（如一种油料在一条路线上的移动）建议的路线系统、设备和运输单元填写在汇总表中相应的格内。汇总表上还有一些其他空格，供填写其他资料数据之用，如其他搬运方案、时间计算和设备利用情况等。

从一张汇总表上可以全面了解所有物料搬运的情况，还可以汇总各种搬运方法，可以综合各条路线和各类物料的同类路线系统、设备和运输单元。这样就能把全部搬运规划记在一张表上（或粘在一起的几页表上），并把它连同修正布置的建议提交审批。

5.3.2.8 修正和限制

初步确定的方案是否符合实际、切实可行，必须根据实际限制条件进行修正。

物料搬运也就是物料位置的移动，广义上讲是一项必要的工作，但在成形、加工、装配或拆卸、储存、检验和包装等整个生产过程中，它只是其中的一部分，甚至是属于第二位的。具体的搬运活动仅仅是整个工商企业设施规划和大的经营问题中的一个部分。但是，为了有效地进行生产和分配，必须有物料搬运，有许多因素会影响正确地选择搬运方法。各物料搬运方案中经常涉及的一些修正和限制的内容有：

（1）在前面各阶段中已确定的同外部衔接的搬运方法。

（2）既满足目前生产需要，又能适应远期的发展和变化。

（3）和生产流程或流程设备保持一致。

（4）可以利用现有公用设施和辅助设施保证搬运计划的实现。

（5）布置或建议的初步布置方案以及它们的面积、空间的限制条件（数量种类和外廓形状）。

（6）建筑物及其结构的特征。

（7）库存制度以及存放物料的方法和设备。

（8）投资的限制。

（9）设计进度和允许的期限。

（10）原有搬运设备和容器的数量、适用程度及其价值。

（11）影响工人安全的搬运方法。

5.3.2.9　各项需求的计算

对几个初步搬运方案进行修正以后，就开始逐一说明和计算那些被认为是最有现实意义的方案。一般要提出2～5个方案进行比较。对每一个方案需做如下说明：

（1）说明每条路线上每种物料的搬运方法。

（2）说明搬运方法以外的其他必要的变动，如更改布置、作业计划、生产流程、建筑物、公用设施及道路等。

（3）计算搬运设备和人员的需要量。

（4）计算投资数和预期的经营费用。

方案的分析评价常采用以下三种方法；①成本费用或财务比较法；②优缺点比较法；③因素加权分析法。

1. 成本费用或财务比较法

费用是经营管理决策的主要依据。因此，每个搬运方案必须从费用的观点来评价，即对每个方案，都要明确其投资和经营费用。

（1）需要的投资。投资是指方案中用于购置和安装的全部费用。这包括基本建设费用（物料搬运设备、辅助设备及改造建筑物的费用等）、其他费用（运输费、生产准备费及试车费等）及流动资金的增加部分（原料储备、产品储存、在制品储存等）。

（2）经营费用。经营费用主要包括固定费用和可变费用。

1）固定费用：①资金费用（投资的利息、折旧费）；②其他固定费用（管理费、保险费及场地租用费等）。

2）可变费用：①设备方面的可变费用（电力、维修及配件等）；②工资（直接工资和附加工资等）。

通常需要分别计算出各个方案的投资和经营费用，然后确定一个最优的方案。

2. 优缺点比较法

优缺点比较法是直接把各个方案的优点和缺点列在一张表上，对各方案的优缺点进行分析和比较，从而得到最后方案。

优缺点分析时所要考虑的因素除了可计算的费用因素外，还包括以下内容：

（1）与生产流程的关系及为其服务的能力。

（2）当产品、产量和交货时间每天都不一样时，搬运方法的通用性和适应性。

（3）灵活性，已确定的搬运方法是否易于变动或重新安排。

（4）搬运方法是否有利于今后发展。

（5）布置和建筑物扩充的灵活性是否受搬运方法的限制。

（6）面积和空间的利用。

（7）安全和建筑物管理。

（8）工人是否对工作条件感到满意。

（9）是否便于管理和控制。

（10）可能发生失效的频繁性及其严重性。

（11）是否便于维护并能很快修复。

（12）施工期间对生产造成的中断、破坏和混乱程度。

（13）对产品质量和物料有无损伤可能。

（14）能否适应生产节拍的要求。

（15）对生产流程时间的影响。

（16）变动后是否可以获得所需的人力资源。

（17）能否得到所需要的设备。

（18）与搬运计划、库存管理和文书报表工作是否联系密切。

（19）自然条件的影响，包括土地、气候、日照和气温等。

（20）与物料搬运管理部门的一致性。

（21）由于生产中的同步要求或高峰负荷可能造成的停顿。

（22）对辅助部门的要求。

（23）与仓库设施是否协调。

（24）与外部运输是否适应。

（25）施工、培训和调试所需的时间。

（26）资金或投资是否落实。

（27）对社会的价值或促进作用。

3. 因素加权分析法

多方案比较时，一般来说，因素加权分析法是评价各种无形因素的最好方法。程序主要有以下几个步骤：

（1）列出搬运方案需要考虑或包含的因素。

（2）确定各因素的权重。

（3）对所有方案的每个因素进行打分。

（4）计算各方案加权值，并比较各方案的总分。

5.3.2.10 详细搬运方案的设计

总体搬运方案设计确定了整个工厂总的搬运路线系统、搬运设备和运输单元，详细搬运方案的设计是在此基础上制定一个车间内部从某工作地到另一个工作地，或从具体取货点到具体卸货点之间的搬运方法。详细搬运方案必须与总体搬运方案协调一致。

实际上，SHA在方案初步设计阶段和方案详细设计阶段用的是同样的模式，只是在实际运用中，两个阶段的设计区域范围不同，详细程度也不同。详细设计阶段需要大量的资料、更具体的指标和更多的实际条件。

1．物料的分类

在方案详细设计中，首先要核对每个区域是否还有遗漏的物料类别。某些物料只是在某个区域才有，或是在进入某个区域以后它的分类才有所变化，而且经常要把已分好的物料类别再分成若干小类，甚至还要增加一些新的物料类别。

2．布置

在这一阶段，要在布置图上标出每一台机器和设备、工作通道和主要通道或部门的特征等。

3．移动分析

由于这个阶段遇到的问题通常只是少数几种物料和比较具体的移动，可用物料流程图和从至表表示。

其余部分的方法也都与方案初步设计阶段相同，只是更具体、更详细，此处不再单独叙述。

习题与思考题

1. 什么是物料搬运？

2. 物料搬运包含哪几项活动？各有什么含义？

3. 物料搬运如何与其他生产活动连在一起？

4. 物料搬运的基本原则有哪些？你能将其归纳总结为几个方面，使其变成更少的几个原则吗？

5. 准时制（JIT）生产和物流功能有何关系？如何理解贯彻七个“正确的”正是物流功能通过物流搬运的主要体现？请用自己的语言说明。

6. 何谓“物料搬运程式”？

7. 在选择物料搬运设备时，除了成本之外，还有哪些因素很重要？

8. 对具体的工作来说，什么是最好的物料搬运设备？

9. 集装单元化设计应主要考虑哪些因素？集装单元化搬运存在哪些缺点？有什么方法使其改善或消除？

10. 简述SHA方法的流程。

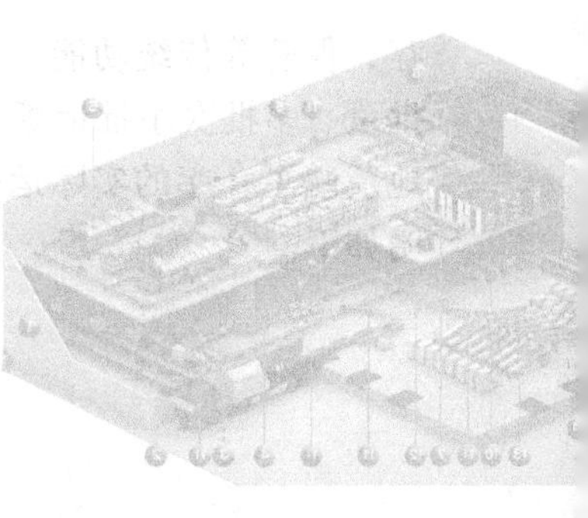

第6章

仓库运作管理与规划

6.1 概述

《诗经·小雅》有“乃求千斯仓”之句，可知仓库建筑源远流长。与旧式仓库不同，现代仓库更多考虑经营上的收益而不仅仅是为了储存。现代仓库从运输周转、储存方式和建筑设施上都重视通道的合理布置、货物的分布方式和堆积的最大高度，并配置经济有效的机械化、自动化存取设施，以提高储存能力和工作效率，降低运营成本。

6.1.1 仓库的分类

现代仓库一般由储存物品的货架（或库房）、运输传送设施（如起重机、电梯及滑梯等）、出入库房的输送管道和设备以及消防设施、管理用房等组成。仓库是物流系统的基础设施，已从单纯的物品储存保管发展到具有物料接收、分类、计量、包装、分拣及配送等多种功能。仓库按照不同的分类标准有不同的类型，见表6-1。一个企业或部门可以根据自身的条件选择建设或租用不同类型的仓库。

表6-1　仓库的主要分类标准和类型

序　号	分类标准	类　型
1	仓库在物品流通过程中所起的作用	采购供应仓库、批发仓库、零售仓库、储备仓库、中转仓库、加工仓库及保税仓库
2	储存物品的特性	普通仓库、冷藏仓库、恒温仓库、危险品仓库、水上仓库、气调仓库及特种仓库
3	仓库建筑形式	单层仓库、多层仓库、立体仓库、简易仓库及罐装仓库
4	仓库建筑结构	封闭式仓库、半封闭式仓库及露天式仓库
5	仓库建筑材料	钢筋混凝土仓库、钢质仓库、砖石仓库及木板仓库等
6	仓库所处位置	码头仓库、内陆仓库、工厂仓库、车站仓库及城市仓库
7	仓库适用范围	自用仓库、公共仓库、营业仓库及出口监管仓库
8	仓库功能	集货中心、分货中心、转运中心、加工中心、储调中心、配送中心及物流中心

6.1.2 仓库的功能

仓库作为物流系统的一个重要节点，在物流作业中发挥着重要作用。仓库不仅具有储存、保管等传统功能，而且还具有分拣、检验、分类及信息传递等功能，并具有多品种小批量、多批次小批量等配送功能以及重新包装等流通加工功能。图6-1以流程图的方式直观地反映了仓库的实际运作功能及相互之间的关系。仓库的各功能环节的含义和主要活动说明如下。

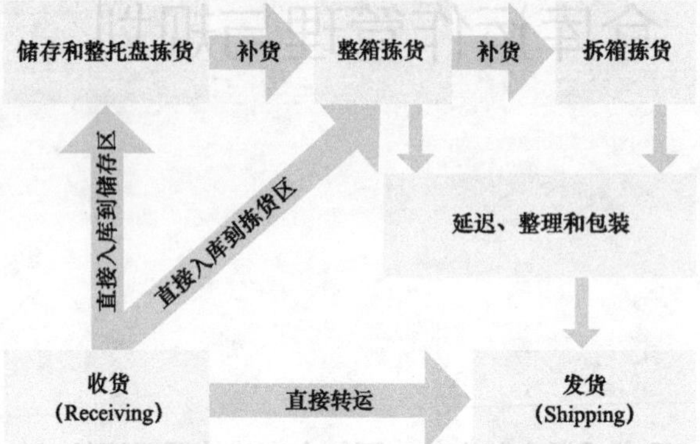

图6-1 典型仓库功能及相互关系

（1）收货（Receiving）。收货的主要活动包括：①按顺序接收进入仓库的物品；②检查核对物品的数量和质量是否与订单要求一致；③将物品交存或按要求交付给其他需要的部门。

（2）检验和质量控制（Inspection and Quality Control）。检验和质量控制是收货过程的延伸，它在供应商的物品质量不符合要求或严格规定物品每一步都要检验的情况下进行。简单的检验采用目检形式，复杂的检验则需要通过专业的检测设备测试。

（3）重新包装（Repackaging）。从供应商处大批量接收的物品，如果要以单件、可销售的数量出库或与其他产品搭配成套储存时都需要进行重新包装。整批接收的物品可能需要马上进行重新包装，当包装显著增加存储体积或同一种零件有几种不同大小的套包时，可留待以后处理。当物品在接收时没有人工标记或机读标记时，需要重新贴标签。

（4）入库（Stock In）。入库是指将物品放入存储区，包括搬运和放置两项作业。

（5）储存（Storage）。储存就是将物品在仓库中存放，储存的形式依赖于物品的尺寸和数量，以及物品及其容器的搬运特性。

（6）拣货（Picking）。拣货是将特定需求的物品从存储区取出，其作业成本占仓库作业成本的40%～50%。拣货是满足客户服务的基础，是大多数仓库设计的基本功能。

（7）延迟（Postponement）。延迟是拣货之后的可选步骤。通过延迟，可以使重新包装的单件物品或套装物品以所要的包装配置发货，为库存提供了更大的灵活性。

（8）整理（Sortation）。整理是将批量拣货的物品按单个订单分开，如果拣货时没有汇集多物品订单，就需要通过整理将同一订单的物品汇集在一起，以便于按订单配送。

（9）发货（Shipping）。发货的主要活动包括：①检查订单的完整性；②将物品包装并放到适当的发货容器中；③准备发货文档，包括装箱单、地址标签和提货单；④订单物品称重以确定发货费用；⑤为发货车辆汇集订单；⑥将物品装入货车（这在大多数情况下为承运商的责任）。

（10）直接转运（Cross Docking）。直接转运是指将物品从收货区域“直接流动”到发货区域，也称为越库。越库压缩了收货到发货的时间，也减少了货物从收货到发货之间的搬运。

（11）补货（Replenishing）。补货是指从储存区直接将物品补充到刚取走物品的分拣区域。

6.1.3　仓库管理

仓库管理也叫作仓储管理（Warehouse Management，WM），是指仓储机构为了充分利用所具有的仓储资源提供高效的仓储服务，对仓库及仓库内的物料、设施和布局所进行的计划、组织、控制和协调过程。通过仓储管理，可以有效地控制仓储物品的收发、保管等活动，保证仓储物品完好无损，确保生产经营活动的正常进行。

1. 仓储管理的原则

仓储管理的目标是快进、快出、保管好和省费用，因此基本的原则是保证质量、注重效率、确保安全和讲求效益。

（1）保证质量。仓储管理最基本的原则是保证质量，仓储管理中的一切活动都必须以保证在库物品的质量为中心。没有质量的数量是无效的，甚至是有害的，因为这些物品依然在占用资金、产生费用且占用仓库空间。因此，为了完成仓储管理的基本任务，仓储活动中的各项作业必须有质量标准，并严格按照标准进行作业。

（2）注重效率。仓储成本是物流成本的重要组成部分，因而仓储效率关系到整个物流系统的效率和成本。在仓储管理的过程中，要充分发挥仓储设施设备的作用，提高仓储设施和设备的利用率；要充分调动生产人员的积极性，提高劳动生产率；要加速在库物品的周转，缩短物品在库时间，提高库存周转率。

（3）确保安全。仓储活动中不安全因素很多，有的来自仓储物品，有的来自装卸搬运作业过程，还有的来自人为破坏。因此，要特别加强安全教育，提高安全意识，制定安全制度，贯彻执行“安全第一、预防为主”的安全生产方针。

（4）讲求效益。仓储活动中所消耗的物化劳动和活劳动的补偿是由社会必要劳动时间决定的。为实现经济效益目标，必须力争以最少的人财物消耗，及时、准确地完成最多的储存任务。因此，要注重对仓储生产过程进行计划、控制和评价。

2. 仓储管理的内容

总体来说，仓储管理主要包括以下六个方面的内容：

（1）仓库的选址与建设。仓库的选址与建设问题是仓库管理战略层面所研究的问题，它涉及公司长期战略与市场环境相关联的问题研究，会对仓库长期经营过程中的服务水平和综合成本产生非常大的影响，必须通过战略层面的讨论和处理。

（2）仓储设备的选择与配置。仓储设备的选择与配置是指根据仓库的作业特点、储存物品的种类与理化特征等进行的仓储设备选择、数量规划以及管理等。现代仓库离不开诸如叉车、托盘、货架、堆垛机等仓库机械设备设施以及各种辅助设备等，恰当地选择适用于不同作业类型的仓库设施和设备将大大降低仓库作业中的人工作业劳动量，并提高物品流通的顺畅性和保障物品在流通中的质量。

（3）仓库作业的组织和流程设计。仓库作业的组织和流程设计包括仓库管理组织的设计、岗位设置与责任分工、仓储作业流程设计以及信息的管理等。仓库作业的组织和流程随着作业范围、仓库规模的扩大和功能的增加而变得异常复杂。设计合理的组织结构和明确的岗位职责是仓储管理目标得以实现的基本保证；合理的作业流程和信息流动使仓库管理高效、顺畅，并满足客户的要求。

（4）仓库作业管理。仓库作业管理是对仓库物品入库、库位储位安排、储存保管、盘点和发货出库等作业的管理，是仓储管理最基本的内容，也是仓储管理中量大、复杂的管理工作。只有认真做好仓库作业中每一个环节的工作，才能保证仓储整体作业的良好运行。

（5）仓储管理技术的应用。现代仓储管理离不开现代管理技术与管理手段，如仓库物品编码系统、仓储管理系统、条码技术、射频识别技术以及物联网技术等。现代仓储管理技术极大地改善了物品流通过程中的识别与信息传递和处理过程，使得物品的仓储信息更准确、快捷，成本也更低。

（6）仓储成本控制。成本控制是任何企业管理的目标之一，仓储管理也不例外。仓储成本控制不但要考虑仓库运作各环节的相互协调关系，还要考虑物流过程中各功能间的背反效应，以平衡局部利益和全局利益最大化的关系。选择适用的成本控制方法和手段，对仓储过程每一个环节的作业表现和成本加以控制，是实现仓储管理目标的要求。

6.2 仓库运作管理

仓库运作是企业物流系统中的一个重要环节。从成本分析来看，仓库运作成本相当于总物流成本的70%～80%，故仓库运作管理是物流管理的核心环节。特别是在市场竞争日益加剧，企业面临客户需求多变、订单提前期短、采购周期长、库存控制困难等问题的背景下，有效的仓库运作管理是保证仓库准时、准量、低成本、高效率完成仓储作业，提升企业整体效益的关键。

6.2.1 仓库作业管理

1. 仓库作业管理的内容

仓库作业管理是仓库管理的最基本内容，是对仓库作业流程中的各项作业进行有效的计划、执行和控制。仓库作业的流程形式有多种类型，从一般的仓库到复杂的综合物流中心，其流程的区别主要在于仓库本身的业务模式、规模大小、设施条件、客户方向和服务功能等诸多因素。仓库的基本作业流程如图6-2所示。

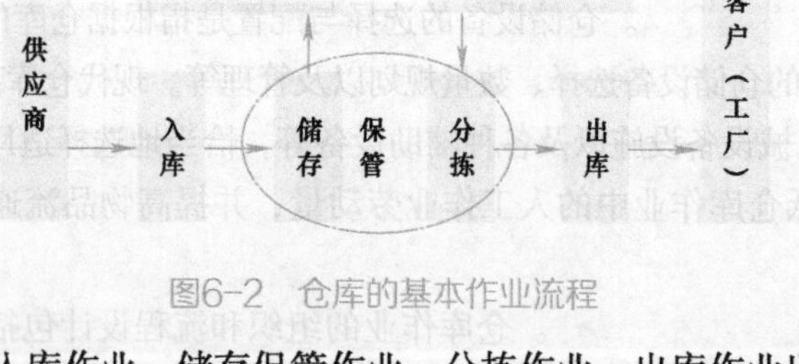

图6-2 仓库的基本作业流程

仓库作业主要包括入库作业、储存保管作业、分拣作业、出库作业以及装卸搬运作业等环节，每个环节都包括了实物流管理和信息流管理。

（1）实物流。实物流是指库存物品在实体空间的移动过程。实物流在仓库作业中是从仓库外流向仓库内，并经合理停留后再流向仓库外的过程，如图6-3所示。

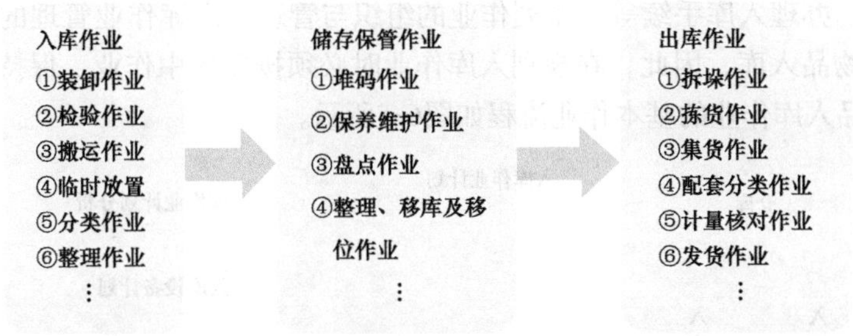

图6-3　仓库作业实物流过程

实物流是仓库作业最基本的运动过程。仓库各部门、各作业阶段与环节的工作，都要保证和促进库存物品的合理流动，在保证库存物品质量达标和数量准确的前提下，加速运转，尽一切可能消除库存物品的无意义停滞，缩短作业时间，提高劳动生产效率，降低仓库生产成本，以取得更好的经济效益。

（2）信息流。信息流是指仓库库存物品信息的流动。实物流的组织与管理伴随着一定的信息来实现，这些信息包括物品单据、凭证、台账、报表及技术资料等，它们通过在仓库各作业阶段、环节的更新、核对、传递和保存形成信息流。信息流一般是实物流的前提，控制着实物流的流量、流向、流速和节奏，如图6-4所示。

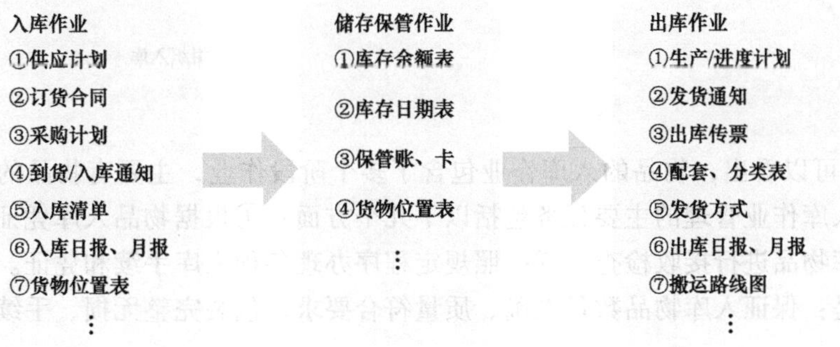

图6-4　仓库作业信息流过程

总之，仓库作业管理要求做到："三化""三保""三清""两齐""四一致""五防"。"三化"是指仓库规范化、存放系列化、养护经常化；"三保"是指保质、保量、保安全；"三清"是指材料清、规格清、数量清；"两齐"是指库区整齐、工位整齐；"四一致"是指财、物、卡、证相一致；"五防"是指防火、防潮、防盗、防虫、防变形。

现代仓储系统一般都运用计算机、互联网与物联网技术等，通过条码技术、射频识别技术以及仓储管理软件，如仓储管理系统(Warehouse Management System，WMS) 等对仓库的入库作业、出库作业以及储存保管作业等进行有效的管理与控制。其中，WMS可以独立执行仓库管控，并可与企业其他管理信息系统（如ERP等）的单据和凭证等结合使用，提供更为完整、全面的企业业务流程和财务管理信息；通过实时可视的库存状态和仓库作业流程管理，快速有效地组织人员、空间和设备进行收货、储存保管和出货作业，组织运送原材料和部件到生产企业，运送成品到批发商、分销商和最终客户手中。

2．入库作业管理

入库作业管理是指仓库人员根据入库凭证接收物品入库储存时，进行卸货、搬运、清点数量、检查质量、办理入库手续等一系列作业的组织与管理。入库作业管理的目的是及时、安全、准确地组织物品入库，因此，在规划入库作业时必须按照集中作业、保持顺畅和合理安排的原则进行。物品入库作业的基本作业流程如图6-5所示。

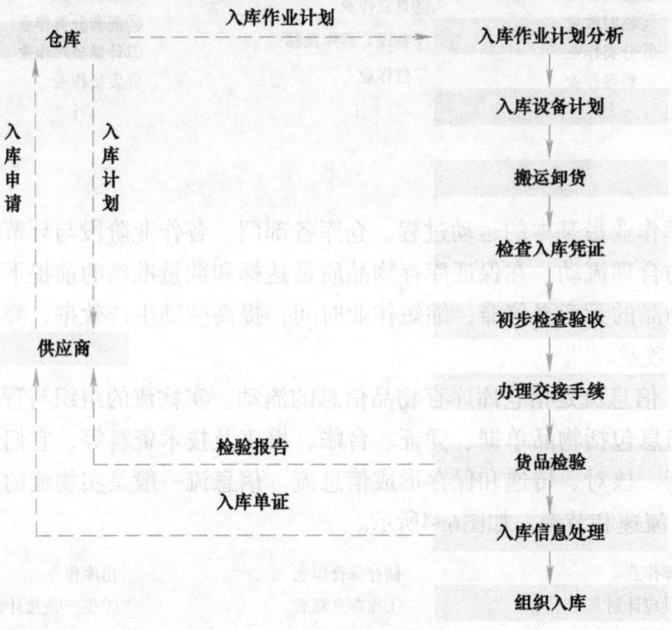

图6-5 物品入库作业的基本作业流程

从图6-5可以看出，物品的入库作业包含了多个阶段作业，主要有物品的装卸搬运、验收和入库。入库作业管理的主要任务包括以下几个方面：①根据物品入库凭证，清点物品数量；②对入库物品进行接收检查；③按照规定程序办理各种入库手续和凭证。入库作业管理的基本要求是：保证入库物品数量准确、质量符合要求、包装完整无损、手续完备清楚且入库迅速。

3. 出库作业管理

出库作业是仓库作业的最后一个环节，是仓库根据使用单位或业务部门开出的物品出库凭证（提货单、领料单、调拨单等），按其所列的物品名称、规格、数量和时间、地点等项目，组织物品出库、登账、配货、复核、点交清理、送货等一系列作业的总称。

由于不同类型的仓库具体储存的物品种类不同，经营方式不同，物品出库的程序也不尽相同，但就其出库的操作内容来讲，一般的出库作业流程如图6-6所示。主要包括出库凭证审核、拣货、发货检查、包装、分货及贴标签和出库信息处理。

图6-6 出库作业流程

物品出库要求做到“三不、三核、五检查”。“三不”即未接单据不翻账、未经审核不备库、未经复核不出库；“三核”即在发货时，要核实凭证、核对账卡、核对实物；“五检查”即对单据和实物要进行品名检查、规格检查、包装检查、数量检查和重量检查。物品出库要求严格执行各项规章制度，提高服务质量，使用户满意。

4. 储存保管作业管理

储存保管作业管理是指对物品进行合理的保存和经济的管理。所谓合理的保存，是指将物品存放在适宜的场所和位置；所谓经济的管理，是指对物品实体和仓储信息进行科学的管理，包括对物品进行科学的保养和维护，为物品提供良好的保管环境和条件，以及对库存物品有关的各种技术证件、单据、凭证、账卡等进行信息化管理。

储存保管作业包括对物品的货位管理、上架、堆码、维护保养及盘点检查作业等。物品储存保管的基本要求是：确保物品在保管期间质量完好、数量准确、降低损耗、节约费用且提高仓容利用率。

在仓库物品储存保管作业管理中，一般遵循以下原则：

（1）质量原则。借助科学的方法和手段，检查在库物品质量和数量，保证存储物品质量良好、数量正确、齐全配套且账物相符。

（2）效率原则。根据物品的品种、特性以及周转率等信息，进行分类分区合理储存、准确标识，提高仓库利用率与工作效率。

（3）预防原则。开展盘点工作，对库存物品的数量和质量进行检查，保证库存物品账物一致。运用库存管理系统，自动预警物品的有效期和剩余保质期天数，避免物品长期积压，保证物品质量。

（4）成本原则。利用库存管理信息系统，掌握各种物品的库存动态信息，控制物品的库存数量与质量，保证物品及时供货服务水平，降低库存成本。

（5）科学原则。根据库存物品的物理、化学特性及其变化规律，采取科学措施，控制仓库内温度、湿度以及空气成分等，为物品创造适宜的保管环境。

（6）安全原则。确保各种安全措施和消防设备、器材等符合安全要求，防水和防火等安全措施妥当，建筑物和设备处于安全状态，货物储存、摆放安全可靠。

5. 装卸搬运作业管理

根据GB/T18354—2006《物流术语》中的定义，装卸（Loading and Unloading）是指物品在指定地点以人力或机械装入运输设备或从运输设备卸下的活动；搬运（Handing/Carrying）是指在同一场所内将物品进行水平移动为主的物流作业。

装卸搬运作业不论是在传统仓储企业（部门）还是在现代化的物流中心和配送中心都占有重要的地位，贯穿在整个仓库作业过程中。仓库系统中的装卸搬运作业管理主要是通过装卸搬运的合理化来减少装卸搬运时间，降低装卸搬运的损耗率，提高仓储系统的整体运作效率。装卸搬运合理化的措施主要如下：

（1）防止和消除无效作业。所谓无效作业，是指在装卸作业活动中超出必要的装卸、搬运量的作业。显然，防止和消除无效作业对装卸作业的经济效益有重要作用。为了有效地防止和消除无效作业，可从以下四个方面入手：尽量减少装卸次数，提高被装卸物料的纯度，采用轻型化、简单化、实用化的适宜包装，缩短搬运作业的距离。

（2）提高装卸搬运的灵活性。装卸搬运的灵活性是指物料进行装卸作业的难易程度，它影响装卸搬运的效率和效果。一般用物料活性系数表示（详见第五章5.2.2.2部分），级别越高，物料流动越容易，但是所要求的工位器具投资费用及其工位器具所消耗的费用水平也越高。因此，要事先选择合适的物料堆放方式，提高装卸搬运的灵活性。

（3）实现装卸搬运作业的省力化。装卸搬运使物料发生竖直和水平位移，必须通过做功才能实现，因此在装卸搬运作业中应尽可能地消除重力的不利影响利用重力的有利作用。例如，将设有动力的小型输送带（板）斜放在货车或站台上进行装卸，使物料在倾斜的输送带（板）上移动，这种装卸就是靠重力的分力完成的。重力式移动货架也是一种利用重力进行省力化的装卸方式之一。

（4）提高作业的机械化水平。装卸搬运设备的组织是以完成装卸搬运任务为目的，并以提高装卸搬运设备的生产率、装卸搬运质量和降低装卸搬运作业成本为中心的技术活动。随着生产力的发展，装卸搬运的机械化程度定将不断提高。此外，装卸搬运的机械化能把工人从繁重的体力劳动中解放出来。尤其对于危险品的装卸作业，机械化能保证人和货物的安全，也是装卸搬运机械化程度不断得以提高的动力。

（5）推广组合化装卸搬运。在装卸搬运作业的过程中，根据不同物品的种类、性质、形状和重量来确定最合适的装卸作业方式。常见的物料装卸搬运方法有三种："分块处理""散装处理"以及"集装处理"（详见第五章5.2.2.2部分）。对于包装的物料，要尽可能进行"集装处理"，实现单元化装卸，充分利用机械来进行操作。

6.2.2 库存管理与控制

库存管理与控制（Inventory Management and Control），目的是在满足客户服务水平的前提下，通过对企业的库存水平进行控制，尽可能地降低库存水平、提高物流系统的效率，不断提高企业的竞争力。库存管理与控制的目标具体表现为：①减少超额存货投资；②降低库存成本；③保护财物；④防止延迟及缺货；⑤减少呆料的发生，使因变形、变质、陈腐所产生的损失降至最少。

库存管理与控制是企业根据外界对库存的要求与订购的特点，预测、计划和执行一种补充库存的行为，并为这种行为进行控制，其关键在于：①何时补充库存——订购点（Reorder Point）的确定；②补充多少存货——订购量（Reorder Quantity）的确定；③维持多少存货——存量基准（Inventory Level）的确定。

目前经常使用的库存管理与控制方法主要有定期库存管理法、ABC库存管理法、CVA库存管理法与定量库存管理法等。

1. 定期库存管理法

定期库存管理法又称订货间隔期法，是一种基于时间的订货控制方法。其基本原理是：预先确定一个订货周期和最高库存量，周期性地检查库存，根据最高库存量、实际库存和在途订货量，计算出每次订货批量，发出订货指令，组织订货。其基本订购量计算公式为：订购量=平均每日需要量×（订购时间+订购间隔期）+安全库存 –实际库存量–在途库存量。

典型的定期库存管理法是单箱系统（Single-bin System）库存管理法。在单箱系统库存管理中，每种物品的储存单元（Stock-keeping Unit，SKU）采用单一容器或货架空间存放，定期检查补充，每次补充到容器或货架空间所能存放的最大容量，如超市货架、加油站油箱等。

定期库存管理法可以省去许多库存检查工作，在规定的订货时间点检查库存，简化了工作。其缺点是如果某时期需求量突然增大，则会发生缺货。所以，这种方式主要用于重要性较低的物品的库存控制。

2. ABC库存管理法

ABC库存管理法又称ABC分析法、重点管理法，是一种将库存按年度货币占用量等主要特征进行分类排列，从而有区别地确定管理方式的方法。ABC库存管理法是由帕累托80/20法则衍生出来的一种方法。所不同的是，80/20法则强调的是抓住关键，ABC库存管理法强调的则是分清主次，将管理对象划分为A、B、C三类，分别采用不同的管理策略，见表6-2。

表6-2　不同类型库存的管理策略

库存类型	A类	B类	C类
特点（按货币占用量）	品种数占库存总数的15%～20%，价值（成本）约占70%～80%	品种数占库存总数的20%～30%，价值（成本）约占15%～25%	品种数占库存总数的55%～65%，价值（成本）约占5%～10%
管理方法	重点管理 准确的需求预测和详细的采购计划 严格的库存控制 对突发事件的准备 供应商的合作	次重点管理 建立采购优势 目标价格管理 订购批量优化 最小库存 供应商的竞争与合作	一般管理 物品标准化 订购批量优化 库存优化 业务效率 供应商的竞争与合作
订货量	少	较多	多
订货方式	定期、定量，按经济订货批量订货	定量订货	按经验订货，可采用订货点法管理库存
检查方式	经常检查和盘查	一般检查和盘查	按年度或季度检查

使用ABC库存管理法的基本流程是：①收集数据；②按库存物品价值高低排序；③计算整理；④分类；⑤实施管理。实际使用中可以按库存的年度货币占用量对库存物品进行排序分类，还可以按照销售量、销售额、订货提前期、缺货成本、进出库频繁度（周转次数）、客户规模（重要程度）等指标把库存物品分成A、B、C三类，并采取相应的管理方法。

例6-1　某连锁企业对库存的20种物品进行了盘点，各库存物品占用的资金及相应的库存金额比例见表6-3。

表6-3　各库存物品占用的资金及相应的库存金额比例

品　名	库存金额（千元）	库存金额累计（千元）	库存金额比例（%）	库存金额累计比例（%）	品种（%）	品种累计比例（%）
a	44	44	1	1	5	5
b	46	90	1	2	5	10
c	48	138	1	3	5	15
d	120	258	3	6	5	20
e	280	538	7	13	5	25
f	1 200	1 738	30	43	5	30
g	40	1 778	1	44	5	35
h	30	1 808	1	45	5	40
i	1 000	2 808	25	70	5	45
j	220	3 028	6	76	5	50
k	160	3 188	4	80	5	55
l	32	3 220	1	81	5	60
m	28	3 248	1	82	5	65
n	320	3 568	8	90	5	70
o	180	3 748	4	94	5	75
p	70	3 818	2	96	5	80
q	46	3 864	1	97	5	85
r	50	3 914	1	98	5	90
s	44	3 958	1	99	5	95
t	42	4 000	1	100	5	100

根据ABC库存管理法，对上述条件下的库存物品按占用资金的大小排序，进行的ABC分类见表6-4。

表6-4 库存物品的ABC分类

库存分类	品名	库存金额（千元）	库存金额累计（千元）	库存金额比例（%）	库存金额累计比例（%）	品种（%）	品种累计比例（%）
A	f	1200	1200	30	30	5	5
	i	1000	2200	25	55	5	10
	n	320	2520	8	63	5	15
	e	280	2800	7	70	5	20
B	j	220	3020	6	76	5	25
	o	180	3200	4	80	5	30
	k	160	3360	4	84	5	35
	d	120	3480	3	87	5	40
	p	70	3550	2	89	5	45
C	r	50	3600	1	90	5	50
	c	48	3648	1	91	5	55
	b	46	3694	1	92	5	60
	q	46	3740	1	93	5	65
	a	44	3784	1	94	5	70
	s	44	3828	1	95	5	75
	t	42	3870	1	96	5	80
	g	40	3910	1	97	5	85
	l	32	3942	1	98	5	90
	h	30	3972	1	99	5	95
	m	28	4000	1	100	5	100

根据此分类，A类物品（f、i、n、e）通常是库存控制的重点，应该严格控制其计划与采购、库存储备量、订货量和订货时间。在保证生产的前提下，应尽可能地减少库存，节约流动资金；在保管方面，应存放在更安全的地方；为了保证它们的记录准确性，应对它们进行定期与不定期相结合的盘点。B类物品（j、o、k、d、p）可以适当控制，在力所能及的范围内，适度减少库存。C类物品（除了A类与B类）可以放宽控制，采用经济批量订购。

ABC分类标准过于单一，主要按库存物品所占资金数量进行分类，没有考虑到采购难易度、采购提前期、供方垄断、生产依赖性等因素，具有一定的片面性。在实际使用时，可通过扩展ABC库存管理法，结合采购难易程度、采购提前期、供方垄断、生产依赖性等因素，利用计算机仿真软件和WMS等，进行自动分析。

综上所述，虽然ABC库存管理法存在着一定的局限和不足，但仍不失为库存管理中一项非常实用的方法。

3. CVA库存管理法

CVA（Critical Value Analysis）库存管理法又称关键因素分析法，由于ABC库存管理法中C类物品得不到足够的重视，往往出现生产停工问题，于是引进CVA库存管理法对ABC库存管理法进行有益的补充。CVA库存管理法将物品分为最高优先级、较高优先级、中等优先级和较低优先级四个等级，对不同等级的物品，允许缺货的程度是不同的。表6-5列出了CVA库存管理法及其管理策略。

表6–5　CVA库存管理法及其管理策略

库存类型	特　点	措　施
最高优先级	生产经营中的关键物品或A类重点客户的存货	不许缺货
较高优先级	生产经营中的基础性物品或B类客户的存货	允许偶尔缺货
中等优先级	生产经营中比较重要的物品或C类客户的存货	允许在合理范围内缺货
较低优先级	生产经营需要，但可替代的物品	允许缺货

CVA库存管理法比ABC库存管理法有更强的目的性。在使用中要注意，人们往往倾向于制定高的优先级，结果高优先级的物品种类很多，最终哪种物品也得不到应有的重视。CVA库存管理法和ABC库存管理法结合使用，可以达到分清主次、抓住关键环节的目的。

4. 定量库存管理法

所谓定量库存管理法，是指当库存量下降到预定的最低库存量（订货点）时，按规定数量（一般以经济订货批量为标准）进行订货补充的一种库存控制方法。这种库存管理方法主要控制两个参数：一是订货点，即最低库存量；另一个是订货批次的数量，即经济订货批量（Economic Order Quantity，EOQ）。

EOQ是指既能满足生产需要、保证生产正常运行，又最经济的订货数量，也就是使总库存成本最小的订货批量。

假设不允许缺货的条件下，库存成本之间的关系满足下式：

$$\mathrm{TC}=DP+\frac{DC}{Q}+\frac{QH}{2} \tag{6-1}$$

式中　TC——年总库存成本；

D——年需求总量；

P——单位物品的购置成本；

C——每次订货成本；

H——单位物品年保管成本，$H=PF$，F为年仓储保管费用率；

Q——批量或订货量。总库存成本与订货成本、保管成本的关系如图6-7所示。

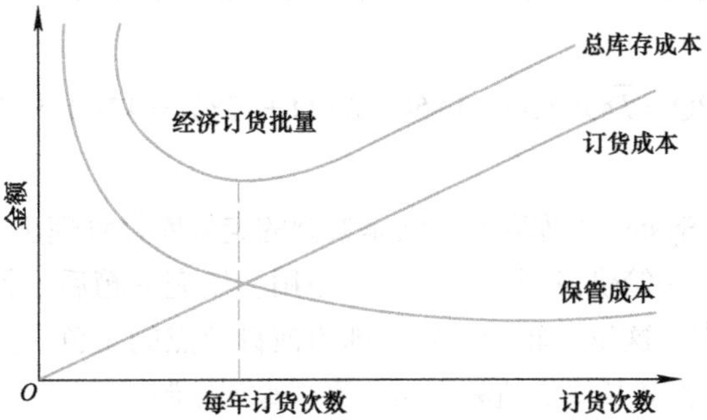

图6–7　总库存成本与订货成本、保管成本的关系

经济订货批量就是使总库存成本达到最低的订货数量，是通过平衡订货成本与保管成本两方面得到的。其计算公式为

$$Q=\sqrt{\frac{2CD}{H}}=\sqrt{\frac{2CD}{PF}} \tag{6-2}$$

此时的最低年库存成本为

$$TC=DP+HQ \tag{6-3}$$

年订货次数为

$$\frac{D}{Q}=\sqrt{\frac{DH}{2C}} \tag{6-4}$$

平均订货间隔周期为

$$T=365/N=365\frac{Q}{D} \tag{6-5}$$

例6-2 某公司某物品年需求量为4 000单位，单位物品的购买价格为60元，每次订货成本为300元，单位物品的年保管费为物品价格的16%，求该物品的经济订货批量。

解：根据公式（6-2）可知，经济订货批量 $Q=\sqrt{\frac{2CD}{PF}}=\sqrt{\frac{2\times300\times4\,000}{60\times0.16}}$

$=500$（单位）

通常订货点库存量取决于需求量、订货提前期和安全库存三个因素。在需求量固定均匀、订货提前期不变的情况下，订货点库存量的计算公式为

$$PQ=\overline{D}QL+SS \tag{6-6}$$

式中 PQ——订货点库存量；

$\overline{D}$——平均日需求量；

QL——订货提前期；

SS——安全库存量。

订货提前期是指从订单发出到所订货物收到期间所有环节所需的时间总和。

例6-3 某汽车生产商对于某装配零件的每日平均需求为1 850个，考虑到市场需求的不确定性，将其安全库存量设定为需求量的12%，统计得到该装配零件的订购提前期为2天，求该装配零件的订货点库存量。

解：订货点库存量 $PQ=\overline{D}QL+SS=1\,850\times2\times(1+12\%)=4\,144$（个）

双箱系统（Two-Bin System）库存管理法是典型的定量库存管理法。双箱系统采用两个相同的容器盛放同一种SKU，一箱供发货零用，一箱备用。用完一箱后，另一箱投入使用，同时发出一份订单补充一箱存货。这里，箱子的容积即扮演订货点的角色，又扮演订货批量的角色。双箱系统广泛应用于标准件和某些低值易耗品的库存管理控制。

定量库存管理法的优点在于：①管理简便，订货时间和订货量不受人为判断的影响，保证库存管理的准确性；②由于订货量一定，便于安排库内的作业活动，节约理货费用；③便于按经济订货批量订货，节约总库存成本。定量库存管理法的缺点在于：①不便于对库存进行严格的管理；②订货之前的各项计划比较复杂。

定量库存管理法的适用范围是：①单价比较便宜，而且不便于少量订货的物品，如螺栓、

螺母；②需求预测比较困难的物品；③品种数量多、库存管理事务量大的物品；④消费量计算复杂的物品；⑤通用性强、需求总量比较稳定的物品等。

6.3 仓库系统规划设计

仓库系统规划是指从空间和时间上对仓库的新建、改建和扩建进行全面系统的规划，涉及仓库网点规划与选址、仓库布局规划、仓储设备选用和储存系统布局等要素。仓库系统规划设计的合理性对仓库作业的质量和安全，以及所处地区或企业的物流合理化产生直接和深远的影响。

6.3.1 仓库系统规划设计目标与流程

1. 仓库系统规划设计目标

随着现代生产和商业的发展，仓库系统的规划和设计面临着越来越大的挑战。如何更快地完成物品的快速核对、收取、出库、复核；如何降低库存成本，加强库存控制，提高空间、人员和设备的使用率；如何快速地找到指定的物品，成为仓库规划和设计的热点和难点问题。一般而言，规划设计仓库应实现如下目标：①空间利用最大化；②设备利用最大化；③劳动力利用最大化；④所有物料最容易接近；⑤所有物料得到最好的保护；⑥费用最小化。这些目标之间往往产生矛盾与冲突，在仓库系统规划设计与改造中，权衡（Tradeoff）各种优化目标非常重要。

2. 仓库系统规划设计流程

仓库系统规划设计一般按照图6-8所示的流程，具体分为规划准备阶段、系统规划设计阶段、系统方案评估与选择阶段、局部规划设计阶段和规划评估与执行阶段五个阶段。

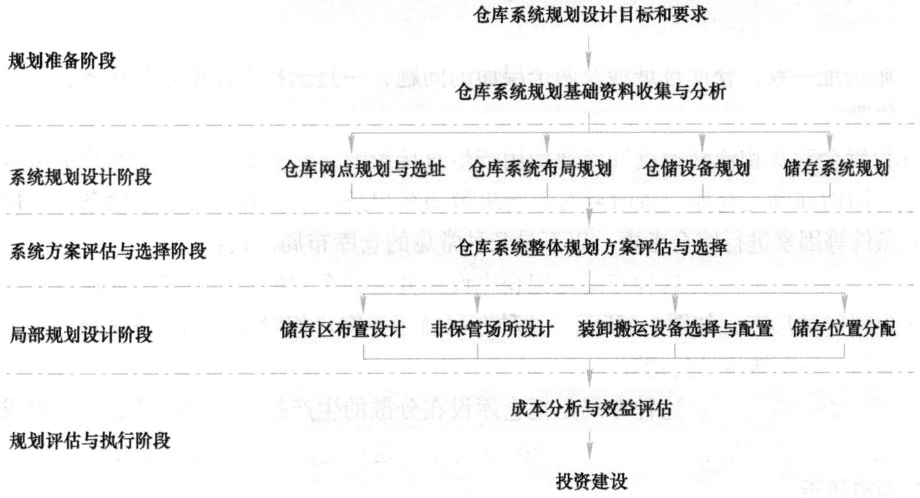

图6-8　仓库系统规划设计流程

规划准备阶段主要是明确仓库系统规划设计的目标和要求，收集规划所需的资料，如备选区域的自然条件资料、交通状况以及拟建仓库的储存物品特性、数量、储存单位、作业流程等，并进行分析，为仓库总体布局规划和内部规划打下基础。

系统规划设计阶段是以规划准备阶段的分析为基础，设定仓库系统规划设计的约束条件与功能需求，进行仓库网点规划与选址、仓库作业区域规划、仓库布局规划、仓储设备规划以及储存系统规划等，并以这些分析和规划为基础规划仓库整体方案。

仓库系统设计规划过程会产生多种方案，企业应组织相关人员以规划的目标和要求等基准进行评估，选出最佳方案。

仓库系统局部规划设计阶段的主要任务是在整体布局方案设计的基础上，规划各个作业区域与仓储设施的实际占地面积，以及物品的储存位置等。当局部规划的结果改变了系统规划的内容时，必须返回前段程序，做出必要的修正后继续进行局部规划设计。

通过整合整体与局部规划，经过成本分析与效益评估之后，企业或组织就可以开始建设仓库，则进入规划评估与执行阶段。

6.3.2 仓库网点规划与选址

1. 仓库网点规划

仓库网点规划是指对特定区域范围内的组织或企业负责物品中转供应的所有仓库的组织和设计。仓库网点规划实质上是一个组织或企业在特定地区的储备分布问题，配置是否合理不仅会直接影响到该组织或企业资源供应的及时性和经济性，还会在一定程度上影响组织或企业的库存水平及库存结构的比例关系。

仓库网点规划的内容包括仓库数量的确定以及仓库规模的设计。仓库数量的多少主要受成本、客户要求的服务水平、运输服务水平、中转供货的比例、单个仓库的规模和网络的运用等因素影响。仓库规模一般用面积、容积和吞吐能力来表示，主要受客户服务水平、市场大小、最大日库存量、库存物品尺寸、所使用的物料搬运系统、仓库日吞吐任务量、供应提前期、规模经济、仓库布局、过道要求、仓库办公区域、使用的货架类型以及商品需求水平和模式等因素影响。

2. 仓库选址

与设施选址一致，仓库选址涉及两个层面的问题，一是选择仓库所在的区域；二是选择仓库所在的位置。

仓库位置会对货物流转速度和流通费用产生直接影响，它关系到企业对客户的服务水平和服务质量，因而在确定仓库位置时要对影响决策的客户条件、自然条件、运输条件、用地条件以及法规条件等因素进行综合考虑。以下是几种常见的仓库布局模式：

（1）辐射型仓库布局。这种布局是把仓库设在分散的客户的中心位置，形成以仓库为中心向四周客户辐射的形态，如图6-9所示。这种布局适用于客户相对集中的经济区域，或者仓库是主干输送线路中一个转运站的情况。

（2）吸收型仓库布局。这种布局是把仓库设在分散的生产据点的中心位置，以形成仓库对生产地点生产产品的吸收存储形状，如图6-10所示。这种仓库大多属于集货中心，与各种生产商通行的距离较近。

（3）聚集型仓库布局。与辐射型仓库布局相反，聚集型仓库布局是以用户（客户或生产企业）为中心，四周分散的仓库集中向这个生产企业或用户密集的经济区域运送货物并提供服务，形成四周仓库聚集的形态，如图6-11所示。这种布局适用于经济区域中生产企业或客户十分密集，不可能设置若干仓库的情况，只能把仓库设在四周形成聚集区。

（4）扇形仓库布局。这种布局是把仓库设在用户的一侧而不是中心，使产品从仓库向一个方向运送，仓库的辐射方向与干线上的运动方向一致，而不是形成四周的辐射型，如图6-12所示。在运输干线上仓库距离较近，下一个仓库的上风向区域恰好是其合理运送区域时，适合采取这种布局方式。

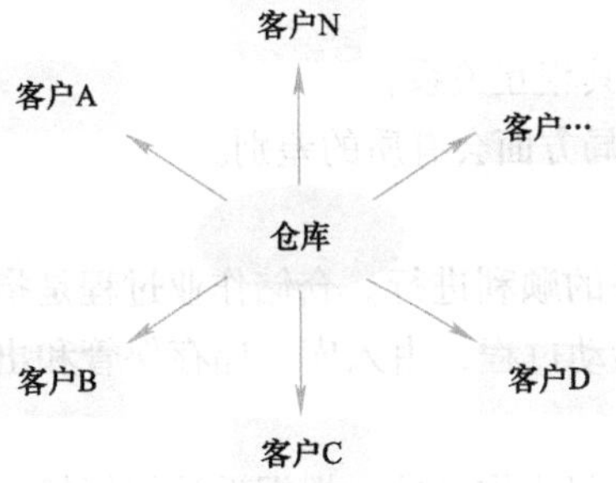

图6-9　辐射型仓库布局

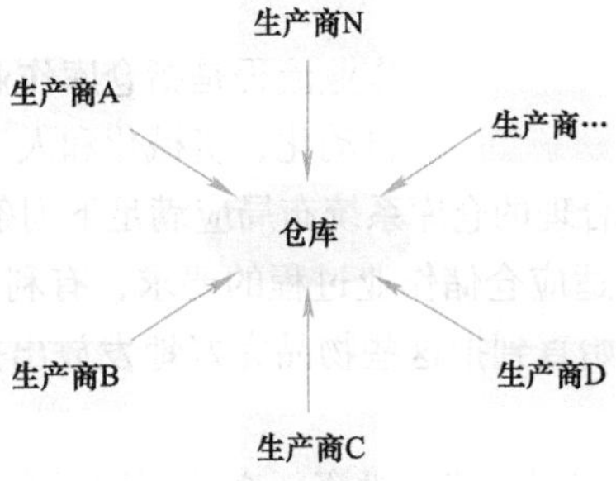

图6-10　吸收型仓库布局

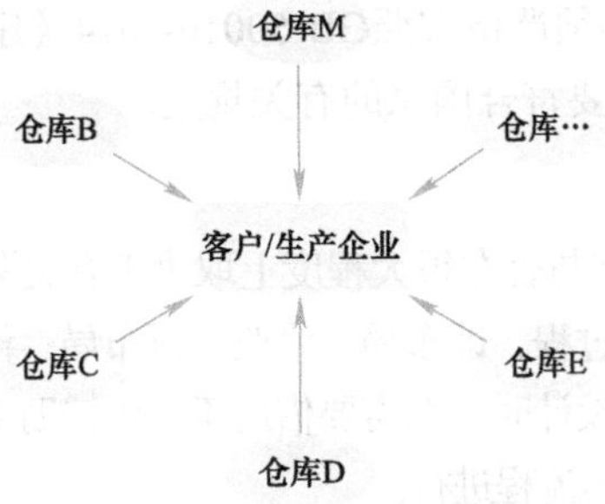

图6-11　聚集型仓库布局

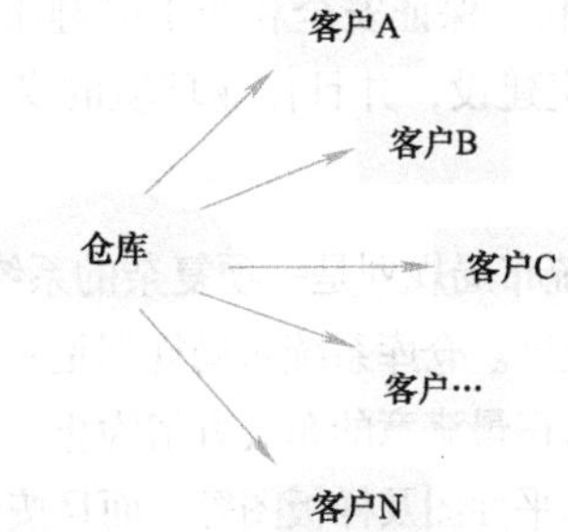

图6-12　扇形仓库布局

仓库选址除采用以上考虑自然环境、经营环境、基础设施状况等因素的定性决策方法外，也可以采用数学或仿真方法对仓库位置进行量化选址分析。仓库选址的数学量化方法有基于选址成本因素的盈亏点平衡法、重心法、线性规划法、启发式方法及计算机辅助仿真优化方法等，也有基于选址诸多因素的综合评价法，部分算法的具体内容可参照2.4节。这些方法各有优点和不足，应根据实际情况选择。

6.3.3　仓库系统布局规划

仓库系统布局规划是根据仓库的设计目标和要求，在分析仓库场地条件、仓库业务性质和规模、物品储存要求以及技术设备的性能和使用特点等因素的基础上，对整个仓库的作业区域、仓储设施、辅助建筑物、库内道路等进行规划，确定仓储作业区、辅助作业区、行政和道路等场所的合理布置。

1. 仓库系统布局规划要求

仓库系统布局是仓储管理的首要硬件条件，其合理与否直接关系到仓储管理的效率和安全性。仓库系统合理布局的目的是为了充分利用仓储空间、提高存货的安全性、有效利用搬运设备、提高仓库运作效率和服务水平。仓库系统布局决策是对仓库内部的作业区域、工作场所、通道空间、货架位置、配备设备以及设施等实物布局进行决策，要综合考虑物料搬运成本、库房的建筑和维护成本的均衡。影响仓库系统布局的因素主要有以下几个方面：

（1）周围环境。仓库周围的环境包括四邻及附近是否存在有害气体、固体微粒、振动等情况，以及交通运输条件和协作方的分布等。

（2）存货特点。存货特点是指仓库建成后存放的物品的性质、数量以及所要求的保管条件。

（3）仓库类型。仓库类型是指仓库本身的性质特点，例如综合仓库与专业仓库就会有明显的不同。

（4）作业流程。作业流程是指仓库作业的构成及其相互关系。

（5）作业手段。自动化、机械化和人工作业在布局方面会有质的差别。

一个合理的仓库系统布局应满足下列条件：

（1）适应仓储作业过程的要求，有利于仓储业务的顺利进行。仓储作业过程是指仓库从接收物品开始直到把这些物品完好地发放出去的全部活动过程，由入库、储存保管和出库三个阶段构成。

（2）有利于节省投资。充分利用现有的资源和外部协作条件，根据设计规划任务和库存物品的性质选择配置设施设备，以便最大限度地发挥其效能。

（3）有利于保证安全和职工的健康。仓库建设必须严格按照GB 50016-2014《建筑设计防火规范》的规定建设，并且作业环境的安全卫生标准也要符合国家的有关规定。

2．仓库系统布局规划流程

仓库系统布局规划是一项复杂的系统工程，其合理与否在很大程度上取决于有关资料的齐备、准确及可靠程度。仓库系统布局规划是一个反复试验的过程，即布局、修改、再布局、再修改，反复多次，直到求得最满意的布局方案为止。仓库系统布局设计时一般需要借助于一些辅助工具，如作业流程图、仓库平面图及样板图等，而且按照图6-13所示的流程进行。

1	仓库布局规划基础资料收集	储存物品种类、规格、数量；仓库周边交通、地形、水、电供应条件；储存与装卸搬运要求、消防及安全要求等
2	仓库作业区域规划设计	根据仓储目标与要求等规划仓库的作业区域，一般包括收发货区、仓储区、分拣区、集货区、行政区等
3	仓库布局规划与货区布置设计	根据储存物品的保管要求、仓库作业流程、性质以及环境条件、确定储存区域的布置类型、仓储设备类型和布局
4	站台与通道等非保管场所设计	根据储存物品进出库量和安全要求等设计收发货站台以及通道等非保管场所布局
5	辅助设施与布置装置设计	排水系统，消防系统和水、电供应线路以及辅助设施等设计
6	仓库整体布局方案 方案X 方案Y 方案Z	根据仓库地形，对仓储作业区域、货区布局、通道、装卸场地、辅助装置、办公室、生活福利设施以及非保管场所等布局及占用面积等进行总体设计，形成多个仓库整体布局方案
7	方案评价与优选	根据仓库空间利用率、拣货效率等指标和方法进行方案的评价和选优

图6-13 仓库系统布局规划流程

3．仓库作业区域规划

仓库作业区域规划在整个仓库系统布局规划中占有重要地位，它直接影响企业的运营成本和投资收益。在进行仓库作业区域规划时，应考虑作业流量、作业活动特征、设备型号、建筑物特性、成本与效率等因素。首先根据仓库储存物品特征、作业流程分析设计合理的仓库作业程序，然后根据仓库的运作特性进行作业区域的功能划分，确定各个作业区域的具体内容，再结合仓库设施的规划与选用以及信息系统规划，设计合适的仓库区域规划方案。

根据仓库的作业流程、仓库运作特性等，一般可将仓库的作业区域主要分类为：①收发货区；②仓储区；③分拣区；④集货区；⑤行政区；⑥劳务性活动区及相关活动区。

（1）收发货区的作业空间规划。货物在进出库时可能需要拆装、理货、检验或暂存待运等，为此，应在收发货区平台上预备空间作为缓冲区。同时，收发货区还应设有衔接外部设备的连接通道与设备空间。可单独划分收货区、发货区，也可以划定一个收货与发货共用的区域。

发货区的位置应靠近库门和运输通道，可设在库房的两端或适中的位置，并要考虑到收货和发货互不干扰。对靠近专用线的仓库，收货区应设在专用线的一侧，发货区设在靠近公路的一侧。如果专用线进入库房，则收货区应设在专用线的两侧。收发货区面积的大小，可根据表6-6所示的具体因素确定。

表6-6　收发货区面积规划因素

序　号	因　素	面积规划
1	一次收发货批量的大小	收发货区应能够容纳一个最大批量的订单，如有专用线进入仓库内，则收货区应能存放1～2节车皮的物品
2	物品规格品种的数量	为避免收发货时发生混淆，不同规格品种的物品应分开摆放，规格品种数量越多，占用面积越大
3	供货方和用户的数量	对于供货商的进货和不同用户的发货，应单独存放避免收发错误，供货方和用户的数量越多，占用的收发货区面积越大
4	收发作业效率的高低	收发作业效率高能加速货位周转，可节省收发货区的面积
5	仓库的设备情况	包括装卸、验收等设备的情况，如自动计量或自动识别与分拣系统可以实现卸车码垛或下垛装车同时进行，大大节省收发货区的面积
6	收发货的均衡性	当收发货时间比较均衡时，收发货区的面积能得到充分的利用，相对节省收发货区的占地面积
7	发货方式	采取送货制时，送货前需要根据各个用户的订单进行备货、包装等活动，通常需要有足够的备货场地；而采取提货制时，发货区面积可大大减少

（2）仓储区的作业空间规划。在规划仓储区空间时，应考虑的因素有物品的外观尺寸、包装规格，托盘或货箱的外形尺寸，货架空间、作业设备的型号、尺寸和旋转半径，通道宽度和形式，柱间距离，进出库方式及作业原则（如一次性作业或单元化作业），堆码方式或保管保养要求等。总之，无论仓储区如何布置，都应先确定存货所占空间的大小、物品尺寸及数量、堆放方式、托盘尺寸和货架储位空间。针对不同储存作业形式的空间规划要求见表6-7。

表6-7 针对不同储存作业形式的空间规划要求

序 号	储存形式	作业空间规划要求
1	大量发货物品、托盘平置堆放在地板上	考虑托盘数量、尺寸和通道，以及高层叉车存取作业所需的空间 中枢型通道约占全部面积的30%～35%
2	常规物品，采用托盘货架储存	考虑物品尺寸和数量、托盘尺寸、货架形式和层数等，以及相应的通道空间 由于托盘货架具有区块特性，即每个区块由两排货架和通道组成，实际仓储空间包括存取通道和仓库区块空间
3	尺寸不大的小量、多品种货物采用轻型货架，以箱为单位储存	考虑物品尺寸、数量、货架形式及层数、货架的储位空间等因素

（3）分拣区的作业空间规划。分拣作业是仓库内最费时的工作，如能合理布置分拣区域，则必将提高整个仓库的效率。常见的分拣方式有：储存与拣货区共用托盘或货箱、储存与拣货区共用的零星拣货、储存与拣货区分开的零星拣货、分段拣货的少量拣货方式以及U形多品种少批量拣货补货方式。

1）储存与拣货区共用托盘或货箱的拣货方式适合于体积大、发货量也大的物品分拣。一般是托盘货架第一层（地面层）为拣货区，第二、三层为储存区。当拣货结束后再由储存区向拣货区补货，实际空间的大小取决于品项总数和库存量所需的托盘数。因为实际库存单位以托盘为单位，所以，不足一个托盘的品项仍按一个托盘来估计。为此，库存空间需适当放大，一般以放大1.3倍为宜。

2）储存与拣货区共用的零星拣货适用于进出货量小、体积不大或外形不规则的物品的拣货工作。若仓储采用流动式货架，则仅在拣货区通道上行走就可方便拣货，可以使用出库输送机提高效率；若仓库采用一般货架，可通过共用一条入库输送机来进行补货和拣货作业；若仓库采用积层式货架的作业方式，则拣货作业的拣取位置不超过1.8m，否则会有操作困难。

3）储存与拣货区分开的零星拣货是指储存区与拣货区不是同一个货架，通过补货作业把物品由储存区送到拣货区，适用于进出货量中等的拣货工作。在分段拣货的少量拣货方式下，当拣货区拣货物品品项过多时，会使得流动式货架的拣货路线很长，这时可考虑接力棒式的分段拣货方式。为减少拣货人员要兼顾输送机两侧货架的拣取作业，可采用U形拣货路径和输送机方式。

（4）集货区的作业空间规划。货物经过分拣出库后，接着要进行集货、清点、检查和准备装车等作业。由于拣货方式和装载容器的不同，发货前需要有一定的集货空间。常用的集货作业方式有单一订单拣取、订单分区拣货和订单批量拣货。

在单一订单拣取方式下，拣取单一订单用户需求物品，以储位箱、笼车、台车或托盘等为单位发货，则集货区根据此单位规划暂存区以待发货。在订单分区拣货方式下，以单一订单用户为主，根据拣货单把储存区分成几个区，拣取之后的发货单位可能同时包括储位箱、笼车、台车或托盘等组合。为此，需要进行另外的装拼、组合或贴标、注记等工作，便于装车送货员识别不同用户的物品。这种方式需要较大的集货空间，在设计时分为主要用户和次要用户的集货区。订单批量拣货方式是一种多张订单批量拣取的作业方式。这种方式在拣取之后要进行分类作业，因此，需要有分类输送设备或者人工分类的作业空间。采用分类输送设备进行分类作业的批量拣货方式时，集货区的空间设计和单一订单拣取方式相同；而对于人工分类的，则需要有行走通道和发货码头前的暂存空间。

此外，集货区空间规划还需要考虑每天平均发货订单、发货车次和出车路线以及每天拣货和出车工作的时序安排等因素。有时也可以把集货区和发货暂存区设计在一起，但是发货暂存区的空间常作为装载工作之用。如果拣出的货物需要等待较长时间才能装车，则有必要把发货码头和发货暂存区分开。

（5）行政区的空间规划。行政区的规划主要是指不直接从事生产、物流、仓储或流通加工等部门的规划。例如档案室、办公室、会客室、休息室及食堂等设施，可设在库内，也可设在库外。总的来看，这些办公场所设在库内特别是单独隔成房间是不合理的，既不经济又不安全，所以应尽量选择在库外设置办公室场所，使仓库能存放更多的物品。

（6）劳务性活动区及相关活动区的作业空间规划。除了仓库的物流、仓储和行政区外，劳务性活动区及相关活动区还包括停车场、警卫室与环境美化空间等。根据仓库的出入大门和外连道路形式进行大门和门卫室的设计；根据仓库进出货车辆、职员车辆数量和类型等规划停车场，并考虑停车和回车空间；在停车场周围的围墙边设计绿化区，以美化环境。

4. 仓库布置规划

在完成各作业程序、作业区域以及主要物流设备及周边设施等的规划后，便可进行仓库空间区域的布置规划。仓库内合理布置的要求主要有：①应该按照仓库作业的顺序如进库、储存、出库等做出布置，便于提高作业效率；②缩短货物与人员的移动距离，节约仓库空间，也便于提高生产效率；③应便于仓库各种设施、各种搬运和储存设备、各种器具都能充分发挥作用；④充分利用仓库的空间，提高仓库利用率；⑤保证仓库安全，要符合防火、防水、防盗和防爆的各种要求。

仓库各作业区域的布置规划以仓库作业的物流关系为基础，目前有四种普遍采用的典型布置形式，即U形布置、直进穿越式布置、模块化干线布置和多层楼房仓库。

（1）U形布置。U形布置如图6-14所示，物品从进货开始，进入仓库中的储存位置，通过拣货之后，最终流动到出货码头，整条路线呈U字形。

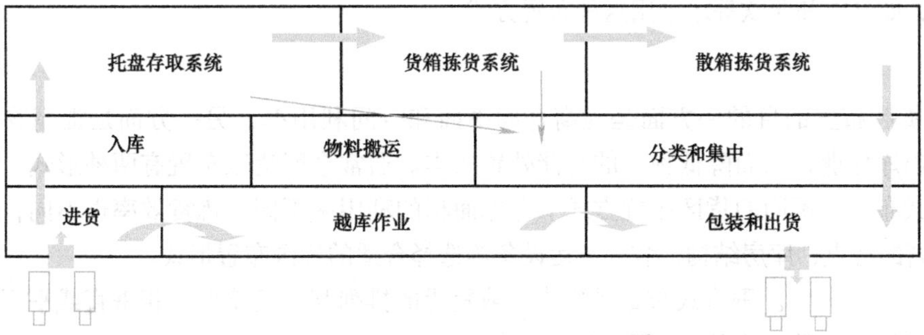

图6-14　U形布置图

因为U形布置中物品流动路线合理，进出口码头相邻可使码头资源充分利用，也便于进行越库作业，而且这种布置比较容易向三个方向扩建。因此，U形布置是仓库设计经常选用的布置方式。

（2）直进穿越式布置。图6-15为直进穿越式布置简图，这种方式非常适合于纯粹的越库作业，也便于解决高峰时刻同时出库的问题。其缺点是不能使用按ABC库存管理法分级的储备模式。

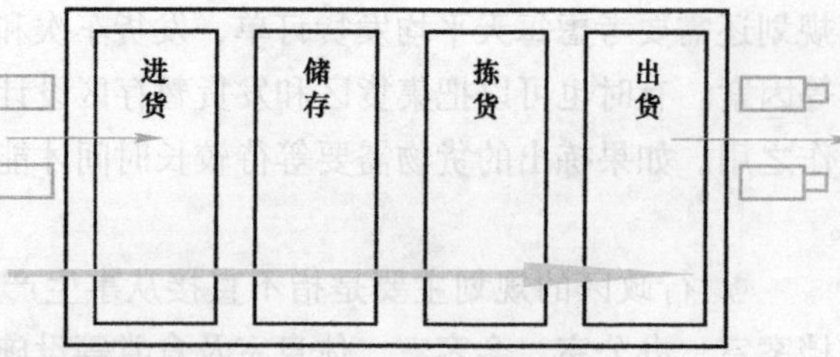

图6-15　直进穿越式布置简图

越库作业是在越库设施接收来自各家供应商的整车货物时，立即按照客户需求及交货点加以拆解、分类和堆放，进而装在预备好的出货运输工具上，送往各个客户的交货点。其中，所有货件均不进入仓库的储存空间。越库作业适合于快速处理的紧急订单，以及要求零售商向客户直接运送物品的情况。

（3）模块化干线布置。图6-16为模块化干线布置示意图，这种布置适合于大型仓库和物流中心，也就是仓库中可以专门设计越库作业模块、持续补货直进穿越模块以及中速周转产品模块和慢速周转产品模块等。

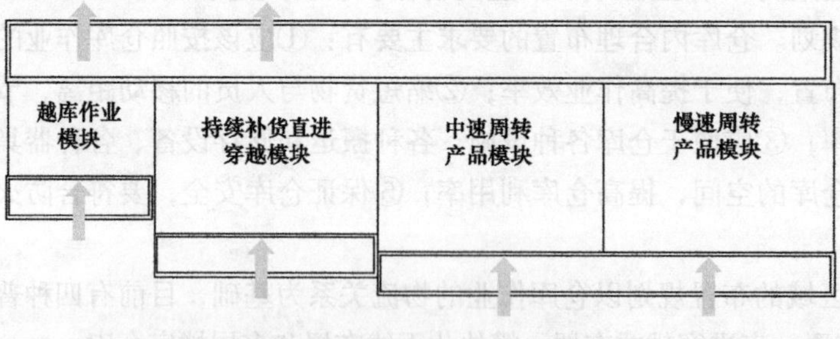

图6-16　模块化干线布置示意图

（4）多层楼房仓库。因为仓库中有大量物料搬运操作，而在楼层之间搬移有时会遇到意想不到的困难，所以在一般情况下不采用多层楼房的仓库设计，只有在土地十分紧俏、昂贵的国家和地区，如日本和西欧等才采用这种布置方式。

5. 仓库货区布置形式

仓库货区布置的目的一方面是提高仓库平面和空间利用率，另一方面是提高物品保管质量，方便出库作业，从而降低物品的仓储处置成本。通常仓库货区布置有两种形式：垂直式布置和倾斜式布置。不同的货区布置方式下仓库面积的利用率不同，拣货效率也不同，应根据实际仓储物料的特点，库房结构，装卸搬运设备等选择合适的货区布置形式。

（1）垂直式布置。垂直式布置是指货架或货垛的排列与两侧墙壁互相垂直或平行的布置，具体包括横列式布置、纵列式布置和混合式布置。

1）横列式布置。横列式布置是指货架或货垛的长度方向与库房两侧墙壁互相垂直，如图6-17所示。这种布置方式的主要优点是：主通道长又宽，副通道短，整齐美观，对物料的存取查点方便；通风和自然采光良好。目前，我国仓库大部分都采用这种布置方式。但是其主要缺点是通道占用面积大，仓库面积利用率低。

2）纵列式布置。纵列式布置是指货架或货垛的长度方向与库房两侧墙壁互相平行，如图6-18所示。纵列式布置的优缺点与横列式正好相反，其优点主要是可以根据库存物品在库时间的不同和进出频繁程度安排货位，在库时间短、进出频繁的物品放置在主通道两侧；在库时间长、进出不频繁的物品放置在里侧，或支干道，面积利用率比较高。其缺点是难以进行机械化作业，特别是叉车作业，存取物料不便，对通风采光不利。

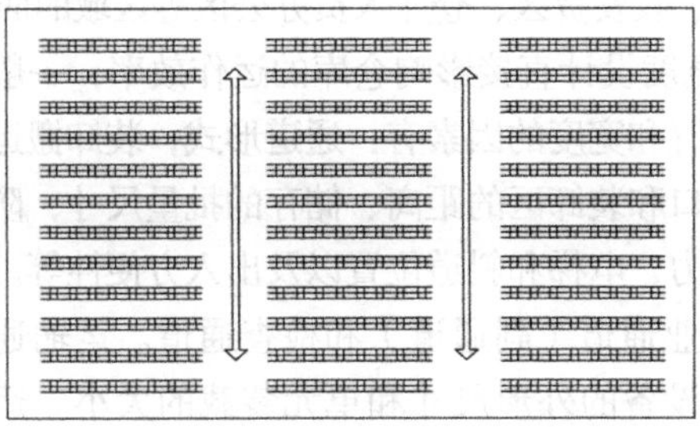

图6-17　横列式布置

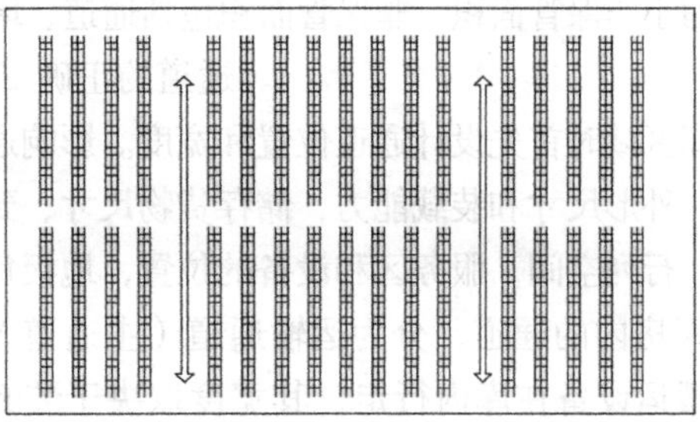

图6-18　纵列式布置

3）混合式布置。混合式布置是指在同一库房内，货架或货垛的排列既有横列式，又有纵列式，兼有上述两种方式的特点，如图6-19所示。

（2）倾斜式布置。倾斜式布置是指货架或货垛与仓库侧墙或主通道的夹角成60°、45°或30°等，即成斜向排列。总的来说，倾斜式布置的面积利用率到底是提高了还是降低了，应视物料特点、货架或堆垛形式及长度、宽度、库房跨度等而定。一般倾斜式布置主要适用于品种较少、批量大，可用叉车操作直接上下架、码垛、搬运物料等的情况。倾斜式布置分为两种：货垛倾斜式布置与通道倾斜式布置。

1）货垛倾斜式布置：货垛的布置与库墙之间成一锐角，如图6-20所示。货垛倾斜式布置是横列式布置的变形，是为了便于叉车作业、缩小叉车的回转角度、提高作业效率而采用的布置形式。

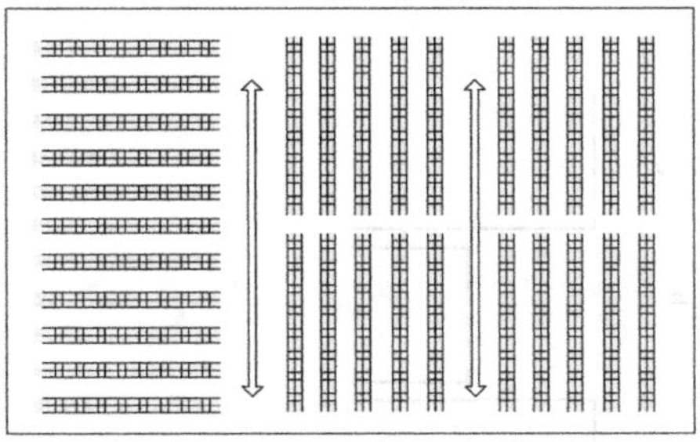

图6-19　混合式布置

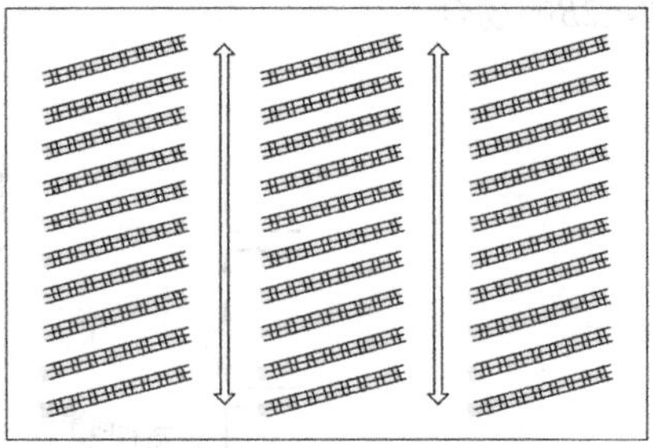

图6-20　货垛倾斜式布置

2）通道倾斜式布置：仓库的通道斜穿保管区，将仓库划分为具有不同作业特点的区域，如大量储存和少量储存的保管区等，以便进行综合利用，如图6-21所示。在这种布置形式下，仓库内形式复杂，货位和进出库路径较多。

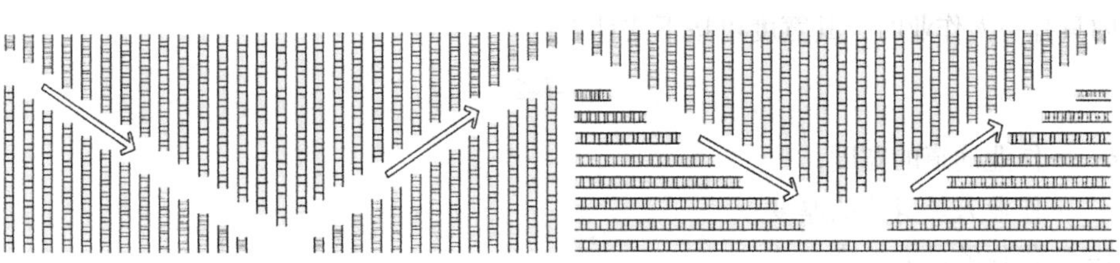

图6-21　通道倾斜式布置

6. 仓库非保管场所规划

仓库库房内墙线所包围的面积（如有立柱应减去立柱所占的面积）称为可使用面积或有效面积。库内货架和堆垛所占的面积为保管面积或实用面积，其他则为非保管面积。应尽量扩大保管面积，缩小非保管面积。非保管面积包括通道、墙间距、收发货区、仓库人员办公区等区域的面积。

（1）通道空间的布置规划。通道的正确安排和宽度设计直接影响仓库的运作效率，一般在规划仓库区域时首先设计通道位置和宽度。影响通道位置和宽度的因素有：通道形式，装卸搬运设备型号、外形尺寸和装载能力，储存货物尺寸、到进出口和装卸区的距离、储存的批量尺寸，防火墙位置，行列空间，服务区和设备的位置，地板负载能力，电梯和斜道位置以及出入方便性等。

库房内的通道，分为运输通道（主通道）、作业通道（副通道）和检查通道。运输通道供装卸搬运设备在库内行走，其宽度取决于装卸搬运设备的外形尺寸和单元装载的大小。运输通道的宽度一般为1.5～3m。如果仓库内安装有桥式起重机，那么运输通道的宽度可为1.5m，甚至更窄些。如果使用叉车作业，则运输通道宽度可通过计算求得。当单元装载的宽度不太大时，可利用下式计算：

$$A=R+D+L+C \tag{6-7}$$

式中 A——运输通道宽度；

R——叉车外侧转向半径；

D——货物至叉车驱动轴中心线的间距；

L——货物长度；

C——转向轮滑行的操作余量。

如图6-22所示，图中W为货物宽度，B为叉车总宽度的一半加内侧转向半径，式（6-7）适用于$W<2B$的场合。

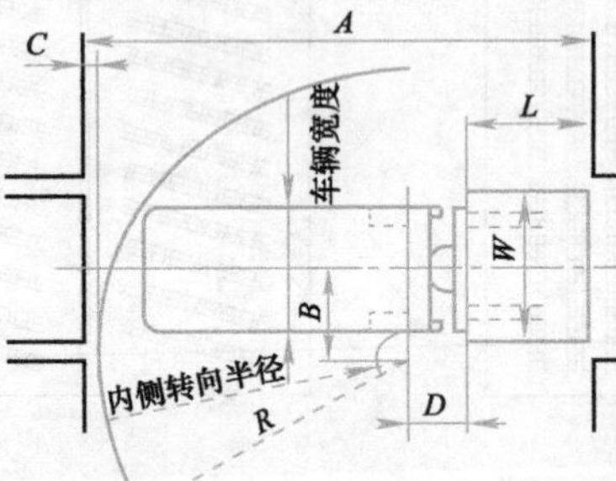

图6-22 叉车装卸一般货物通道宽度

作业通道是供作业人员存取搬运物品的走行通道，其宽度取决于作业方式和货物的大小。当通道内只有一人作业时，其宽度可按下式计算：

$$a=b+l+2c \tag{6-8}$$

式中 a——作业通道的宽度；

b——作业人员身体的厚度；

l——货物的最大长度；

c——作业人员活动余量。

如果使用手动叉车进入作业通道作业，则通道宽度应视手动叉车的宽度和作业特点而定。在一般情况下，作业通道的宽度为1m左右。检查通道是检查人员走行的通道，其宽度能使检查人员自由通过即可，一般为0.5m左右。

（2）墙间距布置规划设计。墙间距的作用一方面是使货垛和货架与库墙保持一定的距离，避免物品受库外温湿度影响，同时也可作为检查通道或作业通道。墙间距一般宽度为0.5m左右，当兼做作业通道时，其宽度需增加一倍。墙间距兼做作业通道是比较有利的，它可以使库内通道形成网络，作业方便。

（3）收发货区的站台规划。仓库站台的数量取决于以下因素：①每天的进出货次数，如将进出货时间错开就可以用较少的站台；②每天运货车辆的平均值和峰值；③每一宗订单的物品平均数和高峰数；④运送物品的类型、尺寸、外形、集装化容器，如集装箱、纸箱或托盘等；⑤季节的改变对进出货运输量的影响。仓库站台数量的确定要满足进出货车辆的通行无阻，不用等待即可装卸货的要求。如果到达或服务时间服从泊松分布，且分布随时间的变化很大，则可以使用排队论来分析确定提供服务的站台数量。如果到达和服务时间在同一天、同一周内变化较大，或者在站台内等候的货车数量变化大，则可以使用仿真技术确定。

站台空间设计需要考虑货车在设施内的行走情况。对于铁路站台，铁路支线的位置和配置决定了铁路车厢的流动和铁路站台的配置。对于汽车站台，要分析汽车交通路线，规划汽车进入路线，减少倒车作业。如有可能，所有车辆应逆时针行驶，因为左转比右转容易（前提是方向盘在车的左边）。货车等待区应靠近站台回车区，并且面积足够大，以随时满足最大预定数量的车辆的停靠。

仓库站台的形式有两种：一种是锯齿形，另一种是直线形，如图6-23所示。锯齿形站台的优点在于车辆旋转纵深浅，缺点是占用仓库内部空间较大；直线形站台的优点在于占用仓库内部空间小，缺点是车辆旋转纵深较深，且需要较大的外部空间。若土地价格昂贵，则选用锯齿形站台布置；若土地费用远低于仓库造价时，则选直线形站台为最佳。

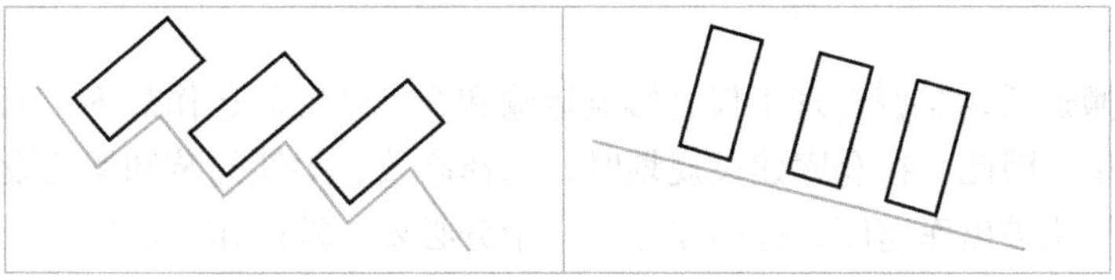

a）锯齿形站台　　b）直线形站台

图6-23　站台的设计形式

仓库站台的高度设计要以尽量减少不同车辆停靠时车厢底板与站台的高度差为准则，以提高作业效率，相关参数主要取决于货运车辆与仓库的装卸作业方式，各种车辆适应的站台高度见表6-8。

表6-8　各种车辆适应的站台高度

车　型	站台高度/m	车　型	站台高度/m
集装箱货车	1.40	载重车	1.17
冷藏车	1.32	长途挂车	1.22
作业拖车	0.91	普通货车	1.17

6.3.4 仓储设备规划

仓储设备是指仓库作业过程中所使用的设备，主要分为储存货架系统、装卸搬运设备、自动分拣系统、计量检验设备、通风保暖照明设备、消防安全设备以及物料保养设备等。仓储设备规划主要是指根据仓库的作业特点、所储存物品的种类以及机器理化特性，选择机械装备以及确定相应配备的数量。仓储设备规划是仓库系统规划的重要内容，关系到仓库的建设成本与运营成本，更关系到仓库的生产效率和效益。

6.3.4.1 储存货架系统的选择

货架是指在仓库中专门用于存放成件物品的保管设备，其分类、特征等详见第4章4.5.2部分。货架在仓库中占有非常重要的地位，随着现代工业的迅猛发展和物流量的大幅度增加，在现代仓库管理中，为了改善仓库的功能，不仅要求货架数量多、功能全，而且要便于仓库作业的机械化和自动化。因此，仓库在选择和配置货架时，必须综合分析多种因素，如图6-24所示。

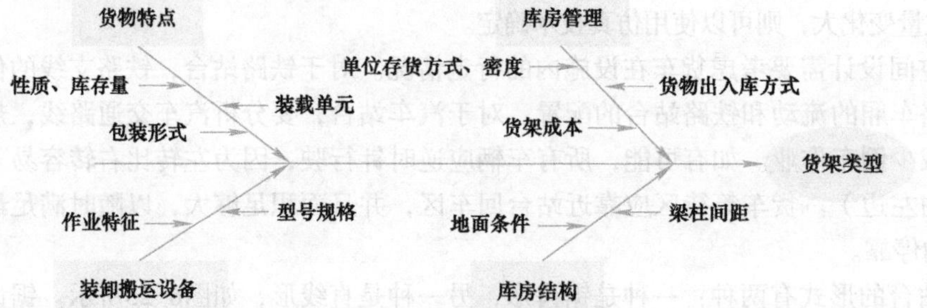

图6-24 选择货架应综合分析的因素

6.3.4.2 装卸搬运设备的选择

1．装卸搬运设备的分类

仓库的装卸搬运活动是否合理不仅会影响运输和仓库系统的运作效率，而且会影响企业整个系统的运作效率，因此，在仓库建设规划时，选择高效、柔性的装卸搬运设备，对仓库进行装卸搬运组织，加快进出库速度，提高作业效率十分必要。按照作业性质，装卸搬运设备主要分为三大类，见表6-9。

表6-9 装卸搬运设备分类

类 型	名 称	主要设备
第一类	装卸堆垛设备	桥式起重机、龙门式起重机、叉车和堆垛机等
第二类	搬运传送设备	蓄电池搬运车、内燃搬运车、拖车、汽车和带式输送机等
第三类	成组搬运设备	叉车、托盘和动力式输送机等

2．装卸搬运设备的选择原则

选择恰当的设备或设备系统是一件复杂的工作，通常需要遵循以下原则：

（1）必要性原则。装卸搬运作业的类型、作业环境、作业量、搬运距离及货物本身的物理化学性质等决定了装卸搬运设备的类型、额定作业能力和数量。装卸搬运设备的选择，必须以某项搬运或装卸步骤需要为基本原则。

（2）发展原则。装卸搬运设备都有一定的使用寿命，要充分考虑仓库或物流中心未来的发展和技术进步，以长远发展的眼光选择设备。

（3）系统原则。为装卸搬运所选用的设备不仅仅是局限于仓库作业的某一环节，它要在整个系统的总目标下发挥作用，即使是一辆单独的叉车或一台单独的输送机，也是整个装卸搬运系统中的一个组成部分。

（4）简化原则。遵循简化原则，选用合适的规格型号。

（5）优化原则。通过多个方案比较，选择价格低廉的设备，设计适当的搬运方式，最优地完成某项搬运工作。

3．装卸搬运设备的选择方法

（1）根据搬运距离与物流量组合关系图，选择搬运设备。详细内容见第5章5.2.3.2部分。

（2）根据设备的技术指标、经济特性以及可维修性等选择装卸搬运设备。

1）设备的技术性能。设备能否胜任工作及设备的灵活性要求等。

2）设备的可靠性。在规定的时间内能够正常工作而不出现故障，或出现一般性故障容易立即修复且安全可靠。

3）与工作环境的适应性。工作场合是露天的还是室内的，是否有振动，是否有化学污染及特定环境要求等。

4）经济因素。经济因素包括投资水平、投资回收期及性能价格比等。

5）可操作性和使用性。操作是否易于掌握，培训的复杂程度如何等。

6）能耗因素。设备的能耗应符合燃烧与电力供应情况。

7）备件及维修因素。备件和维修应方便、可行。

（3）根据作业性质和作业场合、作业运动形式、作业量、物品种类与性质等选择装卸搬运设备。

1）作业性质和作业场合。装卸搬运作业性质和作业场合不同，需要的装卸搬运设备类型也不同，要根据具体作业是单纯的装卸或单纯的搬运，还是装卸、搬运兼顾，选择合适的设备类型。

2）作业运动形式。装卸搬运作业运动形式不同，需配备的设备不同。对于水平运动，可选择货车、牵引车和小推车等设备；对于竖直运动，可选择提升机、起重机等设备；对于倾斜运动，可选择连续运输机、提升机等设备；对于竖直及水平组合运动，可选择叉车、起重机和升降机等设备；对于多平面式运动，可采用旋转起重机等设备。

3）作业量。装卸搬运作业量的大小决定了装卸搬运设备的能力需求，从而影响了装卸搬运设备类型与数量的确定。当作业量大时，应配备作业能力较高的大型专用机械设备；当作业量小时，最好采用构造简单、造价低廉而又能保持相当生产能力的中小型通用机械设备。

4）物品种类与性质。物品的种类不同，其物理性质、化学性质以及外部形状和包装也不同，有大小、轻重之分，有固体、液体之分，有散装、成件不同，对装卸搬运设备的要求也不尽相同。装卸搬运设备的选择，应尽可能符合物品特性的要求，以保证作业安全和货物完整无损。

（4）装卸搬运设备的配套。成套地配置装卸搬运设备，使前后作业相互衔接、相互协调，是保证装卸搬运工作持续进行的重要条件。因此，需要对装卸搬运设备在生产作业区、数量吨位、作业时间、场地条件及周边辅助设备上做适当的协调。

4. 装卸搬运设备数量的确定

装卸搬运设备的配置数量主要根据仓库装卸作业和装卸设备作业能力确定，具体的确定因素与原则见表6-10。

表6-10 装卸搬运设备数量确定因素与原则

序号	因素	确定原则
1	作业量	物品作业量大，需要的设备数量就越多，反之则少
2	设备类型与性能	设备类型与性能决定其作业能力，综合考虑实际作业能力需求和设备特点，尽量选择作业效率高、适应性强且安全可靠的设备
3	作业均衡性	物品装卸搬运作业大都是多环节、多机联合作业，要保持作业的连续性和均衡性，各环节的设备配置数量要按照各个环节的作业内容和特点，做到基本均衡
4	作业时间	在一定条件下，装卸搬运设备数量越多，作业时间越短，但超过一定限度，作业效率就会下降
5	作业条件	装卸搬运设备数量的确定要考虑作业面的大小，尽量避免设备作业过程的相互干扰

表6-10为装卸搬运设备数量确定的定性原则，也可以用式（6-9）和式（6-10）定量确定机械设备的数量配置：

$$Z=\sum_{i=1}^{m}Z_i \qquad (6\text{-}9)$$

式中 Z——仓库内机械设备总台数；

m——机械设备类型数；

Z_i——第i类机械设备台数。

Z_i的计算公式如下：

$$Z_i=\frac{Q_{ci}}{24t_ip_ik_i} \qquad (6\text{-}10)$$

式中 Q_{ci}——第i类机械设备计划完成的年作业量，单位为t；

t_i——设备i的年日历工作天数，单位为d；

p_i——设备i的台时效率，单位为t/h；

k_i——设备i的利用率，如果没有实际资料，可以按每天一班制取0.15～0.2、两班制取0.3～0.35、三班制取0.4～0.5。

例6-4 某装卸桥—固定输送机—斗轮堆取料机单向物流装卸搬运系统的储存物品为煤炭，各类设备的计划完成作业量见表6-11，求所需的设备台数。

表6-11 各类设备的计划完成作业量

操作流程	计划年作业量/kt	设备计划年作业量/kt		
		装卸桥	固定输送机	斗轮堆取料机
船—驳	3100	3100		
船—货场	2300	2300	2300	2300
货场—驳	1800		1800	1800
总计		5400	4100	4100

解：先计算各类设备要完成的年计划作业量，然后确定各类设备计算所需的参数（见表6-12）。

表6-12　设备台数计算参数

计算项目	装卸桥	固定输送机	斗轮堆取料机
设备的计划年作业量Q_{ci}/kt	5 400	4 100	4 100
年日历天t_i/d	365	365	365
设备的台时效率p_i/（t/h）	330	1 025	350
设备的利用率k_i	0.42	0.40	0.43

根据表6-12的数据以及式（6-10），可以计算得到：

$$Z_1=\frac{Q_{c1}}{24t_1p_1k_1}=\frac{5\,400\,000}{24\times365\times330\times0.42}\text{台}=4.45\text{台}$$

$$Z_2=\frac{Q_{c2}}{24t_2p_2k_2}=\frac{4\,100\,000}{24\times365\times1\,025\times0.40}\text{台}=1.14\text{台}$$

$$Z_3=\frac{Q_{c3}}{24t_3p_3k_3}=\frac{4\,100\,000}{24\times365\times350\times0.43}\text{台}=3.11\text{台}$$

装卸桥的计算需求数量为4.45台，实际配置5台；固定输送机的计算需求数量为1.14台，实际配置2台；斗轮堆取料机的计算需求数量为3.11台，实际配置5台，这是由设备的配套性决定的，1个装卸桥需要1个斗轮堆取料机。当斗轮堆取料机配置5台时，由于工作量不饱满将造成设备闲置。

这样，根据式（6 9）可以计算出该装卸搬运系统需要的设备数量总和为

$$Z=Z_1+Z_2+Z_3=(5+2+5)\text{台}=12\text{台}$$

6.3.4.3　自动分拣系统的选择

自动分拣系统的类型比较多，不同的自动分拣系统有不同的结构形式、性能参数以及适用场合，详细内容请参考第4章的4.2.3部分。

6.3.4.4　计量检验设备

计量检验设备用于储存物品进出时的计量、点数以及存货期间的盘点、检查等的设备，如地磅、轨道衡、电子秤、电子计数器、流量仪、皮带秤、天平仪以及比较原始的磅秤、卷尺等。随着仓储管理现代化水平的提高，现代化的自动计量检验设备将会得到更多的应用。

6.3.5　储存系统规划

仓库储存系统规划主要解决四个问题：①储存系统的大小；②具体物品的储存和拣货方法；③物品储存位置的分配；④达到一定程度的高效率和高水平所增加的成本。事实上，上述四个问题之间以不同的方式相互关联。储存系统的大小与物品的储存和拣货方法有关，而且与物品的储存位置分配方法有关，而物品的特性会影响储存的方法。所以，必须进行仔细的规划才能有效地解决上述问题。

1. 储存空间大小的要求

仓库的储存空间大小有时也称为库容量。库容量是仓库设计和使用中的主要参数之一，库容量

过小不能满足储存货物的需要，库容量过大则会造成浪费并增大投资。通常仓库的首要任务就是为每一存储单元（SKU）分配足够的储存空间，为达到此目的，采用一种存储分析表用于表示对存储和仓储的空间大小要求，见表6-13。此表表明各种不同种类的物品、集装单元的类型、各项物品的储存数量以及需要的储存空间。对表6-13中需要说明的是如何决定各种物品的储存数量。

表6-13 存储分析表

物品名称	类型	集装单元			集装单元储存数量（个）			储存方法	储存空间		
		容量	尺寸/（m×m×m）	重量/kg	最大	平均	计划		规格/（m×m×m）	面积/m^2	净高/m
三槽铝轨	捆	50根	0.45×0.7×7.3	570	14	5	12	悬臂式货架	每边四臂1.2×3.6×1.8	192	24
玻璃	支架	4张	2.4×1.2×1.2	180	20	13	15	托盘货架	1.2×1.2×6.7（四层）	240	24
粘胶剂、防水剂	纸箱	152m	0.3×0.1×0.3	9.5	20	12	8	工业轻型货架		12	9

例6-5 某制造厂生产的产品X，仓库每天要从此厂平均进货30箱，安全库存期为4天，订单提前期为7天，而且订单数量要满足30天的需求。试问应该储存物品的集装单元的最大和平均数量分别是多少？

对于该问题，库存再订货点为安全库存加上订货提前期的需求量，故为330箱；仓库储存的最多数量为安全库存加上一次订货量，故为1 020箱；仓库储存的平均数量为安全库存加上一半订货量，故为570箱。给一个储存单元分配的储位数必须能够容纳它的最大库存水平。

2. 物品储存位置的分配方式

储存系统的规划和设计涉及各类物品储存单元储存位置的分配问题。通常，解决这一问题的方法是在储存单元的吞吐量和储存空间之间做出权衡。吞吐量是单位时间内所完成储存和拣取次数的一种度量，例如每班（8h内）存取256次。另外，也可以用完成一次存取操作所需要的时间来表示，例如每次存或取为1.5min。显然，吞吐量表示不同物品的物料搬运活动，并具有动态和随机的性质。储存空间则被视为具有静态性质。储存位置分配最基本的有随机储存或指定储存两种方式。

（1）随机储存（Randomized Storage，RS）。将进货的物品储存到库内现有任何可用的储位称为随机储存，这是最简单的存取策略。如现有空位超过一个以上，理论上说，进货被分配到任何空位上的概率是相等的。实际上，进货总是被指派到离货物装卸点最近的空位上。所以，不少设施规划和物流研究人员指出，随机策略下的存取并非“纯粹的随机”，操作人员总是趋向于就近位置的存取。为了避免产生某一储存单元无限期地被锁定在一个位置空置的问题，一般常采取先进先出（FIFO）的存取原则，保持与库存周转的一致。

（2）指定储存（Dedicated Storage，DS）。将要求储存的物品根据其类型储存在预先指定的位置称为指定储存。应用此方法时，依据活动水平和库存水平将一类物品储存单元分配一定数量的特定存储位置。活动水平为吞吐量对分配的存储位置数的比值。快速周转货物有大的比值，反之慢速周转货物有小的比值。值得注意的是，活动水平和每分钟时间内存取的次数相关，和搬运物品的数量无关。此外，在指定储存中，同一份订单所要的物品应该储存在一起以便搬运。

随机储存和指定储存两种方式的优缺点见表6-14。

表6-14 随机储存和指定储存两种方式的优缺点

类型	空间需要	优缺点
随机储存	最大总库存水平倾向于低于各种物品最大库存水平之和	能保持较高的库存空间利用率，但花费在寻找物品的储存位置的时间多，仓库常会变得杂乱无章，吞吐量和操作效率降低
指定储存	库存空间等于货物的最大库存水平	库存空间利用率较低，货物摆放整齐，各种存取机械设备能得到充分的利用，可以达到较高的吞吐量和操作效率

（3）基于级别储存。根据帕累托法则，仓库中大约20%的物品占用了80%的存取作业，15%的存取作业用于30%的物品，而其余50%的物品只用了5%的存取作业。所以，可以根据该项物品所占总存取作业的比例，将储存物品分为三个等级。占0～5%总存取作业的物品为C级，占5%～20%者为B级，其余则为A级。为了将物品的存取工作量降低，A级物品必须储存于紧靠进出货的装卸点处，B级物品则为其次靠近，C级物品就可以远一些。虽然每一级物品有指定的储存空间，但任一宗物品可以随机储存在指定储存此物品的任何空闲空间，这就是基于级别储存（Class-based Storage）的方法。

由此可见，随机储存和指定储存是两个极端，而基于级别储存正好落入两者之间，是它们的折中。在基于级别储存中，假如所有物品都组成一个级别，就变成了随机储存；相反，如果物品分成许多级别，就变成了指定储存。

可以用图形来表示这些不同物品储存的策略和方法，图6-25所示为随机储存策略下的物品在仓库内的分布。图6-26所示为A、B、C三级物品的基于级别储存策略下的分布。

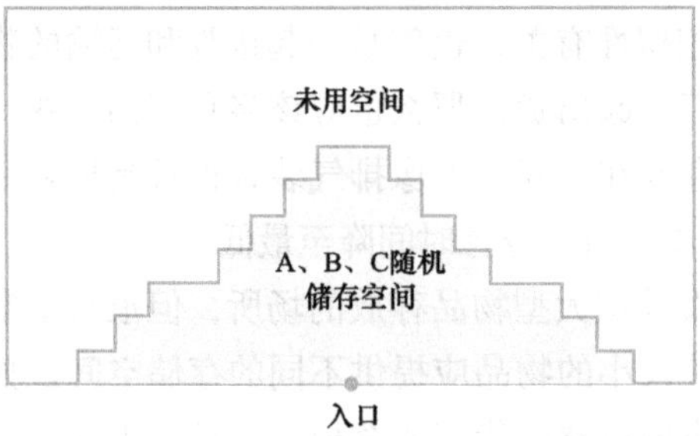

图6-25 随机储存策略下的物品在仓库内的分布

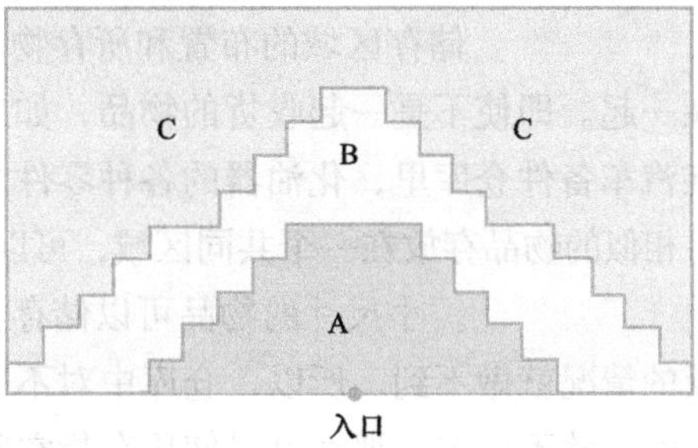

图6-26 A、B、C三级物品的基于级别储存策略下的分布

总而言之，这种基于级别的专用储存应用了帕累托分析方法去区别快速、中速和慢速周转的货物（也就是熟知的ABC库存管理法），而随机储存用于同一级别内，具有充分利用空间的好处，这样就和指定储存吞吐量大的好处结合起来。

3．物品储存位置的分配原则

尽管前面已经提到了物品储存位置分配的三种方式，但是在实际位置分配时还需要结合以物品性质为核心的分配原则来寻求最优的分配位置。主要的分配原则包括常用性原则、相似性原则、产品尺寸原则以及物品特性原则等。

（1）常用性。按照帕累托原则，对最常用的物料（约占20%），为便于拣取应使存取距离最短。物料的储存位置分配应如图6-27所示。

当收发货位置（进货口与出货口）不相邻时，需要根据收发货次数进行储存位置的分配。对于每一种物品计算η=收货次数/发货次数。当η>1时，则物品应储存在靠近入口处。当η<1时，则物品应储存在靠近出口处。当η≈1时，搬运次数越高的物品应储存在越接近通道的位置。

设有A、B、C、D、E、F六种产品，各种产品收货往返运输次数和出货往返运输次数的比例见表6-15，在其他各种条件相等时储存布置应如图6-28所示。

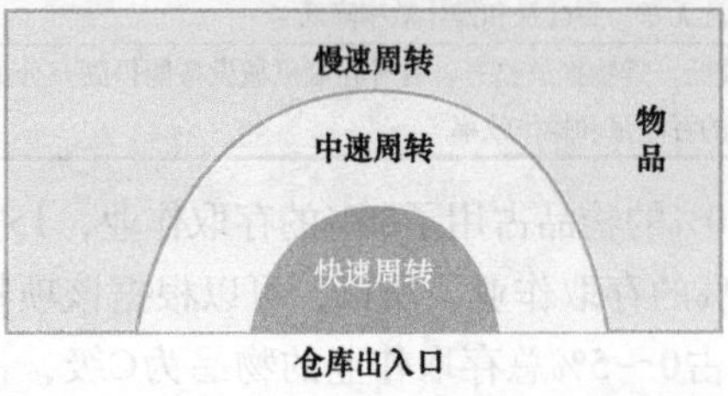

图6-27 根据常用性决定的物品存储位置分配图

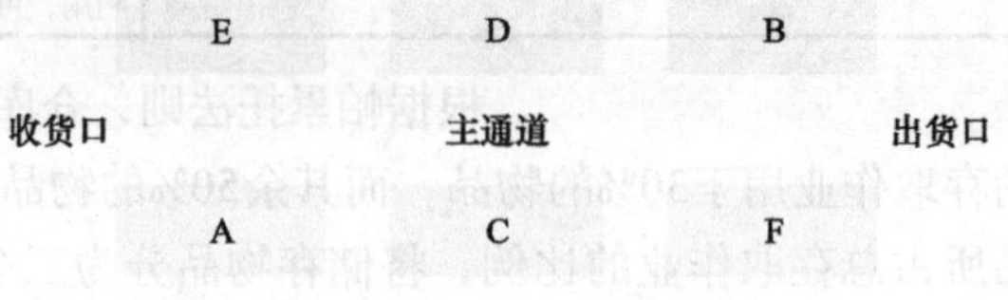

图6-28 六种产品的储存布置图

表6-15 产品收货往返运输次数和出货往返运输次数的比例

产 品	收货往返运输次数	出货往返运输次数	收货次数/出货次数
A	18	9	2
B	4	15	0.27
C	9	10	0.90
D	8	11	0.73
E	13	6	2.17
F	2	16	0.13

（2）相似性。储存区域的布置和所存物品的相似性有关，也就是一起接收和运输的物品应存放在一起。即使不是一起收货的物品，如果它们一起出货，那么也应该将它们储存在一起。例如在汽车备件仓库里，化油器的各种零件总是存放在一起，就像排气装置也总是放在一起一样。将相似的物品存放在一个共同区域，可以使订单接收和分拣时间降至最低。

（3）物品尺寸。小尺寸的物品可以储存在原设计供大型物品存放的场所，但浪费了空间，而相反的情况就做不到。所以，仓库中对不同尺寸大小的物品应提供不同的存储空间。如果存放物品的尺寸不确定，那么可以使用存货空间大小可调整的货架或搁板。通常，重的、体积大的、难以搬运的物品，应接近出货口。假如两件物品都是常用的，则体积更大、搬运更笨重的应放在接近出货口的地方。

（4）物品特性。所存物料的特性经常会使储存的方法和常用性、相似性及尺寸等所考虑的储存原则大相径庭。这些重要的物料特性有以下几个：

1）易腐烂物料。考虑到此种物品在货架上的寿命，需要提供一个受控制的环境。

2）奇形怪状、易碎的物品。奇形怪状的物品通常会造成搬运和储存的困难，通常将这样的物品储存在开放空间中；对于易碎的物品，需要适当调整单元载荷尺寸和储存方法。

3）危险物料。例如油漆、丙烷及其他可燃化学品需要和普通物料分开单独储存。

4）兼容性问题。某些物品或化学品与其他物品或化学品放在同一个区域会不稳定，或产生污染，或起化学反应。例如，黄油和鱼类都需要冷藏，但如果放在一间冷藏库内黄油就会吸收鱼腥而产生异味。

4．储存空间利用

仓储中无论采用何种储存设备，即使是最简单的就地堆放，由于通道和蜂窝空缺也会不可避免地产生空间损失。空间损失将造成空间浪费，但是这种损失不能完全消除，只能将其减少到最低限度。在存储区布置时，需要考虑空间的保持、空间的限制以及易接近性等，最大限度地利用仓库空间。

（1）仓库的空间损失。蜂窝损失是指仓储中因为分类堆放产生的一种空间损失。以图6-29所示的储存形式为例，一个通道两侧各有一排物品，每排物品有4列，每列有4层。假如在一列货堆上取走一层或几层物品，由于未被取尽，产生的空缺不能被其他物品填补，留下的空位如同蜂窝，故名蜂窝空缺。蜂窝空缺影响了仓库空间的充分利用，造成了储存空间的浪费。而通道损失则是由于在存储空间中，设置的通道占据了有效的堆放面积产生的损失。无论分类堆码，还是货架储存，都存在通道损失，如图6-30所示。

蜂窝损失空缺系数的计算方法如下：

$$E(H)=\frac{1}{n}\sum_{i=0}^{n-1}\frac{i}{n} \tag{6-11}$$

式中　n——一列货位堆码的货物件数。

以图6-29为例，一列货物有4个货位，则在储存过程中可能有四种状态，分别只在1，2，3或4层堆放了物品，相应的空缺数分别为3/4，2/4，1/4和0。假设四种状态的出现概率都是1/4，则空缺系数H_1的期望值是

$$E(H_1)=\frac{1}{n}\sum_{i=0}^{n-1}\frac{i}{n}=\frac{1}{4}\times\left(\frac{3}{4}+\frac{2}{4}+\frac{1}{4}+0\right)=0.375$$

同理，可计算图6-30的空缺系数H_2为

$$E(H_2)=\frac{1}{n}\sum_{i=0}^{n-1}\frac{i}{n}=\frac{1}{8}\times\left(\frac{7}{8}+\frac{6}{8}+\frac{5}{8}+\frac{4}{8}+\frac{3}{8}+\frac{2}{8}+\frac{1}{8}+0\right)=0.437\,5$$

若不考虑通道深度方向的情况，通道损失可用下式计算：

$$L_a=W_a/(W_a+2d) \tag{6-12}$$

式中　W_a——通道宽度；
　　　d——货堆的深度。

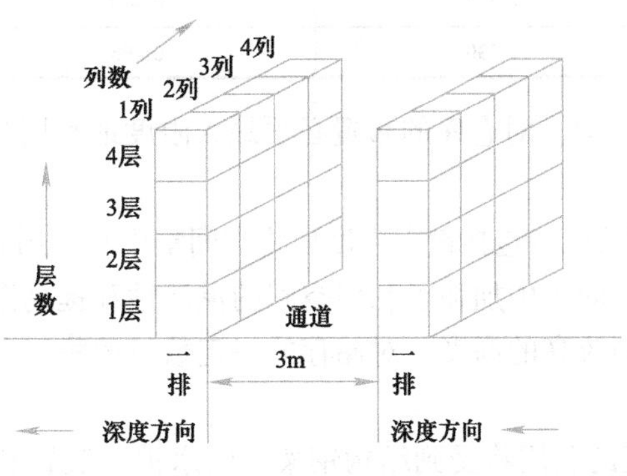

图6-29　物品在地面上的简单堆放示意图（货架深度为1）

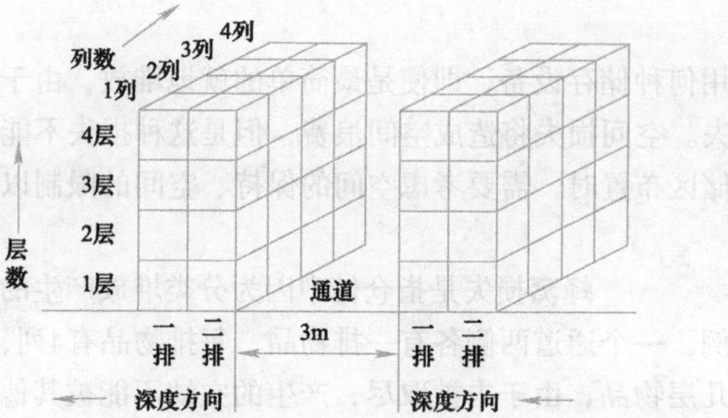

图6-30 通道宽度对立体空间损失的影响示意图（货架深度为2）

假设图中使用的托盘深度为1m，则图6-29与图6-30的通道损失 L_{a1} 与 L_{a2} 分别为

$$L_{a1}=\frac{W_{a1}}{W_{a1}+2d}=\frac{3}{3+2\times1}=0.6$$

$$L_{a2}=\frac{W_{a2}}{W_{a2}+2\times2}=\frac{3}{3+2\times2}=0.429$$

蜂窝损失是在通道损失的基础上计算的，即 $L_H=E(H)\times(1-L_a)$。

$$L_{H1}=E(H_1)\times(1-L_{a1})=0.375\times(1-0.6)=0.15$$

$$L_{H2}=E(H_2)\times(1-L_{a2})=0.437\,5\times(1-0.429)=0.249$$

总空间损失=蜂窝损失+通道损失。

尽管通过增加货位深度，比如用双深货架代替单深货架，蜂窝损失会增加，通道损失和空间损失都会减少。通过典型计算，不同货位深度时的通道损失、蜂窝空缺损失以及总空间损失可见表6-16。但是，货架加深后，出入库和装卸搬运等操作会产生诸多不便，所以需要全面考虑。

表6-16 仓库空间损失参考表

货位深度	通道损失	蜂窝损失	总空间损失
1	0.600	0.150	0.750
2	0.429	0.249	0.678
3	0.333	0.305	0.638
4	0.273	0.340	0.613
5	0.230	0.366	0.596

（2）充分利用空间的因素。对仓库的布置必须最大限度地利用空间，在仓库布置时必须考虑以下几个因素：

1）空间的保持。空间的保持包括最大限度地将空间集中和利用立体空间，以及将蜂窝损失降到最低。最大限度地将空间集中加强了利用空间的灵活性和提高搬运大订单的能力。立体空间的利用可以把货物储存到较高的高度。对储存的一定数量的物料以适当高度和深度存放，则可将蜂窝损失降到最低。

2）空间的限制。空间的利用将受到结构钢架、喷水消防装置和顶棚高度、地面载荷强度（对多层建筑特别重要）、立柱以及物料安全堆放高度等的限制。通过围绕立柱紧凑地堆放物料，尽量将立柱对空间利用的负面影响降到最低。安全堆放物料高度要考虑每种物料存放的易碎性和稳定性、能否安全存取等因素。特别是堆放需要人工拣取的物料，操作者应能安全拣取而不需要过分努力勉强才能取到。

3）易接近性。过分强调空间的利用可能会导致不易接近物料。通道的设计必须要足够宽，便于物料搬运；而且每一个储存孤岛的接触面都应有能进入的通道；所有主要通道都应是直的，可通向门；通道的方向应能使大多数物料沿储存区的最长轴线存放；通道不应沿着一面墙设置，除非这面墙有门。图6-31b中所示的主要的储存物品没有沿建筑物长轴存放，故布置不当；而图6-31a中所示的物品存放方式则符合上述原则，故布置合理。

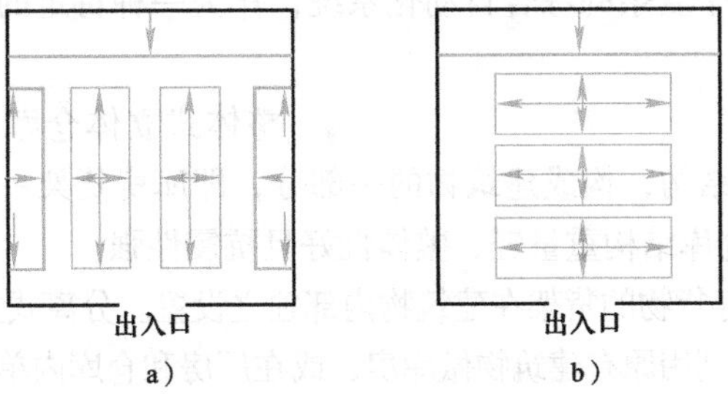

图6-31　存储区的易接近性

6.3.6　仓库系统规划方案评价

仓库系统规划是一个非常复杂的问题，它受多种因素影响和制约。不管是全面规划还是局部规划，都可以提出若干个规划方案，最后则需要确定一个最优方案。规划方案的优劣，主要看其是否符合规划的原则和具体要求，任何规划的原则和要求都是多方面的，因此，对规划的评价应是全面综合的评价。

对规划方案的评价与选优，可采用定性方法或定量方法，也可以采用定性、定量相结合的方法。定性的方法主要是根据规划的原则，凭经验判定优劣。这种方法简单易行，但缺乏准确性。定量分析的方法是用一系列的指标来表示原则和要求，对若干个方案进行比较就是对多项指标进行比较，属于多目标决策问题。就不同的方案而言，每个方案都各有优缺点，表现为各项分指标值有大有小，这时可以通过计算每个方案的指标总值来判定好坏。同时，由于各项指标的重要程度不一样，不能同等对待，这就需要给每个指标设定一定的权重来表示其重要性，各项指标的权重之和等于1。

6.4　自动化立体仓库

根据国家标准GB/T 18354-2006《物流术语》定义，自动化立体仓库系统（Automatic Storage & Retrieval System，AS/RS），又称为立体仓库，或自动存储取货系统，是指由高层货架、巷道式堆垛起重机（有轨堆垛机）、入出库输送机系统、自动化控制系统、计算机仓库管理系统及其周边设备组成，可对集装单元物品实现机械化存取和控制作业的仓库。

自动化立体仓库系统借助机械设备自动存储或取出货物，进行仓储物品的出入库管理，不需要仓库操作人员的直接参与。自动化立体仓库是现代物流系统迅速发展的一个重要组成部分，它具有节约用地、减轻劳动强度、消除差错、提高仓储自动化水平及管理水平、提高管理和操作人员素质、降低储运损耗、有效地减少流动资金的积压、提高物流效率等诸多优点。与厂级计算机管理信息系统联网以及与生产线紧密相连的自动化立体仓库更是当今计算机集成制造系统（CIMS）及柔性制造系统（FMS）必不可少的关键环节。

6.4.1 自动化立体仓库的分类和优缺点

1. 自动化立体仓库的分类

自动化立体仓库是一个复杂的综合自动化系统，作为一种特定的仓库形式，一般有以下几种分类方式：

（1）按照建筑物形式，分为整体式和分离式。整体式立体仓库是指货架除了存储货物以外，还作为建筑物的支撑结构，构成建筑物的一部分，即库房货架一体化。一般整体式立体仓库高度在12m以上。这种仓库结构重量轻、整体性好且抗震性强。

分离式立体仓库中储存货物的货架在建筑物内部独立设置。分离式立体仓库高度在12m以下，但也有15～20m的。适用于利用原有建筑物做库房，或在厂房和仓库内单建一个高货架的场所。

（2）按照货物存取形式，分为单元货架式、移动货架式和拣选货架式。单元货架式立体仓库是常见的仓库形式。货物先放在托盘或集装箱内，再装入单元货架的货位上。

移动货架式立体仓库是由电动货架组成的，货架可以在轨道上行走，由控制装置控制货架的合拢和分离。作业时货架分开，可在巷道中进行作业；不作业时可将货架合拢，只留一条作业巷道，从而提高空间的利用率。

拣选货架式立体仓库中的分拣机构是其核心部分，分为巷道内分拣和巷道外分拣两种方式。“人到货前拣选”是拣选人员乘拣选式堆垛机到货格前，从货格中拣选所需数量的货物出库。“货到人处拣选”是将存有所需货物的托盘或货箱由堆垛机移至拣选区，拣选人员按提货单的要求拣出所需货物，再将剩余的货物送回原地。

（3）按照货架构造形式，分为单元货格式、贯通式、水平旋转式和竖直旋转式。单元货格式仓库是一种使用最广、适用性较强的仓库形式。单元货格式仓库的特点是货架沿仓库的宽度分为若干排，每两排货架为一组，其间有一条巷道供堆垛起重机或其他起重机作业。每排货架沿仓库纵长方向分为数列，沿竖直方向分为若干层，从而形成大量货位，用以储存货物。在大多数情况下，每个货物单元比较小，或者采用钢筋混凝土的货架，则一个货位内往往存放两三个货物单元，以便充分利用货位空间，减少货架投资。单元货格式仓库的巷道占去了仓库1/3左右的面积。

为了提高仓库利用率，可以取消位于各排货架之间的巷道，将个体货架合并在一起，使每一层、同一列的货物互相贯通，形成能一次存放多货物单元的通道，而在另一端由出库起重机取货，成为贯通式仓库。根据货物单元在通道内的移动方式，贯通式仓库又可分为重力式货架仓库和穿梭小车式货架仓库。

水平旋转式仓库本身可以在水平面内沿环形路线来回运行。每组货架由若干独立的货柜组成，用一台链式传送机将这些货柜串联起来。每个货柜下方有支撑滚轮，上部有导向滚轮。传送机运转时，货柜便相应运动。需要拣取某种货物时，只需在操作台上给予出库指令。当装有所需货物的货柜转到出货口时，货架停止运转。这种货架对于小件物品的拣选作业十分合适，适用于作业频率要求不太高的场合。

竖直旋转式仓库与水平旋转式仓库相似，只是把水平面内的旋转改为竖直面内的旋转。这种货架特别适用于存放长卷状货物，如地毯、地板革、胶片卷及电缆卷等。

（4）按立体仓库的作用，分为生产性仓库和流通性仓库。生产性仓库是指工厂内部为了协调工序和工序、车间和车间、外购件和自制件物流的不平衡而建立的仓库，它能保证各生产工序间进行有节奏的生产。

流通性仓库是一种服务性仓库，它是企业为了调节生产厂商和用户间的供需平衡而建立的仓库。这种仓库进出货物比较频繁，吞吐量较大，一般都和销售部门有直接联系。

（5）按立体仓库要求的环境，分为一般性立体仓库、低温立体仓库、高温立体仓库以及其他特殊环境用的立体仓库。一般性立体仓库用于温度在0～40℃、湿度在45%～55%的常温常湿环境下物品的储存。储存温度在0℃以下物品的仓库称为低温立体仓库。储存温度在40℃以上物品的仓库称为高温立体仓库。其他特殊环境下使用的立体仓库，有防毒、防爆、防污染及防辐射等立体仓库。

2．自动化立体仓库的优点

自动化立体仓库的优点主要有以下几个方面：

（1）能大幅度地增加仓库的高度，减少占地面积。由于能充分利用仓库的竖直空间，其单位面积存储量远远大于普通的单层仓库（一般是单层仓库的4～7倍）。目前，世界上最高的立体仓库可达40多m，容量多达30万个货位。

（2）提高仓库的出入库频率。仓库作业全部实现机械化和自动化，一方面能大大节省人力，减少劳动力费用的支出，另一方面能大大提高作业效率。

（3）采用计算机进行仓储管理，可以方便地做到先进先出，并可防止货物自然老化、变质及生锈，也能避免货物的丢失。

（4）货位集中，便于控制与管理，特别是使用电子计算机后，不但能够实现作业的自动控制，而且能够进行信息处理。

（5）能更好地适应黑暗、低温、有毒等特殊环境的要求。例如，胶片厂把胶片卷轴存放在自动化立体仓库里，在完全黑暗的条件下，通过计算机控制可以实现胶片卷轴的自动出入库。

（6）采用托盘或货箱存储货物，货物的破损率显著降低。

3．自动化立体仓库的缺点

自动化立体仓库的主要缺点如下：

（1）由于自动化立体仓库的结构比较复杂，配套设备也比较多，所以需要的基建和设备的投资也比较大。

（2）货架安装精度要求高，施工比较困难，而且工期相应较长。

（3）存储弹性小，难以应付高峰时段的需求。

（4）对可存储的货物品种有一定限制，需要单独设立存储系统用于存放长、大、笨重的货物以及要求特殊保管条件的货物。

（5）自动化立体仓库的高架起重机、自动控制系统等都是技术含量极高的设备，维护要求高，因此必须依赖供应商，以便在系统出现故障时能得到及时的技术援助。

（6）对建库前的工艺设计要求高，在投产使用时要严格按照工艺设计要求作业。

（7）自动化立体仓库要充分发挥其经济效益，必须与采购管理系统、WMS及ERP等系统集成，而这些系统建设需要大量投资。

6.4.2 自动化立体仓库的构成

从本质上来说，自动化立体仓库系统是一个集成了仓库硬件设施、计算机软件程序以及控制技术的综合系统，融机械、电气、强电控制与弱电控制等技术于一体。自动化立体仓库主要由货物储存系统、货物存取和搬运系统、控制和管理系统三大系统组成，还包括其他辅助系统。

1. 货物储存系统

货物储存系统即立体货架系统，一般为钢结构或钢筋混凝土结构的多层货架，如图6-32所示。库内高层货架每两排合成一组，每两组货架中间设有一条巷道，供巷道式堆垛机和叉车行驶作业。每排货架分为若干纵列和横列，构成存货单元格（货格），单元格用于存放托盘、货箱或直接储存物品。一个货位的地址由其所在的货架排数、列数及层数唯一确定，自动出入库系统据此对所有单元格进行管理。

图6-32 多层货架示意图

2. 货物存取和搬运系统

货物存取和搬运系统承担货物存取、出入仓库的功能，由有轨或无轨堆垛机、出入库输送机、装卸机械等组成。堆垛机结构形式多种多样，如有轨、无轨结构，人工操作、非人工操作，人控、计算机控、遥控等类型。典型的堆垛机包含一个单立柱或双立柱结构、一个升降机、一个往复架，从储存系统中送入货物存取（Storage & Retrieval，S/R）设备或从S/R设备中取出货物送入储存系统。一般情况下，堆垛机有三个传动机构：水平传动、竖直传动和往复传动。水平传动和竖直传动可以同时进行，使S/R设备可以做对角移动从而减少行程时间，提高运作效率。出入库输送机可根据货物的特点采用带式输送机、机动辊道和链传动输送机等，主要将货物送到堆垛机上下料位置和货物出入库位置。装卸机械承担货物出入库装车或卸车的工作，一般由行车、叉车等机械组成。

3. 控制和管理系统

自动化立体仓库的控制和管理系统主要用于控制托盘搬运、堆垛机堆垛以及外围输送设备、管理物品出入库（出入库的原则和优化调度）、管理库存等信息以及与其他系统的接口。

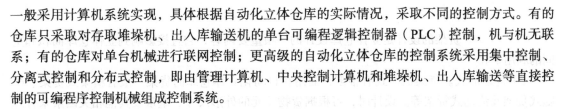

一般采用计算机系统实现，具体根据自动化立体仓库的实际情况，采取不同的控制方式。有的仓库只采取对存取堆垛机、出入库输送机的单台可编程逻辑控制器（PLC）控制，机与机无联系；有的仓库对单台机械进行联网控制；更高级的自动化立体仓库的控制系统采用集中控制、分离式控制和分布式控制，即由管理计算机、中央控制计算机和堆垛机、出入库输送等直接控制的可编程序控制机械组成控制系统。

4. 辅助系统

辅助系统主要包括以下几个方面：①供电系统；②通风及采暖系统；③照明系统；④消防报警系统；⑤信息流通系统等。

6.4.3 自动化立体仓库系统的设计

6.4.3.1 自动化立体仓库系统的设计步骤

自动化立体仓库的设计一般包括以下七个步骤：

1. 需求分析

需求分析主要是收集、研究企业的原始资料，明确企业的设计目标与设计标准。需要收集、分析的原始资料包括：

（1）明确自动化立体仓库与上、下游衔接的工艺过程。

（2）物流要求。上游进入仓库的最大入库量，向下游转运的最大出库量以及所要求的库容量，每日进、出库数量，入库和出库频率等。

（3）物料的规格参数。物料的品种数、物料包装形式、外包装尺寸、重量、保存方式及其他物料特性（例如易碎、怕光、怕潮等）等。

（4）立体仓库的现场条件及环境要求。包括气象、地形、地质条件、地面承载能力、风及雪载荷、地震情况以及其他环境的影响。

（5）企业对仓库管理系统的功能要求。

（6）了解企业对仓储系统的投资、人员配置等规划，以此来确定仓储系统的规模和机械化、自动化程度。

（7）其他相关的资料及特殊要求。

2. 确定自动化立体仓库的主要形式及相关参数

所有原始资料收集完毕后，可根据这些第一手资料计算出设计时所需的相关参数，包括：①对整个库区的出入库总量要求，即仓库的流量要求：②货物单元的外形尺寸及其重量；③仓库储存区（货架区）的仓位数量：④结合上述三点确定储存区（货架厂）货架的排数、列数及巷道数目等其他相关技术参数。

3. 合理布置自动化立体仓库的总体布局及物流图

一般来说，自动化立体仓库包括：入库暂存区、检验区、码垛区、储存区、出库暂存区、托盘暂存区、不合格品暂存区及杂物区等。规划时，不一定要把上述的每一个区域都规划进去，可根据用户的工艺特点及要求来合理划分各区域和增减区域。同时，还要合理考虑物料的流程，使物料的流动畅通无阻，这将直接影响到自动化立体仓库的能力和效率。

4. 选择机械设备类型及相关参数

（1）货架。货架的设计是立体仓库设计的一项重要内容，它直接影响到立体仓库面积和空间的利用率。

1）货架形式。货架的形式有很多，而用在自动化立体仓库的货架一般有横梁式货架、牛腿式货架及流动式货架等。设计时，可根据货物单元的外形尺寸、重量及其他相关因素来合理选取。

2）货格的尺寸。货格的尺寸取决于货物单元与货架立柱、横梁（牛腿）之间的间隙大小。同时，在一定程度上也受到货架结构形式及其他因素的影响。

（2）堆垛机。堆垛机是整个自动化立体仓库的核心设备，通过手动操作、半自动操作或全自动操作实现把货物从一处搬运到另一处。它由机架（上横梁、下横梁及立柱）、水平行走机构、提升机构、载货台、货叉及电气控制系统构成。

1）堆垛机形式的确定。堆垛机形式多种多样，包括单轨巷道式堆垛机、双轨巷道式堆垛机、转巷道式堆垛机、单立柱型堆垛机及双立柱型堆垛机等。

2）堆垛机速度的确定。根据仓库的流量要求，计算出堆垛机的水平速度、提升速度及货叉速度。

3）其他参数及配置。根据仓库现场情况及用户的要求，选定堆垛机的定位方式和通信方式等。堆垛机的配置可高可低，视具体情况而定。

（3）输送系统。根据物流图，合理选择输送机的类型，包括辊道输送机、链条输送机、带式输送机、升降移载机及提升机等。同时，还要根据仓库的瞬时流量合理确定输送系统的速度。

（4）其他辅助设备。根据仓库工艺流程及用户的一些特殊要求，可适当增加一些辅助设备，包括手持终端、叉车及平衡吊等。

5. 初步设计控制系统及仓库管理系统的各功能模块

根据仓库的工艺流程及用户的要求，合理设计控制系统及仓库管理系统（WMS）。控制系统及仓库管理系统一般采用模块化设计，以便升级和维护。

立体仓库的控制系统主要是堆垛机控制系统和输送设备控制系统。堆垛机控制系统可采用单片机与PLC相结合的方法，其中单片机负责处理用户界面、运动规划和上位机的通信；PLC负责低层的逻辑控制和各种安全保护。这样可使堆垛机的控制既具有PLC的可靠性和安全性，又具有单片机的灵活性和良好的用户界面。

立体仓库的管理系统可分为硬件体系和软件体系。硬件体系结构由管理计算机和监控计算机构成。管理计算机是整个管理系统的核心，中央控制室内的操作人员主要使用管理计算机对整个管理系统进行操作。软件体系结构主要由管理层软件和监控层软件两部分组成。管理层软件主要负责高层次的管理信息输入与处理的人机接口界面；监控层软件实现执行机构的状态检测与动作控制，是保证自动化立体仓库正常运行的核心软件。

6. 仿真模拟整套系统

对整套系统进行仿真模拟，可以对立体仓库的储运工作进行较为直观的描述，发现其中的一些问题和不足，并做出相应的更正，以优化整个AS/RS。一般可采用软件Flexsim对自动化立体仓库的设计方案进行仿真，模拟运行情况，进行方案的优化。

7. 进行设备及控制管理系统的详细设计

自动化立体仓库的上游、下游及其内部各子系统的协调，有一个木桶效应的问题，即最短的那一块木板决定了木桶的容量。有的仓库采用了很多的高科技产品，各种设施设备也非常齐全，但是由于各子系统间协调性、兼容性不好，造成整体运作能力比预期差很多。因此，在自动化立体仓库系统的设计过程中，需要在综合考虑各个子系统，如仓储设备、管理系统及控制系统之间协调的基础上进行详细的设计和选型。

6.4.3.2　自动化立体仓库系统的设计案例

内蒙古蒙牛乳业泰安有限公司乳制品自动化立体仓库，其后端与泰安公司乳制品生产线相衔接，前端与出库区相连接，库内主要存放成品纯鲜奶和成品酸奶。库区面积为8 232m^2，货架最大高度为21m，托盘尺寸为1 200mm×1 000mm，库内货位总数达19 632个，其中，常温区货位有14 964个，低温区货位有4 668个。入库能力为150盘/h，出库能力为300盘/h，出入库采用联机自动实现。

1. 工艺流程及库区布置

根据存储温度的不同要求，该仓库可划分为常温和低温两个区域。常温区储存鲜奶成品，低温区配置制冷设备，恒温4℃，存储酸奶。按照生产—存储—配送的工艺及奶制品的工艺要求，经方案模拟仿真优化，最终确定库区划分为入库区、储存区、托盘（外调）回流区、出库区、维修区和计算机控制室六个区域。

（1）入库区。入库区由66台链式输送机、3台双工位高速穿梭车组成。链式输送机负责将生产线码垛区完成的整盘货物转入各入库口，双工位穿梭车则负责生产线端输送机输出的货物向各巷道入库口的分配、转运及空托盘回送。

（2）储存区。储存区包括高层货架和17台巷道式堆垛机。高层货架采用双托盘货位，完成货物的存储功能。巷道式堆垛机则按照指令完成从入库输送机到目标货位的取货、搬运、存货及从目标货位到出货输送机的取货、搬运及出货任务。

（3）托盘（外调）回流区。托盘（外调）回流区分别设在常温储存区和低温储存区内部，由12台出库输送机、14台入库输送机、巷道式堆垛机和货架组成。它们分别完成空托盘回收、存储、回送，外调货物入库，退库产品入库、回送等工作。

（4）出库区。出库区设置在出库口外端，分为货物暂存区和装车区，由34台出库输送机、叉车和运输车辆组成。叉车驾驶员通过电子看板、射频（Radio Frequency，RF）终端扫描指导叉车完成装车作业，反馈发送信息。

（5）维修区。维修区设在穿梭车轨道外一侧，在某台穿梭车更换配件或处理故障时，其他穿梭车仍旧可以正常工作。

（6）计算机控制室。计算机控制室设在二楼，用于出入库登记、出入库调度、管理和联机控制。

2. 设备选型及配置

（1）货架

1）主要使用要求和条件。托盘单元载重能力：850kg/400kg（常温区/低温区）。存储单元体积：1 000mm（运行方向）×1 200mm（沿货叉方向）×1 470mm（含托盘货高）。库区尺寸：

98m×84m。库区建筑为拱形屋顶，最高点23m。

2）根据使用要求和条件，结合设计经验，经力学计算和有限元分析优化，确定采用具有异形截面，自重轻，刚性好，材料利用率高，表面处理容易，安装、运输和包装方便的双货位横梁式组合货架。其中，货架总高度有21 000mm、19 350mm、17 700mm、16 050mm、14 400mm和12 750mm六种。货架规模：常温区有14 964个货位；低温区有4 668个货位。

3）货架主材。主柱：常温区采用126型异型材，低温区采用120型异型材。横梁：常温区选用轧制异型材55BB，低温区采用5BB型异型材。地轨和天轨：地轨采用30kg/m的钢轨；天轨采用16＃工字钢。

4）采用的标准、规范。主要采用：JB/T 5323—2017《立体仓库焊接式钢结构货架 技术条件》；JB/T 9018—2011《自动化立体仓库 设计规范》；CECS：2390《钢货架结构设计规范》；Q/140100GYWL 001 2004货架用异型钢材标准。

5）基础及土建要求。仓库地面平整度允许偏差：仓库长度80m，允许偏差±10mm；在最大载荷下，货架区域基础地坪的沉降变形应小于1/1 000。

6）消防空间。货架背部有400mm的空间，其中200mm用于安装背拉杆，另外的200mm用于安装消防管道。

（2）有轨巷道式堆垛机

1）主要技术参数。堆垛机高度：21 000mm、19 350mm、17 700mm、16 050mm、14 400mm和12 750mm。堆垛机额定载重量：850kg/400kg。载货台宽度：1 200mm。结构形式：双立柱。运行速度：5～100m/min（变频调速）。起升速度：4～40m/min（变频调速）。货叉速度：3～30m/min（变频调速）。停准精度：起升、运行≤±10mm，货叉≤±5mm。控制方式：联机自动、单机自动及手动。通信方式：远红外通信。供电方式：安全滑触线供电。供电容量：20kW、三相四线制380V、50Hz。

2）设备配置。有轨巷道式堆垛机主要由金属结构、起升机构、货叉取货机构、载货台、断绳安全保护装置、限速装置、过载与松绳保护装置以及电气控制装置等组成，其主要装置和特点见表6-17。

表6-17 有轨巷道式堆垛机主要装置和特点

序号	装置名称	特点
1	驱动装置	采用德国德马格公司产品，性能优良、体积小、噪声小、维护保养方便
2	变频调整	驱动单元采用变频调速，可满足堆垛机出入库平稳操作和高速运行，起动性能好、调速范围宽、速度变化平稳、运行稳定，并有完善的过电压、过电流保护功能
3	堆垛机控制系统	选用分解式控制，控制单元采用模块式结构，当某个模块发生故障时，在几分钟内便可更换备用模块，使系统重新投入工作
4	安全保护装置	堆垛机起升松绳和过载、断绳安全保护装置；载货台上、下极限限位装置；运行及起升强制换速开关和紧急限位器；货叉伸缩机械限位挡块；货位虚实探测、货物高度及歪斜控制；电气联锁装置；各运行端部极限位置设缓冲器；堆垛机设作业报警电铃和警告灯

3）控制方式分为三种：手动控制、单机自动控制和在线全自动控制。堆垛机的手动控制是由操作人员，通过操作板的按钮和万能转换开关，直接操作机械运行，包括水平运行、载货台升降和货叉伸缩三种动作。单机自动控制是操作人员在出入库端通过堆垛机电控柜上的操作板，输入入（出）库指令，堆垛机将自动完成入（出）库作业，并返回入（出）库端待令。在

线全自动控制即操作人员在计算机控制室，通过操作终端输入入（出）库任务或入（出）库指令，计算机与堆垛机通过远红外通信连接将入（出）库指令下达到堆垛机，再由堆垛机自动完成入（出）库作业。

（3）输送机。输送机的主要技术参数和设备配置如下：

1）主要技术参数。额定载荷：850kg/400kg（含托盘）。输送货物规格：1 200mm×1 000mm×1 470mm（含托盘）。输送速度：12.4m/min。

2）设备配置。整个输送系统由两套PLC控制系统控制，与上位监控机相连，接收监控机发出的作业指令，返回指令的执行情况和子系统的状态等。

（4）双工位穿梭车。系统完成小车的调度，其中一个工位完成成品货物的接送功能，另一个工位负责托盘的拆卸分配。主要技术参数有：额定载荷1 300kg；接送货物规格1 200mm×1 000mm×1 470mm（含托盘）；拆最大空托盘数8个；空托盘最大高度1 400mm；运行速度5～160m/min（变频调速）；输送速度：12.4m/min。

3．计算机管理与控制系统

计算机管理与控制系统主要包括仓储物流信息管理系统和仓储物流控制与监控系统两部分。仓储物流信息管理系统实现上层战略信息流、中层管理信息流的管理；仓储物流控制与监控系统实现下层信息流与物流作业的管理。

（1）仓储物流信息管理系统。各个管理模块及其功能见表6-18。

表6-18　仓储物流信息管理系统管理模块及其功能

序　号	管理模块	功　能
1	入库管理	入库信息采集、入库信息维护、脱机入库、条码管理、入库交接班管理、入库作业管理及入库单查询等
2	出库管理	出库单据管理、出库货位分配、脱机出库、发货确认、出库交接班管理及出库作业管理等
3	库存管理	对货物、库区、货位等进行管理，实现仓库调拨、仓库盘点、存货调价、库存变动、托盘管理、在库物品管理、库存物品断货分析、积压分析、质保期预警、库存报表及可出库报表等功能
4	系统管理	对系统基础资料的管理，主要包括系统初始设置、系统安全管理、基础资料管理、物料管理模块及业务资料等模块
5	配送管理	车辆管理、派车、装车及运费结算等功能
6	质量控制	实现出入库物品、库存物品的质量控制管理，包括抽检管理、复检管理、质量查询及质量控制等
7	批次管理	实现入库批次数字化、库存批次查询及出库发货批次追踪
8	配送装车辅助	通过电子看板、RF终端提示来指导叉车进行物流作业
9	RF信息管理系统	实现入库信息采集、出库发货数据采集及盘点数据采集等

（2）仓储物流控制与监控系统。仓储物流控制与监控系统是实现仓储作业自动化、智能化的核心系统，负责管理调度仓储物流信息系统的作业队列，并把作业队列解析为自动化仓储设备的指令队列，根据设备的运行状况指挥协调设备的运行。同时，本系统以动态仿真的人机交互界面监控自动化仓储设备的运行状况。该系统包括作业管理、作业高度、作业跟踪、自动联机入库、设备监控、设备组态及设备管理等几个功能模块。

该自动化立体仓库的各项技术参数和性能指标均能达到设计要求，经过试运行及投产运行，全库设备运行稳定，收到了预期的效果。

案例与讨论

案例 基于FlexSim仿真的仓库系统分析与改善

1. 背景介绍

X企业是一家从事电器配件生产销售的民营企业，非常重视仓库的精益管理，经常采用新的管理技术和方法为决策提供依据。目前，该企业的中间仓库经常出现需要入库的配件无法及时入库、装配线急需的配件无法准时送达等问题。对此，企业决定采用基于FlexSim的仿真分析，为仓库的叉车分配与货位安排提供依据。

2. 仓库作业过程调研

通过现场调研，明确目前仓库储存的配件主要为配件A、B和C，占总仓库量的80%，因此选择这三种配件为研究对象。

仓库的作业过程为：①配件到达仓库入口；②人工卸货并搬运至分拣传送带，分拣至指定储存区域，由叉车送至货架；③根据订单信息叉车将配件从货架搬运至仓库门口打包出库。

根据历史数据拟合，三种配件到达仓库的时间间隔（min）服从均匀分布，参数分别为U（210-240），U（210-270）和U（240-300），数量分别是15、20和10箱。每隔U（60-90）有一个配件需求订单，包括6箱A配件，8箱B配件和4箱C配件。目前仓库有3个货架，采用纵列式布置，货架之间的间距为3m，单个货架可存储配件100箱。其中，配件A存放在货架2，配件B存放在货架1，配件C存放在货架3。仓库配置有6台叉车用于配件的出入库，每台叉车每次可搬运2箱配件。目前仓库作业过程中，叉车5和6负责入库，叉车1～4负责出库。

3. 仓库FlexSim模型构建

根据仓库调研的基本数据，构建FlexSim模型如图6-33所示。模型中的实体元素见表6-19。仓库模型实体之间的连接如图6-34所示，其中叉车路径是通过A*Navigation实现的。

表6-19 模型实体元素表

实体说明	实体类型	实体名称	实体数量
仓库收货区	Queue	仓库入口	1
卸货人员	Operator	卸载人员1和2	2
分拣传送带	Merge Sort	分拣传送带	1
传送带	Conveyor	传送带1、2和3	3
卸载区	Queue	卸载口1、2和3	3
叉车	Transporter	叉车1～6	6
货架	Rack	货架1、2和3	3
分配器	Dispatcher	入库/出库分配器及卸载分配器	3
订单暂存区	Queue	订单暂存区	1
订单合成	Combiner	打包合成器	1
订单出库区	Sink	订单出库口	1

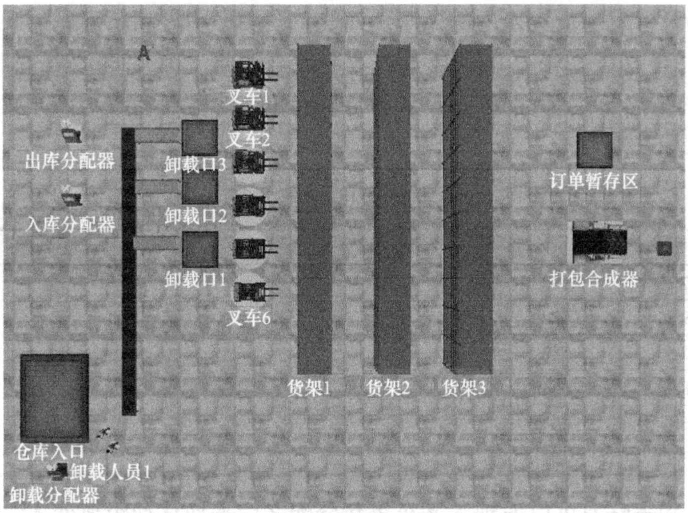

图6-33　仓库FlexSim模型示意图

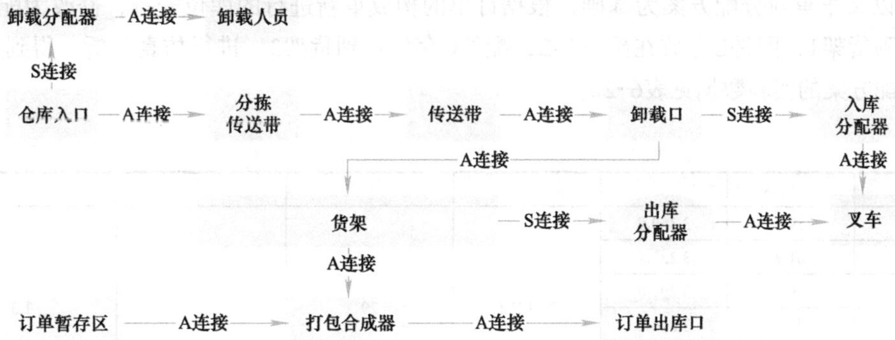

图6-34　仓库实体之间的连接示意图

4. 仿真分析与改善方案设计

根据建立的模型首先对现状进行仿真分析，定量识别目前仓库作业过程中的问题，为改善方案设计提供基础。

设定模型运行时间为8h/天，一周5天，共2 400min。货架上已有各类配件50箱的库存。运行模型10次，采集各叉车的利用率、移动距离及订单完成量和剩余量、叉车总移动距离等数据。各实验数据的平均值见表6-20。

表6-20　仓库叉车分配现状仿真实验数据

叉　车	利用率（%）	移动距离/m	移动总距离/m	订单完成量（个）	订单剩余量（个）	未入库配件数（箱）
1	62.7	3 001.3	19 963.5	27	7	31
2	61.5	2 495.1				
3	52.7	2 511.0				
4	54.0	2 642.2				
5	88.1	4 467.2				
6	87.3	4 846.5				

由表6-20可以发现负责入库的叉车（5和6）利用率明显高于出库的叉车（1～4）。同时，未入库的配件箱数较多，表明入库叉车不足。因此，将叉车重新分配，三台（4～6）负责入库，三台（1～3）负责出库。采用与现状相同的仿真参数对该方案进行分析，得到的实验结果见表6-21。

表6-21 仓库叉车分配改进方案仿真实验数据

叉车	利用率（%）	移动距离/m	移动总距离/m	订单完成量（个）	订单剩余量（个）	未入库配件数（箱）
1	67.2	3 687.8	22 314.5	28.7	5.3	1.3
2	69.5	3 520.1				
3	67.5	3 552.5				
4	68.2	3 658.3				
5	66.1	4 044.6				
6	63.7	3 851.1				

由表6-20和表6-21可以发现，叉车重新分配之后平均移动距离变大，但最终订单完成量增加、未入库配件数变少，各个叉车的利用率相对更加均衡。

以叉车重新分配方案为基础，根据订单的构成重新进行的库位安排，修改为配件A存放在到货架1，配件B存放在到货架2，配件C存放在到货架3。进行仿真分析，得到库位重新分配方案的实验数据见表6-22。

表6-22 库位重新分配方案仿真实验数据

叉车	利用率（%）	移动距离/m	移动总距离/m	订单完成量（个）	订单剩余量（个）	未入库配件数（箱）
1	59.9	3 350.9	21 121.0	29	5	1.3
2	61.9	3 221.7				
3	59.9	3 291.0				
4	71.6	3 816.6				
5	70.5	3 741.0				
6	68.7	3 699.8				

对三种方案（含现状）进行比较，发现经过叉车和库位重新分配之后的方案最好。尽管总移动距离相比现状有所增加，但未入库配件数量明显减少，而且订单的完成量也有增加。

思考：

从目前的仿真结果看，X企业仓库的叉车利用率依然偏低。为了节约成本，企业准备减少一台叉车，对于剩下的5台叉车如何分配入库和出库数量？现阶段每个货架只能单独放一种配件，如果货架可以同时存放三种配件，那么应如何进行库位安排？这些决策都可以通过基于FlexSim的建模与仿真分析科学制定。

习题与思考题

1. 在三种物品储存位置的分配中，比较指定储存、随机储存和基于级别储存这三种基本模式，具体说明三种模式的原理和区别。

2. 参见图6-35设计某仓库物品的存储位置。假设在仓库内是直线行程，仓库内30%的作业是储存，与其相平衡的作业是拣货。现设A、B和C为要储存的三种物品，需要的存储位置的数量分别为10个、30个和20个。每天需要的吞吐量分别是来往60次、10次和30次行程。存储位置分别为2m×2m，采用指定储存。

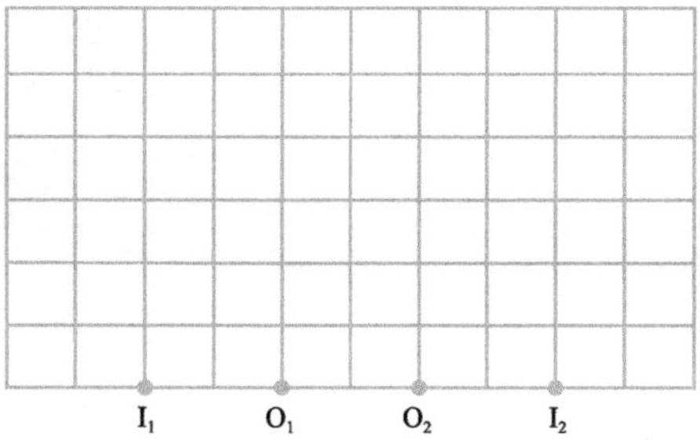

图6-35　仓库简图

（1）假设储存物品总是从接近的进货点（I_1或I_2）出发，从最接近的出货点（O_1或O_2）出货。要求对这些物品做出指定储存的布置。

（2）假设进货在I_1和I_2点之间均分，出货在O_1和O_2点之间均分，要求做出指定储存的布置。

（3）假设分成两级，应该如何进行基于级别储存？

3. 某制造厂生产产品Y，仓库每天要从此厂进货平均30箱，安全库存期为5天，订单提前期7天，而且订单数量要满足15天的需求。试问应该储存的最大量和平均单元载荷量是多少？

4. 如何选择装卸搬运设备以及确定装卸搬运设备的数量？

5. 为什么说仓库作业过程管理对企业订单处理速度和质量至关重要？

6. 仓库管理有哪些内容？应遵循哪些原则？

7. 与传统的仓库相比较，自动化立体仓库有哪些优点？

8. 仓库系统布局规划一般按照什么流程进行？

第7章 设施布置问题求解及其计算机辅助设计和仿真

7.1 制造系统设施布置的建模分析

1．模型分类

制造系统的布置设计方法可分为图论法和定量分析法两类。图论法是基于对设施尺寸和生产工艺的要求，进行材料流及活动关系分析，形成空间关系图；然后，根据实际可用的面积做出几种布置方案，进行评价择优。早期的布置设计多采用图论法对车间进行定性分析，随着布置优化程度的提高，研究热点主要集中于定量分析法。

定量分析法是指建立布置模型，并应用各种算法对其求解，最终得到一个较优的布置方案。人们对设施布置设计进行了大量的研究工作，提出了多种建模方法，主要有以下三类：

（1）图与网络的方法。它主要有活动循环图法、关键路径法、Petri网和组合网络等。

（2）数学分析方法。此类方法通过建立数学模型对制造系统进行建模，主要有极大代数法、扰动分析法和排队网络法。

（3）综合方法。在设备布置建模过程中，随着面向对象技术的发展与应用，研究者们尝试将其与其他建模方法相融合，如与Petri网结合形成面向对象的Petri网等，降低了Petri网建模和分析的难度，增加了建模的描述能力和功能实现能力。

平面布置问题中有两类主要问题。一类是二次分配问题（Quadratic Assignment Problem，QAP），QAP问题可理解为有n个设施和n个位置，每个设施要求分配至一个位置，设施i到设施j之间的流量为a_{ij}，位置k到位置l之间的距离为b_{kl}，φ是n个设施到n个位置的一个映射。QAP问题的目标是使各个设施间的流量与距离乘积之和最小。另一类可归结为混合整数规划（Mix Integer Programming），要求在给定的平面区域上，布置若干设备，每台设备有面积要求，布置时设备之间没有干涉，并满足安全距离。

2．优化目标

传统的布置问题以零件在车间总的传输费用评分值最小为第一优化目标，通常传输费用通过传输的时间、距离等来评价，虽然简化了数学模型，但与实际生产中传输的物料重量越来越不符。随着布置设计的发展，在传统的布置问题优化目标的基础上增添了许多新的目标，这使得设备布置问题的优化目标需要从多个方面考虑。

以往在建立布置模型时较多考虑缩短物料搬运的时间或距离，而没有考虑不同种类、不同重量的物料在车间物流中的不同情况，于是提出了目前建模中比较常用的“搬运矩”的概念，它是指在搬运工件时，所搬运工件的重量与搬运路程的乘积。

第二是工作场地面积利用率最大化。工作场地面积给企业带来运营成本，必须尽量减少场地闲置，使每一块面积都带来经济效益。

第三是综合考虑传输费用和车间布置面积两个因素，但确定这两者的权重仍需要经验和专家意见，是个难题。

第四是考虑逆向路程与正向路程对物流的影响不同，包括车间内物流的方向性要求，例如对横向搬运和纵向搬运有不同的优先性，但没有建立其与正向路径、物流传输之间的关系。

第五是考虑重新布置费用，重新布置费用是指移动设备的费用和物料运输费用的总和。针对产品和工艺的变动，也需要考虑车间设备再布置，通常设定优化目标中的一个或者多个组合来满足需要；对于单元制造系统，优化目标有所不同，即将设备归类形成制造单元，合理布置单元使得单元内和单元之间物流费用最小，全部物料传输费用最小。

第六是定性方面的要求，主要考虑设备之间的相互邻接关系、布置的美观性、操作舒适性及安全性等因素；一般将定性要求作为次优化目标，其设计主要依靠经验且缺乏评价标准。

第七是确保物流频率较高的设备相邻布置，从局部上达到优化的目的，但全局却未必最优。

第八是不但考虑了布置后的物料传输费用，而且将不同布置方案的布置费用也考虑在内，为资金预算提供了依据，适用于对已有的车间布置进行改造。

第九是考虑系统的投资效益，主要是指重要效益，如产品制造周期的缩短、废品率的降低和费用开支的节约、工装费用的减少、试切费用的减少和工时可能减少的费用、设备利用率的提高、设备投资成本的综合效益的提高，以及投资回收期的缩短等，这个方面的目标在目前的布置模型中还难以体现出来。

目前多数文献在建立模型时，目标函数有物流成本（以搬运矩计算）最小化、布置面积最小化，或者两者的综合。将设备之间的物流量矩阵**Flow**和距离矩阵**Dist**表示成对称矩阵，即不考虑生产过程中顺流和逆流的区别。然而在实际生产中，顺流移动不仅减少迂回操作，提高效率，而且比存在大量交叉的生产物流系统更加安全。因此，在建立设施规划模型时，应将物流运动看作矢量，考虑逆向与正向物流的交叉对物流效率、安全的影响，在将目标函数确定在物流成本最小化的同时，力求降低物流的交叉程度。

3．约束条件

各设备在车间中均需占据一定的空间，而且在布置过程中还存在其他约束条件。常见的约束条件包括：

（1）边界约束。即指车间的长度和宽度约束。

（2）间距约束。即指设备间应保持一定的距离，不能重叠且保证工人能正常操作设备。

（3）性能约束。例如不平衡性、稳定性、振动性、连通性和相邻性的约束等。

（4）特定约束。除了设备尺寸方面的约束外，在实际当中还需要根据具体的情况考虑其他一些约束，如布置安全性。

（5）资金约束。即对于动态布置，根据生产工艺变化或产品种类变化进行重新布置时，布置费用将会被限制在一定的资金范围内。

约束条件需要根据生产企业类型、车间形状、设备类型及产品的特殊加工要求具体设定。二次分配问题需要满足位置和设施一一对应，普通混合整数规划问题需要满足边界约束和间距约束，而多行布置的混合整数规划问题，则要满足场地划分成多行的约束。

7.2 计算机辅助设施规划

计算机辅助设施规划（CAFD）是指在设施规划的过程中充分利用计算机辅助设计相关技术及软件来完成布置建模、运行分析、动画展示及系统优化等工作，相关的选址分析计算、设施布置及参数选择、系统修改等过程都是利用计算机来完成的。

计算机作为辅助工具，在设施规划中起着十分重要的作用。

（1）在规划的条件下能够以一定的时间段进行仿真，使设计者能够观察到设计的系统在特殊条件下长时间的运行效果。

（2）确定和检测预想的系统设计运行效果。

（3）进行敏感性分析，分析出哪个因素的变化对整个操作系统有较大的影响。

（4）进行瓶颈分析。规划人员能够发现影响系统流程的瓶颈位置，并对此进行改进。

（5）确定最大化因素。通过最大化因素的确定，规划人员能够确定产生最佳效果的因素，组合这些因素，以发挥其最大的功效。

（6）能够使一些非正态分布易于理解，不是所有行业中的现象都符合正态分布，软件可以以原始数据为基础，从而为一个特定的情况选择最合适的随机分布，以便能够为这个随机过程制定更为准确的环节。在系统运行之前进行仿真模拟来评价该系统，从而确保计划的可行性。

20世纪70年代以来，计算机辅助设施布置的软件也得到了充分的发展，推出了一系列计算机辅助工厂布置程序和算法，其中较著名的有：ALDEP（自动化设计法）、CORELAP（相互关系法）、CRAFT（位置配置法）和MULTIPLE（多层楼房设施布置设计算法）等。

最初的计算机辅助设施布置软件（如CORELAP和CRAFT）所用算法主要为新建法（Construction Methods）和改进法（Improvement Methods）等传统启发式算法。这些算法的主要缺陷是在达到满意方案前的选择过程中未充分考虑其他方案，并且它们对初始布置敏感，导致最终布置未必好。近十几年来，人工智能技术的发展为设施布置提供了功能强大的新算法。

7.2.1 ALDEP

ALDEP（Automated Layout Design Programs，自动化设计法）是一种由凑合法生成布置设计的算法。ALDEP的工作原理十分简单，按照作业单位之间密切程度等级的原理进行工作。ALDEP主要输入的是作业单位关系间密切程度等级。应该指出，早先的布置设计程序都用两步产生布置设计，即选择和摆放。因为ALDEP是一个构造程序，等于从一张空白的设计纸开始，从众多的候选作业单位中，随机挑选第一个作业单位到空白的设计中，然后根据最密切关系再选取下一个作业单位，这一过程持续到所有高密切程度的作业单位摆放完毕。然后再选择密切程度稍差的作业单位进行摆放，直到应该摆放的所有作业单位放完为止。ALDEP使用了一种纵向扫描的方法（Vertical Scan Method），如图7-1所示。每一个作业单位视为一个等宽条带，其长度由作业单位面积决定。扫描长度即为场地平面的宽度，扫描宽度可由用户选择，或根据场地平面及安排对象的大小而定。

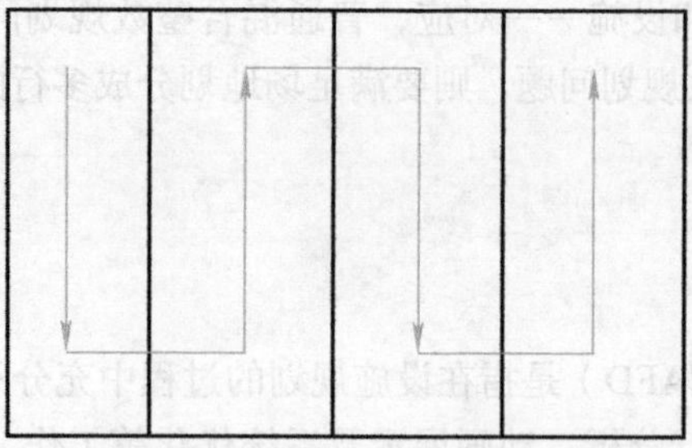

图7-1 ALDEP的纵向扫描模式

在一个布置设计产生以后，其性能评价由以后与其他布置设计方案做比较后做出。评价设施布置性能的方法是，对各相邻作业单位累加密切程度的赋值，然后得到一个数值再加以比较。下述配置表明赋予数值的一种可能方式：

$A=4^3=64$ $E=4^2=16$ $I=4^1=4$ $O=4^0=1$ $U=0$ $X=-4^5=-1\,024$

这一过程按布置方案数重复，就能比较其性能孰优孰劣。

7.2.2 CORELAP

CORELAP（Computerized Relationship Layout Planning，相互关系法）和ALDEP一样，都是以密切程度为手段的构造算法，用来选择和摆放作业单位，但它们具体的方法不同。

CORELAP用长方形的作业单位构造布置。根据对作业单位密切程度的权重赋值，即A=6，E=5，I=4，O=3，U=2，X=1，这些数值用以计算各作业单位总密切程度等级（Total Closeness Rating，TCR），计算公式如下：

$$\mathrm{TCR}_{ij}=\sum_{j=1}^{m}V\left(r_{ij}\right) \tag{7-1}$$

式中 $V\left(r_{ij}\right)$——作业单位i和j之间密切程度的赋值，所以TCR表示一个作业单位与另一个作业单位之间的彼此可接受性或喜爱性。

CORELAP也是从一张白纸开始，先将TCR最大值的作业单位1放在纸上，然后扫描各作业单位密切程度表，将与1有密切关系的作业单位再放在边上，与ALDEP的垂直生成摆放法相比，CORELAP在布置设计上为摆放作业单位采用更精致的方法。为了决定在为数众多的可能位置中如何摆放作业单位，CORELAP使用了摆放等级和边界长度参数。在CORELAP中，根据准备放上去的新作业单位和已在图上的将分享共同边界的相邻作业单位之间的权重等级之和，来决定选择对象。权重等级值由用户自己规定，例如设定A=200，E=100，I=50，O=10，U=0和X=−200。边界长度为新放上去的作业单位和已放好的作业单位之间的相邻边界的长度，可用于决定当有数种方法摆放时应如何摆放到满意的邻边上去。应该注意的是，由于使用的是确定性方法，CORELAP只产生一个最终布置方案。为设计不同的方案做出不同的独立评价，可改变以下条件：

（1）对作业单位密切程度表做些改变。

（2）改变权重等级值。

（3）改变各作业单位面积的大小。

（4）改变布置的比例。

（5）改变长度和宽度比值。

（6）综合改变上述数项。

7.2.3 CRAFT

由于ALDEP和CORELAP是基于密切程度等级的，只能用密切程度等级来进行设计，是定性布置方法。与之相反，CRAFT（Computerized Relative Allocation of Facilities Technique，位置配置法）是一种单阶段布置算法，是基于物流信息或者从至表中累加的作业单位物流强度的。因此CRAFT是一种定量布置方法。

CRAFT是一种改进程序，这意味着CRAFT接受一项初始布置设计并用顺序方式成对交换作业单位的位置，试图做出改进。在与其他设计方案比较决定某一布置设计是较好的方案时，CRAFT用物品搬移或运输成本作为评价标准，此成本用移动距离的线性函数来表达。所以，一项较好的设计是搬移成本较低，一项优化设计可能是搬移成本最低的设计。

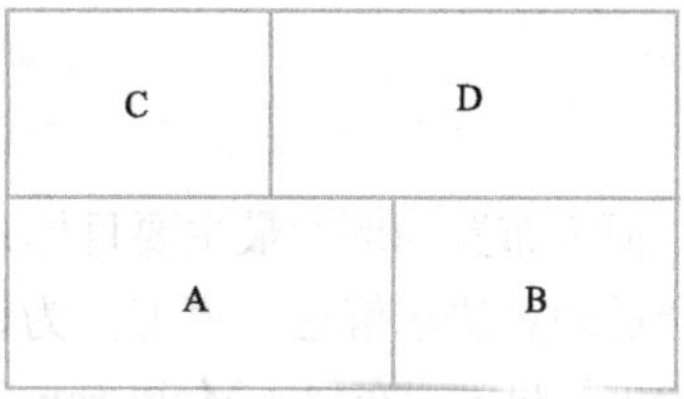

图7-2　应用CRAFT的初始布置设计

CRAFT的算法通过下例来说明。图7-2是包括A、B、C和D 4个作业单位的布置设计。为了简化计算，假设物料运输只发生在4个作业单位的中心之间并沿着长方形通道运行。在给定的布置下所有作业单位之间的距离均可知，为了计算物料搬运或运输成本，另外的主要数据来自：

1）被搬运物料的种类（如粗糙的还是易碎的，轻巧的还是笨重的）。

2）每一往返行程中单元载荷的数量。

3）每一周期中往返行程的数量。

4）物料搬运设备的类型（如普通设备还是专用设备等）。

所有这些数据或信息都能合计为两个作业单位之间的权重（或W_{ij}），现有两个从至表，一个为两个作业单位i和j之间的距离，另一个为有关W_{ij}的从至信息，某一布置设计的总成本是两个从至表的距离和权重乘积之和。

在给定上述布置后，CRAFT的解题过程是，用作业单位之间成对交换的方法来设法改进设计，看成对交换的结果中是否有更好的布置设计出现。例如，对特定布置的可能成对交换为AB、AC、AD、BC、BD和CD，然而CRAFT的一项限制使这种交换只能在相邻的作业单位之间进行，所以不允许B与C之间的交换，根据这一简单理由CRAFT执行互换，互换时不考虑面积，布置方案决定后再为各作业单位加上面积。

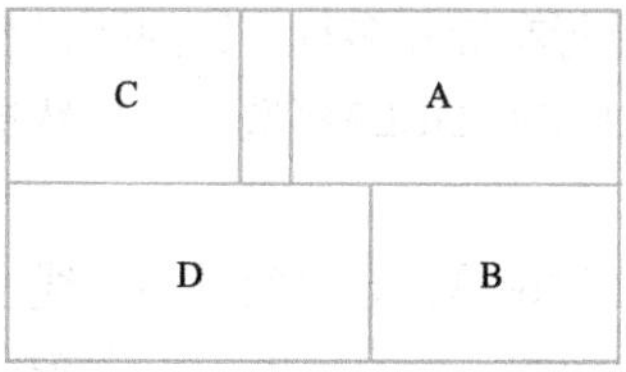

图7-3　CRAFT的布置设计经交换的结果

在产生5个新的布置方案后，比较各方案的总成本。如果这些新方案的成本都较原方案高，显然就不予考虑。如对布置的改进可降低总成本，则就应进一步考虑。举例如下，假设作业单位A和D相互交换可得最佳改进，其交换结果如图7-3所示，值得注意的是这一交换过程引起作业单位的形状非常不规则。

CRAFT是一个优化的算法，是各作业单位之间使总物料搬运最少或运输成本最小化的结果。这一算法与为解决QAP的陡速下降成对交换过程紧密联系，所以可以把CRAFT产生的布置设计提供给布置设计人员作为一个评价标杆，然而由于CRAFT算法简单，对于解决大型问题的作用非常有限。

7.2.4 MULTIPLE

MULTIPLE（Multi-floor Plant Layout Evaluation，多层楼房设施布置设计算法）是CRAFT的改进型，它已商业化并被称作Layopt的布置设计软件包。在单层楼房设施布置的基础上，MULTIPLE已开发了多层楼房设施布置设计程序，像CRAFT一样，MULTIPLE使用物流信息、目标函数和搜索程序。MUTIPLE用优化程序产生改进的布置方案，与CRAFT不同，它没有在非邻接作业单位之间不能交换的限制，所以允许任何作业单位位置做双向交换。

MULTIPLE的主要特征是采用空间填充曲线用以构造布置，以及用以表示作业单位布置的空间。

7.3 设施布置数学建模

研究布置问题的最主要目标是实现时间或成本的最小化。首先需要将布置问题建模，然后用合适的算法求解这一模型。为设施建模，最基本、最简单的模型就是单行布置（Single-row Layout）和多行布置（Multi-row Layout）的模型。单行布置和多行布置问题也分别被称为一维空间分配和二维空间分配。正如其名称所示，在单行布置问题中，设施排在一条直线上；在多行布置中，设施以直线排成两行或多行。多行布置并不要求设施排列成理想完美的行，因为同一行的设施中可能有各自不同的宽度。

为了开发能在合理时间内解决问题的模型，需要做些假设，在许多应用中这些假设是可以接受的，因为所得的最终解决方案是可以修改的。修改以后较易反映实际情况，而这些修改不会对度量这一布置的效率和有效性产生较大的变化。例如，在某些问题中设施有相同的面积，可以假设所有设施都是正方形的或长方形的。假如在一定假设下建立一个数学模型，解此模型后得到一个布置，然后在此布置下修改设施形状（不能改变其相互位置）。这一修改将引起设施间距离的变化，所以实际目标函数值与模型解所提供的值不同。通过对典型案例的研究，发现这种变化并不大。但在有些情况下为反映实际情况而修改解决方案可能会引起目标函数剧烈的变化，以致模型中的假设可能会有缺陷而不被接受。

7.3.1 单行布置问题模型

单行布置和多行布置问题很容易理解，但解决起来却比较困难。以下讨论ABSMODEL1模型和ABSMODEL3模型等，虽然这些都不是线性模型，但在引入附加整数与实变量后有可能线性化。

在讨论单行布置问题的非线性模型ABSMODEL1时，先做如下假设：①设施形状是正方形或长方形的，均为已知；②设施排列在一直线上；③设施方位是已知的。

可能引起争论的是第一个假设是不现实的，因为不可能一切设施都是正方形的或长方形的。然而，许多布置问题尽管设施既非标准的正方形也非长方形，但通常可近似视为正方形或长方形，如图7-4所示。这种近似法大大简化了建模过程，同样也简化了解题过程。

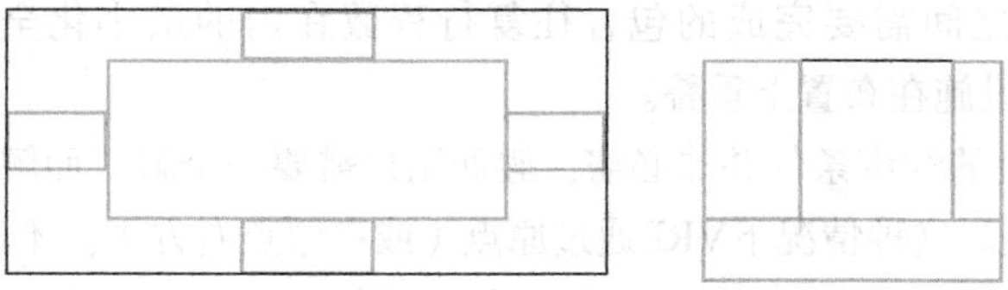

图7-4 非长方形、非正方形设施形状的近似

对第二个假设显然不用解释。对第三个假设要做一些讨论：长方形设施的方位应规定为不论设施的长边还是短边都应放在水平位置，所以长方形设施之间的距离取决于它们的方位。在许多制造系统中，机器设备的方位是使装卸点面向通道以便于装卸零件，因为机器设备上装卸毛坯的位置是固定的，所以它的布置方位实际上是已知的。对正方形设施来说，其方位不会引起问题，因为设施之间的距离在任何方向上都是相等的。

7.3.2 ABSMODEL1模型

先介绍ABSMODEL1模型中各参数的符号：

m——设施数量；

s_{ij}——在设施i、j之间一个标准单元移动一个单元最小距离的成本；

n_{ij}——在设施i、j之间往返行程次数；

h_i——设施i的水平边长度；

d_{ij}——设施i、j在水平位置时最小距离；

H——地平面的水平尺寸。

再设决策变量x_i为设施i的中心与垂直参考线（VRL）之间的距离。

单行布置问题的一些变量与决策变量的表示如图7-5所示。因为此处考虑的是单行布置问题，平面上的垂直维数和设施i的垂直边并不重要，故不用考虑VRL。

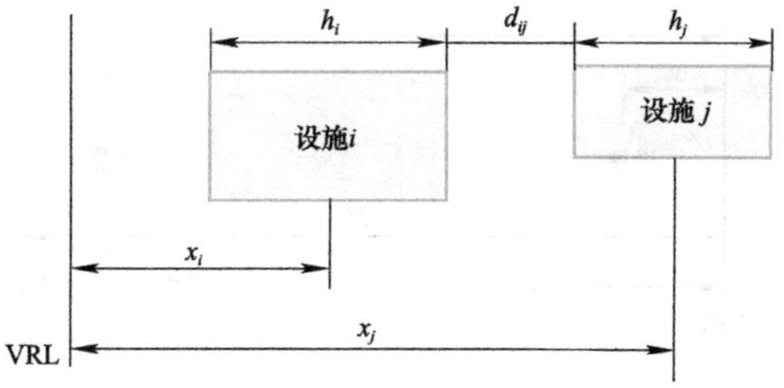

图7-5 单行布置问题的一些变量与决策变量的表示

此处ABSMODEL1模型的目标函数为

$$\min\sum_{i=1}^{m-1}\sum_{j=i+1}^{m}s_{ij}n_{ij}\left|x_i-x_j\right| \tag{7-2}$$

约束条件为

$$\left|x_i-x_j\right|\geqslant\frac{1}{2}\left(h_i+h_j\right)+d_{ij}\quad i=1,2,3,\cdots,m-1,\quad j=i+1,\cdots,m \tag{7-3}$$

ABSMODEL1模型可以用公式表示成等长度和不等长度设施的布置问题。式（7-2）的目标函数是两个设施之间需要完成的包含往复行程数在内的最小化全部成本。约束条件式（7-3）保证没有两个设施在布置上重叠。

在此模型中，非负的约束条件并非必需，假如用户需要一个解，而解中的一切x_i都为正数，则非负的条件自然满足。这种情况下VRL通过原点（或在原点右方）。不论非负约束包不包括在内，除非问题有另一优化解，ABSMODEL1与目标函数值（OFV）不会改变。若问题有唯一优化解，则在模型中可得有非负约束和无非负约束两个解，决策变量可能有不同的值，但是设施布置和OFV仍将相同。

在垂直维度中不考虑重叠约束，隐含假设所有设施中心的垂直坐标都是相同的。这样最优解产生一个横向的单行布置。建筑物形状或尺寸的限制可不考虑。这样可以隐含假设，在能使设施确定位置不受限制的区域内，建筑物的面积不受限制。当然，因为将单位成本乘以移动次数、距离，使其最小化，可对设施位置做以下处理：①水平方向排成一列；②在最优解中设施尽可能一个紧挨一个。

虽然建筑物尺寸在模型中考虑为无限大，但在最优解中也不会远离、分散。假如建筑物水平方向尺寸已知，而用户需要将位于水平坐标内的约束包含在内，即加上如下约束：

$$H-\frac{1}{2}h_i \geqslant x \quad \frac{1}{2}h_i \quad i=1,2\ 3 \cdots m \tag{7-4}$$

因为x_i为设施i的中心和VRL之间的距离，所以即使当设施在左右极端位置上时，约束式（7-4）也会被满足，这可由图7-6加以验证。注意在约束式（7-3）中，当设施在左极端位置时保证和其左边重合。在图7-6中H即地平面的水平尺寸，被假设为所有设施长度之和，这是为开发一个可行的布置所需的最小值。假设在每一对相邻设施之间水平间隙距离为0。假如不是这种情况，H应包括间隙距离在内。假如H大于或至少等于所有设施长度之和再加上所需的间隙距离，那么各设施将自动落入建筑物边界内。约束式（7-3）已经让读者熟悉“设施在建筑物之内”这一约束，这在多行布置模型中也是必需的。

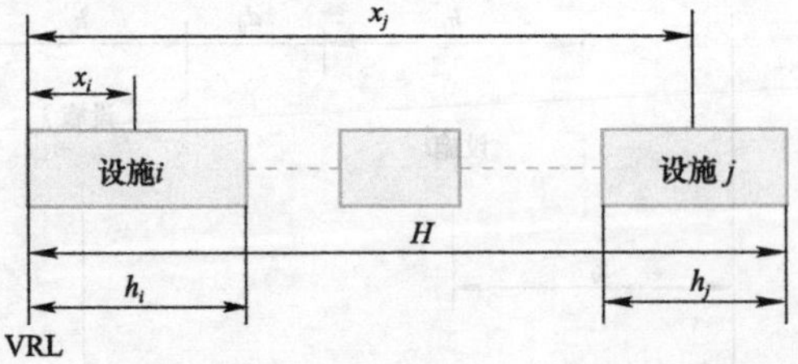

图7-6 对不等设施长度问题一个可行的单行布置

通常非线性规划（NLP）问题的优化解很难找到，为理解这一点，读者必须熟悉NLP的基本理论。此处提供一些基本要点，对不熟悉NLP的读者可能会有所帮助。不像线性规划（LP），一个NLP问题的可行域不需要一个凸集，即使是一个凸集，对一个NLP问题也不需要在可行域上有一个极点。这样对一个一般的NLP问题而言，寻找一个优化解似乎是不可能的。然而有一些NLP问题的特殊情况，使寻找一个优化解相对容易一些。例如在一些无约束的NLP问题中，一个凹形目标函数可以最大化，或者一个凸形目标函数可以最小化。在另外一些NLP问题中，一个凹形目标函数可以最大化，而其可行域由一个凸集约束所定义，或者相反，一个凸形目标函数可以最小化，而其可行域由一个凹集约束所定义。

例7-1 一家电视机和放像机的修理店准备扩大业务范围，修理其他电子消费产品，包括计算机及其周边设备、微波炉和音响系统等，店中也准备出售相关附件及零配件。去年店主收到无数抱怨，原因有店内拥挤阻塞、零件及修理单错放和修理质量低劣等问题。店主凭借经验，认为只要在现有空间中重新布置设施，房间拥挤和质量问题就能改进。于是招募了4名工业工程（Industrial Engineering，IE）专业的高年级学生组成团队用改进设施布置的办法来解决问题。

学生团队在对该店进行观察和搜集数据后，归纳出以下几点情况：

（1）公司现有技术员共4名。第一个技术员负责修理电视机和放像机，第二个负责修理微波炉，第三个负责修理音响系统，第四个负责修理计算机。

（2）虽然修理技术员共享一些仪器设备，但其他仪器设备往往是某一个技术员用得较多。

（3）生产中的使用面积为23m×5m。

（4）现有布置应如图7-7a所示。

学生团队研究后建议分成5个房间，除技术员每人1间外，专有1间用于展示零部件，以及用来收款和处理财务工作。改进后的布置如图7-7b所示。另外建议每间修理室前面设置客户服务窗口，客户在此处可以处理特殊的修理问题，并和技术员直接对话。此外，建议将仪器设备保管在用得最多的房间，例如1件测试设备被修理电视机和放像机的技术员用得最多，那么就放在他的房间。学生团队在1个工作日认真观察了每对房间之间的交互作用、相互影响。这种相互作用和影响取决于1个技术员（如音响技术员）应用一些主要被其他技术员（如计算机技术员）使用设备的频繁程度。这种交互作用显示在往复行程矩阵（a_{ij}）中：

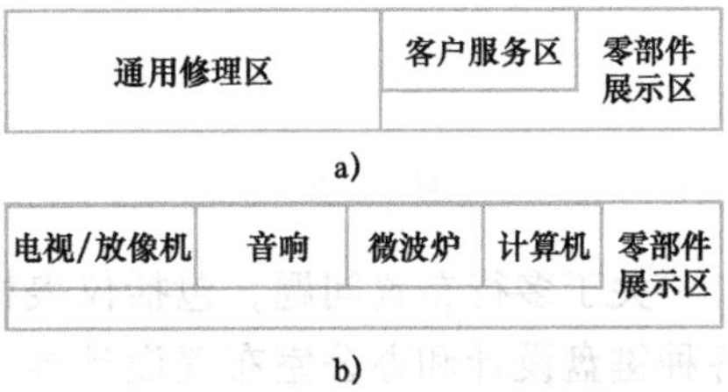

图7-7　修理店现有布置及改进

$$(a_{ij})=\begin{pmatrix} — & 12 & 8 & 20 & 0 \\ 12 & — & 4 & 6 & 2 \\ 8 & 4 & — & 10 & 0 \\ 20 & 6 & 10 & — & 3 \\ 0 & 2 & 0 & 3 & — \end{pmatrix}$$

学生团队根据用于每间房间的仪器设备决定房间的尺寸大小，并决定每一技术员需要的工作面积。按照每间房间的用途和编号，其尺寸列于表7-1中。有了这些基础，学生就能开发这个家电修理店的单行布置模型。

表7-1　5个房间的大小

房间编号	放置设备名称	面积/（m×m）
1	电视机/放像机	6×3
2	音响	3×3
3	微波炉	3×3
4	计算机	6×3
5	零部件	4.6×3

具体解法如下：

解：使设施长度平行于建筑物长度方向，因为往复行程矩阵是对称的，即$a_{ij}=a_{ji}$，如此矩阵不对称，则要使其对称化。包含在人员走动中的成本与行程距离直接成正比。因为设施是每间房间，不需要房间之间留出间隙距离。

这一模型在非负约束等条件下，可得每间房间中心相对于VRL的水平坐标值为：

$$X_1=33,\ X_2=48,\ X_3=58,\ X_4=73,\ X_5=90$$

改进后的布置如简图7-7b所示。在最终设计布置图上还应包括紧急出口、疏散路线、卫生间、职工和客户的停车场等，但这些项目在数学模型中很难考虑。此外，还要考虑当地的消防法规等。诸如以上各种问题，在数学模型中尚难解决，数学模型只能用来解决一个最主要的问题。

7.3.3 不等面积设施的多行布置模型

关于多行布置问题，包括仪表板布置问题、自动化制造系统中机器设备的布置问题、各种键盘设计和办公室布置设计等。目前，已为明确地表达这些问题开发了各种模型，如ABSMODEL1模型、ABSMODEL3模型、QAP、线性混合整数规划模型，以及在目标函数和约束中有绝对项的非线性模型等。ABSMODEL2是假设面积为相等的设施的布置模型，对多数实际布置问题来说这种假设并不现实，所以这里只介绍ABSMODEL3模型。

ABSMODEL3模型也包括目标函数，以及约束中含有绝对项。在ABSMODEL3中，假设设施是正方形或长方形的，并且其方位事先已知。如前所述，形状假设不成问题，方位假设则较难判断，它取决于主要的通道布置设计。假如通道布置已知，则通常机器设备的布置只有一个方向，也就是机器紧靠通道并面向物料的装卸，若这一点做不到，就不能确定设施或机器的方位。假如放松了这一要求，就必须引入更多的变量和约束，从而使模型更为复杂。实际上是采用一种折中的办法，即先在模型中给定一个假设的方位，进而不断测试解的结果，然后根据结果来修改原始方位，再来求解模型。将这一过程不断重复，直到所获布置中的机器都有满意的方位为止。

7.3.4 ABSMODEL3模型

先介绍ABSMODEL3模型中各参数的符号：

m——设施数量；

s_{ij}——在设施i、j之间一个标准单元移动一个单元最小距离的成本；

n_{ij}——在设施i、j之间往返行程次数；

x_i——设施i中心和垂直参考线（VRL）之间的水平距离；

y_i——设施i中心和水平参考线（HRL）之间的垂直距离；

h_i——设施i水平边的长度；

v_i——设施i垂直边的长度；

dh_{ij}——在设施i、j之间的水平间距；

dv_{ij}——在设施i、j之间的垂直间距。

要注意，h_i和v_i不是指设施i的长度和宽度，而是指设施的水平边和垂直边的长度。因为h_i和v_i是参数，其值必须已知，只有设施方位事先已知时才能知道这些数值。有关参数、决策变量、VRL、HRL和相关模型如图7-8所示。为简单起见，图中假定设施之间水平和垂直方向间距相等。如果需要，这一假设也可放宽。

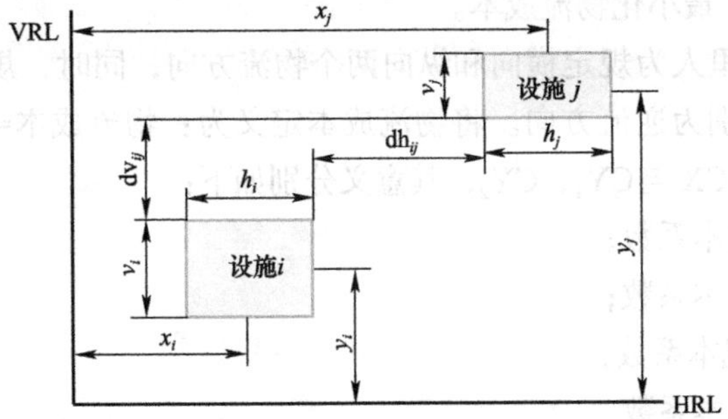

图7-8　不等面积多行布置决策变量和参数图示

ABSMODEL3的目标函数也是使包括设施之间需要的行程数在内的总成本最小化。

目标函数为：

$$\min \sum_{i=1}^{m-1} \sum_{j=i+1}^{m} s_{ij} n_{ij} \left(\left| x_i - x_j \right| + \left| y_i - y_j \right| \right) \quad (7-5)$$

约束条件为：

$$\left| x_i - x_j \right| + M z_{ij} \geqslant \frac{1}{2}\left(h_i + h_j \right) + dh_{ij} \quad i = 1,2\ 3 \cdots m-1 \quad j = i+1, \cdots m \quad (7-6)$$

$$\left| y_i - y_j \right| + M\left(1 - z_{ij} \right) \geqslant \frac{1}{2}\left(v_i + v_j \right) + dv_{ij} \quad i = 1,2\ 3 \cdots m-1 \quad j = i+1, \cdots m \quad (7-7)$$

$$z_{ij}\left(1 - z_{ij} \right) = 0 \quad i = 1,2\ 3 \cdots m-1 \quad j = i+1, \cdots m \quad (7-8)$$

约束条件式（7-6）～式（7-8）保证设施之间在水平和垂直方向不会重叠。式（7-6）和式（7-7）中M为一个足够大的整数，式（7-8）中要求z_{ij}只能取值为1或0，从而保证式（7-6）和式（7-7）中只能一个有效。这里x_i和y_i并不需要整数的限制，因为这种限制并不能保证可行域维持有凸集的性质。

ABSMODEL3模型的优点是直观、方便、容易理解，并能用简单的启发式解题；这一模型的主要缺点是要求设施的外形只能是正方形或长方形，还要假定已知设施的方位，要放松这一约束就要为增加复杂性而付出代价。因为模型ABSMODEL3是非线性的，所以其解经常是次优的或远离优化。对于真正在实际中应用的多行布置模型，除ABSMODEL3外还有和其相当的QAP。QAP从传统上说早已用于研究和解决布置问题，从深度和广度来说更胜一筹。

7.3.5 二维布置分析

物料流动的方向相互垂直，或者刚好相反，就会形成物流交叉。为了物流系统的效率、安全，在进行设备布置时，一般希望尽可能减少物流交叉。在一个复杂的物流系统中，可能会出现大量的物流交叉，不同的布置会带来不同的交叉程度。这里考虑模型的主要特点，是在保持物流交叉较小的前提下，最小化物流成本。

对于二维布置，这里人为规定横向和纵向两个物流方向，同时，规定向右和向下分别为顺流方向，向左和向上分别为逆流方向。将物流成本定义为：物流成本=系数×物流距离×物流重量，其中系数包括CX_1、CX_2与CY_1、CY_2，其意义分别如下：

CX_1——横向顺流成本系数；

CX_2——横向逆流成本系数；

CY_1——纵向顺流成本系数；

CY_2——纵向逆流成本系数。

由于逆流用负数表示，CX_2和CY_2也取负值，使成本为正值。

通过系数CX_1、CX_2与CY_1、CY_2调整物流成本时，系数绝对值越大，相应物流成本值越高，数学模型目标函数最小化物流成本，则可排除因物流交叉导致的高成本方案，从而得到较低的物流交叉水平上的低物流成本方案。可见，不同的系数设置可能会产生不同的布置结果、不同的物流成本和不同的物流交叉程度；反过来，可以针对具体问题的物流方向的偏好程度，调整系数的设置。最小化物流成本和最小化物流交叉两个目标彼此矛盾，对实际问题可以设置多组系数值，得到几个相应的布置方案再进行选择。

目前已有的数学模型求解和计算物流成本时，一般不考虑物流交叉的影响，可视为成本系数取值$CX_1=1$，$CX_2=-1$；$CY_1=1$，$CY_2=-1$。当然这些系数可以调整，例如：

1）不考虑物流交叉影响的取值：

$CX_1=1$，$CX_2=-1$；$CY_1=1$，$CY_2=-1$；

2）提高纵向物流的成本，减少纵向物流：

$CX_1=1$，$CX_2=-1$；$CY_1=3$，$CY_2=-3$；

3）提高逆向物流的成本，减少逆向物流：

$CX_1=1$，$CX_2=-4$；$CY_1=1$，$CY_2=-4$；

4）以上两种的综合：

$CX_1=1$，$CX_2=-3$；$CY_1=2$，$CY_2=-6$；

不同的系数设置可产生不同的设备布置结果。下面以一个算例加以说明：

例7-2 某车间有六台设备组成的生产线，设备编号为1～6，设备形状为长方形，布置方位已知，其长分别为50，150，80，30，40，30，宽分别为40，60，50，20，30，30，横向、纵向安全距离为10，主要生产A、B两种产品，A的生产工艺为1-2-3-4-5-6，B的生产工艺为1-5-6，A、B产品的重量之比为2:5，顺流方向为从左到右、从上到下。

表7-2是用CPLEX㊀求解的结果，显示出布置设计者的系数设置与布置方案的关系。

㊀一种世界领先的数学规划优化程序。

表7-2　不同系数设置下的布置结果

系数设置	布置结果	说　明
$CX_1=1$ $CX_2=-1$ $CY_1=1$ $CY_2=-1$	6 3 4 5 2 1	常规模型结果 对物流方向无偏好
$CX_1=1$ $CX_2=-2$ $CY_1=1$ $CY_2=-2$	2 1 5 3 4 6	对横向纵向无偏好，逆流成本为顺流成本的2倍，逆流明显减少
$CX_1=1$ $CX_2=-2$ $CY_1=2$ $CY_2=-4$	2 1 3 4 5 6	将纵向成本增大1倍，布置结果开始横向扁平化
$CX_1=1$ $CX_2=-2$ $CY_1=4$ $CY_2=-8$	2 3 4 1 5 6	继续增大纵向成本，各个设备布置成为横向的一条直线
$CX_1=1$ $CX_2=-4$ $CY_1=4$ $CY_2=-8$	2 1 3 4 5 6	增大逆流成本，设备顺序有所变化
$CX_1=1$ $CX_2=-8$ $CY_1=4$ $CY_2=-8$	1 2 3 4 5 6	继续增大横向逆流成本，逆流消失

表7-1中的布置方案，从上到下，逆流成本和纵向物流成本系数逐渐增大，布置方案中的逆流和纵向物流逐渐减少，布置方案呈现有规律的变化。一般的二维布置数学建模思路等价于表7-1中第一组系数设置的情形。在本章接下来介绍的各种模型中，均考虑物流方向对实际运作效果的影响。

7.3.6　二次分配模型

QAP是一个典型的组合优化问题，它在选址规划、集成电路设计、图像处理、键盘布置和作业调度等众多领域有广泛的应用。给定两个矩阵 $\boldsymbol{A}=\left(a_{ij}\right)_{n\times n}$ 和 $\boldsymbol{B}=\left(b_{lk}\right)_{n\times n}$，QAP就是要寻找一个整数集 $\{1,2\ \cdots\ n\}$ 的置换 $\varphi=\{\varphi(1),\varphi(2),\cdots,\varphi(n)\}$，使式（7-9）的值最小：

$$z(\varphi)=\sum_{i=1}^{n}\sum_{j=1}^{n}a_{ij}b_{\varphi(i),\varphi(j)} \qquad (7\text{-}9)$$

在一般的二次分配模型中，考虑到机器设备与车间平面的对应分配关系，目标函数中的物流成本较少考虑到物流本身的方向，即顺流和逆流的区别。在实际生产中，认为单一的物流方向，优于顺流逆流同时存在的双向流动。于是定义好顺流的方向之后，对局部的逆流增加惩罚函数。最简单的QAP为一维方向上的分配问题，以下分别对一维模型和二维模型加以介绍。一维模型适用于单行布置，包括线形布置、U形布置和半圆形布置的单向流程性生产线，二维模型适用于一般布置。

1．一维模型

一维模型如图7-9所示。在一维模型中，设备在一维方向上排列，物流成本与搬运距离、搬运次数和重量的乘积成正比；设备的大小和形状相同，为长方形；搬运距离为设备中心点的距离；逆向物流的成本高于顺向物流的成本。

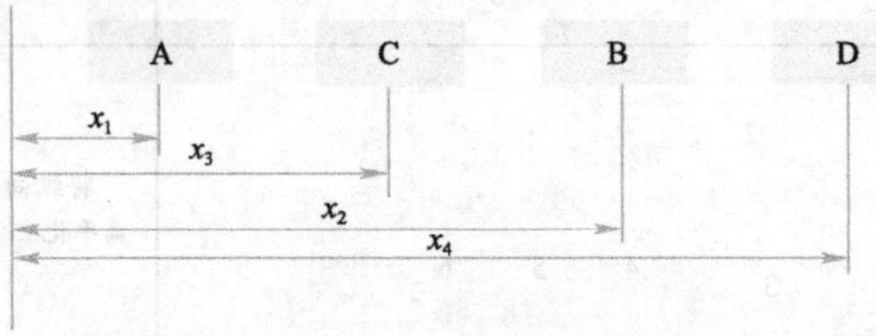

图7-9 一维模型

参数：

m——设备的数量；

n——加工对象（零件）的种数；

w_k——零件k的重量；

t_{ijk}——零件k从设备i到设备j之间移动的次数；

CX_1——顺流的距离成本系数；

CX_2——逆流的距离成本系数；

X_i——各个位置的几何中心的横坐标。

决策变量：

x_i——设备的水平坐标；

$$s_{ij}=\begin{cases}1 & \text{设备}i\text{排在位置}j\\ 0 & \text{否则}\end{cases}\quad \forall i,j\ ;$$

d_{ij}——设备i到设备j的距离成本。

目标函数：

$$\min\sum_{k=1}^{n}\sum_{i=1}^{m}\sum_{j=1}^{m}w_k t_{ijk} d_{ij} \tag{7-10}$$

约束条件：

$$\sum_{i=1}^{m}s_{ij}=1\quad \forall j \tag{7-11}$$

$$\sum_{j=1}^{m} s_{ij} = 1 \quad \forall i \tag{7-12}$$

$$x_i = X\sum_{j=1}^{m} js_{ij} \quad \forall i \tag{7-13}$$

$$\mathrm{CX}_1\left(x_j - x_i\right) \leqslant d_{ij} \quad \forall i \neq j \tag{7-14}$$

$$\mathrm{CX}_2\left(x_j - x_i\right) \leqslant d_{ij} \quad \forall i \neq j \tag{7-15}$$

目标函数式（7-10）是最小化物流成本，物流成本由零件的搬运频次t_{ijk}、搬运距离d_{ij}和搬运重量w_k相乘得到；搬运频次为工艺和零件数量之积，t_{ijk}为非负整数，若为0表示零件k在设备i与设备j之间没有搬运路线；s_{ij}表示设备i和位置j的对应关系，约束条件式（7-11）、式（7-12）保证每个位置有且仅有一台设备，且每个设备占有且仅占有一个位置，式（7-13）为设备i的位置的计算式，表示设备i的坐标值为第j个位置的坐标值；式（7-14）、式（7-15）中搬运距离值$x_j - x_i$与距离成本系数CX_1、CX_2相乘，表示分别对正向和逆向物流赋予不同的权重值，从而在最小化求解时，能在一定程度上避开赋予较大成本系数的逆向物流方案，例如取$\mathrm{CX}_1 = 1$，$\mathrm{CX}_2 = -2$，则约束式（7-14）、式（7-15）等同于$d_{ij} \geqslant \max\left\{x_j - x_i,\quad -2\left(x_j - x_i\right)\right\}$，即如果$x_j - x_i \geqslant 0$，则$d_{ij} \geqslant x_j - x_i$，否则$d_{ij} \geqslant -2\left(x_j - x_i\right)$。它表示如果$i$到$j$为逆向物流$\left(x_j - x_i \leqslant 0\right)$，其成本则为正向物流的2倍，则逆向物流方案成本在此处会增加；但这并不是不允许逆向物流的出现，因为在目标函数中，会综合计算距离大小，并且考虑厂房面积、生产工艺等因素，在一定条件下，出现逆向物流的方案不可避免。

2. 二维模型

在一维模型的基础上，继续推广得到二维模型，如图7-10所示。

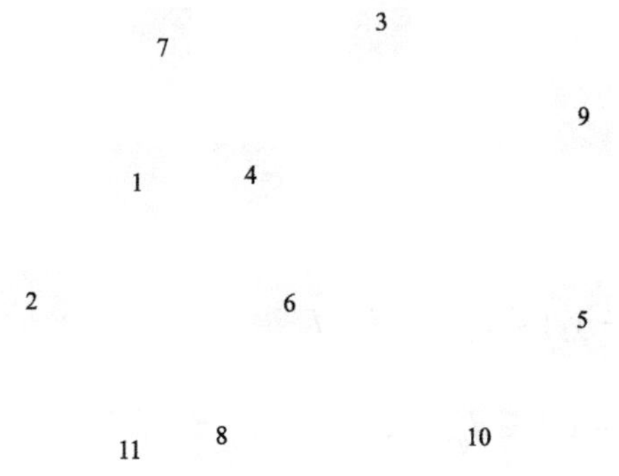

图7-10　二维模型

假设：设备在二维方向排列，物流成本与搬运距离、搬运次数和重量的乘积成正比；物流搬运距离为设备间的曼哈顿距离；逆向物流的成本高于顺向物流的成本。

参数：

m——设备的数量；

n——加工对象（零件）的种数；

w_k——零件k的重量；

t_{ijk}——零件k从设备i到设备j之间移动的次数；

CX_1——横向顺流的距离成本系数；

CX_2——横向逆流的距离成本系数；

CY_1——纵向顺流的距离成本系数；

CY_2——纵向逆流的距离成本系数；

X_i——各个位置的几何中心的横向坐标；

Y_i——各个位置的几何中心的纵向坐标。

决策变量：

x_i——设备i的横向坐标；

y_i——设备i的纵向坐标；

d_{ij}——设备i到设备j的距离成本；

$$s_{ij}=\begin{cases}1 & \text{设备}i\text{排在位置}j\\0 & \text{否则}\end{cases}\quad \forall i,j\text{。}$$

目标函数：

$$\min\sum_{k=1}^{n}\sum_{i=1}^{m}\sum_{j=1}^{m}w_k t_{ijk} d_{ij} \tag{7-16}$$

约束条件：

$$\sum_{i=1}^{m}s_{ij}=1 \qquad \forall j \tag{7-17}$$

$$\sum_{j=1}^{m}S_{ij}=1 \qquad \forall i \tag{7-18}$$

$$x_i=X\sum_{j=1}^{m}js_{ij} \qquad \forall i \tag{7-19}$$

$$y_i=Y\sum_{j=1}^{m}js_{ij} \qquad \forall j \tag{7-20}$$

$$CX_1\left(x_j-x_i\right)+CY_1\left(y_j-y_i\right)\leqslant d_{ij} \qquad \forall i\neq j \tag{7-21}$$

$$CX_2\left(x_j-x_i\right)+CY_1\left(y_j-y_i\right)\leqslant d_{ij} \qquad \forall i\neq j \tag{7-22}$$

$$CX_1\left(x_j-x_i\right)+CY_2\left(y_j-y_i\right)\leqslant d_{ij} \qquad \forall i\neq j \tag{7-23}$$

$$CX_2\left(x_j-x_i\right)+CY_2\left(y_j-y_i\right)\leqslant d_{ij} \qquad \forall i\neq j \tag{7-24}$$

与一维模型的不同之处在于，约束式（7-17）表示每一个位置上最多有一台设备，但也可能没有布置设备；约束式（7-18）表示每一台设备都有一个对应的位置，约束式（7-21）～式

（7-24）表示，距离成本为横向成本与纵向成本之和，而横向成本和纵向成本分别与一维模型类似，通过设置距离成本系数，在一定程度上减少逆向物流方案生成的机会；四个不等式同时成立，则表示无论i和j的相对方位如何，在计算距离成本d_{ij}时都可以保证取到横向距离和纵向距离绝对值之和。

7.3.7　混合整数规划模型

与二次分配模型不同的是，在条件方面，混合整数规划模型没有给定布置点，而是给定整个平面区域，要求布置于其间的设备物流成本低，且相互没有干涉；在结果方面，二次分配模型的解是设备与布置点的映射关系，是离散值，不考虑与面积相关的因素，混合整数规划的结果是设备的坐标，是连续值，即考虑各个设备的形状、面积，使其没有干涉，目标函数也常常重视布置结果占用的面积大小，规划结果如图7-11所示。

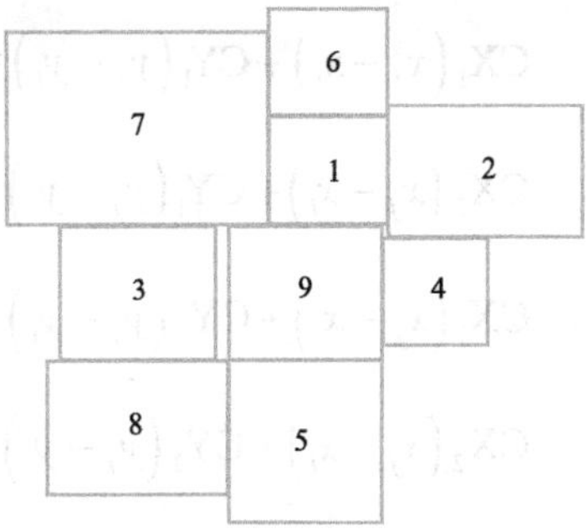

图7-11　混合整数规划模型规划结果

假设条件：设备形状抽象为长方形，设备摆放方向已知；布置平面为长方形区域。

参数：

m——设备的数量；

n——加工对象（零件）的种数；

w_k——零件k的重量；

t_{ijk}——零件k从设备i到设备j之间移动的次数；

CX_1——横向顺流的距离成本系数；

CX_2——横向逆流的距离成本系数；

CY_1——纵向顺流的距离成本系数；

CY_2——纵向逆流的距离成本系数；

$\_distX$——设备之间的横向安全距离；

$\_distY$——设备之间的纵向安全距离；

$\_lth_i$——设备i的长度；

$\_wth_i$——设备i的宽度；

lth——车间可用长度；

wth——车间可用宽度。

决策变量：

x_i——设备的横向坐标；

y_i——设备的纵向坐标；

d_{ij}——设备i到设备j的距离成本。

目标函数：

$$\min\sum_{k=1}^{n}\sum_{i=1}^{m}\sum_{j=1}^{m}w_k t_{ijk} d_{ij} \tag{7-25}$$

约束条件：

$$\mathrm{CX}_1\left(x_j-x_i\right)+\mathrm{CY}_1\left(y_j-y_i\right)\leqslant d_{ij}\quad \forall i\neq j \tag{7-26}$$

$$\mathrm{CX}_2\left(x_j-x_i\right)+\mathrm{CY}_1\left(y_j-y_i\right)\leqslant d_{ij}\quad \forall i\neq j \tag{7-27}$$

$$\mathrm{CX}_1\left(x_j-x_i\right)+\mathrm{CY}_2\left(y_j-y_i\right)\leqslant d_{ij}\quad \forall i\neq j \tag{7-28}$$

$$\mathrm{CX}_2\left(x_j-x_i\right)+\mathrm{CY}_2\left(y_j-y_i\right)\leqslant d_{ij}\quad \forall i\neq j \tag{7-29}$$

$$1/2\left(\_lth_i+-lth_j\right)+\_distX\leqslant\left|x_i-x_j\right|\text{或}$$
$$1/2\left(\_wth_i+\_wth_j\right)+\_distY\leqslant\left|y_i-y_j\right|\quad \forall i\neq j \tag{7-30}$$

$$1/2\_lth_i+\_distX\leqslant x_i\quad \forall i \tag{7-31}$$

$$1/2\_wth_i+\_distY\leqslant y_i\quad \forall i \tag{7-32}$$

$$1/2\_lth_i+\_distX+x_i\leqslant lth\quad \forall i \tag{7-33}$$

$$1/2\_wth_i+\_distY+y_i\leqslant wth\quad \forall i \tag{7-34}$$

混合整数规划模型与二次分配模型相比，考虑了更多工厂设备布置的实际细节，增加了_*distX*、_*distY*、_*lth*$_i$、_*wth*$_i$、*lth*、*wth*等参数，其中设置安全距离_*distX*、_*distY*能够使相应的式（7-31）～式（7-34）四个约束条件保证各个设备的边界没有超出车间区域，并且与车间边界保证了一定的安全距离，式（7-30）表示设备两两在横向或者纵向没有重叠，从而保证各设备的区域不会重叠，其作用与前面二次分配模型中的式（7-11）、式（7-12）和式（7-17）、式（7-18）类似。

7.3.8　多行布置的混合整数规划模型

许多实际的布置问题，不仅对设备的大小和安全距离有要求，而且对其摆放位置也有所限制。例如，在分跨的车间平面上的布置，就要将设备的布置分行来完成；在近年来快速发展的柔性制造系统的设施布置中，不同大小的设备被排列到若干行，以便于自动轨道车等设施可以有效运行。在这些问题中，车间平面被划分为若干子区域，然后在这些子区域上布置所有设备，设备间保持安全距离并不与边界干涉；车间的物流路线仍然按照曼哈顿距离计算。由于这些要求普遍存在于柔性制造系统的设施布置中，可以把它们归为多行布置的混合整数规划模型（Multi-row Mix Integer Programming，MMIP），如图7-12所示。

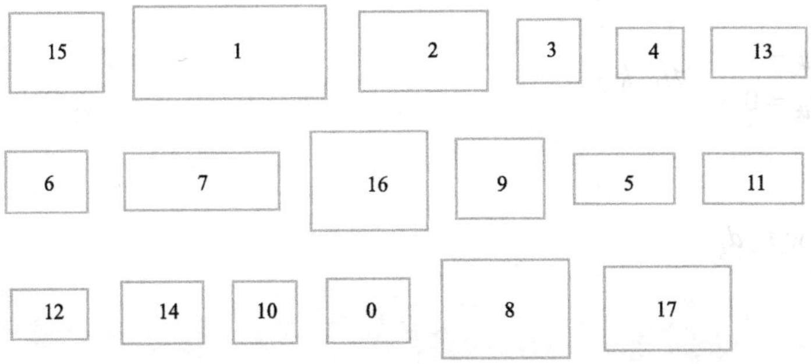

图7-12　多行布置的混合整数规划模型

假设条件：设备形状抽象为长方形，设备摆放方向已知；布局平面为长方形，被划分为若干行，各行长度相同。

参数：

m——设备的数量；

n——加工对象（零件）的种数；

w_k——零件k的重量；

t_{ijk}——零件k从设备i到设备j之间移动的次数；

CX_1——横向顺流的距离成本系数；

CX_2——横向逆流的距离成本系数；

CY_1——纵向顺流的距离成本系数；

CY_2——纵向逆流的距离成本系数；

$\_distX$——设备之间的横向安全距离；

$\_distY$——设备之间的纵向安全距离；

$\_lth_i$——设备i的长度；

$\_wth_i$——设备i的宽度；

lth——车间可用长度；

wth——车间可用宽度；

$\_width_k$——各行的宽度；

N——行数。

决策变量：

x_i——设备i的水平方向坐标；

y_i——设备i的垂直方向坐标；

d_{ij}——设备i到设备j的距离成本。

$$s_{ik}=\begin{cases}1 & \text{设备}i\text{排在第}k\text{行}\\ 0 & \text{否则}\end{cases}\quad \forall i,\ k\ ;$$

$$a_{ik}=\begin{cases}x_i & s_{ik}=1\\0 & s_{ik}=0\end{cases}\quad \forall i,\ k。$$

目标函数：

$$\min\sum_{k=1}^{n}\sum_{i=1}^{m}\sum_{j=1}^{m}w_k t_{ijk} d_{ij} \tag{7-35}$$

约束条件：

$$\sum_{j=1}^{N}s_{ij}=1 \quad \forall i \tag{7-36}$$

$$\sum_{k=1}^{m}a_{ik}=x_i \quad \forall i \tag{7-37}$$

$$\mathrm{CX}_1(x_j-x_i)+\mathrm{CY}_1(y_j-y_i)\leqslant d_{ij} \quad \forall i\neq j \tag{7-38}$$

$$\mathrm{CX}_2(x_j-x_i)+\mathrm{CY}_1(y_j-y_i)\leqslant d_{ij} \quad \forall i\neq j \tag{7-39}$$

$$\mathrm{CX}_1(x_j-x_i)+\mathrm{CY}_2(y_j-y_i)\leqslant d_{ij} \quad \forall i\neq j \tag{7-40}$$

$$\mathrm{CX}_2(x_j-x_i)+\mathrm{CY}_2(y_j-y_i)\leqslant d_{ij} \quad \forall i\neq j \tag{7-41}$$

$$(1/2(\_lth_i+\_lth_j)+\_distX)\ s_{ik}s_{jk}\leqslant\left|a_{ik}-a_{jk}\right| \quad \forall i\neq j \tag{7-42}$$

$$1/2\_lth_i+\_distX\leqslant x_i \quad \forall i \tag{7-43}$$

$$1/2\_lth_i+\_distX+x_i\leqslant lth \quad \forall i \tag{7-44}$$

$$\sum_{p=1}^{N}\sum_{q=0}^{p-1}s_{ip}\_width_q+{}^1\!/_2\_wth_i+\_distY\leqslant y_i \quad \forall i \tag{7-45}$$

$$1/2\_wth_i+\_distY+y_i\leqslant\sum_{p=1}^{N}\sum_{q=0}^{p}s_{ip}\_width_q \quad \forall i \tag{7-46}$$

s_{ik}表示设备与某一行的匹配关系，式（7-36）保证每台设备都被布置到某一行中；a_{ik}表示设备在其被布置的行i中的横坐标，在其他行中坐标值为0；式（7-42）是设备之间的横向约束，如果两设备在同一行，则对其横坐标有距离限制，这样保证同一行内的设备按横向直线布置；若不在同一行，则$s_{ik}s_{jk}$=0，对横坐标无限制条件。式（7-43）、式（7-44）为设备与车间边界的满足的约束，与前面的模型相同。式（7-45）、式（7-46）是纵向位置约束，某设备如果处于第p行（q行为小于第p行的某一行），则它被约束在该行区域内。

7.4 设施布置软件和仿真工具

7.4.1 基础知识

工厂布置程序经过几十年的发展，出现了一批计算机辅助设施布置的软件和仿真工具，现在设施布置的软件大致有两类，第一类软件帮助企业进行设施的规划和布置设计，如Factory Program、Factory CAD、Factory PLAN和STORM、SPIRAL等，在这些软件中，Factory Program组软件在国际上应用比较普遍；第二类软件包含了仿真和性能分析的功能，如PROMODEL、ARENA、EM-Plant、Witness和Flexsim等，这些软件可用于系统的模拟运行分析。

7.4.2 Factory Program工厂布置和物料搬运系统设计工具软件

Factory Program是迄今为止被广泛认同的设施布置软件，这一组设施布置软件包括Factory CAD、Factory FLOW、Factory PLAN和Factory OPT四个模块，每一模块的主要功能如下：

Factory CAD——一个强有力的规划和绘图工具，将AutoCAD客户化为工业设施的布置、设计。其余三个模块都在Factory CAD环境中进行操作。

Factory FLOW——在Factory CAD布置图上用图形表示物流，并做分析。

Factory PLAN——在Factory CAD布置图上用图形表示作业单位关系，并做分析。

Factory OPT——利用从Factory FLOW及 Factory PLAN所得的数据，结合图论方法，生成初始AutoCAD布置图。

1. Factory CAD

客户化的AutoCAD软件即Factory CAD。Factory CAD允许固定尺寸的实物图形代表实际尺寸。这些实物可能来自现有的库，或用户自建的库和添加到库中以便将来使用。Factory CAD中其他的“块”表示尺寸可变的实物，如门、窗、托盘和桌子等。

图面上的工具栏用于普通指令，能产生详细的菜单。在许多工具栏中，令设施规划人员特别感兴趣的是工业和输送装备的工具栏。在Factory CAD的命令中，工业工具栏包括桥式起重机、动臂式起重机、零件货架、加油站、站台、隔间、夹层楼和导向轨道等。传送装置工具栏，其特点是有各式各样的传送装置，如自动板式传送带、传送带张紧装置和牵引轮转台等。对这些传送装置，先简单地规定其调用路径，然后选择型号和尺寸，就可以安放在图样需要的地方，Factory CAD做其余的工作。设施规划人员如有特殊兴趣可以用“动画”指令。用各种物料搬运设备时，“动画”指令跟踪设备运动路径，并能保证移动时四周有足够的间隙。

Factory CAD允许目标图形用二维（2D）或三维（3D）来表达。采用二维到三维的转换命令，在简单选中目标后Factory CAD就能将二维图转换成三维图。

2. Factory FLOW

Factory FLOW是一个间接工作分析工具，它使得工程师能够以材料流通距离、频率和成本为基础优化AutoCAD或Factory CAD工厂布置。通过使用零件路径信息、材料存储需求、材料处理设备规范和零件包装信息来分析工厂设计。Factory FLOW是那些致力于制造业、6-sigma的企业的首选工具，可以帮助制造商更快地为它们材料的流通问题寻求详细的解决方案，从而帮助其加快材料处理优化流程。

Factory FLOW提供的无数功能和工具可概括为“观看”和“操作”两大特征。Factory FLOW汇集了大量的数据，包括生产规模、零件工艺路线、路径距离以及不变和可变的物料搬运成本等，且能方便地决定关键路径、潜在物流瓶颈和生产物流效率。Factory FLOW用可视的方式描绘物流，使用户能够直观地观察物流，也能按用户要求生成各种格式的文本报告，如个别搬运和综合搬运的成本等。

Factory FLOW对物流信息有良好的表达，使用可视化表达，能方便用户对物流系统进行深入理解，Factory FLOW通过智能物流系统在屏幕上显示，用户可以方便地改变模型、布置、路径、生产规模和物料搬运系统等，这些变化的结果能通过智能流线系统显示在屏幕上。具备了这些功能，Factory FLOW就能很好地在准时制生产条件下重新设计物流系统或在工厂实施成组技术中发挥作用，消除无附加值的搬运，总体上减少生产路径，加快产品的出产，减少在制品物料搬运等。

间接工作分析性能的改进使得用户能够分析在材料处理方面所花费的时间和确定能够消除的无价值的多余工作。在用户检查分析程序时，一个“智能”的电子数据表输入功能可以在持续更新资料的同时实现不同种类的分析。

Factory FLOW新版本在其容器存储程序上面的改进大大简化了将容器运送到存储区域和货车的程序。这个方案不仅仅局限于电子数据表的抽象分析，还依据不同的运输方式将同货车相关的复杂因素也考虑了进去。 新的改进还使得用户能够同时、连续或顺序地模拟多个操作者工作，较为复杂的报告和模拟为这些分析增添了更多价值。

7.4.3 Witness仿真软件

Witness是由英国Lanner公司推出的功能强大的仿真软件，既可以用于离散事件系统的仿真，又可以用于连续系统的仿真。它的应用范围非常广泛，如汽车工业、化学工业、电子、航空、工程、食物、造纸、银行及金融、政府和交通等。

Witness仿真软件的主要特点有以下五个：

（1）采用面向对象的建模机制。系统模型由对象构成，对象是图形和逻辑关系等集成体，对象可以随时定义和修改，具有很好的灵活性和适应性。

（2）交互式建模方法。利用鼠标从库中选择二维或三维图形图标并拖放到屏幕中合适的位置，可以快捷地创建系统的流程模型。

（3）提供了丰富的模型进行规则和灵活的仿真。在定义好系统的元素及其系统之后，用户可以定义基本输入输出规则，如优先级规则、百分比规则、负荷平衡规则和物料发送规则等，构成模型的仿真调度策略，使系统的仿真调度具有柔性。

（4）可视化、直观的仿真显示和仿真结果输出。模型运行可以以动画方式实时显示，仿真结果可以采用表格、曲线图、饼图及直方图等形式输出，并与动画运行同步显示在屏幕上，以便于对仿真结果进行分析。

（5）良好的开放性。为方便用户构建系统模型，Witness仿真软件提供大量用于描述模型运行规则和属性的函数，如系统共用函数、定义元素行为规则与属性的函数、与仿真时间触发特性相关的函数等。

Witness仿真软件使用与现实系统相同的事物组成相应的模型，通过运行一定的时间来模拟系统的行为。模型中的每个部件被称为元素（Element）。该仿真软件主要通过以下五类元素来构建现实系统的仿真模型：离散型元素、连续型元素、运输逻辑型元素、逻辑型元素和图形元素。

（1）离散型元素。离散型元素是为了表示所要研究的现实系统中可以看得见的、可以计量个数的物体，一般用来构建制造系统和服务系统等。主要包括：零部件（Part）、机器（Machine）、输送链（Conveyor）、缓冲区（Buffer）、车辆（Vehicle）、轨道（Track）、劳动者（Labor）、路径（Path）和模块（Module）。

（2）连续型元素。同离散型元素相对应，连续型元素用来表示加工或服务对象是流体的系统，如化工、饮料等。主要包括：流体（Fluid）、管道（Pipe）、处理器（Processor）和容器（Tank）。

（3）运输逻辑型元素。运输逻辑型元素用于建立物料运输系统。主要包括：运输网络（Network）、单件运输小车（Carriers）、路线集（Section）和车辆站点（Station）。

（4）逻辑型元素。逻辑型元素是用来处理数据、定制报表和建立复杂逻辑结构的元素，通过这些元素可以提高模型的质量和实现对具有复杂结构系统的建模。主要包括：属性（Attribute）、变量（Variable）、分布（Distribution）、函数（Function）、文件（File）、零部件文件（Part File）和班次（Shift）。

（5）图形元素。图形元素可以将模型的运行绩效指标在仿真窗口动态地表现出来。主要包括：时间序列图（Time Series）、饼状图（Pie Chart）和直方图（Histogram）。

一旦在模型中创建了元素，就必须说明零部件、流体、车辆和单件运输小车在它们之间是怎样流动的以及劳动者是怎样分配的，这就要用到规则。Witness有几类不同的规则：

（1）输入规则。输入规则包括装载和填入规则，控制输入元素的零部件或者流体的流量以及在系统中的流动过程。例如：若要起动一台空闲机器，则要按照输入规则输入零部件直到有足够的零部件启动它；一台尾部有空间的输送链在每向前移动一个位置时，将按照输入规则输入零部件。

（2）输出规则。输出规则（包括连接、卸载、空闲、单件运输小车进入、车辆进入和缓冲区退场管理）控制从元素中输出的零部件、流体、车辆或者单件运输小车的流量，并控制着当前元素中的零部件、流体、车辆和单件运输小车输出的目的地和数量等。例如，一台机器在完成对零部件的加工后按照一个输出规则将零部件输出到另一台机器上，如果它出了什么故障不能这样做，那么将会出现堵塞现象；当一个零部件到达一个有输出规则的输送链前方时，输送链将把零部件输出，如果输送装置由于故障不能将零部件输出，那么这里将会出现堵塞（固定输送链）或者排长队（队列式输送链）；车辆到达有输出规则的轨道前方时，轨道把车辆输送到另外一个轨道上面，如果轨道输送失败，则路线将会变得堵塞；一台有输出规则的处理器完成对流体的处理后，把流体输出；当一单件运输小车到达一个有输出规则的路线集时，路线集输出它到下一路线集。

（3）劳动者规则。劳动者规则可用来详细说明劳动者的类型和机器，以及输送链、管道、处理器、容器、路线集或者工作站为了完成一项任务而需要的劳动者数量。机器、输送链、管道、处理器、容器、路线集和工作台都需要劳动者才能完成任务。通过劳动者规则，用户可以详细说明实体元素为完成任务所需要的劳动者类型和数量。用户可以通过创建劳动者规则来完成的任务有：调整机器，并为它设定时间周期或修理它；修理输送链；帮助流体通过管道，并且做好清洁、清洗和修理的工作；帮助处理器处理流体，并且做好填入、清空、清洁和修理工作；帮助流体通过管道或做修理工作；修理各种类型的工作站，在行为站做好进入、处理、退出动作，在装载（卸载）站做好装载（卸载）工作，在停靠站做好停靠工作；修理路线集。用户可以利用可视化规则在对话框输入简单的规则，并且在模型窗口中显示流动方向；或者可以通过使用规则编辑器输入更复杂的规则。

Witness建模步骤如下：

（1）定义系统元素。可以通过在布置窗口中单击鼠标右键，选定快捷菜单中的Define菜单项，来定义模型基本元素的名称、类型和数量。

（2）显示系统元素。Witness是一套优秀的可视化建模与仿真工具，在仿真运行时，它可以显示原材料、零部件、人员和运输车辆在系统中的运动状况。所以在定义了元素的基础上，要进一步定义元素在各种状态下的现实图形。本步骤可以通过使用鼠标右键单击要定义显示特征的元素，通过选定弹出菜单中的Display菜单项来进行设定。各种元素的平面布置可以在Witness的布置窗口中设定，也可以通过导入仿真系统设施布置图的.dwg文件来设定。

（3）详细定义。本步骤详细定义模型基本元素工作参数以及各元素之间的逻辑关系，如系统结构、被加工对象在各台机器上的加工时间分布、加工对象的工艺路线以及其他规则等。可以双击鼠标，通过弹出的Detail对话框来设定。

（4）运行。通过试运行和修改模型，重复前三步得到正确的计算机仿真模型之后，对系统进行一定时间范围的运行，并在屏幕上用动画显示系统运行的过程，运行方式可以是单步的、连续的和设定时间的。本步骤通过Witness提供的Run工具栏进行操作。

（5）报告。系统运行一段时间后，显示系统中各元素的运行状态统计报告。通过该报告，可以分析系统中可能存在的各种问题；或通过某项指标，来比较可选方案的优缺点，如机器的利用率、产品的通过时间和在制品库存等。该操作通过使用Reporting工具栏实现。

（6）归档。Witness还提供了归档Documentor模块，可以提取计算机模型的各种信息，生成Word文档或直接打印出来。这些信息主要包括生产报告模块没有包含的有关元素的说明性文字、规则、活动、中断和基本信息。

（7）优化。Witness还提供了系统优化Optimizer模块。如果一个系统的绩效因为其构成元素的配置不同而得到不同的结果，并不需要建立多种配置的计算机模型，则可以直接使用同一个计算机模型，然后通过Optimizer模块来设定每一元素的可变属性值的取值范围，得到一个取值范围集合，并设定表示绩效的目标函数是取最大值还是最小值，进行优化仿真运行，就可以得到最优绩效的系统配置（均可自行设定）。

7.4.4 Flexsim仿真软件

1. Flexsim简介

Flexsim是一款离散事件系统仿真环境软件。它已成功地应用在多个领域，特别适合于生产制造、仓储配送和交通运输等物流系统领域。Flexsim启动后的主窗口界面如图7-13所示。

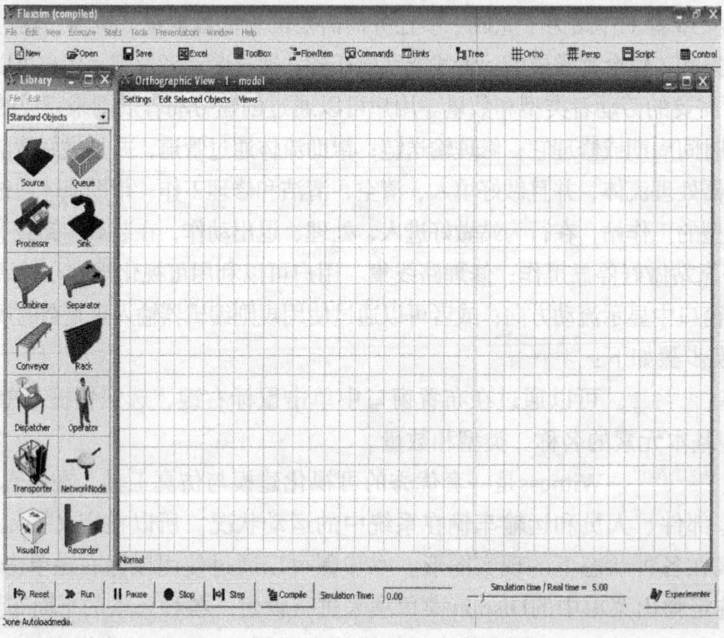

图7-13 Flexsim的主窗口界面

2．Flexsim的基本功能

Flexsim提供了用来对生产制造、物料处理、物流、交通和管理等离散事件系统进行仿真的环境。Flexsim采用面向对象技术，并具有3D显示功能，建模快捷方便和显示能力强是Flexsim仿真软件的重要特点。该软件提供了原始数据拟合、输入建模、图形化的模型结构、虚拟现实显示、运行模型进行仿真实验、对结果进行优化及生成3D动画影像文件等功能，也提供了与其他工具软件的方便的接口，图7-14是Flexsim的功能及其构成模块结构图。

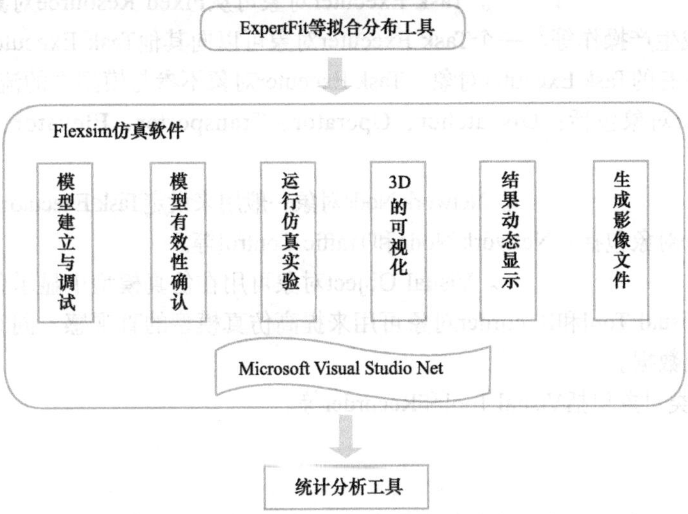

图7-14　Flexsim的功能及其构成模块结构图

3．Flexsim的主要特点

Flexsim的主要特点体现在基于面向对象技术建模、突出的3D图形功能、建模的扩展性强及友好的开放性等方面。

（1）基于面向对象技术建模。Flexsim中所有用来建立模型的资源都是对象，用户可以使用Flexsim提供的对象库，实现对现实世界的对象、过程和系统的建模。同时，Flexsim的对象库可以扩展，用户可以使用C++语言或者软件自带的Flexscript（一个C++代码的预编译库）来修改这些对象，根据自己的行业和领域特点来扩展对象，构建自己的对象库。

（2）突出的3D图形功能。Flexsim仿真环境中所有的模型都是逼真的3D模型，并且，在仿真环境中操纵这些3D模型也非常容易。可以从各个角度观看图形，也可以在模型中做虚拟的近距离观察。Flexsim中的图形显示不仅带来视觉上的美观，更可以帮助用户对研究的模型有一个直观的认识，并且帮助模型的验证。

（3）建模的扩展性强。Flexsim通过支持建立用户对象，融合C++编程，体现了其可扩展性。用户不但可以直接使用Flexsim来建模和运行模型，还可以在其上利用C++语言和软件提供的接口和函数开发一定的仿真应用程序，而这些应用程序一般用来对特定行业建模并进行仿真。

（4）友好的开放性。Flexsim完全支持C++，所有的动画都是OpenGL，支持工业标准的3DS、DXF、WRL或者STL图形对象。同时，Flexsim可融合第三方软件例如OptQuest、Visio及ExpertFit等。此外，Flexsim还可以方便地连接到ODBC㊀数据库（如Oracle）。

㊀ 开放数据库互连。

4．Flexsim提供的建模基本对象

Flexsim提供了一系列用于构造系统仿真模型的基本对象，这些对象分为四类。

（1）资源类（Fixed Resource）。Fixed Resource对象一般是仿真模型中的主干对象，此类对象决定了模型的流程。

Fixed Resource对象包括：Source、Queue、Processor、Sink、Combiner、Separator、MultiProcessor、Conveyor、MergeSort、FlowNode、Rack和Reservoir等。

（2）执行类（Task Executer）。Task Executer对象可从Fixed Resource对象中获取并执行任务，如物料搬运或生产操作等。一个Task Executer对象可以向其他Task Executor对象指派任务，或者管理模型中所有的Task Executer对象。Task Executer对象不参与模型中的流程指派。

Task Executer对象包括：Dispatcher、Operator、Transporter、Elevator、Robot、Crane和ASRSvehicle等。

（3）网络类（Network Node）。Network Node对象一般用来设定Task Executor对象的行动路线。

Network Node对象包括：Network Node和Traffic Control等。

（4）图示类（Visual Object）。Visual Object对象可用在仿真模型中显示各种信息、标志、图片或图表等。Visual Tool和Recorder对象可用来提高仿真模型的直观感，同时可用来实时显示和搜集模型的输出数据。

Visual Object类对象包括Visual Tool和Recorder等。

7.4.5 Extend仿真软件

Extend仿真软件是一个面向对象的通用仿真平台，适合离散事件系统模拟、连续事件系统模拟、离散和连续混合事件系统模拟。Extend仿真环境为不同层次的建模者提供了多种工具，开发者可以使用Extend内嵌的编译语言ModL（类似C语言）和函数来创建可以重复使用的建模模块，所有这些都在自成一体的集成环境中完成，不需要外部接口、编译器和代码产生器等。目前，Extend在众多行业得到广泛认可，包括半导体电子行业、计算机和通信行业、工业系统、汽车和航空运输、零售业、石油化工和医药、咨询业、学校与科研机构、军事等。目前版本为ExtendSim V8版本。

1．Extend的特点

Extend具有可以重复使用的建模模块、终端用户界面开发工具、灵活的自定义报告图表生成机制和可与其他应用系统集成等许多独特的特点和功能。这些特点使得建模者能够把精力集中在建模的过程中并且迅速地建立容易理解、容易沟通的模型。这些特点包括以下五个：

（1）交互性。即使在模型运行过程中，Extend参数和模型逻辑也可以在线修改。Extend方便的交互性可以快速回答和重新分析各种问题。

（2）可重复使用性。Extend模块（组件模块和分层子模型）可以保存在模块库里，重新被其他模块所使用，甚至可以被其他建模者所使用。这一特点增加了模型设计的效率和连续性。

（3）规模性。由于Extend的分层结构无限制，它可以用来创建含有成千上万个模块的企业模型。

（4）可视性。Extend的模块图标是专门为了表达模型的结构和行为而设计的。

（5）连接性。Extend支持ActiveX/OLE㊀控件和ODBC数据源。和其他仿真软件不同的是，

㊀ OLE，即对象连接与嵌入技术。

这些技术在Extend里被当作模块来使用，所以都是以拖拉的方式来完成的而没有必要编程。

2．Extend仿真的基本原理

Extend仿真的方法是面向对象建模方法，通过连线将实现各种基本逻辑的模块元素的接口连在一起，通过内部集中管理的控制器来管理各个模块之间的交互进程，协调各个模块的功能，解决各个模块之间的冲突。它的实现原理的基本框架和离散事件系统的仿真基本一致。

在Extend的模块之间中有两种逻辑上的流动：一种流动是实体的流动，代表在系统中流动的实体对象，它可以有属性、优先度；另外一种流动是“数值”的流动。

每个模块中有代表模块间联系界面的接口，有代表数值流动的接口和代表实体流动的接口。

Extend用各种“消息”来计划未来事件、推进模型中的实体、执行内部的逻辑代码和执行计算。传递消息和接受消息的主体是基本模块（Block），它是整个模型的控制器。传递消息的模块将自己的状态和行为信息实时地通过连线传递到和其有联系的模块，Extend中被计划的并不是实体，而是模块的“执行”。当模块被执行时，会在计划的时间上产生事件，并会触发各模块之间消息来回的传递，事件促使实体在模块的连线上进行移动。事件由执行器（Executive）控制，在一个单独事件中，不产生事件的模块允许下游的模块从它那里拖动实体。所以在一个单独事件发生时，如果没有哪个模块阻止它移动，那么实体可以通过很多的模块。这种“消息传递”体系不仅对实体适用，而且也适用于数值接口。因为这种方式在建立复杂模型和逻辑时不需要借助于“虚拟”资源、“逻辑”上的工作站，或者特定的编程方法。它使仿真建模者更多地关注建模的环节，而不是怎样使用仿真工具。

3．Extend仿真实例

下面以一个小型看板系统（见图7-15）为例，来说明Extend的建模过程。

一个看板系统通过一定数量的看板来限制在制品库存水平。在这样的系统中，一台机器只有在得到一个看板之后才允许起动。处理结束后，看板随着产品流入到下一个工序。当下一个工序处理该产品后，看板被释放到前一台机器，起动新的产品处理。在这个例子中，看板系统的逻辑是通过监控机器之间的库存数量来控制机器的起动和停止。首先设定库存的容量为看板的数量，连接库存的“已满”信号和前台机器的“停机”指令。如果后道工序的库存还没有满（也就是说并非所有的看板已被占用），则前道机器还可以进行生产，直到看板被全部占用。

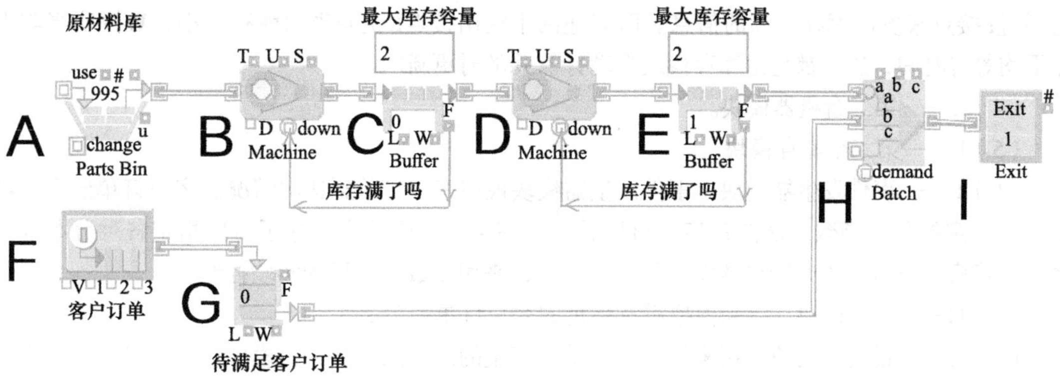

图7-15 小型看板系统仿真模型

模块说明如下：

（1）A——原材料库模块，用来模拟在模型运行初始时的期初库存。通过以下方式设置初始库存，如图7-16所示。

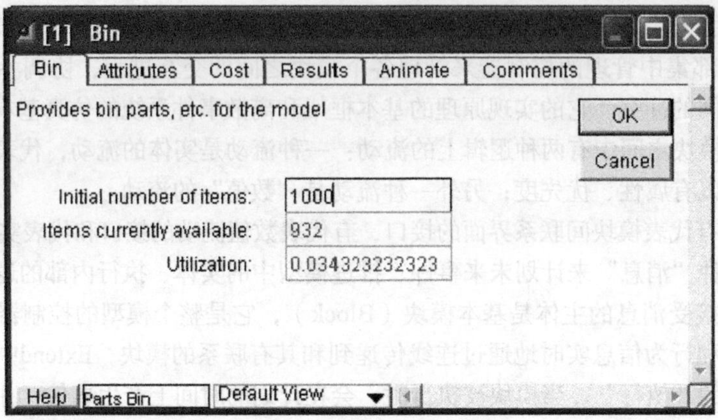

图7-16　原材料模块设置

从图7-16可以看出，Extend模块对话框都包括参数输入、结果输出和动画设计等基本结构，同时，因为Extend具备作业成本法（Activity-based Costing）功能，所以允许用户输入成本信息。

（2）B——第一台机器模块。这个模块的物件输入接点和A模块的物件输出接点相连，表示物件的流动。机器模块除了具有物件输入、输出接点以外，还有三个数值输出接点（位于机器模块的上方：T，U，S）和一个数值输入接点（位于机器模块的下方：D）。在仿真运行过程中，机器模块不断自动计算一些关键绩效指标，外部模块可以通过输出接点获取（T：机器处理时间；U：机器利用率；S：机器状态）；数值输入接点D用来输入动态处理时间，可以模拟不同产品的不同加工时间。在模块的下方，还有一个down接点，用来通过外部逻辑控制机器的关停运转。这个接点既可以接受数值输入，也可以接受物件输入（所以图标有些不同）。在看板系统中，机器的关停运转就是通过观察下游库存的盈余（也就是看板数量）来控制这个输入端口来实现机器的各种状态。

（3）C——库存模块。通过设定最大库存容量来模拟看板数量。当库存已满时，这个模块就会通过F接点来发出库存已满的信息。而其他两个输出接点L说明当前库存大小，W说明当前库存平均等待时间，这些都是由库存模块自动计算并随时更新的。

（4）D——第二台机器模块。

（5）E——第二个库存模块。

（6）F——事件发生器模块。事件发生器模块模拟客户订单到达的情况。客户订单的到达可以服从一定的分布函数。从图7-17中可以看出，在事件发生器中，除了可以指定各种分布函数之外，建模者还可以更改随机数发生的“种子”，来用于数据分析和实验控制。

（7）G——库存模块，用来模拟没有满足的客户订单列表。

（8）H——批处理模块，用来将客户订单和产生的产品匹配起来，模拟订单满足过程。当只有订单没有产品，或者只有产品没有订单时，批处理模块就处于等待状态，当二者都具备时，将二者合并在一起，从系统中清除。

（9）I——物件离开和清除模块，用来模拟物件离开仿真系统，同时，统计输出商品的总数。

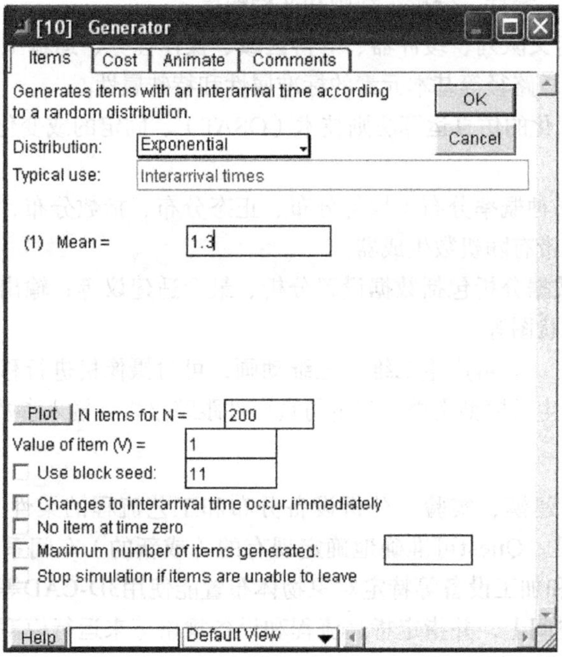

图7-17 事件发生器模块设置

从以上模型可以看出，把基本的模块单元组合到一起，Extend就可以迅速、准确地建立有意义的物流系统模型。

7.4.6 其他软件工具

目前，国内外主要的物流系统仿真环境及其特点，如下所述：

1. Automod

Automod是比较成熟的三维物流仿真软件，主要包括三大模块：AutoMod、AutoStat和AutoView。该软件功能强大，如果灵活使用，能够实现许多高难度的仿真，并且多数模型之间可以进行通信。由于对全部机器设备等对象物都需要程序命令语言，操作人员必须具备编程知识。

2. SIMAnimation

SIMAnimation使用基于图像的仿真语言，以及面向对象的编程方法，所以仿真系统可以非常简单地创建模型。SIMAnimation包括布局编辑器、完全的二维和三维的动画、曲线拟合、路线优化软件、试验编辑器和完整的用户报表编辑器。同时，仿真模型还包括丰富的交互特点，允许使用者去改变参数输入，其目的是通过模拟实际生产情况及市场波动对系统造成的冲击，从而避免了在理想化状态下系统设计无法预料的各种因素，对系统的堵塞有着形象和直观的解决方案。在算法上，SIMAnimaiton在保证出库有限的情况下，按路径最短原则进行自动定位和设计路经，实现多回路运输。SIMAnimation使用OpenGL三维建模技术，使仿真模型更加容易理解，同时使管理、生产和工程人员的意见交流更加容易。

3. ShowFlow

ShowFlow是针对制造业和物流业建模、仿真、动画和统计分析的工具。ShowFlow主要包括几大模块：建模、仿真、统计、分析、动画和文档输出。

（1）建模。可以定义队列、缓冲器、等待区域、操作任务、运输工具、输送机、AGV、立体仓库、自动存取设备、路径等基本元素的标准属性和特殊属性。

（2）仿真。采用优化的仿真运算法则技术（OSAT）、固定的或变化的时间仿真运行，可对离散事件进行仿真。

（3）统计。可对多种概率分布（均匀分布、正态分布、指数分布、爱尔朗分布和经验分布等）进行统计分析，并带有随机数生成器。

（4）分析。输入数据分析包括数据设置分析、最合适建议等；输出数据分析包括可输出队列曲线图、柱状图和饼状图等。

（5）动画和文档输出。可产生二维、三维动画，可对摄像机进行移动、缩放和旋转。可按功能性或元素排序自动生成模型文档，产生仿真事件跟踪报告，输入参数值列表等。

4．Quest

Quest是针对设备建模、实验、分析设备分布和工艺流程的柔性、面向对象的、基于连续事件的专用模拟工具。Quest可准确地确定现有的（或新的）车间系统布置、成本和工艺流程。Quest对搬运设备和加工设备等特定对象物体布置能使用3D-CAD等软件制作的外观，并将它们配置到三维立体空间上，并指定货品流程和设备规格等来运行模型。作为制造业生产线的仿真器，Quest具有出类拔萃的操作简便性和功能。演示性能强大，富有现实感，可以设置逻辑命令语言，所以熟练掌握后可以实现相当高难度的仿真，在周边的机器人仿真器群等方面的功能也很齐备。

5．eM-Plant

eM-Plant（原名SIMPLE++）是一种系统规划分析模拟软件。在规划阶段可通过eM-Plant进行全厂设施规划方案选择分析，设备投资评估分析，暂存区、生产线平衡分析，瓶颈分析，派工模拟及产能分析模拟及企业再造等模拟分析。它基本上与Witness和Factor/AIM一样，同样属于平面离散系统生产线仿真器，可以与CAD、CAPP、ERP和DB等软件之间进行实时通信。与周边的机器人仿真器群之间有强有力的关联，其主要目的是整体系统的优化等，主要与周边系统联合起来灵活使用。

7.5 Flexsim仿真软件的应用案例

7.5.1 概述

本节介绍的案例为应用Flexsim软件对某自动化立体仓库布局进行仿真并对其瓶颈进行分析和改善。图7-18为该自动化立体仓库的平面布局和物流路线示意图。该库主要由三部分组成：理货区、立库区和流通加工区。理货区位于仓库出入口和立库区之间，主要进行入库货物的包装、贴标和核查等工作。立库区职能是存放货物。流通加工区与立库区和理货区通过输送机和升降机相连，主要从事简单的流通加工作业和一些生产作业，原料由异地的企业供应，加工完成的产成品存放到立库区，等待出库。流通加工区从事不同的加工作业过程，通过输送机与货架部分相连接。

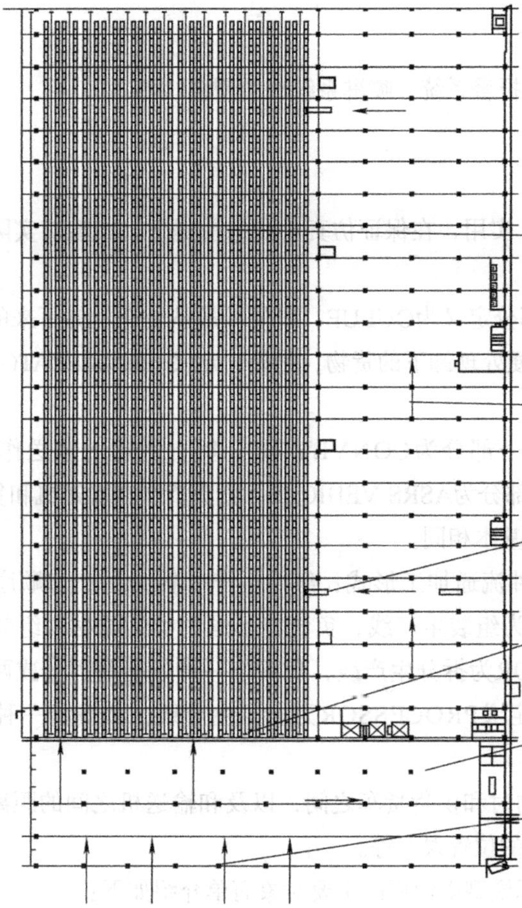

图7-18 自动化立体仓库的平面布局和物流路线

系统作业主要包括入库作业、储存作业、分拣作业、发货作业、倒库作业和生产线与立库配合作业六大部分。

系统参数为：

1. 库区

库房空间：120m×40m×20m（长×宽×高）。

作业形式：整盘出、入库，可直接出库。

生产能力：日处理标准托盘约600个。

货架区占地：100m×22m（长×宽），共有5个巷道。

货位数：8 000个。

货位尺寸：1 200mm×1 000mm×2 000mm（长×宽×高）。

流通加工作业区面积：100m×18m（长×宽）。

2. 堆垛机

形式：双立柱，双货叉，无驾驶室。

额定载重量：200kg。

行走速度：160m/min。

3．其他系统

其他系统有条码识别系统、报警系统、喷淋系统和照明系统等。

7.5.2 仿真模型的结构

为了使仿真模型尽量简单、实用，在保证仿真功能的前提下，模型对实际系统进行了必要的抽象和简化。

理货区由两部分组成：一部分定义为QUEUE，以便堆放从货车上卸下来的待处理货物；另一部分定义为PROCESSOR，以便处理卸下的货物，另外，定义一个OPERATOR进行对货物的处理操作。

立库区由三部分构成：第一部分为CONVEYOR，负责货物的输送作业；第二部分为RACK，负责货物的储存；第三部分为ASRS VEHICLE，负责货物在输送机和货架之间的搬运工作。这一部分的模型与实际系统基本相同。

对于流通加工区，定义三种流通加工形式：组装生产、拆分生产和顺序加工。对于第一种加工形式，定义COMBINER为组装生产线，负责将不同种类的原材料组装成产品；对于第二种加工形式，定义SEPARATOR为拆分生产线，负责将一种原材料拆分成两种或两种以上的产品；对于第三种加工形式，定义PROCESSOR为加工生产线，负责将一种原材料加工成一种产品。

模型中忽略叉车在装卸货物时和供货货车之间，以及和输送机之间的距离误差，同时忽略堆垛机在伸叉取货和放货过程中的位置误差等。

现将基于Flexsim环境的仿真模型中使用的主要对象简单介绍如下：

供货货车：由SOURCE产生。

理货区：使用VISUAL TOOL插入。

理货区贴标志、入库检查作业：由PROCESSOR和OPERATOR两部分组成。

叉车：TRANSPORTER。

路径：NETWORKNODE及其连线。

辊子输送机：CONVEYOR。

加工生产线：分为COMBINER、SEPARATOR 和PROCESSOR三种。

侧向输送机：CONVEYOR。

升降机：ELEVATOR。

仓库外设：使用VISUAL TOOL插入。

7.5.3 仿真模型的实现

根据仿真模型的结构，结合一定的假设和简化，可建立该自动化立体仓库的三维立体仿真模型，如图7-19所示。Flexsim中的三维实体显示不仅能带来视觉上的美观，更重要的是对模型有一个直观的描述，并帮助用户进行模型验证。

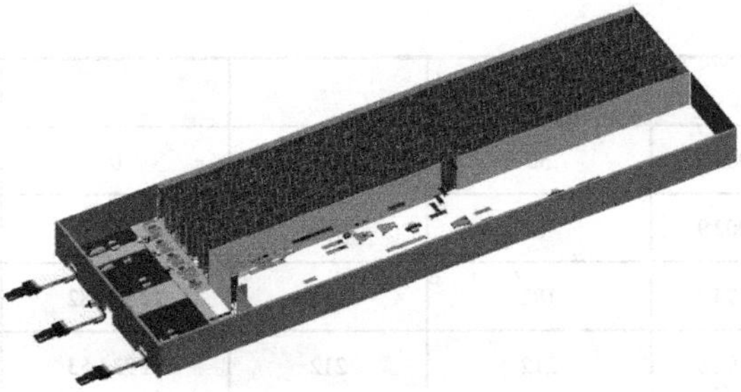

图7-19　自动化立体仓库三维立体仿真模型侧视图

7.5.4　仿真结果分析及系统改进

1. 自动化立体仓库主要设备利用率的仿真分析

在正常入库状态、正常出库状态和同时出入库状态三种状态下运行仿真模型，根据实际情况，该仓库系统的仿真为终止型仿真，设置模型一次仿真运行时间长度为8h，共运行10次仿真。

其中在正常入库状态下，系统重要设备的利用率数据如表7-3所示。

表7-3　自动化立体仓库部分重要设备在95%置信度下的利用情况

系统中的设施设备	利用率指标	95%置信度下的数值
第一排货架	最大容量/托盘	[29.7，76.1]
第一巷道式堆垛机	空闲时间/s	第一巷道式堆垛机空闲时间所占比例为[83.59%，88.91%]
第二巷道式堆垛机	空闲时间/s	第二巷道式堆垛机空闲时间所占比例为[73.63%，77.57%]
第一巷道式堆垛机	平均等待时间/s	[22.13，29.07]
第二巷道式堆垛机	平均等待时间/s	[23.74，28.24]
理货区	处理时间/s	理货区处理时间所占比例为[47.04%，61.67%]
2号叉车	空闲时间/s	叉车空闲时间所占比例为[84.23%，87.89%]

对表7-3中的数据进行如下分析：在此条件下，自动化立体仓库中堆垛机、货架、理货区和叉车等主要设备的利用率有较大差异，例如，叉车的平均利用率仅为14.42%，利用率较低；堆垛机的平均利用率为19.11%；而理货区的平均利用率为54%。由此可以判断，在日均出入库量为600个标准托盘时，堆垛机、叉车等主要设备的利用率较低，存在设备闲置的情况。

2. 现有资源配置下的最大货物周转量仿真分析

在上一步的基础上，可以通过进一步的仿真分析，来确定该自动化立体仓库在现有资源配置下的最大货物周转量，具体过程如下：

如果不断增加仓库货物的吞吐量，那么可能出现系统运行不畅的情况，即出现瓶颈工序（在自动化立体仓库系统的运行中，瓶颈工序是指连续满负荷运转的设施或设备）。同时，考虑出入库情况，当日均出入库量从600个标准托盘增加到1 000个标准托盘时，经过多次仿真运行，主要设备的仿真报告如表7-4所示。

表7-4 日均出入库量为1 000个标准托盘时主要设备的仿真报告

实　体	平均利用率	入货量（托盘）	出货量（托盘）	空闲时间/s	处理时间/s	阻塞时间/s
第一排货架	0.003 5	50	50	0	0	0
第二排货架	0.002 9	41	41	0	0	0
第一巷道式堆垛机	0.174 7	182	181	22 587.82	0	0
第二巷道式堆垛机	0.198 5	212	212	21 934.53	0	0
理货区	0.994 2	189	188	160.84	24 471	7 770
1号叉车	0.098 4	198	198	22 517.66	0	0
2号叉车	0.121 7	181	181	22 159.21	0	0
升降机	0.048 6	160	160	26 063.33	0	0

从表7-4中可以看出，理货区平均利用率偏高，出现阻塞，即理货区成为瓶颈工序，由外部货车送到自动化立体仓库的货物不能被及时处理，导致了货物在理货区的堆积。由此可以认为系统在日均出入库量为1 000个标准托盘时，不能很好运行。

通过多次运行仿真分析可以测算，在现有条件下，不出现阻塞的最大货物周转量为800个标准托盘。

3．自动化立体仓库的资源优化配置仿真分析

通过上面的仿真分析可知，当库存周转量增加时，首先出现的瓶颈环节是理货区，即理货区的处理速度较慢，影响了系统的整体效率。因此，在进行自动化立体仓库的资源优化配置之前，首先要优化理货区的处理流程，提高理货区的货物处理速度，设置较大的货物堆放数量。然后再协调自动化立体仓库内其他设施设备的利用率和数量，使各种设施设备的使用率相匹配。按照此步骤，对自动化立体仓库系统做出改进，流程改进后的系统运行仿真结果如表7-5所示。

表7-5 改进后日均出入库量为1 000托盘时的仿真报告

实　体	平均利用率	入货量（托盘）	出货量（托盘）	空闲时间/s	处理时间/s	阻塞时间/s
第一排货架	0.002 7	34	34	0	0	0
第二排货架	0.002 0	27	27	0	0	0
第一巷道式堆垛机	0.117 4	122	122	24 528.74	0	0
第二巷道式堆垛机	0.232 7	259	258	20 747.99	0	0
理货区	0.590 8	118	118	11 597.69	13 352	0
1号叉车	0.088 0	171	171	23 119.03	0	0
2号叉车	0.129 7	197	197	21 693.06	0	0
升降机	0.021 0	109	109	26 828.71	0	0

通过仿真分析，在改进流程的基础上可以进一步改进系统，优化该自动化立体仓库的系统资源配置，达到优化投资效益的目的。

习题与思考题

1. 计算机建模与仿真在设施规划中起的作用有哪些？
2. 简述CRAFT算法的原理和程序。
3. 常用的多行布置模型有哪些？各自的优缺点是什么？
4. 列举求解二次分配问题的常用算法，试比较这些算法的优劣。
5. 了解并熟悉目前常见的设施规划仿真软件。
6. 使用Flexsim软件对以下问题进行仿真分析：

某加工车间，有一台加工中心及一台测量机，待加工零件到达加工中心的时间间隔服从指数分布，均值为1min，每个零件的加工时间服从[0.8，0.9]min之间的均匀分布，根据经验，90%加工过的零件可通过检验，10%的零件必须返回重新加工。加工中心可能会发生故障而停工，停工时间服从均值是6h的指数分布，维修时间为[8，12]min区间内的均匀分布，系统的初始状态为队长为0，设备空闲。对该系统进行终止型仿真，仿真时间为16h，通过仿真估计系统的加工能力，及每个零件在系统中的时间，然后比较当每个零件的加工时间为[0.5，0.6]min与[0.7，0.8]min区间上的均匀分布时，系统的加工能力及每个零件在系统中的时间。

第8章 某阀门制造企业设施规划案例

8.1 案例背景

A公司是提供全球化阀门专业制造的无区域集团公司。自1980年创建以来，一直保持稳健向上的发展势头。现已拥有20多个品种的主导产品，包括管线球阀、闸阀、截止阀、蝶阀、安全阀和燃气控制阀等工业阀门及其配套设备，广泛应用于石油、化工及天然气等领域。在获得全国首家特种设备安全注册，并在华东地区率先通过ISO 9001国际质量管理体系认证的基础上，A公司陆续取得了美国API 6D/6A和欧盟CE的市场准入证、ISO 14001环境管理体系和OHSAS 18001职业安全卫生体系认证，已成为中石化、中石油和能源一号网等的长期合作伙伴。

闸阀是A公司生产的主要产品之一，闸阀广泛适用于石油化工、火力发电厂等油品、水蒸气管路上作为接通或截断管路中介质的启闭装置，其主要特点有以下几个：

（1）结构紧凑，阀门刚性好，通道流畅且流量系数小。

（2）密封面采用不锈钢和硬质合金，使用寿命长。

（3）驱动方式为手动和齿轮传动。

8.2 新厂设施选址分析

目前市场上闸阀的需求量快速增长，企业产能已达饱和，现有厂区无法扩建，为满足增长的市场需求，经企业高层研究讨论，决定在华东某地建设新的生产厂，以扩充其闸阀的产能。

新厂区的设施选址对企业今后的发展有重大影响，为合理选择新厂址，企业特成立项目组来处理选址相关事项，项目组的基本选址流程如下：

1. 前期准备

前期准备阶段的主要工作是明确选址的主要目标，并提炼关键的需求指标，主要的依据为企业的产品方案、生产规模和目标客户分布等因素。

（1）年产量、产值及主要零配件量。以产品型号为Z40H-150LB、公称直径*DN*=150mm的闸阀为代表产品来估算（详见“8.3.1”），未来5年，新厂区预计每年生产6.15万件该类闸阀，年产值将达1.5亿元。产品的零配件自制和外购相结合，除关键部件自制外其他部件均采用外购方式。

（2）运输量以及运输方式。企业产品以外销为主，产品先通过公路或铁路运输到港口，再通过海运销往世界各地；外购件和原材料基本来自国内的各配套厂家，预计新厂区未来5年的年均运输量（包括运入运出量）为1.5万t。

（3）用电需求。企业年用电量估算约为200万kW·h。

（4）新厂职工需求。预计新厂区建成后，将有200名员工在此工作，主要为从事机加工和装配的员工。

（5）新厂区主要设备的相关数据。

（6）厂区的占地面积需求。根据工厂未来10年的规划，包括生产区和生活区等用地面积，预计厂区的占地面积是21 000m^2。

通过对上述新厂的需求分析，可初步确定拟建厂区的组成及对用地面积的要求，为下一步的现场勘探做好准备。

2. 现场勘探

通过现场勘探，详细了解各拟选厂址的相关情况。新厂选址考察的关键指标包括：

（1）企业协作条件。企业协作条件是选址时应该重点考虑的问题。产品的零配件主要由相关的铸造厂和标准件生产厂供应，选址时，应尽量靠近配套企业，以降低运营成本，为企业的长远发展创造良好的外部条件。

（2）交通运输条件。企业的阀门以出口外销为主，主要采用公路和海路运输，采购的零部件主要以公路运输为主，因此，厂址应临近主要公路干线，并接近大型港口。

（3）供电条件。产品生产耗电量较大，断电或者限电对企业的生产有较大的影响，应确保电力供应。

（4）人力资源条件。需要重点考虑当地专业技术人员、熟练工人的技术水平、数量及工资待遇。

（5）场地条件。新厂址占地面积较大，土地的征用、拆迁、平整费用，以及建筑成本等，对建厂投资影响很大。拟建场地不能占用耕地，并且有适当的发展余地。

（6）环境影响。厂址不能位于大型住宅区、学校和医院等对噪声控制要求严格的建筑周围。

（7）社会条件。主要考虑当地政府的政策法规、金融和税收等情况。

3. 方案比较

项目组根据现场勘探对拟选厂址形成初步的认识，在主管部门和规划部门的协助下，提取相关数据，对可选的地址不断进行对比择优，最终形成了三个备选方案。三个方案的基本情况如表8-1所示。

表8-1 三个方案的基本情况

项目		A方案	B方案	C方案
1	企业协作条件	位于A市的某工业园区，周围有多家能提供零部件的铸件厂和标准件厂，且距离较近	位于B市，距离配套的铸件厂和标准件厂较集中的工业园区约40km，但是有公路干线直通	位于C市的工业园区，周围有少数几家可提供零配件的生产企业
2	交通运输条件	所在城市有港口，中间有省道相连，交通运输条件较好	距离最近的港口50km，但临近国道，且国道可直通港口，交通运输条件较好	距省道5km，省道可直通港口，距港口20km，交通运输条件好
3	供电条件	工业园区附近有大型电站，可不间断供电	电力供应充足	利用工业园区已有的供电系统
4	人力资源条件	A市是以阀门生产为特色的工业城市，人力资源条件好	B市是工业城市，有一定的人力资源，但是需对新员工进行培训	C市是工业城市，有一定的人力资源，但是需对新员工进行培训
5	场地条件	场地面积满足要求，且场地为某大型企业原厂址的一部分，部分建筑还可修建后使用	场地面积较大，地势平坦	场地面积较小

（续）

项 目		A方案	B方案	C方案
6	环境影响	位于工业园区，周围是大型的工厂	位于城市的上风侧，但是所在地址有数家民房，需要拆迁	位于工业园区，周围是多家生产企业
7	社会条件	位于工业城市，融资便利	当地政府提供三年免税的优惠政策	当地政府提供两年免税、贷款贴息的优惠政策

通过比较分析，在本案例中采用优缺点比较法评价各方案，通过逐一比较上述三个方案可以看出：

（1）A方案虽然在政府的优惠政策上不如B、C方案，但是由于其靠近原材料生产企业，且交通十分便利，人力资源丰富，尤为突出的是场地条件好，减少了新厂区建设的施工费用。

（2）B方案虽然在交通运输条件、社会条件和场地条件等方面具有优势，但是距离零配件生产企业较远，原材料的运输费用较大，而且新建厂房之前需要拆迁，企业的投资成本较大。另外无法保证有稳定的熟悉阀门加工生产的技术人员和熟练工等人力资源，新进员工需进行培训，增加了企业投入。

（3）C方案虽然在企业协作条件、环境影响和社会条件等方面具有优势，但是其场地面积相对较小，限制了企业的发展。此外，新进员工需要培训，这也增加了企业投入。

综合考虑，选择A方案为厂址，B方案为备选厂址。

8.3 生产区总体布置设计

选址方案上报董事会经讨论通过，确定以A方案为新厂址。新厂址主要包括生产区、职工生活区、行政办公区和绿化区等部分。采用SLP对厂区进行布置方案设计，因篇幅关系本节只叙述了“生产区”的总体布置设计。

8.3.1 产量计算

该公司生产的闸阀品种较多，有楔式闸阀、升降式闸阀、旋转杆式闸阀和快速启闭闸阀等，此外，各种闸阀根据其公称压力大小有多种分类，根据其公称直径又有多种分类。根据多年生产销售统计，公司采取的是多品种、中小批量的生产方式，此外还有一定数量的定制产品。因此，生产区主要采用按工艺布置的方式。

因各类产品的生产有一定的相似性，为简化计算过程，选取适合的代表产品，将其他产品的产量折算为代表产品的产量。以楔式闸阀为例，经对比分析，以型号为Z40H-150LB（公称直径DN=150mm）的楔式闸阀作为代表产品。预测未来5年，不同公称直径楔式闸阀的预测年均需求量如表8-2所示，将被代表产品的数量按照公式$Q=aQ_x$折合成代表产品的当量数。其中Q为折合为代表产品的年产量，Q_x为被代表产品的产量，a为折合系数，其计算公式为：

$$a=a_1a_2a_3$$

a_1为重量折合系数，计算公式为：

$$a_1=\sqrt[3]{\left(\frac{W_x}{W}\right)^2}$$

式中 W_x——被代表产品的单台重量；

W——代表产品的单台重量。

a_2——成批性折合系数。批量大的每台所需劳动力小，a_2<1；批量小则a_2>1，如表1-2所示。

a_3——复杂性系数，取a3的值为1.0。

折算的结果如表8-2所示。

表8-2 产量分析表

公称直径/mm	预测年均需求量		重量/kg	重量折合系数	成批性折合系数	复杂性系数	折合系数	折合产量（件）
	产量（件）	产量比率						
50	1 000	0.30	23	0.36	1.25	1.00	0.45	450
100	500	0.15	63	0.70	1.15	1.00	0.81	405
150	1 200	0.36	108	1.00	1	1.00	1.00	1 200
200	150	0.05	171	1.36	0.99	1.00	1.35	203
250	180	0.05	263	1.81	0.99	1.00	1.79	322
300	80	0.02	346	2.17	0.96	1.00	2.08	166
350	90	0.03	488	2.73	0.97	1.00	2.65	239
400	90	0.03	621	3.21	0.97	1.00	3.11	280
合计	3 290	1.00	—	—	—	—	—	3 265

其他产品也折算成产品Z40H-150LB，得到总折算产量为6.15万件。

8.3.2 产品分析

根据产品装配图，对产品零件进行自制和外购分析。闸阀的主要零部件如阀体、闸板、阀盖、阀杆螺母和阀杆等，为保证质量需要自制；填料、轴承、铆钉等标准件，可直接购买；另外一些非标准件如铭牌等为非关键部件，并有众多专业供应商，购买比自制更经济。以型号为Z40H-150LB楔式闸阀为例产品零件明细如表8-3所示。

表8-3 产品零件明细

产品名称：楔式闸阀			产品型号Z40H-150LB		
序 号	零 件 名 称	零 件 代 号	外 购	自 制	单 位 数 量
1	阀体	Z40H-150LB-01		√	1
2	阀座	Z40H-150LB-02	√		1
3	闸板	Z40H-150LB-03		√	1
4	阀杆	Z40H-150LB-04		√	1
5	螺柱	GB/T 901—1988	√		16
6	螺母	GB/T 6170—2000	√		32
7	垫片	Z40H-150LB-05	√		1
8	阀盖	Z40H-150LB-06		√	1
9	上密封座	JB/T 5210—2010	√		1
10	填料	JB/T 1712—2008	√		5
11	销	GB/T 119.1—2000	√		2
12	螺栓	GB/T 5782—2000	√		2
13	填料压套	JB/T 1708—2010	√		1
14	填料压板	JB/T 1708—2010	√		1
15	螺母	GB/T 6170—2000	√		2
16	直通式油杯	JB/T 7940.1—1995	√		1
17	轴承	GB/T 301—1995	√		2

（续）

产品名称：楔式闸阀			产品型号Z40H-150LB		
序　号	零件名称	零件代号	外　购	自　制	单位数量
18	阀杆螺母	JB/T 1701—2010		√	1
19	支架	Z40H-150LB-07	√		1
20	轴承端盖	JB/T 1702—2008	√		1
21	圆螺母	GB/T 812—1988	√		1
22	手轮	JB/T 93—2008	√		1
23	螺柱	GB/T 901—1988	√		4
24	螺母	GB/T 6170—2000	√		8
25	铭牌	Z40H-150LB-08	√		1
26	铆钉	GB/T 827—1986	√		2

8.3.3 工艺过程分析

不同型号的闸阀生产工艺基本一致，产品Z40H-150LB的工艺流程如图8-1所示。

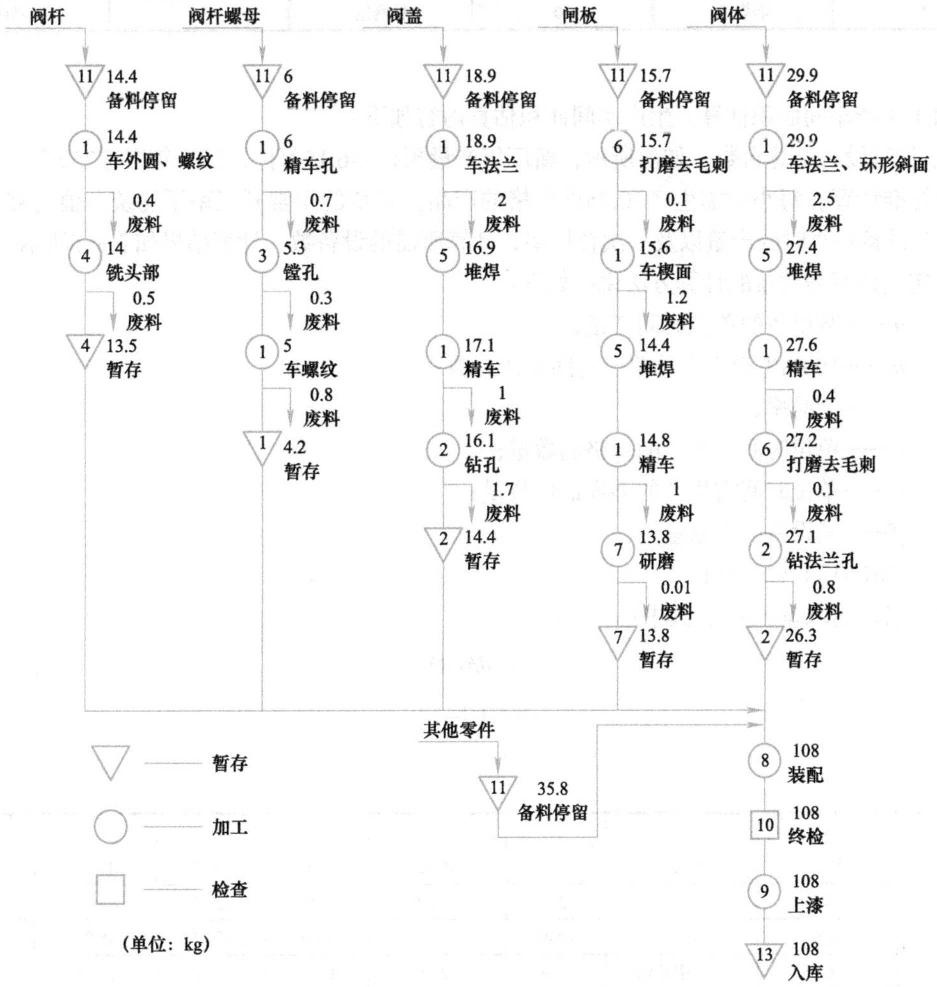

图8-1　闸阀的工艺流程

8.3.4 作业单位分析

1. 作业单位划分

整个生产区根据各单位的作业性质和内容，划分为生产车间、存储部门和管理辅助部门。其中，因公司所有产品为多品种少批量，因此采用工艺方式划分作业单元，生产车间可根据工艺划分为车床组、钻床组、镗床组、铣床组、堆焊组、打磨组、研磨组、装配组、油漆组和检测组；存储部门划分为原材料库、周转区以及成品仓库；管理部门为办公室和工具库，作业单位如表8-4所示。

表8-4 作业单位及其代号

代　号	作业单位	代　号	作业单位	代　号	作业单位
1	车床组	6	打磨组	11	原材料库
2	钻床组	7	研磨组	12	周转区
3	镗床组	8	装配组	13	成品仓库
4	铣床组	9	油漆组	14	办公室
5	堆焊组	10	检测组	15	工具库

2. 作业单位面积估算

（1）生产车间面积估算。生产车间面积估算内容如下：

1）计算设备折算台数。如前所示，新厂年产量预计为6.15万件，以一年工作250天、一天工作8h为标准计算，每小时需生产30.75件合格的产品。系统的正常开工率平均统计值为85%，统计各生产设备每小时的产量以及一次合格率，计算所需的设备数，计算结果如表8-5所示。

决定设备所需数量的计算方法说明如下：

设：a——某设备的单位时间产量；

b——100%生产效率的单位时间生产总数；

c——废品率；

d——单位时间需生产的合格品数量；

e——单位时间需生产的某零部件数量；

f——某设备的需求量。

注：单位时间为每小时。

某设备的需求量$f=e/a$，其中：

$$e=d/0.85$$

$$d=b（1-c）$$

表8-5 设备台数折算相关数据

零部件	设备名称	生产对象	a（件）	b（件）	c（%）	d（件）	e（件）	f（台）
阀体	车床	车法兰	4.00	35.45	3.00	34.39	41.71	10.43
	电焊机	堆焊	12.00	34.39	4.00	33.01	40.46	3.37
	车床	精车	10.00	33.01	2.00	32.35	38.84	3.88
	砂轮机	打磨去毛刺	12.00	32.35	0.00	32.35	38.06	3.17
	钻床	钻法兰孔	12.00	32.35	1.00	32.03	38.06	3.17

（续）

零部件	设备名称	生产对象	a（件）	b（件）	c（%）	d（件）	e（件）	f（台）
闸板	砂轮机	打磨去毛刺	12.00	36.94	0.00	36.94	43.46	3.62
	车床	车楔面	5.00	36.94	4.00	35.46	43.46	8.69
	电焊机	堆焊	12.00	35.46	4.00	34.05	41.72	3.48
	车床	精车	9.00	34.05	2.00	33.36	40.06	4.45
	阀门研磨机	研磨	12.00	33.36	4.00	32.03	39.25	3.27
阀盖	车床	车法兰	10.00	35.45	3.00	34.39	41.71	4.17
	电焊机	堆焊	16.00	34.39	4.00	33.01	40.46	2.53
	车床	精车	10.00	33.01	2.00	32.35	38.84	3.88
	钻床	钻孔	12.00	32.35	1.00	32.03	38.06	3.17
阀杆螺母	车床	精车孔	10.00	35.10	2.00	34.39	41.29	4.13
	镗床	镗孔	10.00	34.39	3.00	33.36	40.46	4.05
	车床	车螺纹	6.00	33.36	4.00	32.03	39.25	6.54
阀杆	车床	车外圆、螺纹	4.00	34.05	4.00	32.68	40.06	10.02
	铣床	铣头部	10.00	32.68	2.00	32.03	38.45	3.85
闸阀	工作台	装配	6.00	32.03	4.00	30.75	37.68	6.28
	液压阀门测试机	终检	4.00	30.75	0.00	30.75	36.18	9.05

2）生产车间面积具体估算。生产车间各工作站的面积估算如表8-6和表8-7所示。

表8-6　各工作站的面积估算表

代号	作业单位	主要设备	计算台数（台）	台数取整（台）	工作活动面积/m^2	物料存放面积/m^2	员工活动面积/m^2	单台占地面积/m^2	总面积/m^2
1	车床组	车床	56.2	57	6	6	3	15	855
2	钻床组	钻床	6.34	7	6	10	4	20	140
3	镗床组	镗床	4.05	5	6	26	10	42	210
4	铣床组	铣床	3.85	4	8	12	5	25	100
5	堆焊组	电焊机	9.38	10	5	14	5	24	240
6	打磨组	砂轮机	6.79	7	4	12	4	20	140
7	研磨组	阀门研磨机	3.27	4	4	12	4	20	80
8	装配组	工作台	6.28	7	8	40	8	56	392
10	检测组	液压阀门测试机	9.05	10	5	30	5	40	400

净　面　积：2 557m^2
12%通道裕度：307m^2
总　面　积：2 864m^2

表8-7　其他生产作业单位面积估算表

代号	工作单位	面积/m^2
9	油漆组	400

根据以上的估算，可知要满足生产需求，各作业单位的需求面积总和为3 264m²，因作业单位之间搬运需要叉车，考虑通道面积占生产车间的25%，则整个生产车间的估算面积为4 352m²。

（2）存储部门面积估算。估算存储部门占地面积时，需考虑多重因素，如存储物品的尺寸、数量、存储方式、搬运方式和通道的宽度等。下面主要介绍原材料库面积估算。

A公司的原材料库主要用于存储待加工零件以及外购的标准件。

首先，统计所需存储物品并选择相应的存储方式。因阀体、阀盖等为不规则形状、体积较大、重量大的物品，选择托盘或托盘箱在地面堆码的方式存储；阀杆为长条形物料，为方便存取采用悬臂式货架；其他配件主要为小件金属配件，单位密度大，根据尺寸和数量选用合适的周转箱或使用物品原包装纸箱，存储在中型货架（见图8-2）上。表8-8为产品Z40H-150LB的物料存储统计表。

图8-2　选用的中型货架示例

表8-8　物料存储统计表

存储物料名称	类　型	存 储 方 式
阀体	毛坯	托盘
闸板	毛坯	托盘箱
阀盖	毛坯	托盘箱、托盘
阀杆螺母	毛坯	托盘箱
阀杆	毛坯	悬臂式货架
阀座	外购成品零件	中型货架
支架	外购成品零件	中型货架
铭牌	外购成品零件	中型货架
螺柱	标准件	中型货架
螺母	标准件	中型货架
垫片	标准件	中型货架
上密封座	标准件	中型货架
填料	标准件	中型货架
销	标准件	中型货架
螺栓	标准件	中型货架
填料压套	标准件	中型货架
填料压板	标准件	中型货架
直通式油杯	标准件	中型货架
轴承	标准件	中型货架
轴承端盖	标准件	中型货架
圆螺母	标准件	中型货架
手轮	标准件	中型货架
铆钉	标准件	中型货架

然后，根据物品存储量估算所需的存储空间。产品Z40H-150LB每小时产量为30.75件，每天工作8h，则每天生产量为246件。统计得到零件的安全库存期为10天，订单提前期是7天，产品订单数量要满足15天的需求，根据原材料库储存阀体的平均数量为安全库存加上一半订货量，共为4 305件。

阀体的外形尺寸为0.28m×0.3m×0.35m，选用1 000mm×1 200mm的托盘存储，托盘的承重为1 000kg，一个托盘平均存放12个阀体，取整后需要360个托盘存放位置。

托盘箱选用钢制折叠式箱形托盘（见图8-3），外尺寸为1 000mm×1 200mm×975mm，使得最大可能地存储物品，同时与托盘存储尺寸匹配，充分利用存储空间。

图8-3　选用的托盘箱示例

货架根据存储货物的周转箱和货物外箱的尺寸，选择匹配尺寸。

最后，汇总所有存储设备需求量以及所需的面积情况，如表8-9所示。

表8-9　存储设备面积估算表

存储设备	长/m	宽/m	高/m	数量（个）	面积/m²	备　注
中型货架	1.8	0.47	1.5	26	22	每个货架4～5层
悬臂式货架	1.8	0.9	1.5	8	13	每边4臂
托盘	1.2	1	0.2	360	432	单层堆放
托盘箱	1.2	1	0.975	100	120	单层堆放

根据表8-9计算原材料库所需面积为587m²。因物品搬运主要为叉车和手推台车，通道面积占原材料库总面积的30%，取整得原材料库总面积为839m²。

估算包括原材料库和周转区的所需面积，最后结果如表8-10所示。

表8-10　存储部门面积估算表

代　号	作业单位	面积/m²
11	原材料库	839
12	周转区	303
13	成品仓库	943
		总面积：2 085m²

（3）管理辅助部门面积估算。生产区的管理辅助部门包括生产管理办公室和工具库两个部门，其所需面积估算如表8-11所示。

表8-11 管理辅助部门面积估算表

代号	作业单位	使用设备情况				人员活动面积/m²	保留空间面积/m²	总面积/m²
		设备名称	单台面积/m²	数量（个）	设备总面积/m²			
14	办公室	办公用桌椅（办公位）	2.25	20	45	50	10	127
		会议室	18	1	18			
		文件柜	0.8	5	4			
15	工具库	办公用桌椅（办公位）	2.25	2	4.5	20	5	41.1
		工具柜	1	10	10			
		文件柜	0.8	2	1.6			

生产区各部门总面积为6 605.1m²，根据经验，各部门的目视管理等预留面积为3%，综合以上面积估算值，取整得到生产区的面积估算值为6 809m²。

8.3.5 物料搬运分析

厂址A为某大型国企原址，部分建筑还可使用，如厂址有一个100m×80m的单层厂房，经建筑结构检测单位鉴定，确认厂房适用于阀门生产，同时能容纳生产所需面积。因此，将其作为生产区，有利于节约成本，缩短新厂区建设周期。

因建筑物的出入口位置在同一面，同时鉴于建筑内长度的限制，生产区内作业单位间采用U形流动模式。

阀门生产流程中的搬运属于简单搬运，无特殊的物理化学性质要求。考虑到阀门重量大、外形复杂和尺寸大小变化频繁的特性，在搬运方式的设计中，选用最大载重量为5t的梁式起重机、叉车和地面手推车等为主要搬运设备。

设定车间内主通道为双车道，每个车道需满足叉车的宽度要求，宽度设计为5m，次干道设定为单车道，宽度设计为3.1m。

8.3.6 作业单位相互关系分析

1．物流权重分析

因阀门零部件的搬运方式相似，且大部分零部件的密度相近，因此，选用重量作为物流的衡量单位。

各零件的权重N_i计算公式为：

$$N_i = \frac{M_i}{\min\{M_1,\ M_2 \cdots\ M_n\}}$$

式中 M_i——各零件的重量。

比较被加工零件的重量，如可选择阀杆螺母的初始重量为计算公式的分母，阀体、闸板、阀盖、阀杆和阀杆螺母的毛坯的物流权重如表8-12所示，其他在制零件的权重以同样的方法计算。

表8-12　物流权重

产品名称	零件名称	重量/kg	权　重
闸阀	阀体	29.9	4.98
	闸板	15.7	2.62
	阀盖	18.9	3.15
	阀杆	14.4	2.40
	阀杆螺母	6.0	1.00

注：表中产品与其零件的数量比值为1/1。

2．做出从至表

根据以上的物流权重，以及每种零件的工艺过程，做出从至表，如表8-13所示。

表8-13　从至表

作业单位＼作业单位		11 原材料库	1 车床组	2 钻床组	3 镗床组	4 铣床组	5 堆焊组	6 打磨组	7 研磨组	8 装配组	9 油漆组	10 检测组	13 成品仓库
11	原材料库	—	355					80					
1	车床组		—	79	27	71	301	139	71	22			
2	钻床组			—						213			
3	镗床组		26		—								
4	铣床组					—				69			
5	堆焊组		305				—						
6	打磨组		80	139				—					
7	研磨组								—	71			
8	装配组									—		554	
9	油漆组										—		554
10	检测组										554	—	
13	成品仓库												—

注：由于篇幅限制，与全部其他作业单位之间无物流的单位未列在表中。

3．密切程度等级划分

利用表8-13统计存在物料搬运的各作业单位对之间的物流量，将各作业单位对按物流强度大小排序，并划分出物流强度等级，汇总后的物流强度如表8-14所示。

表8-14　物流强度汇总表

序　号	作业单位对（路线）	物流强度	等　级
1	1-5	606	A
2	8-10	554	E
3	9-13	554	E
4	9-10	554	E

（续）

序　　号	作业单位对（路线）	物流强度	等　　级
5	1-11	355	I
6	1-6	219	I
7	2-8	213	I
8	2-6	139	I
9	6-11	80	O
10	1-2	79	O
11	1-4	71	O
12	1-7	71	O
13	7-8	71	O
14	4-8	69	O
15	1-3	53	O
16	1-8	22	O

4．作业单位物流相关图

在表8-14的基础上，做出了物流相关图，如图8-4所示。

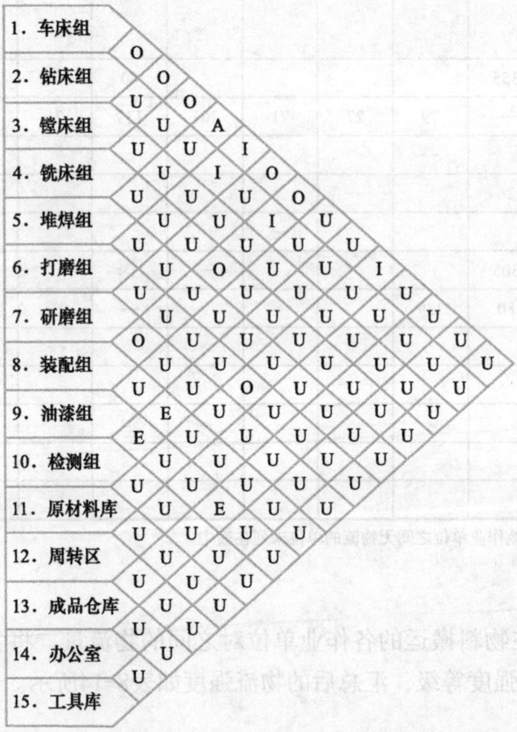

图8-4　作业单位物流相关图

5．作业单位非物流相关图

在设施布置中，各作业单位、设施之间除了通过物流联系外，还有人际、工作事务和行政事务等日常活动。在充分考虑加工设备、员工需求和作业环境等因素的基础上，得到生产区各作业单位的非物流相关图，如图8-5所示。

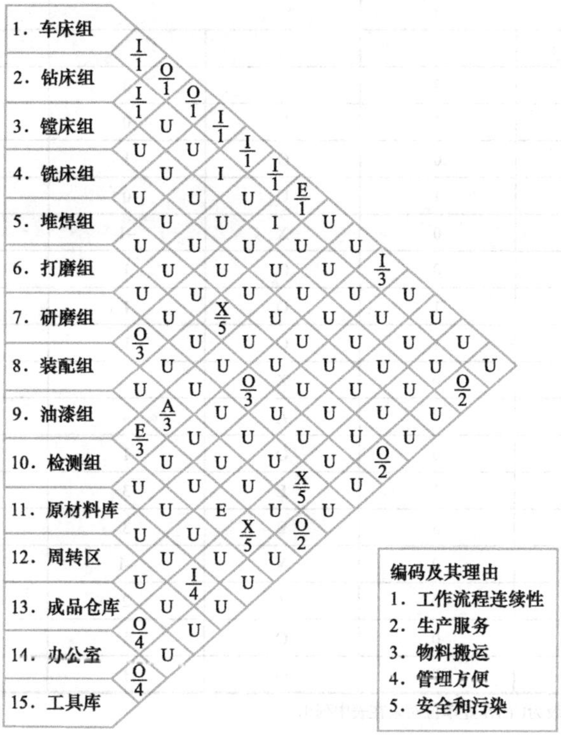

图8-5　作业单位非物流相关图

6. 综合相互关系

确定作业单位之间的物流和非物流关系后，需给出综合相互关系。其步骤如下：

（1）闸阀生产车间中作业单位之间物流关系占主要地位，经专家组论证，确定物流与非物流相互关系的密切程度相对重要性为3:1。

（2）量化物流和非物流密切程度等级，取A=4，E=3，I=2，O=1，U=0，X=−1。

（3）计算作业单位综合相互关系，如表8-15所示。

表8-15　综合相互关系计算表

作业单位对	物流关系加权值3		非物流关系加权值1		综合关系	
	等　级	分　数	等　级	分　数	分　数	等　级
1-2	O	1	I	2	5	O
1-3	O	1	O	1	4	O
1-4	O	1	O	1	4	O
1-5	A	4	I	2	14	A
1-6	I	2	I	2	8	I
1-7	O	1	I	2	5	O
1-8	O	1	E	3	6	I
1-11	I	2	I	2	8	I
2-3	U	0	I	2	2	O

（续）

作业单位对	物流关系加权值3		非物流关系加权值1		综合关系	
	等级	分数	等级	分数	分数	等级
2-6	I	2	U	0	6	I
2-8	I	2	U	0	6	I
2-15	U	0	O	1	1	O
4-8	O	1	U	0	3	O
5-9	U	0	X	–1	–1	X
5-15	U	0	O	1	1	O
6-11	O	1	O	1	4	O
7-8	O	1	O	1	4	O
7-14	U	0	X	–1	–1	X
8-10	E	3	A	4	13	E
8-15	U	0	O	1	1	O
9-10	E	3	E	3	12	E
9-13	E	3	E	3	12	E
9-14	U	0	X	–1	–1	X
11-14	U	0	I	2	2	O
13-14	U	0	O	1	1	O
14-15	U	0	O	1	1	O

注：物流与非物流关系都定级为U的作业单位对未在表中列出。

做出作业单位综合相关图，如图8-6所示。

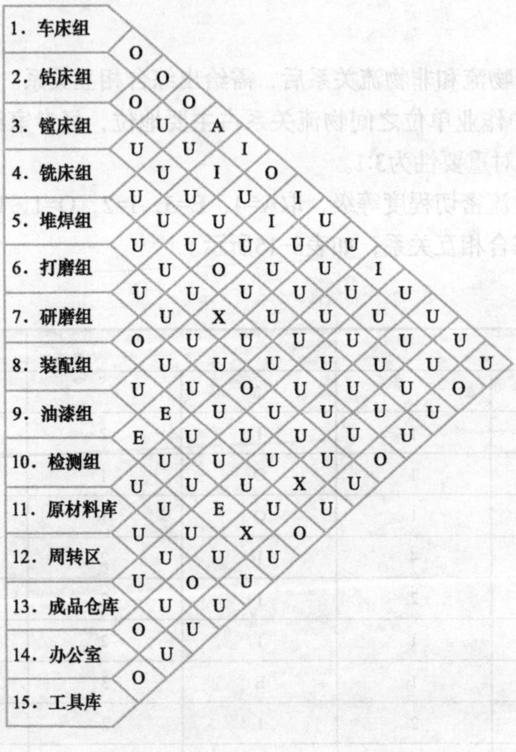

图8-6 作业单位综合相关图

7. 绘制作业单位位置相关图

根据作业单位综合相互关系，绘制作业单位位置相关图，如图8-7所示。

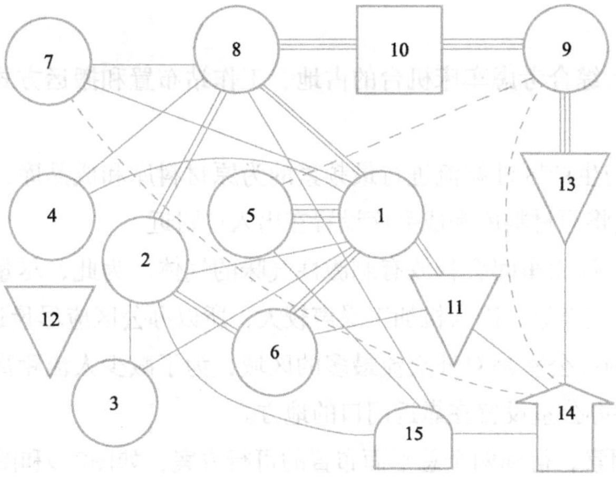

图8-7 作业单位位置相关图

8. 绘制作业单位面积相关图

结合作业空间面积估算和作业单位位置相关图，绘制作业单位面积相关图，如图8-8所示。

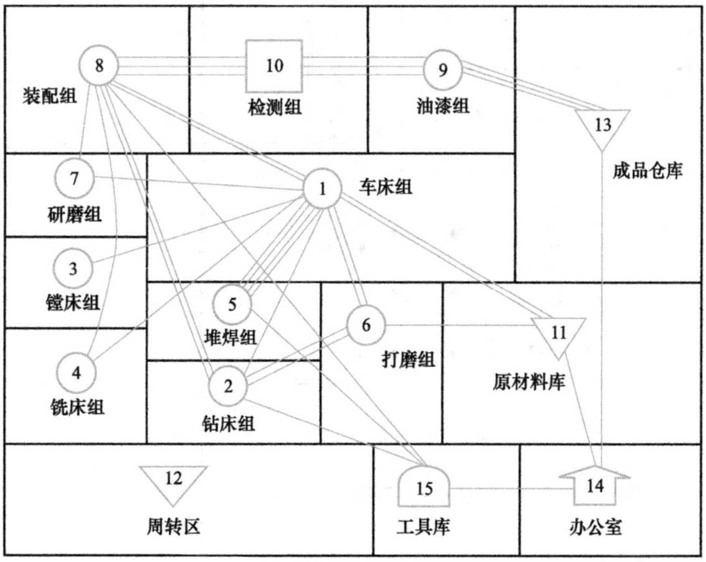

图8-8 作业单位面积相关图

8.3.7 生产区总平面布置

根据实际条件对已得到的面积相关图进行修正，在本设计中，考虑的修正因素有下面几点：

（1）车床组布置。综合考虑车床机台的占地、工作站布置和搬运方式等因素，将车床组划分为多个块。

（2）物料流动。与生产区外物流进行最频繁的为原材料库和成品库，减少搬运量，在生产区的布局设计中，尽量将原材料库和成品库设置在出入口附近。

（3）污染和噪声。油漆车间会释放有刺激性气味的气体。为此，尽量将油漆车间安排在厂区的角落，并做好空气交换等。因为机加工噪声较大，所以办公区应尽量远离机加工单元。

（4）人流管理。因办公室是对外交流最多的区域，为了减少人流距离，同时减少人员在车间内的流动，应尽量将办公室设置在靠近门口的地方。

综合以上的考虑因素，得到两个总平面布置的可行方案，如图8-9和图8-10所示。

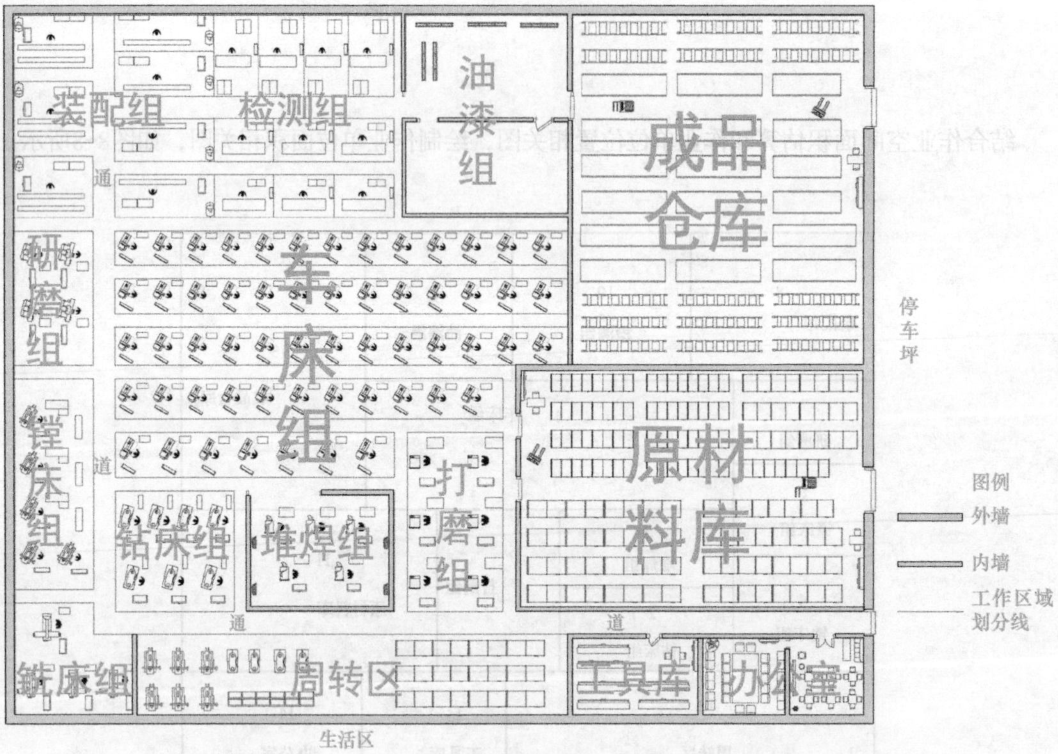

图8-9 总平面布置方案一

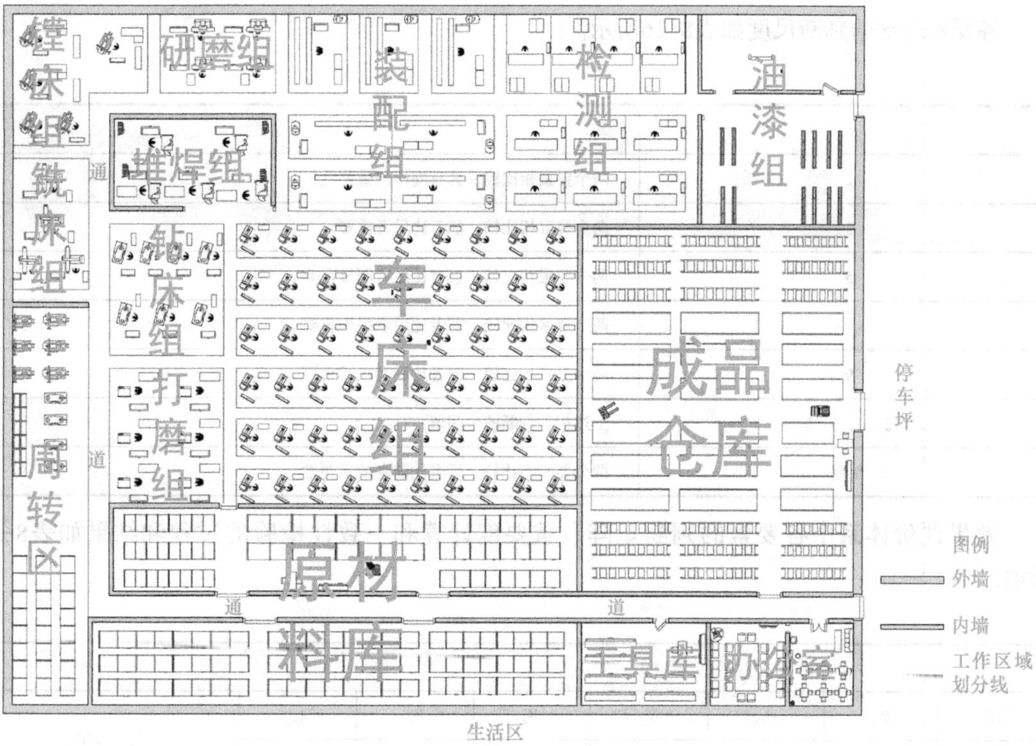

图8-10 总平面布置方案二

8.3.8 布置方案的评价和择优

因为设施布置是多目标问题，有多个评价指标，同时评价指标包括定量和定性两类，所以选用层次分析法和模糊综合评判法作为评价方法，评价结构模型如图8-11所示。

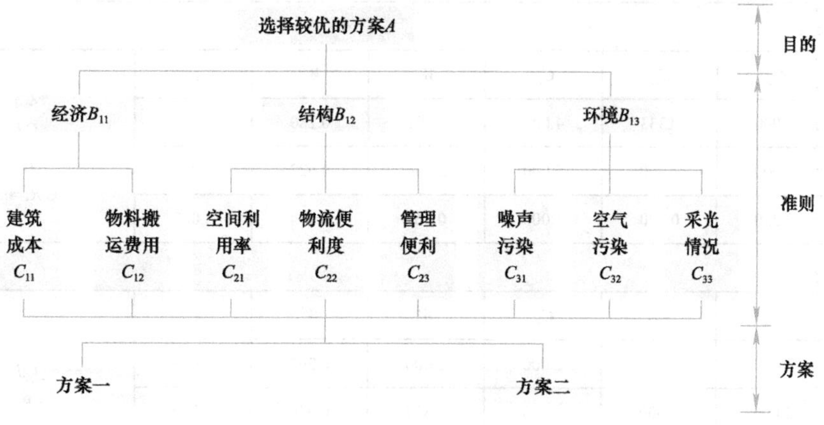

图8-11 评价结构模型

1．评价指标的权重计算

各要素对比的判断尺度如表8-16所示。

表8-16 各要素对比的判断尺度

标 度	含 义
1	两个要素相比较，具有同样的重要性
3	两个要素相比较，前者比后者重要
5	两个要素相比较，前者比后者明显重要
7	两个要素相比较，前者比后者强烈重要
9	两个要素相比较，前者比后者极端重要
2、4、6、8	上述相邻判断的中间值
倒数	两个要素相比较，后者比前者的重要性

效果评价体系中各要素的判断矩阵、重要度计算和一致性检验的过程和结果如表8-17所示。

表8-17 判断矩阵、重要度计算和一致性检验的过程和结果

1.							
A	B_{11}	B_{12}	B_{13}	W_i	W_i^0	λ_{mi}	λ_{max}=3.054 $C.I.$=0.027 $R.I.$=0.52 $C.R.$=0.052<0.1
B_{11}	1.000	2.000	2.000	1.587	0.493	3.054	
B_{12}	0.500	1.000	2.000	1.000	0.311	3.054	
B_{13}	0.500	0.500	1.000	0.630	0.196	3.053	
2.							
B_{11}	C_{11}	C_{12}	W_i	W_i^0	λ_{mi}	λ_{max}=2.001 $C.I.$=0.000 $C.R.$=0<0.1	
C_{11}	1.000	0.333	0.577	0.250	2.001		
C_{12}	3.000	1.000	1.732	0.750	2.000		
3.							
B_{12}	C_{21}	C_{22}	C_{23}	W_i	W_i^0	λ_{mi}	λ_{max}=3.087 $C.I.$=0.043 $R.I.$=0.52 $C.R.$=0.083<0.1
C_{21}	1.000	0.333	4.000	1.101	0.280	3.085	
C_{22}	3.000	1.000	5.000	2.466	0.627	3.086	
C_{23}	0.250	0.200	1.000	0.368	0.094	3.089	
4.							
B_{13}	C_{31}	C_{32}	C_{33}	W_i	W_i^0	λ_{mi}	λ_{max}=3.010 $C.I.$=0.005 $R.I.$=0.52 $C.R.$=0.009<0.1
C_{31}	1.000	0.500	2.000	1.000	0.297	3.009	
C_{32}	2.000	1.000	3.000	1.817	0.540	3.009	
C_{33}	0.500	0.333	1.000	0.550	0.163	3.011	

判断矩阵进行运算得到各评价指标的对应权重值如表8-18所示。

表8-18 各评价指标的对应权重值

C \ B	B_{11}	B_{12}	B_{13}	W_i
	0.493	0.311	0.196	
C_{11}	0.250	0.000	0.000	0.123
C_{12}	0.750	0.000	0.000	0.370
C_{21}	0.000	0.280	0.000	0.087
C_{22}	0.000	0.627	0.000	0.195
C_{23}	0.000	0.094	0.000	0.029
C_{31}	0.000	0.000	0.297	0.058
C_{32}	0.000	0.000	0.540	0.106
C_{33}	0.000	0.000	0.163	0.032
合　计				1.000

2. 布置方案评价

运用模糊综合评判法进行评价择优时，首先要建立因素集F，因素集即评价项目或者指标的集合。在本次研究中，$F=\{C_{11}, C_{12}, C_{21}, C_{22}, C_{23}, C_{31}, C_{32}, C_{33}\}$。由表8-18所得到的评价项目的权重系数向量为：$\boldsymbol{W_F}$=（0.123，0.370，0.087，0.195，0.029，0.058，0.106，0.032）。

建立评定集，设定评定集为$E=\{e_1, e_2, e_3, e_4\}$={好，较好，一般，较差}。评定集的标准满意度向量设定为$\boldsymbol{W_E}$=（100，85，60，30）。

在企业中选取10名专业工程师进行评价，工程师根据上述指标准则分别对两种布置方案打分，得到的评价矩阵表如表8-19所示。

表8-19 评价矩阵表

方案一	好	较好	一般	较差	方案二	好	较好	一般	较差
C_{11}	7	3	0	0	C_{11}	7	2	1	0
C_{12}	6	3	1	0	C_{12}	3	4	3	0
C_{21}	4	5	1	0	C_{21}	4	5	1	0
C_{22}	5	3	2	0	C_{22}	3	4	3	0
C_{23}	5	5	0	0	C_{23}	5	5	0	0
C_{31}	3	3	3	1	C_{31}	2	3	3	2
C_{32}	3	3	3	1	C_{32}	3	4	3	0
C_{33}	5	2	2	1	C_{33}	4	2	3	1

对以上评价矩阵进行归一化处理得到隶属度矩阵为：

$$\boldsymbol{R}_1=\begin{pmatrix}0.7&0.3&0&0\\0.6&0.3&0.1&0\\0.4&0.5&0.1&0\\0.5&0.3&0.2&0\\0.5&0.5&0&0\\0.3&0.3&0.3&0.1\\0.3&0.3&0.3&0.1\\0.5&0.2&0.2&0.1\end{pmatrix}\quad \boldsymbol{R}_2=\begin{pmatrix}0.7&0.2&0.1&0\\0.3&0.4&0.3&0\\0.4&0.5&0.1&0\\0.3&0.4&0.3&0\\0.5&0.5&0&0\\0.2&0.3&0.3&0.2\\0.3&0.4&0.3&0\\0.4&0.2&0.3&0.1\end{pmatrix}$$

各个方案的综合评定向量$\boldsymbol{S}$为：

$$\boldsymbol{S}_1=\boldsymbol{W}_F\boldsymbol{R}_1=（0.520，0.320，0.140，0.020）$$

$$\boldsymbol{S}_2=\boldsymbol{W}_F\boldsymbol{R}_2=（0.361，0.375，0.249，0.015）$$

计算综合评定值$\mu_1=\boldsymbol{W}_E\boldsymbol{S}_1^{\mathrm{T}}=88.536$，$\mu_2=\boldsymbol{W}_E\boldsymbol{S}_2^{\mathrm{T}}=83.748$。根据结果，可知$\mu_1>\mu_2$，故方案一为更优。

参考文献

[1] 朱耀祥，朱立强．设施规划与物流[M]．北京：机械工业出版社，2004．

[2] 董海．设施规划与物流分析[M]．北京：机械工业出版社，2005．

[3] 胡正华，王涛，庄长远．设施规划与分析[M]．北京：科学出版社，2006．

[4] 方庆琯，王转．现代物流设施与规划[M]．北京：机械工业出版社，2009．

[5] 王家善，等．设施规划与设计[M]．北京：机械工业出版社，2001．

[6] 马汉武．设施规划与物流系统设计[M]．北京：机械工业出版社，2005．

[7] 汤普金斯，等．设施规划[M]．伊俊敏，等译．北京：机械工业出版社，2008．

[8] 王家善．设施规划与设计[J]．工业工程，1998（1）：11-14．

[9] 马光锋，奚文．设施规划在我国的应用与发展[J]．机械设计与制造，2005（10）：168-170．

[10] 姜卫国，陆庆珩．方案比较法在水泥厂选址中的应用[J]．河南建材，2007（5）：54-55．

[11] 王彩霞，文世武．选址决策对制造业企业经济效益的影响[J]．兰州工业高等专科学校学报，2006，13（1）：54-55．

[12] 琚科昌，王转．基于SLP的流程型制造企业物流设施布局分析方法及应用[J]．物流技术，2006（10）：79-81．

[13] 李毅，徐克林．SSLP技术在车间设施布置中的应用研究[J]．精密制造与自动化，2008（1）：20-22．

[14] 刘旺盛，兰培真．系统布置设计——SLP法的改进研究[J]．物流技术，2006（10）：82-85．

[15] 叶慕静，周根贵．SLP和遗传算法结合在工厂平面布置中的应用[J]．华东理工大学学报（自然科学版），2005，31（3）：371-375．

[16] 俞静，钱省三，邵志芳．半导体制造车间设施规划浅析[J]．半导体技术，2003（6）：21-24．

[17] 马彤兵，马可．基于精益生产的车间设施规划改善设计[J]．组合机床与自动化加工技术，2005（11）：110-112．

[18] 郭振宇．机械电子工厂设计及其模式[J]．工业工程与管理，2004（4）：112-117．

[19] 林峰．浅谈企业物流规划设计[J]．物流技术，2004（7）：54-56．

[20] 墨菲，伍德．当代物流学[M]．陈荣秋，等译．北京：中国人民大学出版社，2009．

[21] 王长琼．物流系统工程[M]．北京：中国物资出版社，2009．

[22] 倪志伟．现代物流技术[M]．北京：中国物资出版社，2006．

[23] 秦同瞬，杨承新．物流机械技术[M]．北京：机械工业出版社，1995．

[24] 蓝仁昌．物流信息技术应用[M]．北京：人民交通出版社，2003．

[25] 魏国辰．物流机械设备的运用与管理[M]．北京：中国物资出版社，2002．

[26] 周全申．现代物流技术与装备实务[M]．北京：中国物资出版社，2002．

[27] 王大平．物流设备应用与管理[M]．杭州：浙江大学出版社，2005．

[28] 孟初阳．物流机械与设备[M]．北京：人民交通出版社，2005．

[29] 刘凯．现代物流技术基础[M]．北京：清华大学出版社，2004．

[30] 刘廷新．物流设施与设备[M]．北京：高等教育出版社，2003．

[31] 孔令中．现代物流设备设计与选用[M]．北京：化学工业出版社，2003．
[32] 运输机械设计选用手册编委会．运输机械设计选用手册[M]．北京：化学工业出版社，2002．
[33] 崔炳谋．物流信息技术与应用[M]．北京：清华大学出版社，2005．
[34] 阎子刚．物流信息技术[M]．北京：高等教育出版社，2003．
[35] 郎为民．射频识别技术原理与应用[M]．北京：机械工业出版社，2006．
[36] 牛鱼龙．EDI知识与应用[M]．深圳：海天出版社，2005．
[37] 牛鱼龙．GPS知识与应用[M]．深圳：海天出版社，2005．
[38] 朱宏辉．物流自动化系统设计及应用[M]．北京：化学工业出版社，2005．
[39] 刘昌祺．自动化立体仓库实用设计手册[M]．北京：中国物资出版社，2009．
[40] 刘俐．现代仓储运作与管理[M]．北京：北京大学出版社，2004．
[41] 鲁晓春．仓储自动化[M]．北京：清华大学出版社，2002．
[42] 丁立言，张铎．仓储规划与技术[M]．北京：清华大学出版社，2002．
[43] 张远昌．仓储管理与库存控制[M]．北京：中国纺织出版社，2004．
[44] 齐二石，方庆琯．物流工程[M]．北京：机械工业出版社，2006．
[45] 吴健．电子商务物流管理[M]．北京：清华大学出版社，2009．
[46] 太原刚玉物流有限公司．太原刚玉蒙牛乳业自动化立体仓库案例[J]．中国物流与采购，2004（23）：32-34．
[47] 丁俊发．中国物流年鉴[M]．北京：中国社会出版社，2003．
[48] 梁金萍．物流设施与设备[M]．洛阳：河南科学技术出版社，2009．
[49] 罗毅，王清娟．物流装卸搬运设备与技术[M]．北京：北京理工大学出版社，2008．
[50] 卡尔森二世，尼尔森，班克斯，等．离散事件系统仿真[M]．肖田元，范文慧，译．北京：机械工业出版社，2007．
[51] 迈耶斯，史蒂芬．制造设施设计和物料搬运[M]．蔡临宁，译．北京：清华大学出版社，2006．
[52] 刘正刚，姚冠新．设施布置设计的回顾、现状与展望[J]．江苏理工大学学报（社会科学版），2001（7）：74-78．
[53] 肖田元．系统仿真导论[M]．北京：清华大学出版社，2000．
[54] 张惠珍，马良．基于线性化技术的二次分配问题求解新方法[J]．系统工程理论与实践，2010，30（3）：527-533．
[55] 苏小进，机械制造车间的设备布局建模与算法研究[D]．上海：上海交通大学，2009．
[56] 孙小明．生产，系统建模与仿真[M]．上海：上海交通大学出版社，2006．
[57] CHEUNG S O，TONG T K L，TAM C M．Site Pre-cast Yard Layout Arrangement through Genetic Algorithms [J]．Automation in Construction，2002（11）：35-46．
[58] 石宇强，肖素梅，欧达宇．基于Flexsim仿真的生产物流系统分析[J]．制造技术与机床，2008（6）：137-143．
[59] 陈希，王宁生．基于遗传算法的车间设备虚拟布局优化技术研究[J]．东南大学学报（自然科学版），2004，34（5）：627-631．
[60] 江成城，郭开仲．工厂布置的模糊综合评价[J]．商业研究，2003（11）：46-48．
[61] 田源．仓储管理[M]．3版．北京：机械工业出版社，2015．
[62] 贾春玉，双海军，钟耀广．仓储与配送管理[M]．北京：机械工业出版社，2019．